新能源汽车技术专业职业教育创新规划教材

Xinnengyuan Qiche

新能源汽车

Dongli Dianchi yu Qudong dianji

动力电池与驱动电机

北京教盟博飞汽车科技有限公司 组织编写

曾 鑫 刘 涛 主 编

蔺宏良 主 审

人民交通出版社股份有限公司
China Communications Press Co.,Ltd.

内 容 提 要

本书是新能源汽车技术专业职业教育创新规划教材之一。全书包括 5 个项目、14 个工作任务，主要介绍了动力电池、动力电池能量管理系统、驱动电机、驱动电机管理系统、动力驱动单元。

本书可作为职业院校新能源汽车技术专业的教学用书，也可作为汽车维修专业培训用书和相关技术人员的参考书。

图书在版编目(CIP)数据

新能源汽车动力电池与驱动电机 / 曾鑫，刘涛主编；北京教盟博飞汽车科技有限公司组织编写. —北京：人民交通出版社股份有限公司，2017.6

新能源汽车技术专业职业教育创新规划教材

ISBN 978-7-114-13813-3

Ⅰ.①新… Ⅱ.①曾… ②刘… ③北… Ⅲ.①新能源—汽车—蓄电池—职业教育—教材②新能源—汽车—驱动机构—职业教育—教材 Ⅳ.①U469.703

中国版本图书馆 CIP 数据核字(2017)第 100855 号

书　　名：新能源汽车动力电池与驱动电机
著 作 者：曾　鑫　刘　涛
责任编辑：夏　韡　时　旭
出版发行：人民交通出版社股份有限公司
地　　址：(100011)北京市朝阳区安定门外外馆斜街 3 号
网　　址：http://www.ccpcl.com.cn
销售电话：(010)59757973
总 经 销：人民交通出版社股份有限公司发行部
经　　销：各地新华书店
印　　刷：北京市密东印刷有限公司
开　　本：787×1092　1/16
印　　张：16.75
字　　数：388 千
版　　次：2017 年 6 月　第 1 版
印　　次：2021 年 8 月　第 6 次印刷
书　　号：ISBN 978-7-114-13813-3
定　　价：39.00 元

前言
FOREWORD

进入21世纪以来，我国提出“节能和新能源汽车”战略，政府高度关注新能源汽车的研发和产业化。《中共中央关于制定国民经济和社会发展第十三个五年规划的建议》中要求实施新能源汽车推广计划，提高电动车产业化水平，这意味着新能源汽车产业将迎来黄金5年，新能源汽车产业或将迎来爆发式的增长。

在新能源和清洁能源汽车行业前、后市场对技能人才需求量不断增大的前景下，由北京教盟博飞汽车科技有限公司和安莱(北京)汽车技术研究院课程开发团队主导，联合汽车制造厂的新能源专家和职业院校的教育专家共同编写了这套新能源汽车教材。本套教材以新能源汽车的使用和维修为方向，改变以往新能源汽车课程偏重设计制造技术，导致理论性太强的缺点，使课程更贴近实际操作。

本套教材结合新能源汽车企业岗位需求，针对新能源汽车企业调研高频典型工作任务，并对此做教学加工，共计输出5门课程，62个任务：《新能源汽车概论》《新能源汽车高压安全与防护》《新能源汽车动力电池与驱动电机》《新能源汽车电气技术》《新能源汽车维护与故障诊断》。本套教材主要以工作过程为主线，以任务驱动教学为主要形式的开发思路进行编写。

在开发本套教材的过程中，为了提高学生学习兴趣，在“相关知识”中开发了多媒体动画，在“任务实施”中拍摄制作了实训视频，并设置二维码。使用者只需用平板或手机扫描对应的二维码，即可以学习相关资源，方便灵活，便于学习。为了方便教师教学，同期开发了教材的配套教学资源：课程标准、教学设计、任务工单(工作页)、教学课件、配套试题、实训视频、多媒体动画、维修案例等。为了了解并掌握更多资源，教师和学生可通过电脑或手机登录新能源汽车资源库地址：http://edu.885car.com，或用手机扫描封底下方的二维码。

《新能源汽车动力电池与驱动电机》一书条理清晰，层次分明；图文对照，整合移动多媒体技术；形象、生动地阐述了动力电池、动力电池能量管理系统、驱动电机、驱动电机管理系统、动力驱动单元的结构和工作原理以及拆装操作等。内容包括5个项目,14个工作任务,以当前市场上主流的比亚迪、北汽新能源、丰田普锐斯等新能源汽车车型为主编写。

本教材由北京教盟博飞汽车科技有限公司组织编写。武汉软件工程职业学院曾鑫、安徽电子信息职业技术学院刘涛担任主编,武汉软件工程职业学院郑振、北京昌平职业学校张晶磊、浙江机电职业技术学院陈宁担任副主编,四川省汽车工程学会赵伟杰参加了本书的编写工作。陕西交通职业技术学院蔺宏良担任主审。

由于编者水平和经验有限,难免存在缺点和疏漏,恳请广大读者批评指正。

编委会

2017年3月

目录
CONTENTS

项目一

动力电池

动力电池，又称动力蓄电池、高压电池包，是纯电动汽车和油电混合动力汽车的重要能量存储动力源，在电动汽车上发挥着非常重要的作用。因此认识与学习动力电池是掌握新能源汽车知识的关键，本项目主要介绍纯电动汽车和混合动力汽车动力电池的类型、特点、内部组成结构等，包含以下4个任务：

任务1　动力电池认知；

任务2　动力电池组分解与组装；

任务3　动力电池冷却系统检修；

任务4　动力电池的性能检测。

通过以上4个任务的学习，你能够了解动力电池的主要类型，熟悉动力电池的工作原理，掌握动力电池的分解、组装和检测方法，能够归纳分析市场上主要动力电池的类型特点，为电动汽车的维护奠定基础。

任务1　动力电池认知

提出任务

作为新能源汽车专业的学生，你能够正确区分一辆电动汽车动力电池的类型和工作原理吗？你的主管让你更换动力电池总成，你能完成这个任务吗？

任务要求

知识要求

1. 能够描述新能源汽车动力电池的作用和类型；
2. 能够描述新能源汽车动力电池的工作原理；
3. 能够描述常见车型动力电池的安装位置。

能力要求

能够进行动力电池总成的拆卸与安装。

相关知识

1. 电池与能量储存

将化学能转换成电能的装置称为化学电池，通常简称为电池。电池放电后，能够用充电的方式使内部活性物质再生把电能储存为化学能；需要放电时，再次把化学能转换为电能，这类电池称为蓄电池，一般又称二次电池。

电池的发展史由1836年丹尼尔电池的诞生到1859年铅酸电池的发明，至1883年发明了氧化银电池，1888年实现了电池的商品化，1899年发明了镍—镉电池，1901年发明了镍—铁电池，进入20世纪后，电池理论和技术处于一度停滞时期。但在第二次世界大战之后，电池技术又进入快速发展时期。首先，为了适应重负荷用途的需要，发展了碱性锌锰电池，1951年实现了镍—镉电池的密封化。1958年Harris提出了采用有机电解液作为锂一次电池的电解质，20世纪70年代初期便实现了军用和民用。随后基于环保考虑，研究重点转向蓄电池。镍—镉电池在20世纪初实现商品化以后，在20世纪80年代得到迅速发展。

随着人们环保意识的日益增加，铅、镉等有毒金属的使用日益受到限制，因此需要寻找

新的可代替传统铅酸电池和镍—镉电池的可充电电池。锂离子电池自然成为有力的候选者之一,1990 年前后发明了锂离子电池,1991 年锂离子电池实现商品化,1995 年发明了聚合物锂离子电池(采用凝胶聚合物电解质为隔膜和电解质),1999 年开始商品化。

2. 动力电池的作用

动力电池的作用是接收和储存由车载充电机、发电机、制动能量回收装置或外置充电装置提供的高压直流电,并且为电动汽车提供高压直流电。

动力电池是纯电动汽车的核心部件,也是新能源汽车上价格最高的部件之一。动力电池的性能好坏直接决定了这辆车的实际价值。

应用在电动汽车上的储能技术主要是电化学储能技术,即铅酸、镍氢、锂离子等电池储能技术。作为电动汽车的动力源,动力电池技术是电动汽车的核心技术,更是电气技术与汽车行业的关键结合点,一直制约着电动汽车的发展。近年来,随着电动汽车动力电池技术的研发受到各国能源、交通、电力等部门的重视,电池的多种性能得到了提高,如我国就在锂离子电池技术方面取得了突破性进展。

动力电池一旦失效,车辆就会处于瘫痪状态。动力电池属于高压安全部件,内部机构复杂,工作时需要很苛刻的条件,任何异常因素都将导致动力被切断,因此对动力电池的诊断与测试就需要丰富的动力电池的基础技术知识,对动力电池组的更换更需要专业规范的操作。

3. 动力电池的类型

新能源汽车上所使用的动力电池种类繁多,外形差别较大,按其工作性质和使用特征的不同,可分为一次电池、二次电池、储备电池和燃料电池等。其中储备电池和燃料电池属于特殊的一次电池。

1)一次电池(原电池)

一次电池是放电后不能用充电的方法使它复原的电池。这种类型的电池只能使用一次,放电后电池只能被遗弃。这类电池不能再充电的原因,或是电池反应本身不可逆,或是条件限制使可逆反应很难进行,如锌锰干电池、锌汞电池、银锌电池。

2)二次电池(蓄电池)

二次电池是放电后可用充电的方法使活性物质复原而能再次放电,且可反复多次循环使用的电池。这类电池实际上是一个化学能量储存装置,用直流电将电池充足,这时电能以化学能的形式储存在电池中,放电时,化学能再转换为电能,如铅酸电池、镍镉电池、镍氢电池、锂离子电池、锌空气电池等。

3)储备电池(激活电池)

储备电池是正、负极活性物质和电解液不直接接触,使用前临时注入电解液或用其他方法使电池激活的电池。这类电池的正、负极活性物质化学易变质或自放电,因与电解液的隔离而基本上被排除,从而使电池能长时间储存,如镁银电池、钙热电池、铅高氯酸电池。

4)燃料电池(连续电池)

燃料电池是只要活性物质连续地注入电池,就能长期不断地进行放电的一类电池。它的特点是电池自身只是一个载体,可以把燃料电池看成是一种需要电能时将反应物从外部送入的一种电池,如氢燃料电池。

需要说明的是,上述分类方法并不意味着某一种电池体系只能分属一次电池、二次电池、储备电池或燃料电池。某一种电池体系可以根据需要设计成不同类型的电池。如锌银电池,可以设计成一次电池,也可以设计成二次电池或储备电池。

目前电动汽车上二次电池的主要类型有铅酸蓄电池、镍氢蓄电池、锂离子电池。

4. 动力电池的工作原理

以下介绍动力电池主要类型,即铅酸蓄电池、镍氢蓄电池和锂离子电池的工作原理。

1)铅酸蓄电池

铅酸蓄电池,是一种电极主要由铅及其氧化物制成,电解液是硫酸溶液的蓄电池,如图1-1-1 所示。

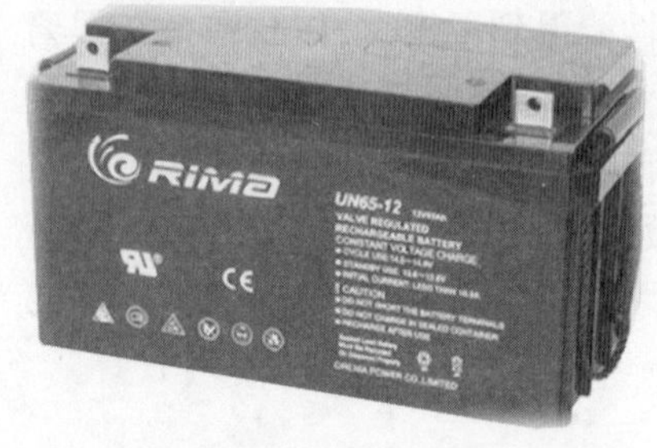

图 1-1-1 铅酸蓄电池

铅酸蓄电池以稀硫酸酸性水溶液为电解质,铅酸蓄电池的正极为 PbO_2,负极为海绵状 Pb,故称为铅酸蓄电池。铅酸蓄电池使用了近百年,是目前唯一大量使用的车载动力电池,与其他动力电池相比,具有性能可靠、技术成熟、价格便宜;大功率性能优异、电压平稳、安全性好;维护简便或者免维护;适用范围广、原材料丰富;自放电低,回收技术成熟等优点,国内外的第一代电动汽车广泛使用了铅酸蓄电池,目前,已经有很多专业公司研制和开发了多种新型铅酸蓄电池,使得铅酸蓄电池的性能有了较大的提高。但由于其能量密度低、循环寿命短、质量大、过充过放性能差等缺点,不符合环保与高效的要求,今后将逐渐被淘汰。

铅酸蓄电池的基本单元是单体电池(Battery Cell),每个单体电池都是由正极板、负极板和装在正极板和负极板之间的隔板组成。每个单体电池的基本电压为 2V,然后将不同容量的单体电池按使用要求进行组合,装置在不同的塑料外壳中,来获得不同电压和不同容量的铅酸蓄电池。铅酸蓄电池总成经过灌装电解液和充电后,就可以从铅酸蓄电池的接线柱上引出电流。

有的铅酸蓄电池采用密封、无锡网隔板等技术措施,并在普通铅酸蓄电池的电解液中加入硅酸胶之类的凝聚剂。使电解质成为胶状物,形成一种“胶体”电解质,采用“胶体”电解质的铅酸蓄电池,使用起来更加方便。

典型的铅酸蓄电池是阀控式密封铅酸蓄电池(AGM 电池)。近年来,阀控式密封铅酸蓄电池被广泛地用于传动汽油车和一些低速纯电动汽车上,如图 1-1-2 所示。如果与小型的镍镉电池或镍氢电池等密封型电池比较,阀控式密封铅酸蓄电池则是一种阀门开启压力相当低的电池,在充电过程中利用负极吸收反应消耗正极上所产生的氧气并使之处于密封状态,未能吸收完的剩余氧气将通过控制阀向外界排出,负极吸收反应是指充电过程中正极所产生的氧气与负极的铅发生反应生成氧化铅,氧化铅又与电解液中的硫酸起反应生成硫酸铅,硫酸铅通过再次充电又被还原为铅的一整套循环。由于在整个充电过程中将持续进行这样

的循环,因此能始终保持密封的状态。但是,液体式铅酸蓄电池中充足的电解液会阻碍氧气的移动,因此在阀控式密封铅酸蓄电池中采用了一种被称为 AGM 隔板的超细玻璃纤维隔板,电解液将限制该隔板所能吸收的氧气量并使氧气平稳地向负极移动。另外,因电解液的量受到了限制,因此即使蓄电池发生翻倒,电解液也不会泄漏;而且由于极板群是被栅网状的隔板牢固压紧的,因此它还具有因正极难以老化而延长寿命的特点。

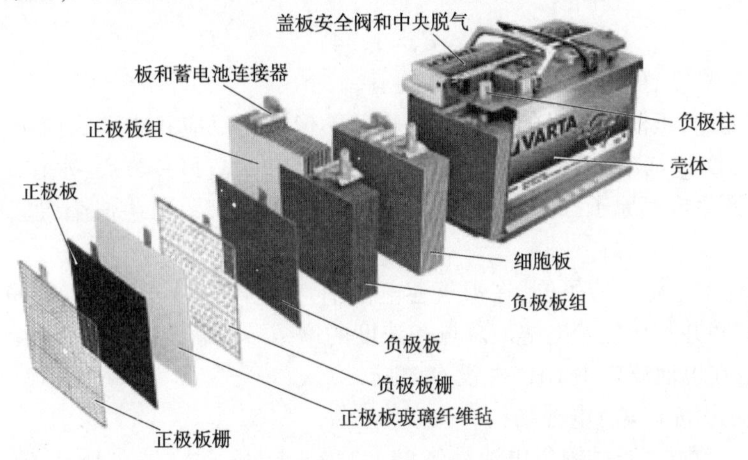

图 1-1-2 阀控式密封铅酸蓄电池

玻璃微纤维蓄电池隔板是指用玻璃微纤维作为原料生产的蓄电池隔板,其不含任何有机黏结剂,用直径约 1μm 的玻璃微纤维采用湿法制造而成,玻璃微纤维隔板(AGM)是阀控式铅酸蓄电池的关键材料之一。国内普遍采用高碱和中碱玻璃纤维混合原料,而国外则一般使用高碱玻璃纤维作为原料。

阀控式铅酸蓄电池是一种免维护蓄电池,由于免维护铅酸蓄电池在使用中不会出现极板短路、活性物质脱落、水分损失等问题,从而提高了使用寿命。其结构特点主要有以下几点:

(1)免维护蓄电池的正极栅板架一般采用铅钙合金或低锑合金制作,而负极栅板架均用铅钙合金制作,以此来减小极板短路和活性物质脱落。

(2)隔板的材料一般为超细玻璃微纤维,或将其正极板装在袋式隔板内。

(3)采用紧装配结构的极板组。

(4)单格极板组之间采取内连式接法,正、负极桩位于密封式壳体的外部。

(5)壳体上部设有收集水蒸气和硫酸蒸气的集气室,待其冷却后变成液体重新流回电解槽内。

2)镍氢蓄电池

镍氢蓄电池是由氢离子和金属镍合成,电量储备比镍镉蓄电池多 30%,比镍镉电池更轻,使用寿命也更长 。

(1)镍氢蓄电池的原理。

镍氢蓄电池的充放电反应一般如下所示。

正极:$NiOOH + H_2O + e^- \underset{充电}{\overset{放电}{\rightleftharpoons}} Ni(OH)_2 + OH^-$

$$E_0 = +0.52\text{V}$$

负极：$MH_{ab} + OH^- \underset{充电}{\overset{放电}{\rightleftharpoons}} M + H_2O + e^-$

$$E_0 = -0.82\text{V}$$

电池：$NiOOH + MH_{ab} \underset{充电}{\overset{放电}{\rightleftharpoons}} Ni(OH)_2 + M$

$$E_0 = 1.34\text{V}$$

M 表示贮氢合金，H_{ab} 表示合金中储藏的氢。

在实际电池中，正极和负极的反应生成物并不像上述反应式中那么简单，充电时，在正极氢氧化镍 $Ni(OH)_i$ 被氧化生成羟基氧化镍 NiOOH 和水。另一方面，水在负极被还原，在贮氢合金的表面生成氢原子，此氢原子被贮氢合金吸收发生反应，生成金属氢化物。放电反应则与之相反。

镍镉蓄电池的电池反应不同，在镍氢蓄电池中，充电时氢从正极向负极移动，放电时向反方向移动，其间并不伴随着电解液总量和浓度的增减。电解液中的 OH^- 虽然参与正极和负极的反应，但在电池反应中 OH^- 并没有增减。

(2)混合动力汽车镍氢电池结构。

搭载在混合动力汽车的镍氢电池是将 84 ~ 240 个容量为 6 ~ 6.5A·h 的单体电池以串联方式连接后使用的。迄今为止已开发出了圆形和方形的混合动力汽车用的镍氢电池，如图 1-1-3 所示，近年来其输出功率密度正在逐年上升。尽管混合动力汽车用镍氢电池的电能量(容量)还不到电动汽车用镍氢电池的 1/10，但是要求其具有与电动汽车相同的输出功率和再生恢复性能。因此，正在通过多种技术领域致力于对单体电池或电池模块(由多个单体电池以串联方式连接而成的电池组)的研究开发工作。

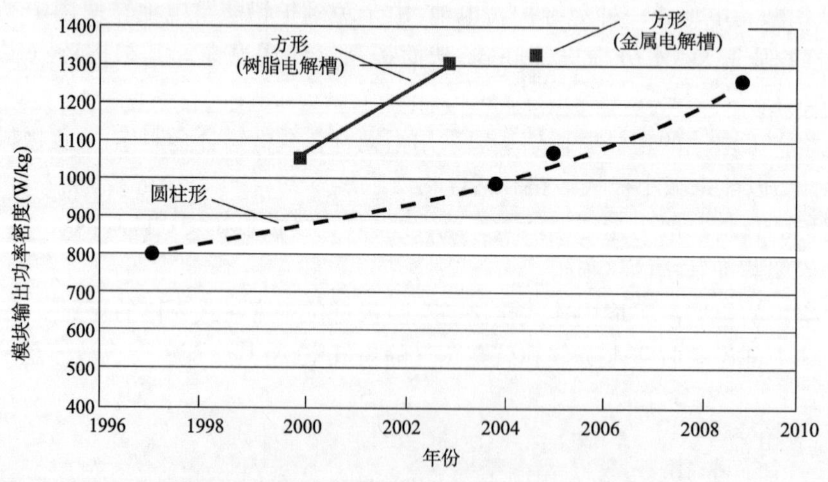

图 1-1-3 混合动力汽车用镍氢电池的输出功率密度的变化

图 1-1-4 表示的是圆柱密封型镍氢电池的单体电池结构(单一规格)及模块结构的示例。这种电池的结构是将以隔板作为间隔层的镍正极板和贮氢合金负极板卷成涡旋形后插入用金属制成的外壳内，正极和负极分别采用烧结式(或非烧结式)的镍正极和膏状的贮氢合金负极。封口的固定方法是把以绝缘热圈作为间隔的且具有再恢复功能的安全阀的封口

板预先固定在电解槽的外壳上。为了在即使有大电流流过的瞬间也能阻止电池电压的下降或发热，正极和负极的集电体采用了尽可能降低连接电阻值的设计方法。由于单体电池连接成的模块将搭载在车辆上，因此模块必须具有承受剧烈振动的能力，并必须以很低的连接电阻来承担单体电池之间的电气连接，另外，能牢固支承模块的结构体也很重要。

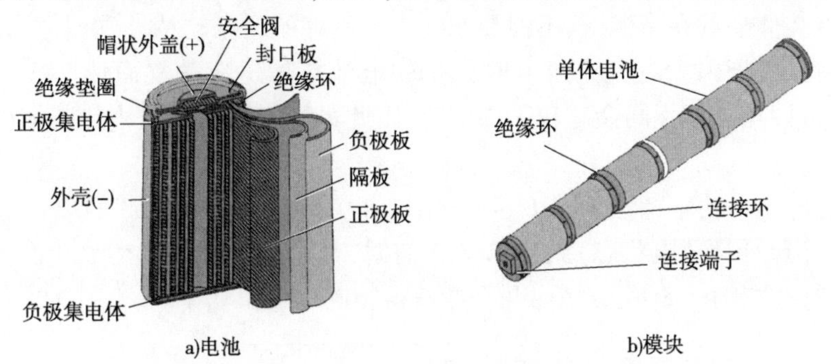

图 1-1-4　混合动力汽车用圆柱形镍氢电池的单体电池和模块的结构

采用碟形的连接环对单体电池之间进行电气连接，由于这种连接环能够以最短距离和最大宽度的方式来完成连接，因此才使单体电池之间采用低电阻接线的设想成为可能。另外，经过精心研制，这种连接环不仅具有电气连接的功能，而且其结构体以强度和柔软性兼备的特点发挥出了重要的支承作用。为了防止在单体电池之间发生短路，专门嵌入了用树脂制作的绝缘环，从而保证了模块强度的强化和安全性。位于模块两端且能够被螺钉固定在模块之间的连接母线上的端子是通过焊接方式被固定的。

图 1-1-5 是一种采用树脂电解槽的方形镍氢电池用的模块。该模块是一种具有 6 个电极群结构的电池，其电极群的结构是在由 6 个单体电池组成的整体式树脂型电解槽内，分别将多块镍正极板和贮氢合金负极板以隔板作为间隔层互相重叠而成，封口采用的是一种可再恢复安全阀的树脂型外盖下端部与电解槽上端部之间采用热焊进行密封焊接的结构。通过将设置在模块的电解槽表面的凸筋相互对接，便能在模块之间形成间隙，这样就可以使冷

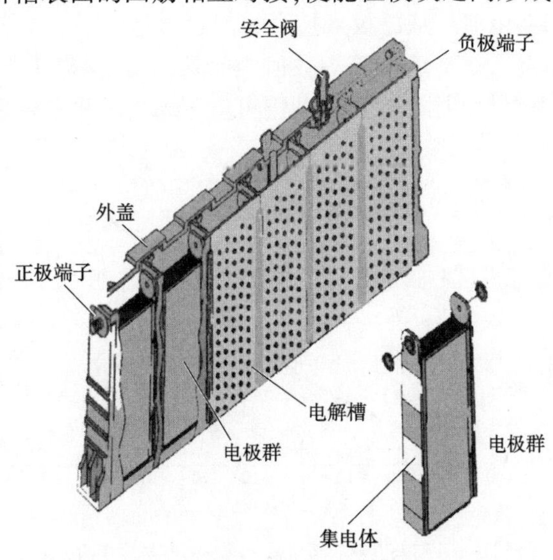

图 1-1-5　用于混合动力汽车的方形镍氢电池模块的结构

却气流从该间隙中穿过，从而获得更为均匀的冷却效果。对于这种方形的电池模块，以串联方式连接 20 ~ 40 个模块时，由于它比圆柱形模块更节省空间且减轻了质量，因此具有良好的搭载性。

(3)混合动力汽车用镍氢电池的特性。

将电池封装体搭载在车辆上，不但要求它具有良好的耐振动特性和耐冲击性，而且在结构上应该保持其能把因大电流充放电时产生的电池热量迅速散发而使其冷却的性能。此外，因电池的特性随温度不同会有较大的变化，因此最好能够尽量减小封装体内电池温度的分散度。

①镍氢电池输出功率特性。图 1-1-6 和图 1-1-7 所示为正在量产的放形电池模块的输出功率特性。当 SOC(荷电状态)到达 60% 左右时，其输出功率密度在 10S 输出以下具有优良的特性，而且在宽阔的 SOC 区域内几乎能获得相同的输出功率。

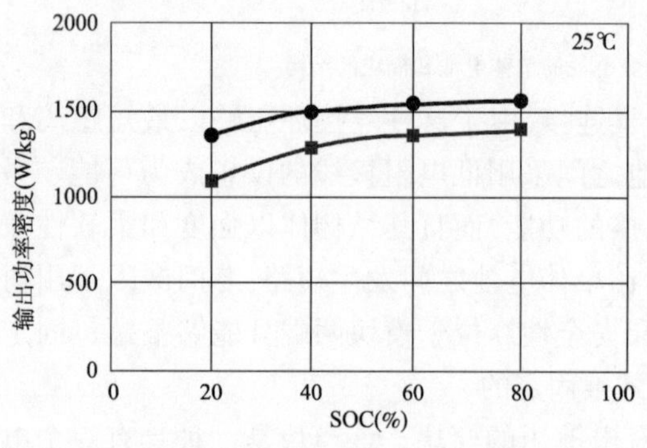

图 1-1-6 镍氢电池充电状态与输出功率密度关系

图 1-1-7 镍氢电池输出功率密度与温度关系

②镍氢电池充电恢复特性。混合动力汽车电池的使用方法与一般电池使用方法存在很大的差异。即混合动力汽车用电池不进行完全充电和完全放电。车辆行驶时已被输出的电能始终以再生电能再度回收，以形成电能再收支的平衡。因此，对混合动力用镍氢电池的充电恢复能力具有很高的期望值。从已投入量产的镍氢电池来看，如图 1-1-8 所示，再生恢复特性大致可以达到与输出功率密度相等的数值。此外，它在高温下的脉冲充电恢复能力也很高，能确保 90% 以上的效率(图 1-1-9)。利用再生制动能够将车辆在减速时的能量进行高效回收。

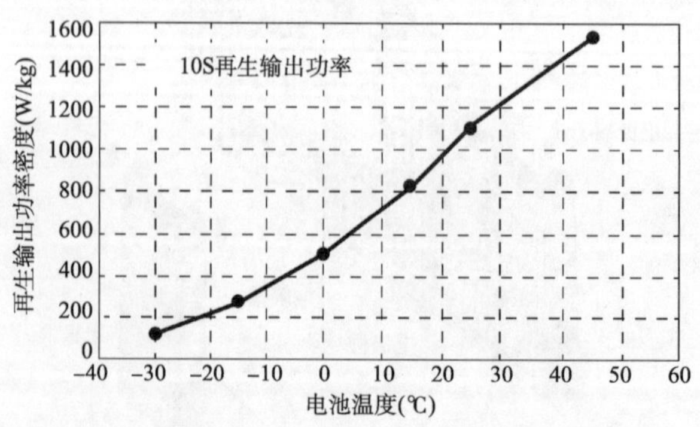

图 1-1-8 镍氢电池的再生输出功率密度与温度的关系

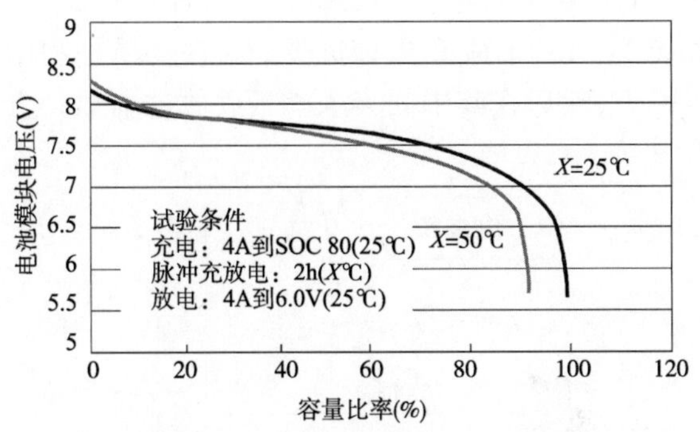

图 1-1-9 镍氢电池充放电效率曲线

③镍氢电池寿命特性。对于混合动力汽车用电池，需要采用控制方式使它不进行完全充电和完全放电，并维持在一个电能可以随时进出的状态。根据这样的使用方式在各种不同的条件下对电池的寿命特性进行计算，其结果同样表明完全能够使混合动力汽车电池大致达到与车辆相同的寿命（图 1-1-10）。

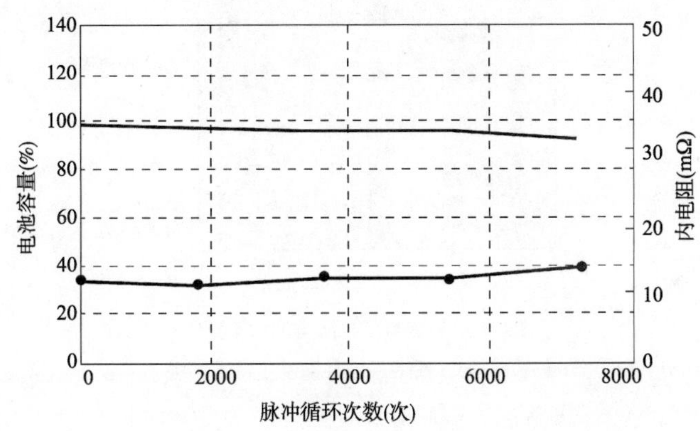

图 1-1-10 混合动力汽车的寿命特性曲线

3）锂离子电池

（1）锂离子电池基本原理与结构。

锂电池（Lithium Battery）是指电化学体系中含有锂（包括金属锂、锂合金和锂离子、锂聚合物）的电池。锂离子电池是锂离子在电极之间移动而产生电能的，这种电能的存储和放出是通过正极活性物质中放出的锂离子向负极活性物质中移动完成的，并不伴随化学反应，这是锂离子电池的最大特点。锂离子电池反应的这种特点，使锂离子电池比传统的二次电池具有更长的寿命。

此外，电极材料种类较大的选择空间也是锂离子电池的一大特点，再加上锂离子电池本身就具有小型化、轻量化和高电压化的特点，通过材料的选择和结构设计即能实现高输出功率和高容量，因此可以设计出与实际用途完全相符的结构及特性，这也是锂离子电池的优势之一。

图 1-1-11 是锂离子电池的示意图，它由作为氧化剂的正极活性物质、作为还原剂的负极活性物质、作为锂离子导电的电解液以及防止两个电极产生短路的隔板组成，利用正极与负

极之间锂离子的移动来进行充电和放电。其工作原理如图 1-1-12 所示。一般的圆柱形锂离子电池的结构示意图如图 1-1-13 所示,正极和负极的活性物质是利用一种被称为 Binder 的树脂胶粘剂固定在金属箔上,然后在其中间夹入隔板后收卷而成。方形锂离子电池的结构示意图如图 1-1-14 所示。

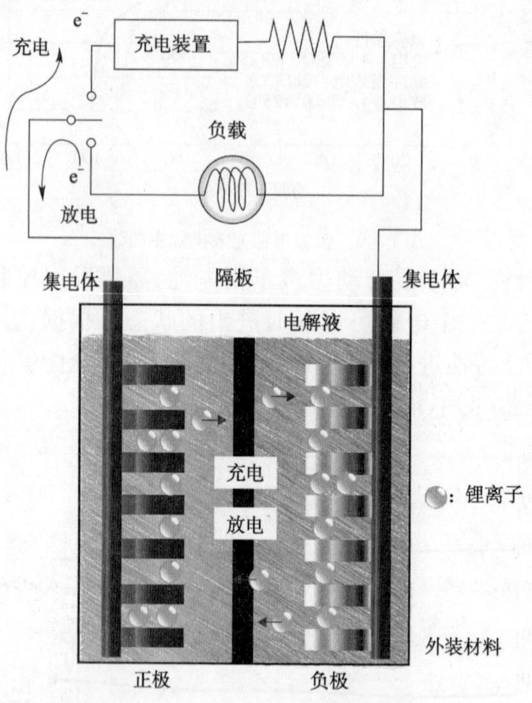

图 1-1-11　锂离子二次电池的示意图

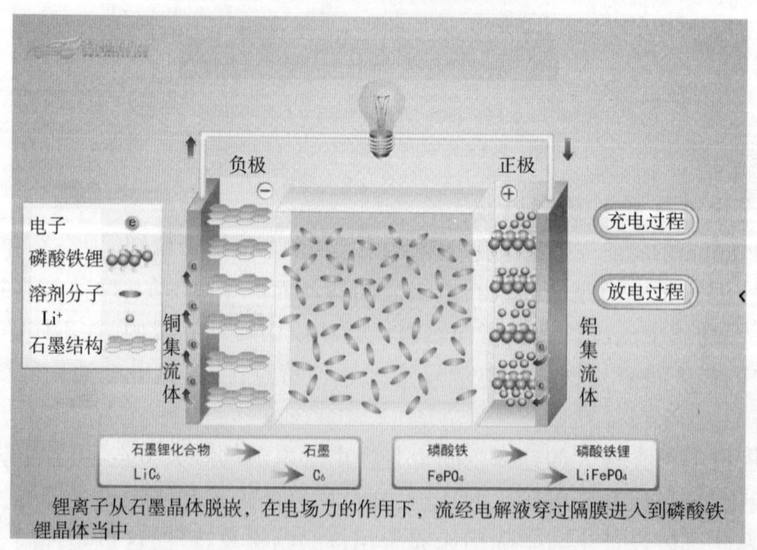

图 1-1-12　磷酸铁锂电池工作原理

由至少含有一种过渡金属 M 的含锂氧化物的正极活性物质及碳素体系负极活性物质组成的锂离子电池的化学反应式如下所示。

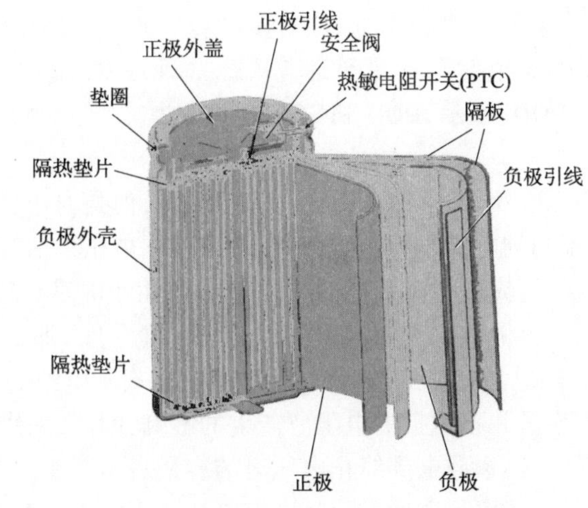

图 1-1-13　圆柱形锂离子二次电池的结构

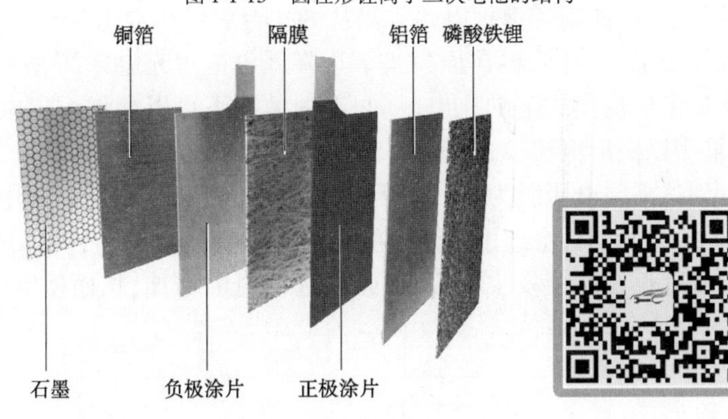

图 1-1-14　方形锂离子电池结构示意图

正极：　$Li_{1-x}M_yO_z + {}_xLi^+ + {}_xe^- \rightleftharpoons Li\,M_yO_z$

负极：　$Li_x(C) \rightleftharpoons C + {}_xLi^+ + {}_xe^-$

完全反应：　$Li_{1-x}M_yO_z + Li_x(C) \rightleftharpoons Li\,M_yO_z$

上述反应式中，向左的反应表示充电，向右的反应表示放电，锂离子为被插入到碳素内的锂，它表示锂离子电池是通过使锂离子在正极和负极之间移动来完成放电和充电的。

(2)锂离子电池的基本特性。

①电池的电能。电池输出的电能 E 等于从电池中所能取出的电量(电流 × 时间)Q 与电池电压 U 的乘积，即：

$$E = Q \times U$$

在充电上限电压到放电下限电压的范围内所放出的电量即为电池的容量。尽管提高上限电压将增加电池的容量，但是随着活性物质和电解液氧化还原反应的进行，一般会出现耐久性下降的倾向。多数情况下电池电压是用平均电压值来代替的，平均电压(额定电压)的定义是达到总电能 1/2 放电量时的电压值。例如，额定电压为 3.7V、公称容量为 2.4A · h 的 18650 规格(直径 18.3mm × 65mm)的锂离子电池的总能量为 8.9W · h，体积能量密度为 520W · h/L、质量为 44g 时的质量能量密度为 201W · h/kg。

②剩余电量的估算。关于电池的充电状态,多数以 SOC 形式来表示,SOC 采用剩余容量与设计容量的比率表示,充电时电量达到充满状态时即为 SOC100%,放电容量与设计容量酌比率采用放电深度(DOD)表示,DOD 和 SOC 的关系为:

$$DOD = 1 - SOC$$

对于一般电池的 SOC 和 DOD,多根据电压值进行估算,但是对于锂离子电池而言,电压平坦域的具体观察将视不同的电极材料而定,有时难以根据电压来估算 SOC。

③小时率。一般情况下,充电时和放电时的电流值采用小时率(充/放电倍率)表示,假设某种电池在 1h 内以标称容量进行充电或放电时的电流值为 1C,那么第 10h 的电流值将为 0.1C,因此,电流值 1C 将随电池容量的改变而发生变化,在表示电池的充放电性能时会被频繁地使用,而电池的标称容量并不包括内电阻所产生的影响,因此,采用以 0.1C 以下的低倍率充电到上限电压并以同一倍率放电到终止电压时的容量表示。

④充放电性能。由于对锂离子电池进行过度充电和过度放电会对其安全性和循环寿命的保持带来不良的影响,因此附带保护电路。当从 SOC 0% 起开始充电时,一般采用先按恒定电流模式充电到上限电压,其后再在该模式下边降低电流边充电来防止发生过度充电的情况。为了缩短在恒定电流模式下的充电时间,有的情况下可以允许恒定电压在瞬间状态超过上限电压,并采用以矩形电流模式流动的脉冲充电方式进行充电。另外,通常放电是以恒定电流模式进行到达下限电压时为止。由于电池的内电阻会使电压以与电流成正比的速率下降,因此如图 1-1-15 所示,当采用较高的倍率进行放电时,电压和容量均会下降,而且电解液中离子的导电性在低温时会发生下降,以致引起内电阻增加,从而使电压和容量下降,如图 1-1-16 所示。

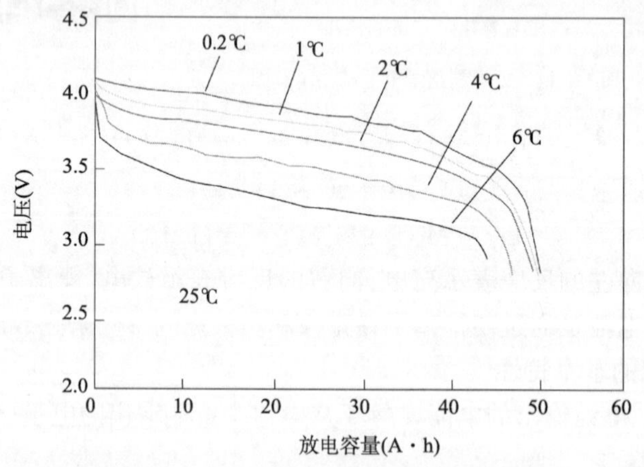

图 1-1-15　锂离子电池的放电容量与放电倍率关系

(3)锂离子电池的常见类型。

①按照正极材料进行的分类:钴酸锂;锰酸锂;镍酸锂;磷酸铁锂;三元材料[镍钴锰酸锂 $Li(NiCoMn)O_2$]。

②按照电解质分类:液态锂离子电池,简称 LIB(liquid ion battery);聚合物锂离子电池,简称 LIP(polymer lithium ion battery)。

分类对比见表 1-1-1。

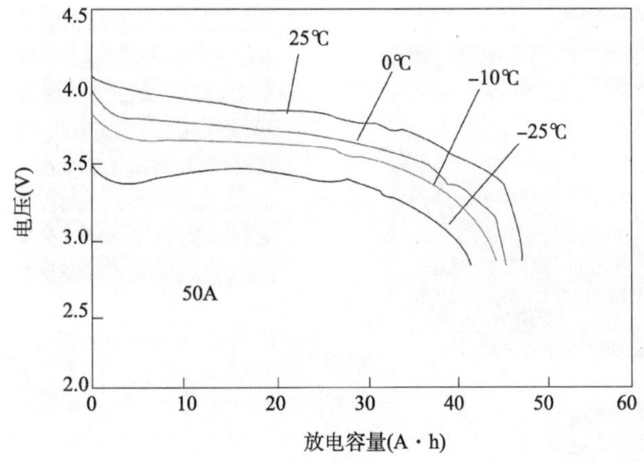

图 1-1-16 锂离子电池的放电容量与温度关系

锂离子电池分类对比表 表 1-1-1

正极材料	平均输出电压(V)	能量密度(mA·h/g)
$LiCoO_2$	3.7	140
$Li_2Mn_2O_4$	4.0	100
$LiFePO_4$	3.3	130
Li_2FePO_4F	3.6	115

③其他性能对比如下:

a. 能量密度:18650 电池(钴酸锂) > 磷酸铁锂 > 锰酸锂

b. 价格优势:18650 电池(钴酸锂) > 锰酸锂 > 磷酸铁锂

c. 安全性:磷酸铁锂 > 锰酸锂 > 18650 电池(钴酸锂)

d. 循环寿命:磷酸铁锂 > 锰酸锂 > 18650 电池(钴酸锂)

5. 常见车型动力电池的安装位置、类型和特点

电动汽车的动力电池一般位于车辆底部前、后桥及两侧纵梁之间,安装在这些位置能使其具有较高碰撞安全性,可以降低车辆重心,车辆操控性更好。将电动汽车的动力电池安装在驾驶室后方的车架纵梁之上,不但使得拆装操作更加简单,避免了动力电池安装分散,减少动力电池之间高压连接线束的使用,避免了线路连接过多的问题,而且节约了成本。

动力电池尽可能安装在清洁、阴凉、通风、干燥的地方,并避免受到阳光直射,远离加热器或其他辐射热源。动力电池应当正立安装放置,不可倾斜。动力电池组间应有通风措施,以避免因动力电池损坏所产生的可燃气体引起爆炸和燃烧。

以下为具有代表性车型动力电池的安装位置。

1)北汽新能源纯电动汽车动力电池

北汽 E150EV 纯电动汽车的动力电池采用磷酸铁锂电池,安装在车辆底部,如图 1-1-17 所示。

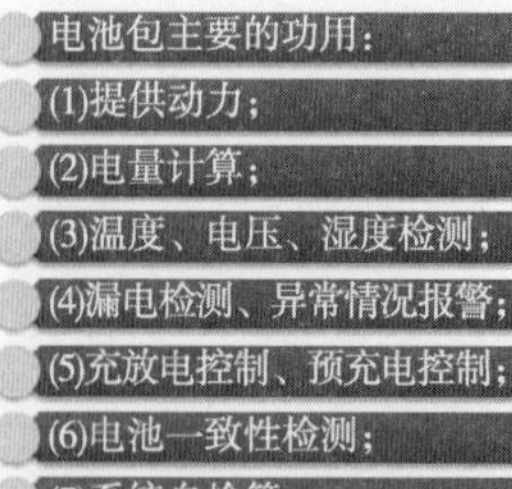

提示：

车辆行驶过程中，随着电量的消耗，SOC表上指针指示的数值会逐渐减小。当SOC减小到30%以下时，SOC表上的电量不足指示灯会点亮，提示用户尽快对车辆进行充电。

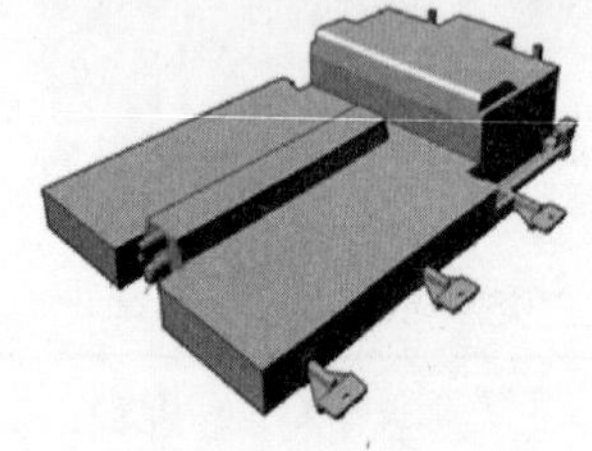

车型号	E150EV
动力电池包电压	320V
动力电池包容量	80A · h
动力电池包电量	25.6kW · h

图 1-1-17　北汽 E150EV 动力电池

2) 比亚迪汽车动力电池

(1) 比亚迪 E6 动力电池。比亚迪 E6 是国内具有代表性的纯电动汽车，采用比亚迪自主知识产权的磷酸铁锂电池。E6 动力电池包安装在车辆底部，采用螺栓固定，如图 1-1-18 所示。

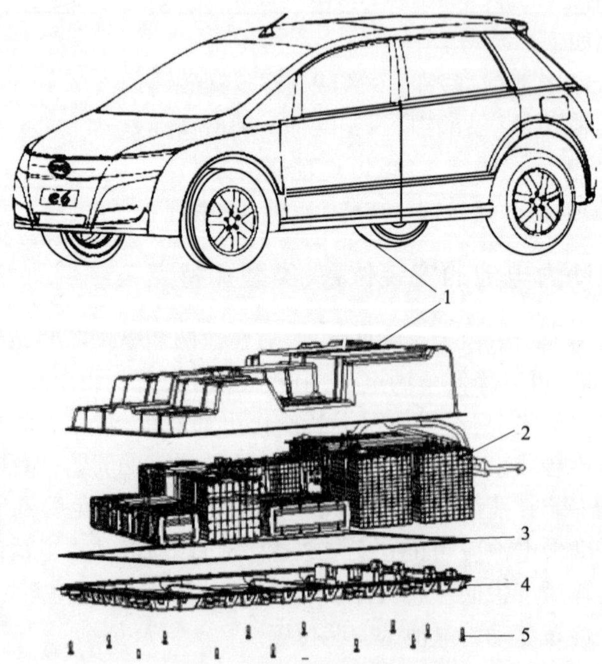

图 1-1-18　E6 动力电池包安装位置

1-动力电池包上盖；2-动力电池包；3-动力电池包密封圈；4-动力电池包下支撑座；5-动力电池包固定螺栓

(2)比亚迪秦动力电池。比亚迪秦混合动力汽车的动力电池(磷酸铁锂电池)安装位置如图 1-1-19 所示。

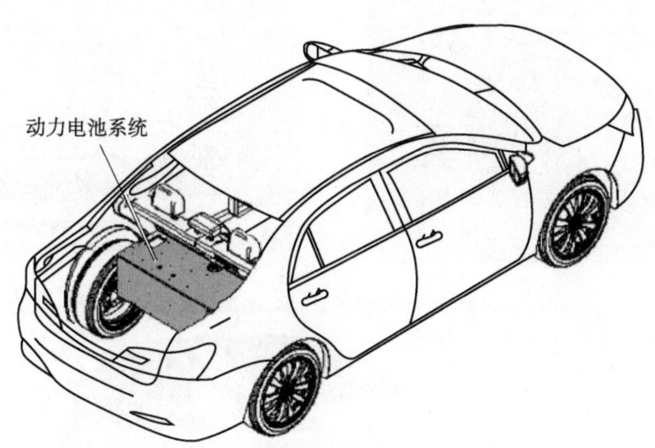

图 1-1-19　比亚迪秦动力电池组安装位置

3)上汽荣威汽车动力电池

荣威 E50 纯电动汽车的动力电池(磷酸铁锂电池)及其他部件安装位置如图 1-1-20 所示。

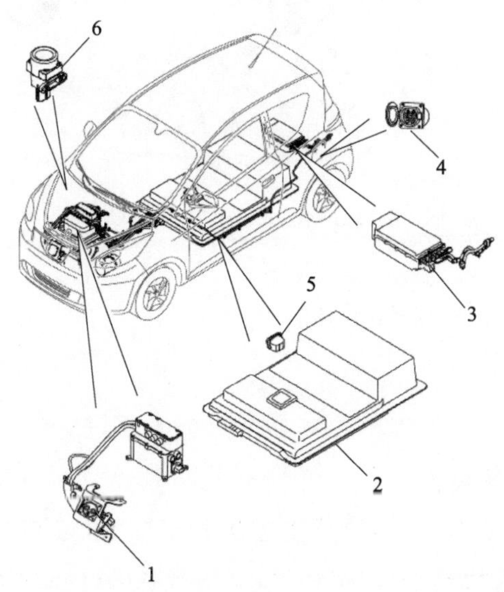

图 1-1-20　荣威 E50 动力电池组及其他部件安装位置

1-快速充电口;2-高压电池包;3-慢速充电器;4-慢速充电口;5-手动维修开关;6-高压惯性开关

4)丰田普锐斯混合动力汽车动力电池

丰田普锐斯混合动力汽车的动力电池(全封闭的镍-氢电池)安装在车辆的后部,如图 1-1-21所示。

5)特斯拉纯电动汽车动力电池

特斯拉 MODELS 等车型的动力电池(18650 锂电池)安装在车辆的底部,如图 1-1-22 所示。

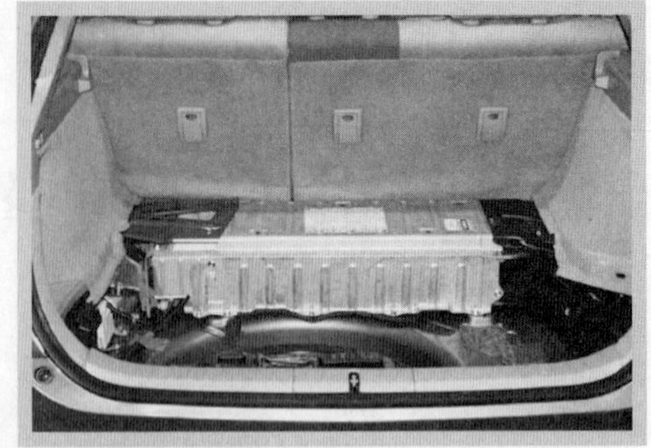

图 1-1-21 普锐斯 THS Ⅱ动力电池组安装位置

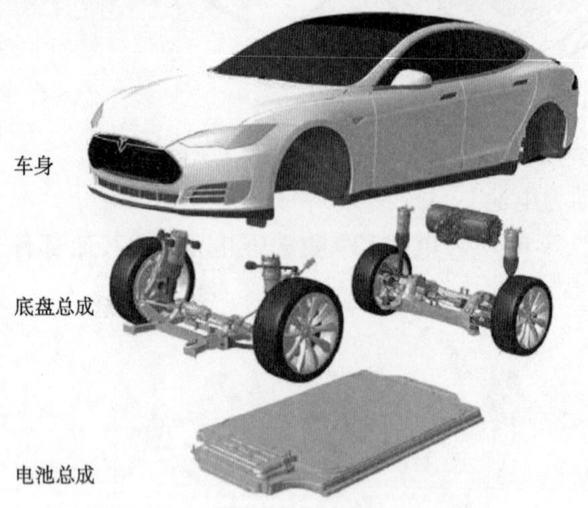

图 1-1-22 特斯拉 MODEL S 动力电池组安装位置

任务实施

(一)工作准备

(1)防护装备:绝缘防护装备。

(2)车辆、台架、总成:北汽 EV160;荣威 E50;比亚迪 E6 或其他纯电动汽车。

(3)专用工具、设备:充电器;电池组托架;专用测试仪;蓄电池拆装专用工具。

(4)手工工具:组合工具;装配楔。

(5)辅助材料:警示标示和设备;绝缘地胶;清洁剂。

(二)实施步骤

本操作任务主要完成对纯电动汽车的动力电池组的拆卸和安装。

1. 拆卸前准备

必须满足一些前提才允许对高电压动力电池单元进行有针对性的修理工作,这些前提条件既涉及人员安全，也包括有特殊工具的要求。

拆卸与分解高压电池单元最重要的特殊工具包括：

(1)可移动总成升降台以及用于拆卸和安装高电压动力电池单元的适配接头套件。

(2)高电压动力电池单元电池模块充电器。

(3)用于修理高电压动力电池单元后进行试运行的专用测试仪。

(4)用于拆卸和安装电池模块的起重工具。

(5)用于松开高电压动力电池单元内部卡子的塑料楔。

(6)隔离带。

(7)建议使用带发光条的黄色警示锥筒。

高电压动力电池单元修理工位必须洁净、干燥、无油脂、无飞溅火花。因此必须避免紧靠车辆清洗场所或车身修理工位。如有可能应使用活动隔板或隔离带进行隔离。

警告：

只允许具备高电压动力电池单元修理资质的维修人员进行这项工作，而且只有符合检测计划且满足“外部没有机械损伤”前提条件时，才能打开高电压动力电池单元并根据检测计划更换损坏组件。

2. 安全注意事项

(1)为了防止未经授权进入工位以及无法确保高电压本质安全或出现不明状态时，应使用隔离带。离开工作区域时，建议竖立发光黄色警告提示。

(2)拆卸盖板前，应清除高电压动力电池单元盖板区域内的残留水分和杂质。

(3)进行每项工作步骤之时、之前和之后应对作业组件仔细进行直观检查。例如拆卸某一组件时，应检查由此松开的其他组件是否损坏。

(4)在拔下和插上电池管理单元 BMS 的绝缘监控导线时，因为在较细导线上存在高电压，必须特别小心。拔下插头时，须注意不要拉动导线，并注意插头是否正确锁止，如果未正确锁止，可能会无法识别绝缘故障。

(5)工作中断时，应盖上拆下的壳体端盖并通过拧入几个螺栓防止无意中打开。

(6)在高电压组件或连接件上或在其附近，不要使用带有尖锐刃口或边缘的工具或物体。例如禁止使用螺丝刀、侧面切刀、刀具等。允许使用装配楔(“鱼骨”)。在 12V 车载网络导线束上，允许使用侧面切刀打开导线扎带。

(7)不允许切开高电压导线上的扎线带。可以松开卡子或将高电压导线连同支架部件一起拆卸。

(8)拆卸和安装电池模块时，松开螺栓和进行拆卸时必须注意，不要松开电池模块上的塑料盖板。下面装有导电电池接触系统。

(9)如果高电压动力电池单元内部有杂质时，明确原因后应对相关部位进行仔细清洁，允许使用以下清洁剂：

①酒精。

②风窗玻璃清洗液。

③玻璃清洗液。

④蒸馏水。

⑤带塑料盖的吸尘器。

(10)由于热交换器采用非常扁平的设计结构导致拆卸和安装时损坏风险较高,因此必须始终由两个人来拆卸和安装热交换器。进行热交换器操作时,必须非常谨慎,因为热交换器损坏(弯曲、凹陷)时无法确保对电池模块进行冷却。这样会使车辆可达里程和功率明显下降。重新安装前必须使用规定清洁剂清洁密封垫和密封面(排气单元、高电压插头、12V插头、热交换器接口)。

(11)电解液的主要部分结合在固体阴极材料锂镍锰钴氧化物内和固体阳极材料石墨内。高电压动力电池单元内的自由电解液量非常小。出现泄漏情况时可能会释放电解液和溶剂蒸气。接触皮肤或眼睛后需用大量清水进行冲洗并马上就医。发生火灾时主要会产生易燃气体、污浊气体和对健康有害的物质,例如一氧化碳、二氧化碳、氢气和碳氢化合物。注意切勿吸入!应供给充足新鲜空气。呼吸停止时应进行人工呼吸并马上就医。发生火灾时应通知消防部门。立即清理区域并保护事故地点。在不造成人员伤害的情况下进行灭火并使用相应灭火剂(例如水)。

(12)穿戴好劳保用品。

警告:

高压操作前,维修人员必须穿戴好劳保用品,戴好绝缘手套,穿好高压绝缘鞋。在戴绝缘手套前,必须要检查绝缘手套是否破损,确保手套绝缘有效。

①检查绝缘手套外观有无明显磨损痕迹。

②检查绝缘手套密封性。

a. 卷起手套边缘。

b. 折叠开口,并封住手套开口。

c. 向手套内吹气,确认有无空气泄漏。

d. 同样的方法检查第二只手套。

③确认密封良好后,佩戴绝缘手套。

3. 北汽 EV160 动力电池拆装流程

1)动力电池包开箱流程与规范

提示:

拆卸过程中注意力矩大小,防止螺栓拧断与螺纹滑丝。

(1)选好与螺栓所匹配的相关工具(图1-1-23)。

螺栓为内六角螺栓,需使用专用内六角扳手进行拆卸操作。

(2)用专用工具对准螺栓旋口均匀用力旋拧至螺栓脱离箱体。

①双手固定工具与螺栓位置均匀用力(图1-1-24)。

②匀速旋拧至螺栓完全脱离螺纹孔。

(3)检查螺栓是否全部拆除完毕。

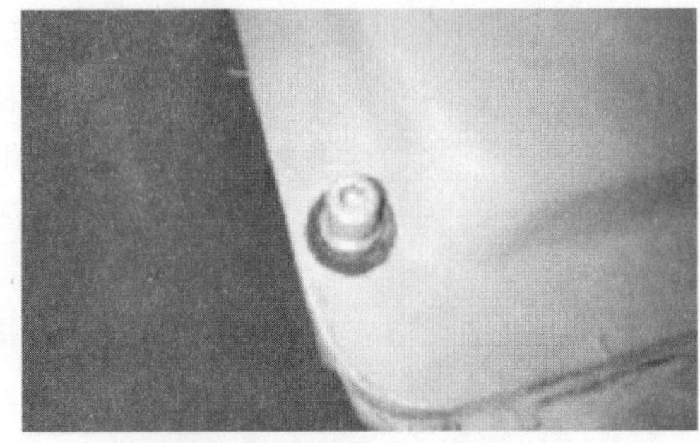

图1-1-23　选好与螺栓所匹配工具

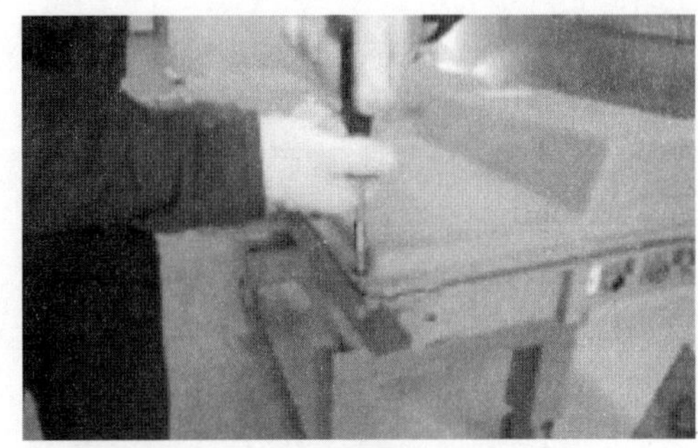

图1-1-24　双手固定工具与螺栓位置

(4)两人配合一前一后,用力与速度同步均匀抬下盖板(图1-1-25)。

注意:

两人前后均匀上抬至盖板离开箱体,匀速抬下防止盖板折断。

图1-1-25　两人配合抬下盖板

2)动力电池包扣盖密封流程与规范

安装过程中对螺栓的拧紧力度要均匀,防止螺栓折断、滑丝。

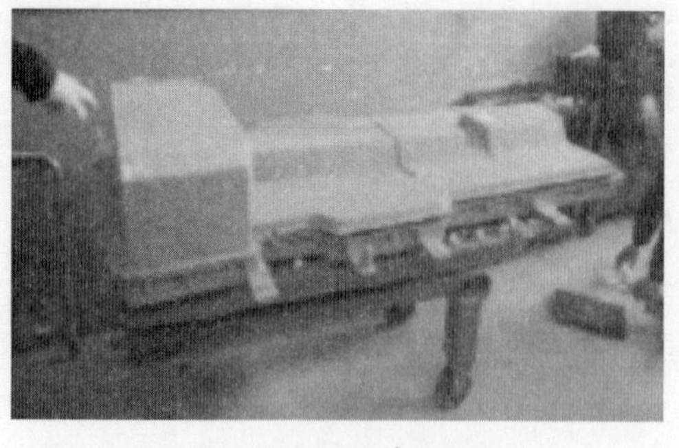
图 1-1-26　检查盖板无明显凸起翘边

(1)两人前后匀速盖扣动力电池包上盖板。

(2)检查盖板无明显凸起、翘边,位置与箱体成平行状态(图 1-1-26)。

(3)选好与箱体螺栓所匹配的旋拧工具。

(4)检查螺栓组合是否齐全,配件安装顺序是否正确。

①螺栓组合件为 4 件套,安装中必须配套使用。

②螺栓组合件安装先后顺序为:弹片(上)→垫片(中)→防护胶垫(下)(图 1-1-27)。

(5)将盖板螺栓旋拧进箱体的螺栓孔。

①安装中需注意螺栓是否对准箱体螺纹孔(图 1-1-28)。

图 1-1-27　螺栓组合件安装顺序

图 1-1-28　螺栓对准箱体螺纹孔

②匀速将全部螺栓旋拧紧固。

(6)检查螺栓全部安装完毕。

(7)对盖板与箱体边缘涂打密封胶进行密封处理。

①密封过程选胶枪与密封胶配合使用(图 1-1-29)。

②密封胶涂打箱体一圈,禁止留有间断部位(图 1-1-30)。

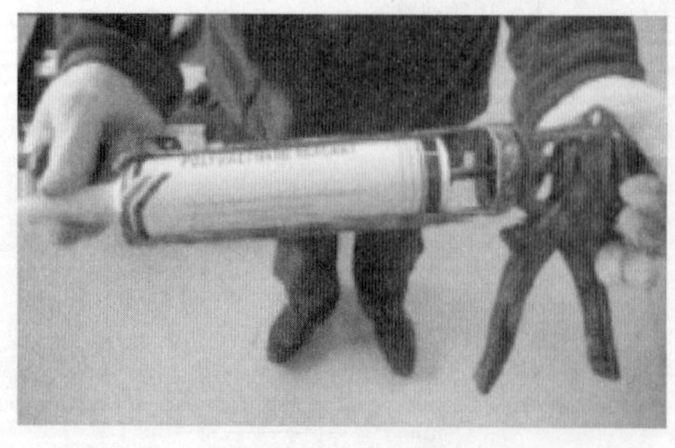
图 1-1-29　选胶枪与密封胶配合使用

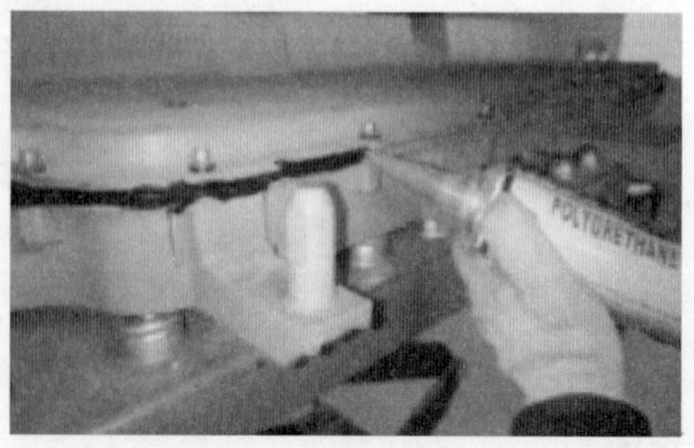

图 1-1-30　密封胶涂打箱体一圈

3)动力电池箱体与车身分离操作流程与规范

 **注意：**

此项操作最少两人配合完成。电池包托举平台需缓慢匀速上升与下降，防止因惯性导致电池包位置偏移或滑落。

(1)操作前务必先断开整车低压蓄电池负极连接线(图 1-1-31)。

(2)使用升降柱将车身托离地面约 1.7m(图 1-1-32)。

图 1-1-31　断开蓄电池负极连接线

图 1-1-32　将车身托离地面约 1.7m

(3)检查电池包底面有无明显破损托底现象，紧固螺栓是否齐全完好(图 1-1-33)。

(4)在车身下方(电池包位置)放置托举平台并上升至接触电池包底面(图 1-1-34)。

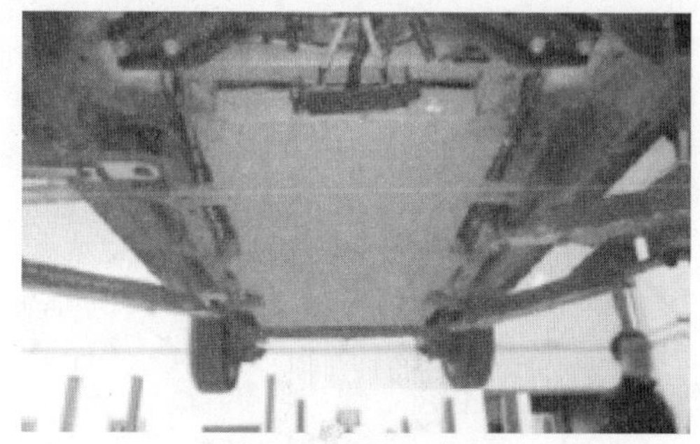

图 1-1-33　检查电池包底面

图 1-1-34　在车身下方放置托举平台

(5)检查完好状态并拆卸箱体与车身连接的高压电缆(两根)、通信插头(一个)。

①检查高压电缆(左负、右正)与通信插头(中)有无异常(图 1-1-35)。

②拆卸高压电缆与通信插头。

(6)使用专用工具对车身与电池包的固定螺栓进行拆卸。

①使用专业扭力工具对螺栓进行拆卸。

②双手稳固螺栓匀速进行拧卸(图 1-1-36)。

③工具套头需符合螺栓型号满足拆卸需求(图 1-1-37)。

(7)检查所有螺栓是否全部拆卸完毕。

(8)缓慢匀速下降托举平台并观察箱体与车身周边接触情况至全部分离(图 1-1-38)。

图 1-1-35　检查高压电缆与通信插头

图 1-1-36　拧卸螺栓

图 1-1-37　工具套头需符合螺栓型号

图 1-1-38　缓慢匀速下降托举平台

提示：

两人前后固定电池箱体缓慢匀速下降至脱离车身。

(9)拖曳托举平台离开车身下方。

4)动力电池箱体与车身安装流程与规范

提示：

此项操作最少两人配合完成。上升托举平台要匀速进行，防止速度过快导致箱体与车身碰撞或线束扯损。

(1)动力电池箱体需放置在专用的托举平台并将平台拖拽于车身下方(图 1-1-39)。

(2)两人操作缓慢匀速上升平台过程中，实时对准车体下方电池包槽位。

①两人操作缓慢上升平台(图 1-1-40)。

②匀速上升平台并对准车身电池箱体槽位(图 1-1-41)。

(3)动力电池箱体进入车身前，需仔细检查周边线束是否位置正确，防止摩擦缠绕(图 1-1-42)。

图 1-1-39　将平台托曳于车身下方

图 1-1-40　两人操作缓慢上升平台

提示：

仔细检查周边线束摆放位置防止摩擦扯损。

图 1-1-41　对准车身电池箱体槽位

图 1-1-42　检查周边线束是否位置正确

(4)检查箱体定位栓是否安装牢固无松动问题(图 1-1-43)。

(5)仔细检查电池箱体的定位栓是否能完全进入插孔。

①确保定位栓准确插入定位插孔(图 1-1-44)。

图 1-1-43　检查箱体定位栓是否安装牢固

图 1-1-44　定位栓准确插入定位插孔

②上项检查完毕后,上升至电池箱体完全进入车身槽位(图 1-1-45)。

(6)检查螺栓配件组合是否齐全,螺栓数量是否正确。

①检查螺栓配件是否齐全,安装顺序为:弹片(上)→垫片(下)(图 1-1-46)。

图1-1-45　电池箱体完全进入车身槽位

图1-1-46　安装顺序为:弹片(上)→垫片(下)

②操作前,先将螺栓手动旋进插孔,确保螺栓可顺利安装(图1-1-47)。

(7)使用专用扭力工具进行螺栓的校紧安装。

①使用专用扭力工具进行螺栓的安装与紧固。

②双手稳固工具与螺栓匀速校紧(图1-1-48)。

图1-1-47　将螺栓手动旋进插孔

图1-1-48　匀速较紧螺栓

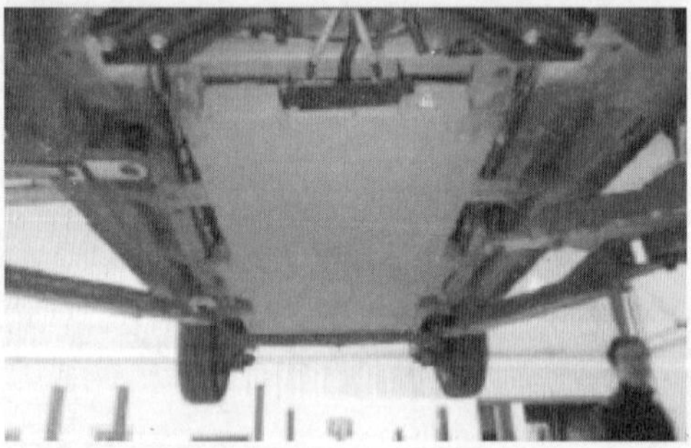

图1-1-49　螺栓全部安装并紧固

(8)检查确认螺栓全部安装完毕并绝对紧固(图1-1-49)。

(9)缓慢匀速下降托举平台并将车辆下降至地面。

4. 荣威E50动力电池拆装流程

1)从车辆上拆下高压动力电池组总成

荣威E50动力电池组拆卸步骤如图1-1-50所示。

第1步:关闭点火钥匙,车辆静置5min以上,才可进行拆卸作业。

注意:

正常情况下,在钥匙开关关闭后,高压系统还存在高压电,这是因为电机控制器中高压电容的存在造成的。需要经过一段时间的等待,高压电容中的电能才能完全释放。

图 1-1-50　荣威 E50 动力电池组拆卸步骤

第 2 步：铺设三件套，并拆下蓄电池负极电缆。

第 3 步：拆下手动维修开关。

(1)打开中控台前部中控台饰板(图 1-1-51)。

(2)拆下将中控台连接到中控台后盖板的 1 个螺钉(图 1-1-52)。

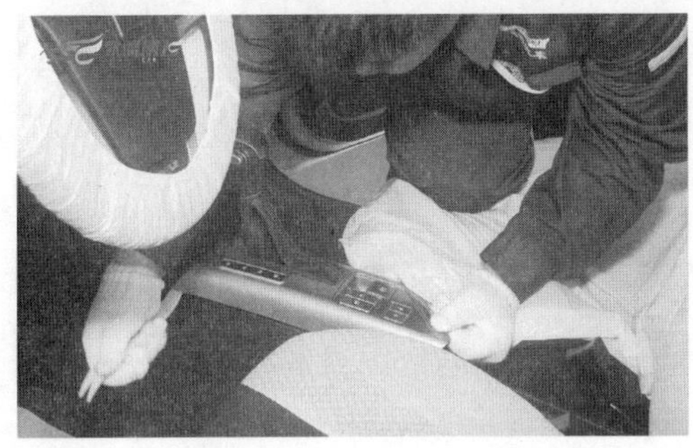

图 1-1-51　打开中控台饰板

图 1-1-52　拆下一个螺钉

(3)拆下将中控台后盖板固定到车底上的 1 个螺栓(图 1-1-53)。

(4)揭开保护材料(图 1-1-54)。

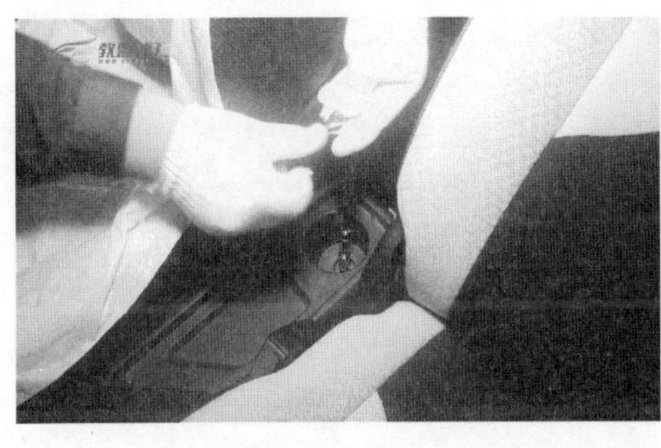

图 1-1-53　拆下 1 个螺栓

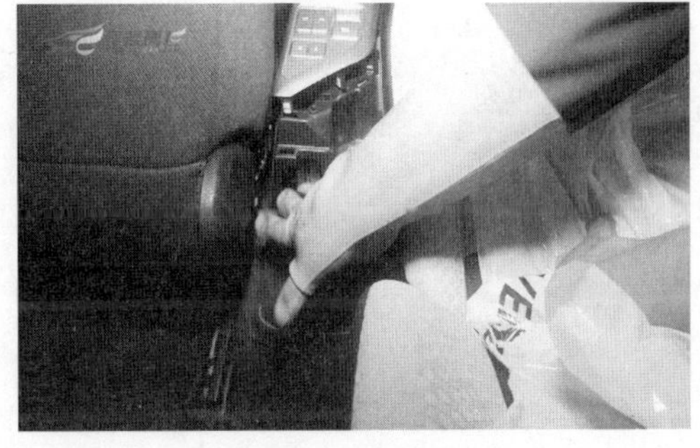

图 1-1-54　揭开保护材料

(5)打开手动维修开关盖，取出手动维修开关(图 1-1-55)。

(6)使用手动维修开关替代保护盖专用工具 TEL00022，盖住手动维修开关安装处(图 1-1-56)。

第 4 步：拆卸高压动力电池组。

(1)打开高压动力电池组水箱盖(图 1-1-57)。

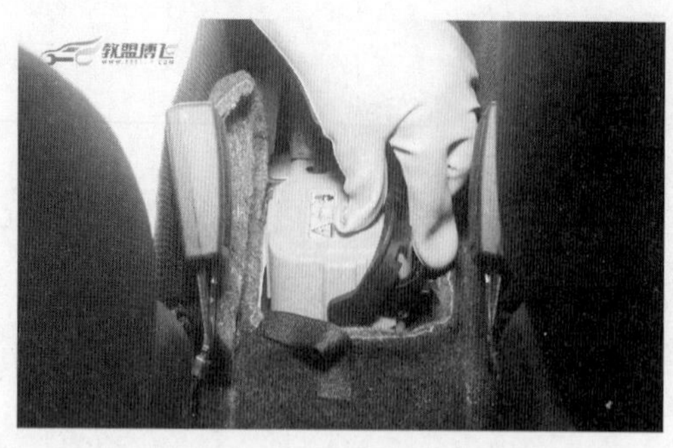

图1-1-55 取出手动维修开关

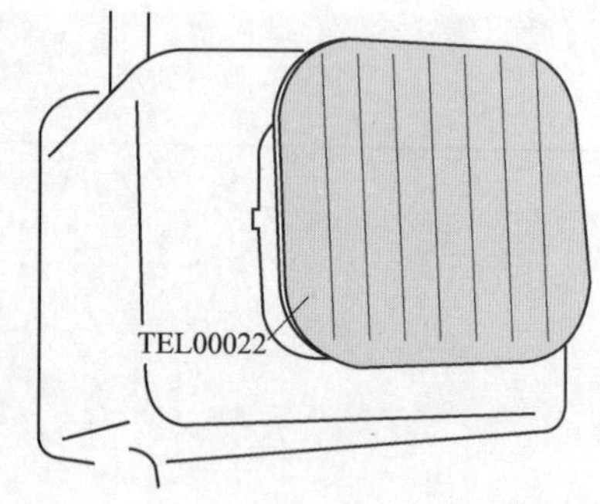

图1-1-56 盖住手动维修开关安装处

(2)摆放举升机托架,将支撑块放入车辆合适位置。

(3)举升车辆(图1-1-58)。

图1-1-57 打开高压动力电池组水箱盖

图1-1-58 举升车辆

(4)确认举升车辆的稳定性(图1-1-59)。

(5)继续举升车辆。

(6)拆卸车辆底部导流板。

(7)松开动力电池组到水泵之间的卡箍(图1-1-60)。

图1-1-59 确认举升车辆的稳定性

图1-1-60 松开卡箍

(8)断开水泵到三通软管的连接。

(9)断开高压动力电池组上的冷却水管入口。

(10)佩戴绝缘手套。

(11)断开高压动力电池组上的整车低压连接器(图1-1-61)。

(12)断开充电低压连接器。

(13)断开整车快充连接器。

(14)断开车载充电连接器。

(15)断开冷却水管出口(图 1-1-62)。

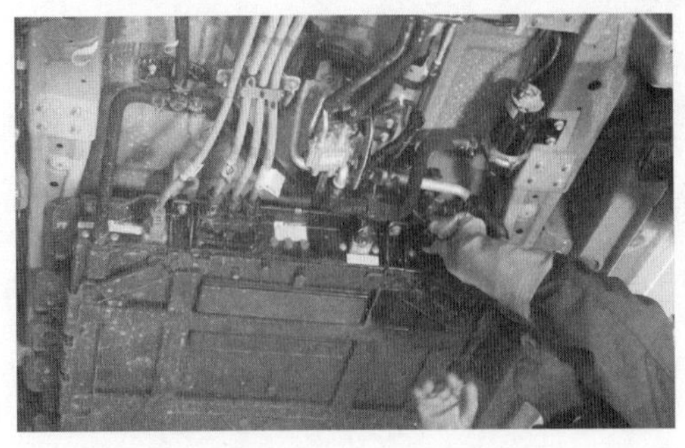

图 1-1-61　断开整车低压连接器

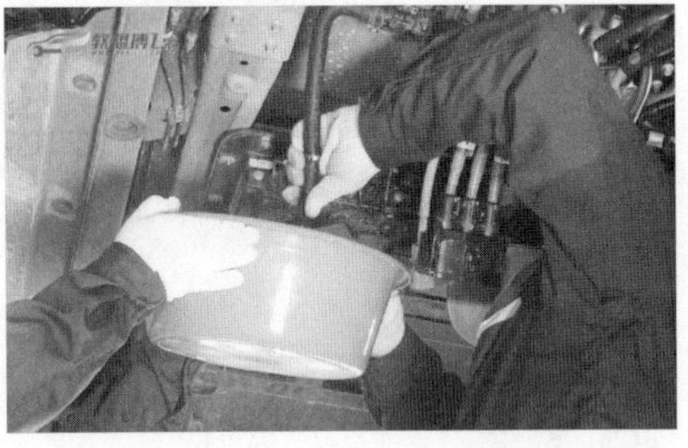

图 1-1-62　断开冷却水管出口

(16)将万用表旋至直流电压挡。

(17)测量快充连接器端子对地之间的电压,应为 0V(图 1-1-63)。

(18)测量慢充连接器端子对地之间的电压,应为 0V。

(19)铺设绝缘地胶(图 1-1-64)。

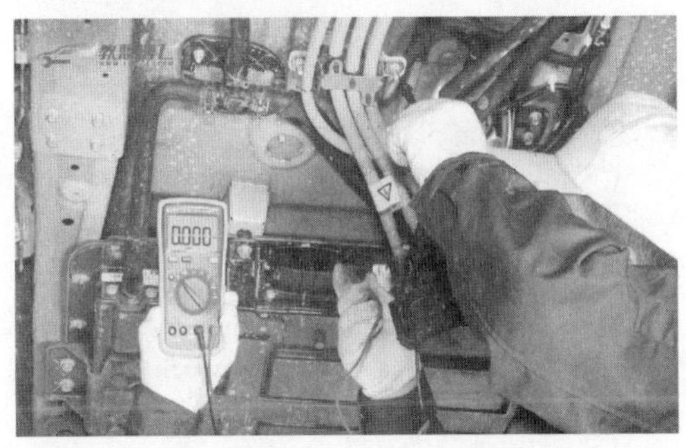

图 1-1-63　测量快充连接器端子对地之间的电压

图 1-1-64　铺设绝缘电胶

(20)将高压动力电池组托架放置于高压动力电池组下方,并锁定车轮(图 1-1-65)。

(21)升起支撑托架到合适高度。

(22)松开高压动力电池组固定在车架上的 23 个螺栓(图 1-1-66)。

图 1-1-65　放置高压动力电池组托架

图 1-1-66　松开 23 个螺栓

(23)检查动力电池组四周是否有遗忘断开的螺栓和线束连接器(图 1-1-67)。

图 1-1-67　检查是否有遗忘断开的螺栓和连接器

警告：

在降落动力电池组时，必须再次检查确认，高压线束与动力电池组是否已经完全分离，避免造成触电危险或损伤线束。

（24）缓慢降下支撑托架（图 1-1-68）。

（25）松开高压动力电池组上盖的固定螺栓（图 1-1-69）。

图 1-1-68　缓慢降下支撑托架

图 1-1-69　松开固定螺栓

（26）取下维修开关底座防水胶垫。

（27）对角拆下维修开关底座 4 个固定螺栓（图 1-1-70）。

（28）取下电池包上盖（图 1-1-71）。

图 1-1-70　拆下 4 个固定螺栓

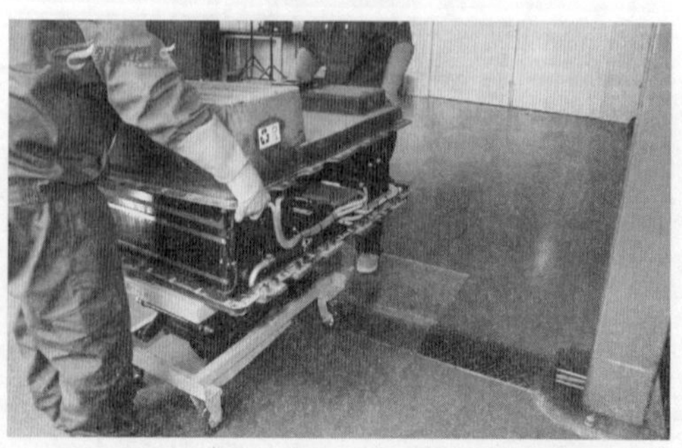

图 1-1-71　取下电池包上盖

2)将高压动力电池组总成安装到车辆上

荣威 E50 动力电池组安装步骤界面如图 1-1-72 所示。

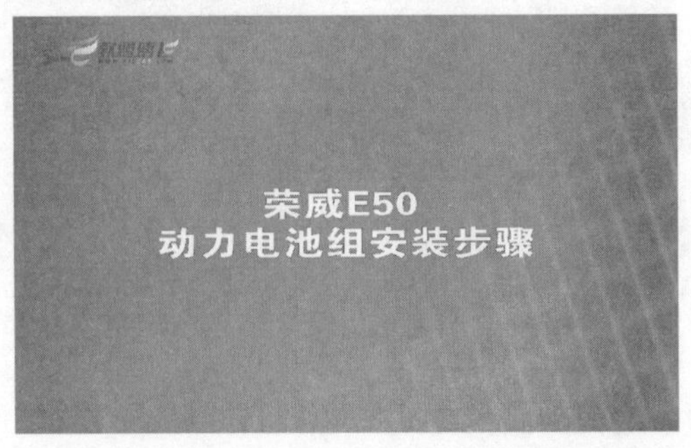

图 1-1-72　荣威 E50 动力电池组安装步骤界面

警告:

在高压系统:动力电池组、驱动电机、电力电子箱、高压配电单元、电空调压缩机、慢速充电器、电加热器、交流充电口和交流、充电线、快速充电口、高压线束全部安装(包括所有连接器的连接)完成之前,必须确保蓄电池的负极电缆始终处于断开状态,手动维修开关处于断开位置。

第 1 步:在举升机上举升车辆。

第 2 步:使用动力电池组托架专用工具 TEL00023 缓慢升起放置动力电池组的支撑平台,使动力电池组托架工具处于动力电池组的安装合适位置。

警告:

动力电池组托架专用工具的推手柄处须使动力电池组的重心靠近电池凸起部分。推行方向为车尾至车头。

警告:

动力电池组托架专用工具在举升之后,禁止拖动。

第 3 步:按以下步骤安装高压动力电池组。

(1)安装高压动力电池组保护盖(图 1-1-73)。

(2)对角安装并分批紧固维修开关底座螺栓。

(3)安装维修开关底座防水胶垫(图 1-1-74)。

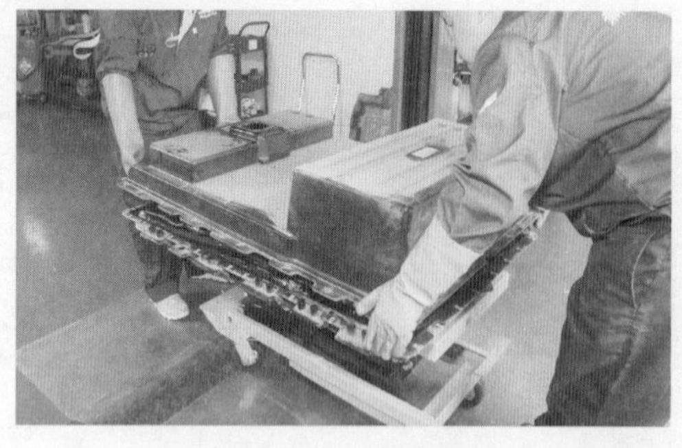
图 1-1-73　安装保护盖

图 1-1-74　安装防水胶垫

(4)安装紧固高压动力电池上盖的固定螺栓。

(5)升起支撑托架。

(6)抬升到动力电池组与底盘接触的合适位置(图 1-1-75)。

(7)安装高压动力电池组固定到车架上的螺栓。拧紧力矩为 70W·m(图 1-1-76)。

图 1-1-75　抬升动力电池组

图 1-1-76　安装螺栓

(8)降下支撑托架并移出到工作区域以外。

(9)连接高压动力电池包冷却水管出口。

(10)连接高压动力电池车载充电连接器。

(11)连接高压动力电池组快充连接器。

(12)连接高压动力电池组充电低压连接器。

(13)连接高压动力电池组整车低压连接器。

(14)连接高压动力电池组冷却水管入口。

(15)安装水泵到三通之间的软管,并紧固卡箍(图 1-1-77)。

(16)安装底部导流板。

(17)降下车辆。

(18)加注高压动力电池组冷却液(图 1-1-78)。

(19)进行冷却系统排空。

①备好规定浓度的冷却液。

②加注冷却液,直到冷却液达到动力电池组膨胀水箱颈部并保持静止。

③连接诊断仪让水泵运转。

④在举升机上举升车辆。

图 1-1-77　紧固卡箍

图 1-1-78　加注冷却液

⑤松开电动水泵进水口处的放气螺塞，将管路内空气排空，直到有冷却液进入水泵，立即拧紧放气螺塞。

⑥降下车辆，继续使水泵运转 20～30min，并根据膨胀水箱中的液面下降情况不断补充冷却液，直到没有气泡冒出，液面不再下降。

⑦关闭水泵，并断开诊断仪。

警告：

溢出的蒸气或冷却液会造成诸如烫伤之类的伤害，所以当冷却系统还热时，不要打开膨胀箱盖。

(20)将冷却液加至 MAX 和 MIN 之间，并检查系统有无泄漏。

(21)拧紧高压动力电池组水箱盖。

第 4 步：降低车辆。

第 5 步：安装手动维修开关。

(1)取下覆盖于手动维修开关安装处的手动维修开关替代保护盖专用工具 TEL00022。

(2)将手动维修开关嵌入固定位置。

(3)合上手动维修开关盖。

(4)盖上保护材料。

(5)将中控台后盖板固定到车底上，装上 1 个螺栓拧紧至 6～8N · m，并检查力矩。

(6)装上 1 个将中控台后盖板连接到中控台上的螺钉拧紧至 4～6N · m，并检查力矩。

(7)合上中控台前部中控台饰板。

第 6 步：连接蓄电池负极电缆。

学习测试

1. 填空题

(1)将化学能转换成电能的装置称为________，一般简称电池。

(2)电池放电后，能够用________方式使内部活性物质再生把电能储存为化学能；需要放电时再次把化学能转换为电能，这类电池称为蓄电池，一般又称________。

(3)混合动力车用电池不进行完全________和完全________。

(4)由于对锂离子电池进行过度充电和过度放电会对其________和循环寿命的保持带来不良的影响，因此附带________。

(5)每个电池大模块由2个电池________和均衡模块管理，每个小模块由1个电池采集和________。

2. 判断题

(1)铅酸蓄电池，是一种电极主要由铅及其氧化物制成，电解液是硫酸溶液的蓄电池。 (　　)

(2)AGM蓄电池是一种需要定期维护蓄电池。 (　　)

(3)比亚迪E6采用比亚迪自主知识产权的磷酸铁锂电池。 (　　)

(4)电动汽车的动力电池一般位于车辆的前部，即传统车辆发动机的位置。 (　　)

(5)高电压动力电池修理工位必须避免紧靠车辆清洗场所或车身修理工位。如有可能应使用活动隔板或隔离带进行隔离。 (　　)

3. 不定项选择题

(1)新能源汽车常用的动力电池类型有(　　)。

A. 锂离子电池　　B. 镍氢蓄电池　　C. 铁氢电池　　D. 干电池

(2)充电时，镍氢电池在正极氢氧化镍被氧化生成(　　)。

A. 羟基氧化镍和水　　B. 水和氢气

C. 氧化镍和水　　D. 镍金属

(3)镍氢电池作为动力电池具有的特点有(　　)。

A. 良好的耐振动特性和耐冲击性

B. 具有良好的散热性能

C. 寿命可以使用10年以上

D. 成本比铅酸蓄电池低

(4)锂离子电池主要的组成部件有(　　)。

A. 作为氧化剂的正极活性物质

B. 作为还原剂的负极活性物质

C. 作为锂离子导电相的电解液

D. 防止两个电极产生短路的隔板

(5)锂离子电池利用正极及负极之间锂离子的移动来进行(　　)。

A. 充电和放电　　B. 散热　　C. 产生热量　　D. 延长使用寿命

任务2　动力电池组分解与组装

提出任务

一辆电动汽车因动力电池组损坏而无法运行,动力电池组总成需要分解进行单体检测,你的主管要求你承担动力电池组的分解与组装任务,你能完成这个任务吗?

任务要求

知识要求

1. 能够描述动力电池内部组成部件及功能;
2. 能够描述常见车型动力电池组的结构组成;
3. 能够描述动力电池的存放与回收处理注意事项。

能力要求

能够进行新能源汽车动力电池的分解与组装。

相关知识

1. 动力电池的组成部件及功能

动力电池系统主要由动力电池模组、电池管理系统、动力电池箱及辅助元器件等四部分组成。其整体展示如图1-2-1所示。

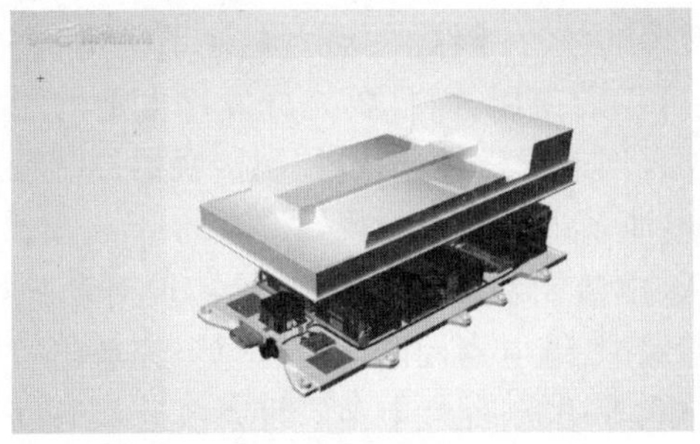

图1-2-1　动力电池展示

图1-2-2为北汽新能源EV系列车型(E150)动力电池组主要组成部件,各部分的功能如下。

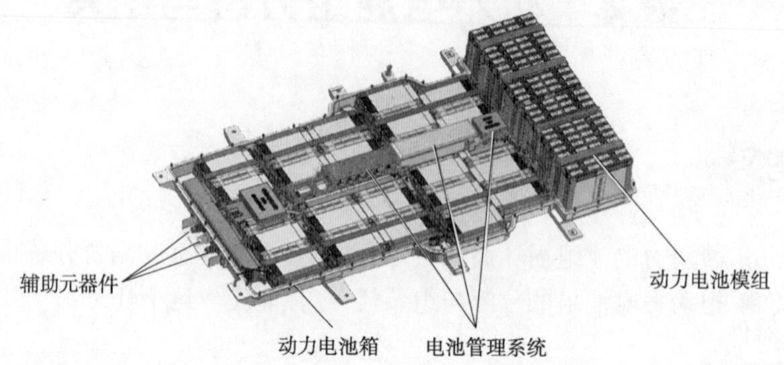

图1-2-2　高压电池组主要组成部件

动力电池的结构展示如图1-2-3所示。

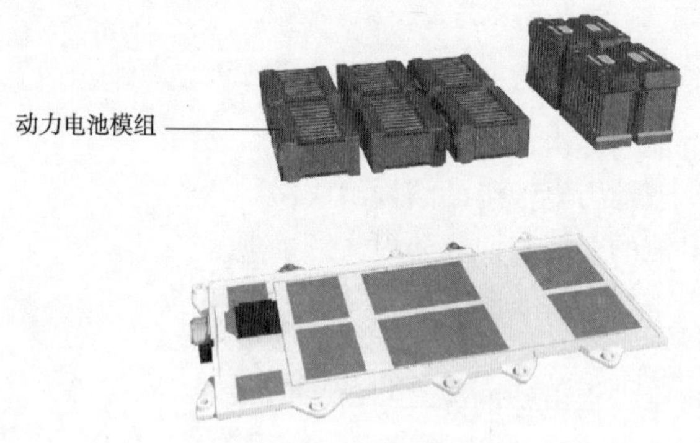

图1-2-3　动力电池的结构展示

1)动力电池模组

(1)电池单体:构成动力电池模块的最小单元。一般由正极、负极、电解质及外壳等构成。可实现电能与化学能之间的直接转换。

(2)电池模块:一组并联的电池单体的组合,该组合额定电压与电池单体的额定电压相等,是电池单体在物理结构和电路上连接起来的最小分组,可作为一个单元替换。

(3)模组:由多个电池模块或单体电芯串联组成的一个组合体。

2)电池管理系统(BMS)

(1)BMS的作用:电池保护和管理的核心部件,在动力电池系统中,它的作用就相当于人的大脑。它不仅要保证电池安全可靠的使用,而且要充分发挥电池的能力和延长使用寿命,作为电池和整车控制器以及驾驶人沟通的桥梁,通过控制接触器控制动力电池组的充放电,并向整车控制器VCU上报动力电池系统的基本参数及故障信息。

(2)BMS具备的功能:通过电压、电流及温度检测等功能实现对动力电池系统的过电压、欠电压、过电流、过高温和过低温保护,继电器控制、SOC估算、充放电管理、均衡控制、故障报警及处理、与其他控制器通信功能等功能;此外电池管理系统还具有高压回路绝缘检测功能,以及为动力电池系统加热功能。

3）动力电池箱

（1）动力电池箱：支撑、固定、包围电池系统的组件，主要包括上盖和下托盘，还有辅助元器件，如过渡件、护板、螺栓等，动力电池箱有承载及保护动力电池组及电气元件的作用。

（2）技术要求：电池箱体通过螺栓连接在车身地板下方，其防护等级为 IP67，螺栓拧紧力矩为 80～100N·m。整车维护时需观察电池箱体螺栓是否有松动，电池箱体是否有破损严重变形，密封法兰是否完整，确保动力电池可以正常工作。

（3）外观要求：电池箱体外表面颜色要求为银灰或黑色，亚光；电池箱体表面不得有划痕、尖角、毛刺、焊缝及残余油迹等外观缺陷，焊接处必须打磨圆滑。

4）辅助元器件

辅助元器件主要包括动力电池系统内部的电子电器元件，如熔断器、继电器、分流器、接插件、紧急开关、烟雾传感器等，维修开关以及电子电器元件以外的辅助元器件，如密封条、绝缘材料等。

接触器位于线束和继电器模块内，用于控制高电压的通断。当接触器闭合时，高电压自电池组输出到车辆动力系统，接触器断开后，高电压保存在电池组内。

2. 常见车型动力电池的参数与结构组成

1）比亚迪 E6 动力电池的参数与结构组成

比亚迪 E6 动力电池系统由 11 个动力电池模组，共 96 节电池单元组成。如图 1-2-4 所示，比亚迪 E6 采用了磷酸铁锂类型电池，每个电池单元的单体电压约为 3.3V，利用 96 节电池单元串联后，可以形成 316.8V 左右的总电压。

注意：

$LiFePO_4$（磷酸铁锂）电池的标称电压是 3.3V、终止充电电压是 3.6V、终止放电压是 2.0V。

在 E6 的动力电池组总成中，可以分别对 11 个电池模组进行标记和命名，即从 A1-E 分别标记为 A1、A2、B1、B2、C1、C2、D1、D2、D3、D4 和 E，其中：

A1、A2、E——每个电池模组有 4 个电池单元串联。

B1、B2——每个电池模组有 10 个电池单元串联。

C1、C2——每个电池模组有 8 个电池单元串联。

D1、D2、D3、D4——每个电池模组有 12 个电池单元串联。

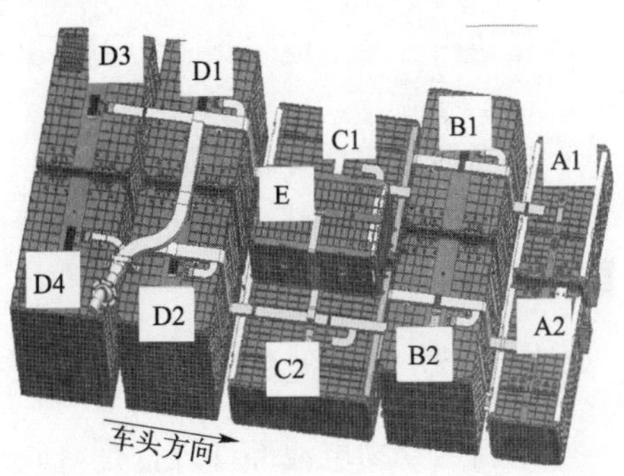

图 1-2-4　E6 动力电池组总成及电池模组位置

2）荣威 E50 动力电池的参数与结构组成

荣威 E50 动力电池的参数见表 1-2-1。

荣威 E50 电池组参数表 表 1-2-1

参　数	参数值	参　数	参数值
总能量(kW·h)	18	总电压范围(V)	232.5~334.8
可用能量(kW·h)	16	单体电池电压范围(V)	2.5~3.6
总容量(A·h)	60	单体电池容量(A·h)	20
防护等级	IP67		

E50 动力电池组内部主要部件如图 1-2-5 所示。

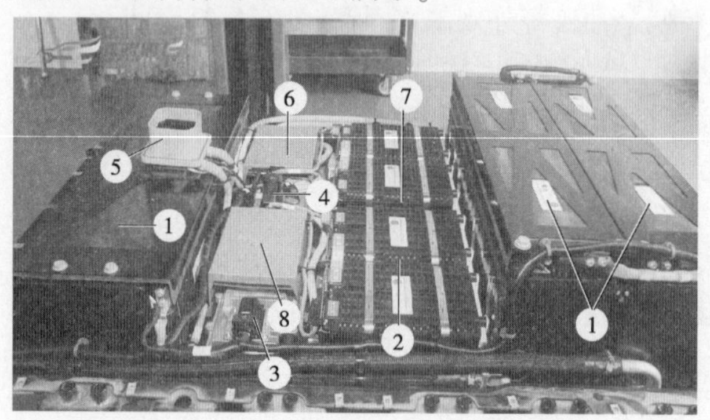

图 1-2-5　荣威 E50 动力电池组内部主要部件

1-高压电池组电池模块(27 串 3 并);2-高压电池组电池模块(6 串 3 并);3-高压电池组电池管理控制器;4-高压电池组电池检测模块;5-手动维修开关;6-高压电池组电池高压电力分配单元与电池采集和均衡模块(6 串 3 并);7-高压电池组电池模块(6 串 3 并);8-电池采集和均衡模块(6 串 3 并)

(1)动力电池组电池模块。包含 5 个模块,其中 3 个大模块(27 串 3 并),2 个小模块(6 串 3 并);电池共 93 个串联。

(2)动力电池组电池管理控制器。汇总内部控制器采集的电池信息,通过一定的控制策略,向整车控制器提供电池运行状态的信息,响应整车高压回路通断命令,实现对电池的充放电和热管理。

(3)动力电池组电池高压电力分配单元。通过不同高压继电器的通断,实现各个高压回路的通断。

(4)动力电池组电池检测模块。实现电流检测和绝缘检测等功能。

(5)动力电池组电池采集和均衡模块。实现电池电压和温度的采集,电池均衡功能;每个大模块由 2 个电池采集和均衡模块管理,每个小模块由 1 个电池采集和均衡模块管理。

(6)其他。

①高低压线束及接插件。

②冷却系统附件:冷却板和冷却管路等。

③外壳。

3. 动力电池的存放与回收处理注意事项

对高压动力电池部件进行维修时,必须采取特别的防护措施,同时遵守与工作环境相关的所有高压安全防护措施,还需要佩戴个人防护用品。

只允许将动力电池及其组件(例如电池模块)存放在带有自动灭火装置的空间内。此外必须装有火灾探测器,从而确保即使不在工作时间内也能识别出失火情况。原则上不允许将动力电池放在地面上,而是只能放在架子上或绝缘垫上(图1-2-6)。必须将各电池模块存放在可上锁的安全柜内。当动力电池单元故障但未损坏时,可像起动蓄电池一样将其放在运输容器内。

出现以下情况时就会视为蓄能器损坏:

(1)动力电池单元带有可见烧焦痕迹。

(2)动力电池单元具体部位可见高温形成迹象。

(3)动力电池单元冒烟。

(4)动力电池单元外部面板变形或破裂。

必须将损坏的高电压蓄能器临时存放在户外带有特殊标记的容器内至少48h,之后才允许进行最终废弃处理(图1-2-7)。

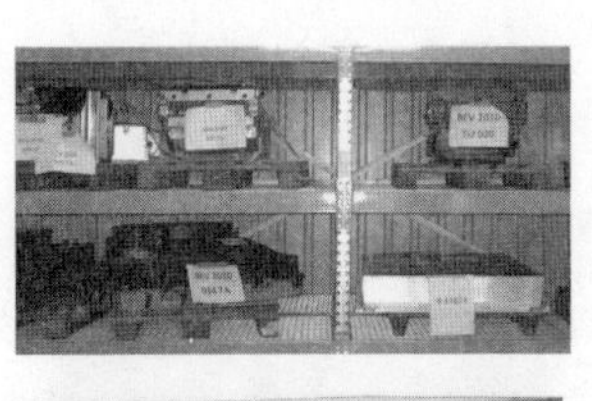

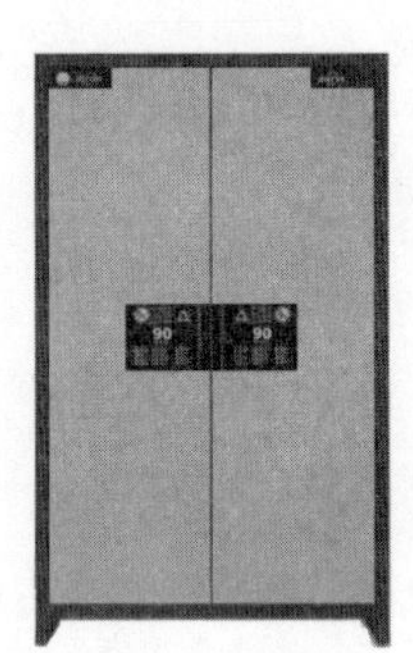

图1-2-6　存放完好无损的高电压蓄能器和电池模块

图1-2-7　动力电池存放方式

存放位置必须与建筑物、车辆或其他易燃材料(例如垃圾)容器至少距离5m。必须将外部损坏的高电压蓄电池单元放在耐酸且防漏凹槽内,以免溢出的电解液流入土壤。

由于存在危险和污染环境,动力电池应由厂家或专门的机构回收处理。

2016年12月1日,为加强新能源汽车动力电池回收利用管理,规范行业发展,工信部发布《新能源汽车动力蓄电池回收利用管理暂行办法(征求意见稿)》,该办法从设计、生产及回收责任、综合利用、监管管埋等方面作出了明确的规定。该办法提出,工业和信息化部会同国家标准化主管部门制定动力电池回收利用相关拆卸、拆解、包装运输、余能检测、梯级利用、材料回收利用等技术标准,建立动力电池回收利用管理标准体系。

任务实施

(一)工作准备

(1)防护装备:绝缘防护装备。

(2)车辆、台架、总成:荣威E50或其他纯电动汽车。

(3)专用工具、设备:动力电池分解专用工具;动力电池专用测试仪。
(4)手工工具:绝缘拆装组合工具;装配楔。
(5)辅助材料:警示标示和设备;绝缘地胶;清洁剂。

(二)实施步骤

本操作任务主要完成对纯电动汽车的动力电池组的分解与组装。

提示:

参照任务1进行拆卸前准备和安全注意事项检查。

绝大多数车型动力电池的分解和组装必须由生产厂家或专业人员完成,以下仅以荣威E50为例介绍动力电池的分解与组装过程。

荣威E50动力电池分解与组装

荣威E50动力电池组如图1-2-8所示。
1)分解前工位准备
(1)工位洁净。
(2)远离溢出液体。
(3)工位上没有工具或其他物体。
(4)建议使用独立空间从空间上与其他工位隔开或使用隔离带进行空间隔离。
(5)附近没有飞溅火花,否则应竖起相应隔板。
2)分解

提示:

分解电池模块或电池监控模块及元件前,必须打印元件位置图。

图1-2-8 荣威E50动力电池组

(1)必须遵守安全规定并断开电池模块与壳体上所固定导线之间的高电压导线。

(2)在此必须按照位置图使用防水笔对所有电池模块和电池监控电子装置进行编号。

(3)松开相关电池模块上的螺栓并取下隔板。如有必要可松开大范围的环形导线束,松开时可根据需要使用鱼骨。切勿使用带有尖锐棱边的物体。

(4)拔下相关电池模块的高电压插头并稍稍弯向一侧,从而确保能够非常顺畅地抬出电池模块。

(5)使用磁套筒头松开电池模块的螺母,小心抬出电池模块包括电池监控电子装置,为了便于操作可使用专用工具抬出,此时要注意电池模块之间的高电压导线能否顺畅通过。将电池模块底部向下以防滑防倒方式放在一个洁净平面上。

3)组装

(1)使用专用工具小心抬起电池模块包括电池监控电子装置,在此要注意相邻部件,特别是高电压导线。使用磁套筒头安装电池模块的螺母并按规定力矩拧紧。将导线束的插头与电池监控电子装置连接在一起。安装并固定拆下的隔板。插上相关电池模块的高电压插头。连接电池模块与壳体上所固定导线之间的高电压导线。

(2)检查壳体下部件的密封面并清除可能存在的污物。在第二个人的帮助下小心放上壳体端盖。在此必须注意不要让尖锐棱边接触密封垫。

4)安装后续检查及完善

(1)使用专用测试仪进行最终测试(图1-2-9)。

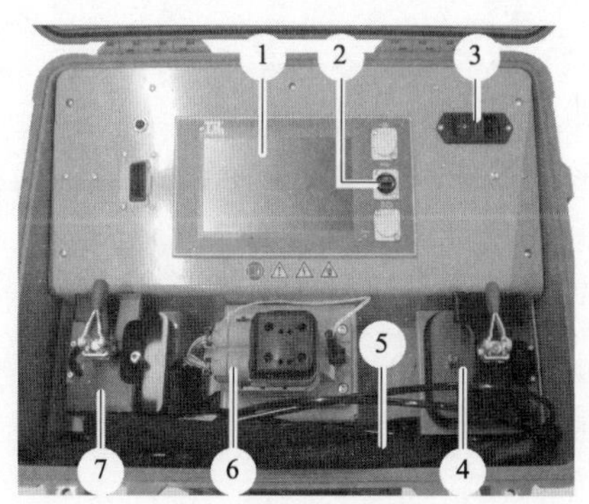

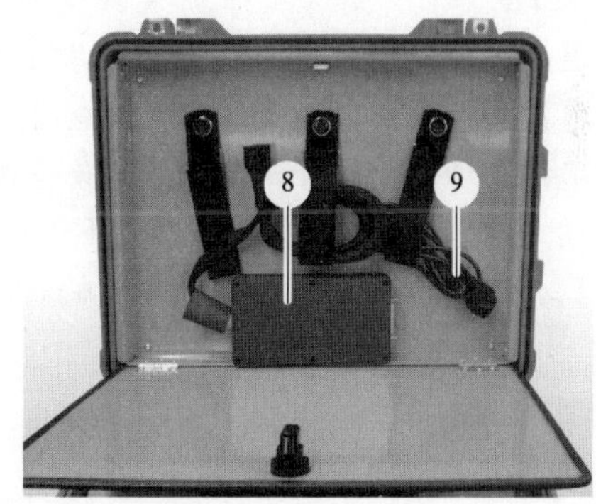

图1-2-9 荣威E50动力电池专用测试仪

1-用于操作的触摸屏;2-用于更新的USB接口;3-网络电缆和主开关接口;4-专用车型开关;5-连接电缆;6-高电压插头;7-专用车型开关;8-用于高电压测试的继电器盒;9-网络电缆

安装前必须使用测试仪(End of Service“维修结束”)进行测试。安装适用于排气单元的检测适配器。连接用于压力接口、高电压插头和12V车载网络插头的检测接口。

E50动力电池单元上的接口如图1-2-10所示。

(2)进行总测试。首先进行密封性测试,随后进行耐压强度、绝缘电阻和绝缘监控测试。

(3)将动力电池单元安装在车上。在第二个人的帮助下使用总成升降台小心使动力电池单元移回车辆下方。抬起动力电池单元时必须注意锁止件和中间位置,而且不允许将总成升降台抬得过远。安装动力电池组上的固定螺栓,拧入电位补偿螺栓。

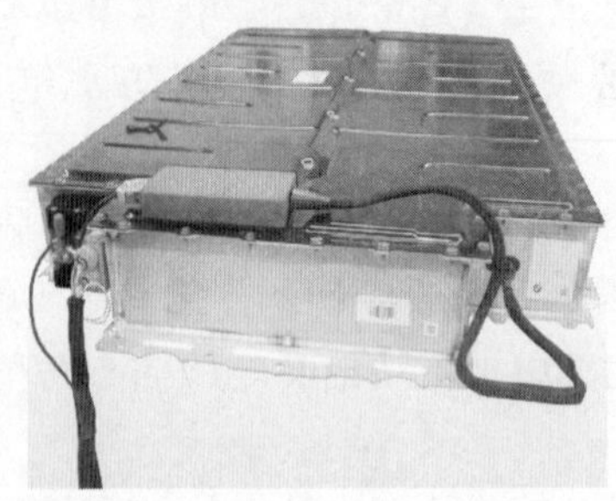

图 1-2-10　E50 动力电池单元上的接口

学习测试

1. 填空题

(1)动力电池系统主要由动力电池模组、________、动力电池箱及________等四部分组成。

(2)动力电池模组是由多个________或单体电芯________组成的一个组合体。

(3)动力电池箱有承载及保护________及________的作用。

(4)接触器用于控制高电压的________。当接触器断开后,高电压保存在________内。

(5)比亚迪 E6 动力电池系统由________个动力电池模组,共________节电池单元组成。

2. 判断题

(1)电池模块是构成动力电池组的最小单元。　　(　　)

(2)电池模组由单个电池模块或单体电芯串联组成的一个组合体。　　(　　)

(3)电池管理系统具有高压回路绝缘检测功能,以及为动力电池系统加热功能。　　(　　)

(4)动力电池应当正立安装放置,不可倾斜,动力电池组间应有通风措施。　　(　　)

(5)只允许具备高电压蓄电池单元修理资质的维修人员进行蓄电池拆装和分解工作。　　(　　)

3. 不定项选择题

(1)动力电池组的电池单体的构成为(　　)。

A. 正极、负极　　B. 电解质　　C. 外壳　　D. 电池模块

(2)动力电池辅助元器件有(　　)。

A. 熔断器　　B. 继电器　　C. 接触器　　D. 维修开关

(3)损坏的动力电池存放位置必须与建筑物、车辆或其他易燃材料(例如垃圾)容器至少距离(　　)。

A. 2m　　B. 5m　　C. 10m　　D. 20m

(4)在高压系统部件的安装(包括所有连接器的连接)完成之前,必须确保蓄电池的负极电缆始终处于断开状态,手动维修开关处于(　　)。

A. 断开位置　　B. 闭合位置

C. 没有特殊要求　　D. 根据实际情况确定

任务3　动力电池冷却系统检修

提出任务

你的客户询问纯电动汽车需要加冷却液吗？动力电池会像手机电池一样，长时间充电会发烫吗？作为新能源汽车的售后服务人员，你能否回答这些问题？如果冷却系统出现故障，你能进行检修吗？

任务要求

知识要求

1. 能够描述新能源汽车冷却系统的作用；
2. 能够描述动力电池的生热机理与冷却系统的作用；
3. 能够描述动力电池的冷却形式；
4. 能够描述典型车型动力电池冷却系统的结构原理。

能力要求

1. 能进行动力电池冷却系统压力测试；
2. 能进行动力电池冷却系统膨胀箱盖压力测试；
3. 能进行动力电池冷却液的排空与加注；
4. 能够进行动力电池冷却水泵的拆装。

相关知识

1. 新能源汽车冷却系统的作用

汽车的冷却系统是保证汽车动力驱动系统性能的重要部分，是动力驱动系统能够正常工作的重要基础，冷却系统的技术水平及工作状况直接影响汽车性能指标。汽车冷却系统控制受到了汽车行驶工况、行驶环境的多个因素影响，是较为复杂的控制对象，除了冷却系统的本体外，其控制方法的优劣也直接影响着冷却系统性能。

新能源汽车（纯电动和混合动力汽车）的动力电池、电机、电机控制器等部件在工作中会产生大量的热量,部件的过热会严重影响其工作性能。另外,动力电池组最佳工作温度为23~24℃,温度并非越低越好,在低温的环境下需要对动力电池组进行加热,保持合适的工作温度。因此新能源汽车与传统汽车一样,也必须采用冷却系统。

2. 动力电池的生热机理与冷却系统的作用

1)动力电池的生热机理

动力电池作为电动汽车的动力能源,其充电、做功的发热一直阻碍着电动汽车的发展。动力电池的性能与电池温度密切相关。40~50℃及以上的高温会明显加速电池的衰老,更高的温度(如120~150℃及以上)则会引发电池热失控。

以下以镍氢电池为例,介绍电池发热的原因。

镍氢电池电化学反应原理决定了镍氢电池在充、放电过程中的生热。生热因素主要有4项:电池化学反应生热、电池极化生热、过充电副反应生热以及内阻焦耳热。

如果把电池内部所有的物质(如活性物质、正极和负极、隔板等)假定为一个具有相同特性的整体,电池内部的热传导性非常好,使电池内部单元等温。但由于电池壳体基本不产生热量,因而其温度与电池内部的温度非常接近。由表1-3-1可以看出,电池经过变电流充放工况后,电池的最高温度和最低温度与电池平均温度之差在4.2℃左右,电池的最高温度在35.5℃左右。

放电前后电池箱电池温度对照

表1-3-1

工况	最高温度(℃)	最低温度(℃)	平均温度(℃)
放电前	30.2	29.2	29.7
放电后	35.5	32.3	33.9

2)动力电池冷却系统的作用

动力电池组的工作状态包括:

(1)电池组在充、放电时会释放一定的热量,故需要对电池组进行冷却。

(2)在低温环境下,需要对电池组进行加热处理,以提高运行效率。

动力电池组采用冷却系统的作用是:通过对动力电池组冷却或加热,保持动力电池组较佳的工作温度,以改善其运行效率并提高电池组的寿命。图1-3-1是高压动力电池组的热管理系统组成示意图,热管理系统可以根据需要对电池组进行冷却或加热。

需要特别说明的是,目前国内常见的绝大多数新能源汽车的电机及控制器都采用冷却系统,但动力电池的冷却系统除了少数车型(如荣威汽车)以外,基本上都没有专门的冷却系统,这是因为:一方面由于冷却系统增加了电池组的体积,或会消耗了电池的一部分能量;另一方面是国内车型对动力电池的材料进行改进,以及利用控制程序进行修正,对电池工作环境要求不高。当然,这会以损耗电池寿命为代价的。

电池组的热管理系统工作原理如图1-3-2及动画所示。

3. 动力电池的冷却形式

目前应用在动力电池上的冷却方式有水冷和风冷两种。

1)水冷动力电池冷却系统

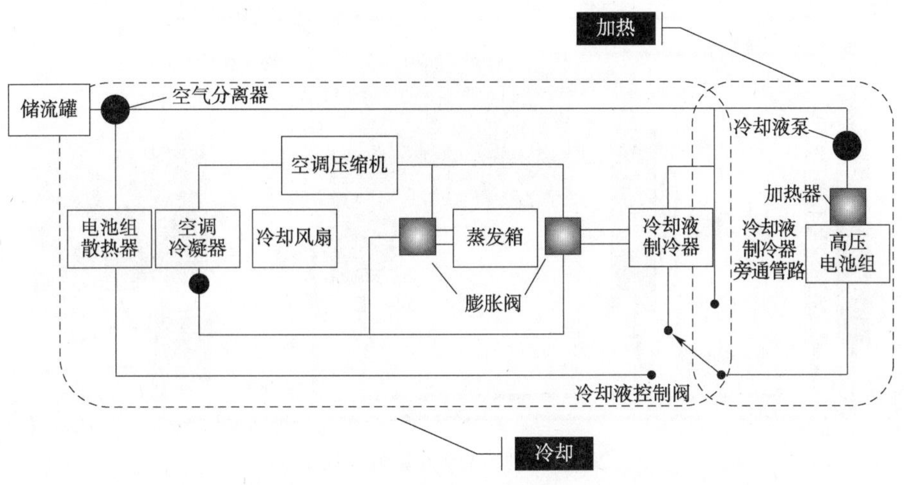

图 1-3-1 高压动力电池组热管理系统组成示意图

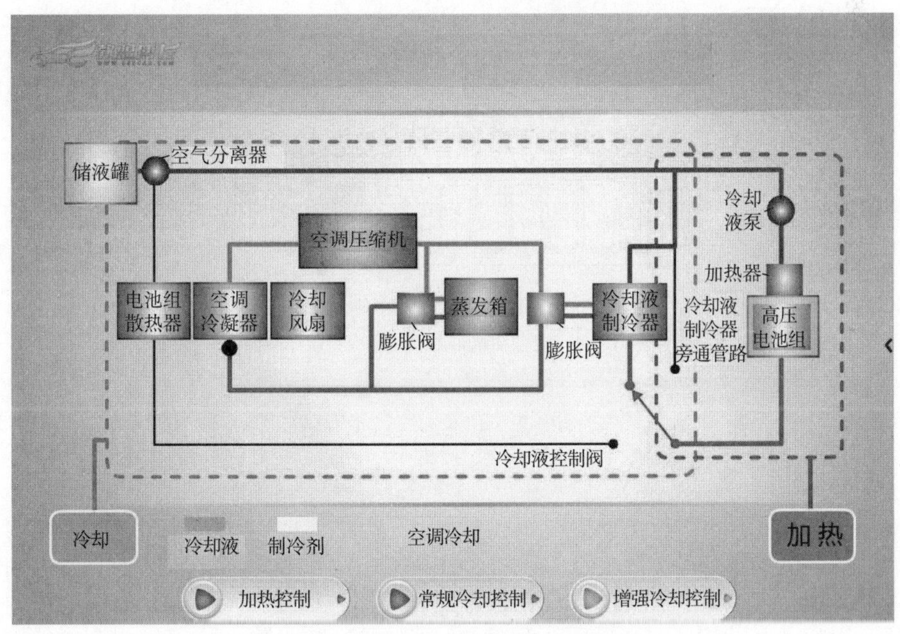

图 1-3-2 电池组的热管理系统工作原理

水冷动力电池冷却系统结构如图 1-3-3 所示，主要部件包括散热器、膨胀壶、电子水泵、VCU（或 HPCM2，混动车型）、冷却液控制阀、加热器和冷却管路等。

水冷动力电池冷却系统优点是：电池平均能量效率高；电池模块结构紧凑；冷却效果优异；能集成电池加热组件，解决了在环境温度很低的情况下，加热电池的问题。

缺点是：系统复杂，多了很多部件，如水泵、阀、低温水箱，成本增加。

2）风冷动力电池冷却系统

风冷动力电池冷却系统结构如图 1-3-4 所示。

冷却空气在动力电池模块中的流动有串行、并行通风等几种方式，如图 1-3-5 所示。

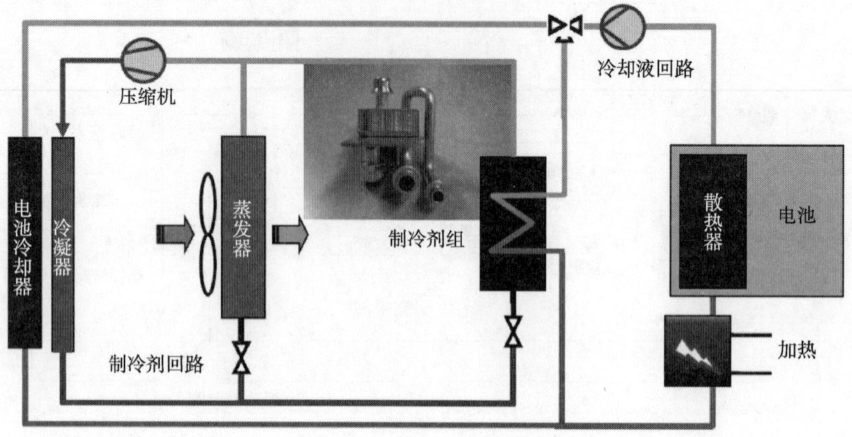

图 1-3-3　水冷式动力电池冷却系统

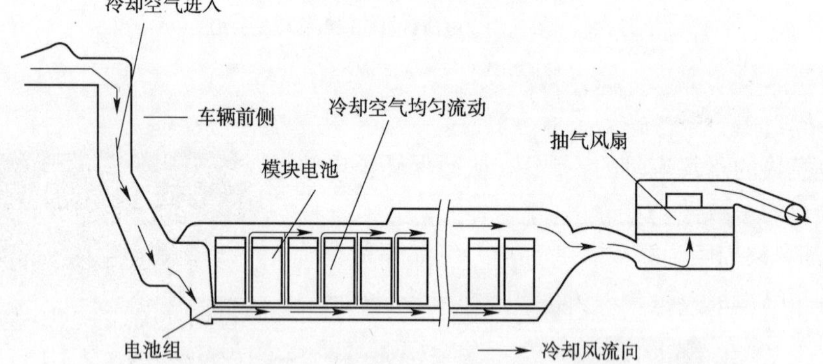

图 1-3-4　纯电动汽车电池组风冷系统结构

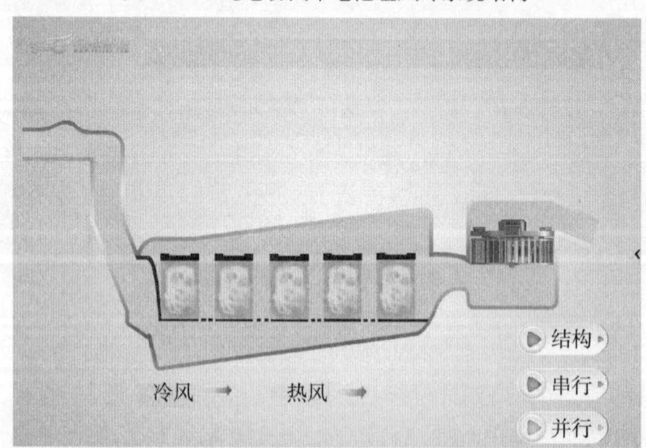

图 1-3-5　风冷动力蓄电池冷却系统的两种通风方式

(1)串行通风结构。风冷电池模块采用如图 1-3-6 的串行通风结构。

在该散热模式下,冷空气从左侧吹入从右侧吹出。空气在流动过程中不断地被加热,所以右侧的冷却效果比左侧要差,电池箱内电池组温度从左到右依次升高。目前该技术应用在第一代丰田 Prius 等车型。

(2)并行通风结构。并行通风结构如图 1-3-7 所示。

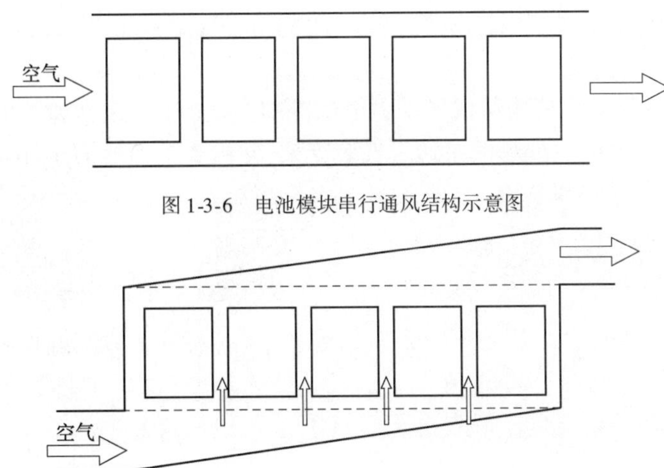

图 1-3-6　电池模块串行通风结构示意图

图 1-3-7　电池模块并行通风结构示意图

并行通风方式可以使得空气流量在电池模块间更均匀地分布。需要对进排气通道、电池布置位置进行很好的设计。其楔形的进排气通道使得不同模块间缝隙上下的压力差基本保持一致,确保吹过不同电池模块的空气流量的一致性,从而保证了电池组温度场分布的一致性。

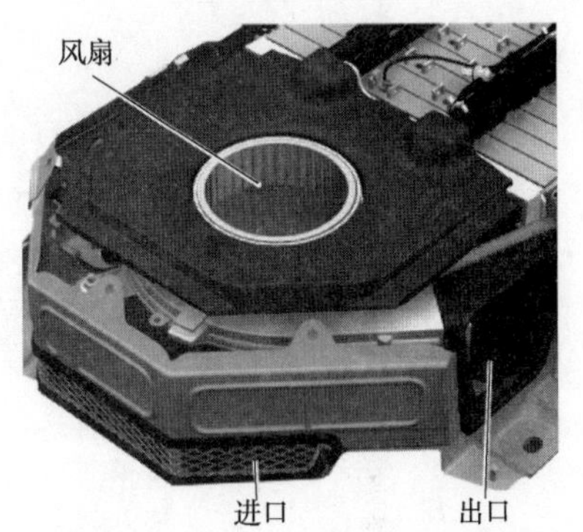

图 1-3-8　动力电池冷却风扇

(3)冷却风扇控制。双模式混合动力电池装备有一个冷却风扇和电池冷却通风导管,电池控制模块使用 4 个传感器探测电池温度,还有 2 个传感器探测空气温度,根据温度信号以及风扇转速信号,控制模块通过 PWM 信号来调节风扇转速,电池组工作温度超出正常范围时,系统启动电池冷却风扇(图 1-3-8)。

4. 典型车型动力电池冷却系统的结构原理

以下分别以荣威 E50 纯电动汽车和普锐斯混合动力汽车为例,介绍新能源汽车冷却系统的结构原理。

1)荣威 E50 动力电池冷却系统的结构原理

荣威 E50 冷却系统分为 2 个独立的系统,分别是电源逆变器(PEB)/驱动电机冷却系统、动力电池冷却系统(ESS)。

冷却系统利用热传导的原理,通过冷却液在各个独立的冷却系统回路中循环,使驱动电机、PEB 和动力电池保持在最佳的工作温度。冷却液是 50% 的水和 50% 的有机酸技术(OAT)的混合物。冷却液要定期更换才能保持其最佳效率和耐腐蚀性。

注意:

冷却液会损坏油漆表面。如果冷却液溢出,要迅速擦掉冷却液并用清水冲洗。

以下介绍动力电池冷却系统,电源逆变器(PEB)/驱动电机冷却系统在驱动电机中介绍。

(1)动力电池冷却系统结构组成。动力电池冷却系统(ESS)组件如图1-3-9所示。

①冷却液泵。动力电池冷却液泵通过安装支架,并由2个螺栓固定在车身底盘上,经由其运转来循环动力电池冷却系统。

提示:

整个冷却系统有2个电子冷却液泵,分别是PEB/驱动电机冷却液泵和动力电池冷却液泵。

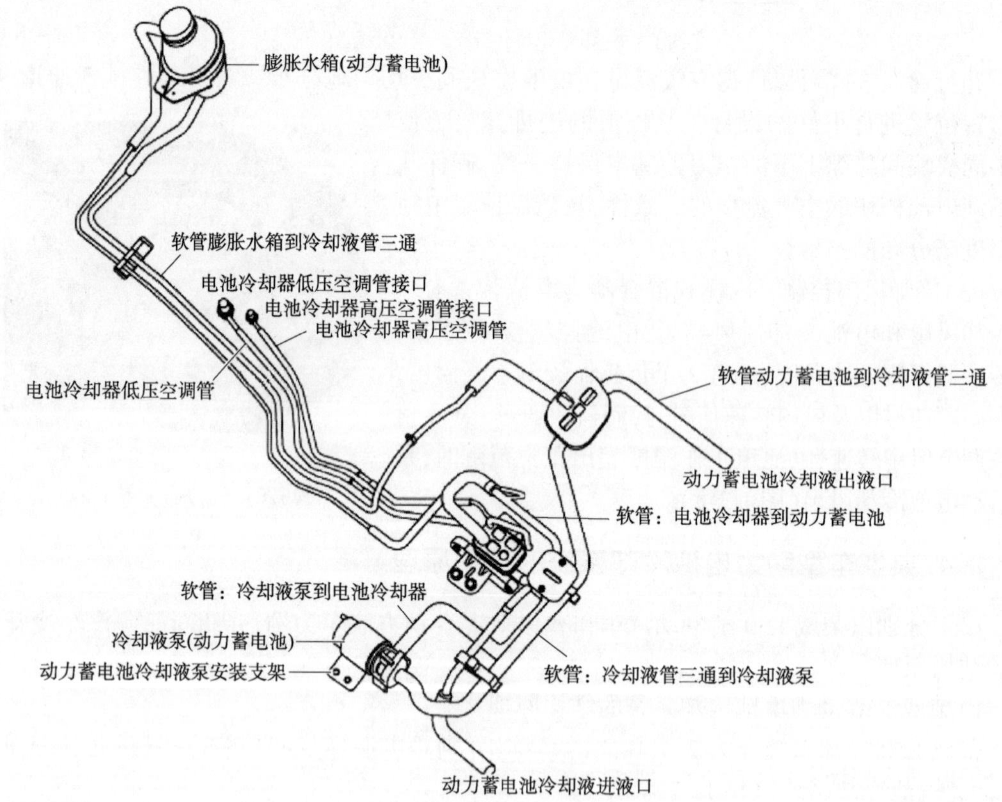

图1-3-9 荣威E50动力电池冷却系统组件

②冷却液软管。橡胶冷却液软管在各组件间传送冷却液,弹簧卡箍将软管固定到各组件上。动力电池冷却系统(ESS)软管布置在前舱内和后地板总成下。

③膨胀水箱。动力电池冷却系统(ESS)配有卸压阀的注塑冷却液膨胀水箱,膨胀水箱安装在PEB托盘上,溢流管连接到电池冷却器出液管上,出液管连接到冷却水管三通上。膨胀水箱外部带有“MAX”和“MIN”刻度标示,便于用户观察冷却液液位。

④散热器和冷却风扇。散热器都是一个两端带有注塑水箱的铝制横流式散热器。散热器的下部位于紧固在前纵梁的支架所支承的橡胶衬套内。散热器的顶部位于水箱上横梁支

架所支承的橡胶衬套内,支承了冷却风扇总成,空调(A/C)冷凝器。空调(A/C)冷凝器安装在散热器后部,由4个螺栓固定至冷却风扇罩上。冷却风扇和驱动电机总成及风扇低速电阻安装在空调(A/C)冷凝器后部的风扇罩上。“吸入”式风扇抽取空气通过散热器。

⑤冷却液温度传感器。冷却液温度传感器安装在散热器右侧前部,内含一个封装的负温度系数(NTC)热敏电阻,该电阻与PEB/驱动电机冷却系统冷却液相接触,是分压器电路的一部分。该电路由额定的5V电源、一个PEB控制模块内部电阻和一个温度相关的可变电阻(传感器)组成。

⑥电池冷却器。电池冷却器(Chiller)是动力电池冷却系统的一个关键部件,它负责将动力电池维持在一个适当的工作温度,使动力电池的放电性能处于最佳状态。电池冷却器主要由热交换器、带电磁阀的膨胀阀(TXV)、管路接口和支架组成。热交换器主要用于动力电池冷却液和制冷系统的制冷剂的热交换,将动力电池冷却液中的热量转移到制冷剂中。

(2)动力电池冷却系统控制。动力电池冷却系统控制框图如图1-3-10所示。

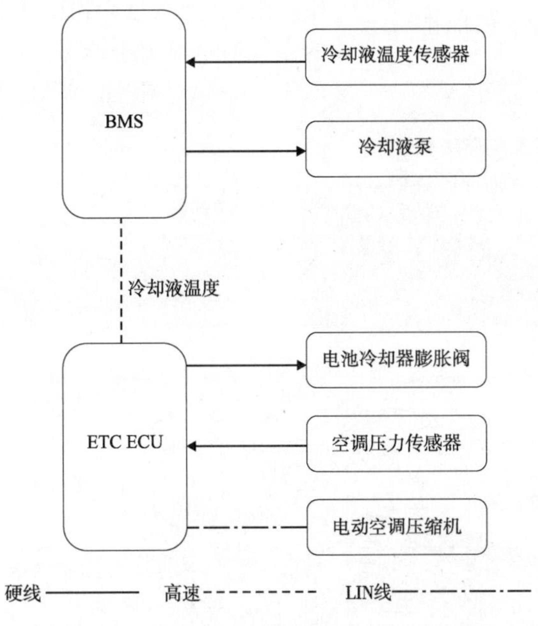

图1-3-10 荣威E50动力电池冷却系统控制框图

①电动冷却液泵控制。动力电池冷却系统(ESS)的电池能量管理模块(BMS)负责控制电动冷却液泵,电动冷却液泵会在动力电池温度上升到32.5℃时开启,在温度低于27.5℃时关闭,BMS发出要求电池冷却器膨胀阀关闭和冷却液泵运转的信号。

②电池冷却器—膨胀阀控制/冷却液温度控制。空调控制模块(ETC)收到来自BMS的膨胀阀电磁阀开启的信号要求,ETC首先打开电池冷却器膨胀阀的电磁阀,并给ETC发送启动信号。动力电池最适宜温度值为20~30℃。

正常工作时,当动力电池的冷却液温度在30℃以上时,ETC会限制乘客舱制冷量,冷却液温度在48℃以上,ETC会关闭乘客舱制冷功能,但除霜模式除外。

ETC只控制冷却液温度。BMS控制冷却液与BMS动力电池内部的热量交换。

③快速充电冷却必要条件。当车辆进入快速充电模式时,ETC 会被网关模块唤醒,此时动力电池冷却系统进入正常工作状态。

(3)动力电池冷却液循环路线图。动力电池冷却液流循环路线如图 1-3-11 所示。

2)普锐斯动力电池的冷却系统

普锐斯动力电池总成(图 1-3-12)采用的是风冷冷却系统,因此位于行李舱内还布置有电池的冷却管路。

图 1-3-13 所示是普锐斯Ⅱ镍氢电池组——乘员舱空气冷却系统结构示意图。

蓄电池(动力电池)在温度较高的时候,利用乘客舱内空调产生的冷空气对电池组进行冷却;当环境温度较低时,也会利用在低温情况下乘客舱内暖的空气对电池组进行保温。

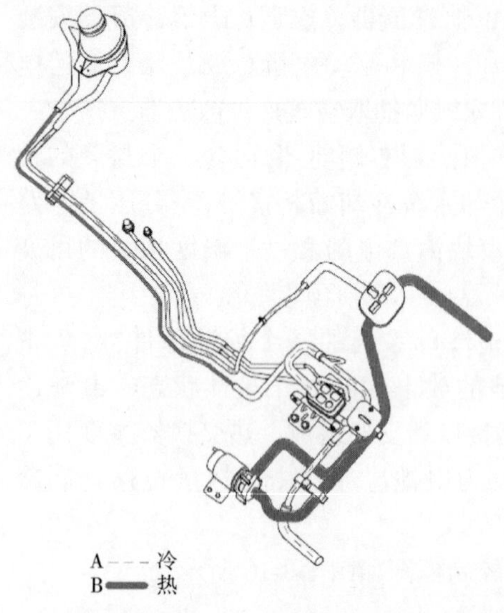

图 1-3-11 荣威 E50 动力电池冷却液循环路线

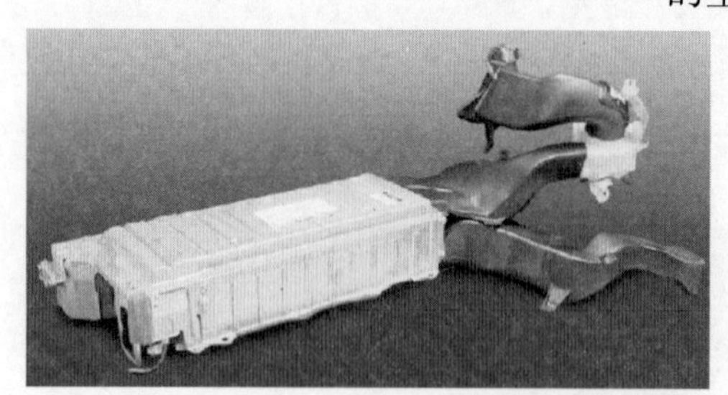

图 1-3-12 普锐斯风冷电池组

通风器内风道
蓄电池鼓风机总机
2号后侧内风道
动力电池
2号后侧风道
后侧风道
冷却空气流向
HV蓄电池箱内冷却空气流动
顶
底
进入
排出
蓄电池模块

图 1-3-13 冷却系统工作示意图

冷却空气通过后排座椅右侧的进气管流入,并通过进气风道进入行李舱右表面的蓄电池鼓风机总成，而且，冷却空气流过进气风道（将动力电池鼓风机总成与蓄电池总成的右上表面相连接）并流向动力电池总成。

冷却空气在蓄电池模块间从高处向低处流动。在对模块进行制冷后，它从动力电池总成的底部右侧表面排出。

制冷后的空气通过行李舱右侧排气通道排出，并排放到车辆外部。

电池管理模块使用蓄电池温度传感器来检测动力电池总成的温度。根据该检测的结果，电池管理模块控制蓄电池鼓风机总成，当动力电池温度上升到预定温度时，蓄电池鼓风机总成将起动。

任务实施

（一）工作准备

（1）防护装备：绝缘防护装备。

（2）车辆、台架、总成：荣威 E50；或同类纯电动汽车。

（3）专用工具、设备：举升机；冷却液压力测试仪 T14001/TEN00015/TEN00010；诊断仪。

（4）手工工具：绝缘组合工具一套。

（5）辅助材料：干净抹布；专用的冷却液。

（二）实施步骤

根据实训室的车辆配置，对新能源汽车动力电池冷却系统进行压力测试、冷却液的排空与加注，以及冷却液泵的拆装。掌握本次实训所使用仪器及设备的使用方法，并强调实训中的安全注意事项。

1. 动力电池冷却系统压力测试和膨胀水箱盖压力测试

1）冷却系统压力测试

（1）检查软管有无破裂、扭曲的痕迹及管路连接的紧固性。

（2）打开动力电池膨胀水箱盖（图 1-3-14）。

警告：

溢出的蒸汽或冷却液会造成诸如烫伤之类的伤害，所以当冷却系统还热时，不要打开膨胀水箱盖。

（3）将专用工具 TEN00015 的接头安装到动力电池膨胀水箱上（图 1-3-15）。

（4）将专用工具 T14001 压力软管的快速接头连接到接头上（图 1-3-16）。

（5）慢慢地给系统加压到 140 ~ 160kPa 的压力，检查压力有无下降。

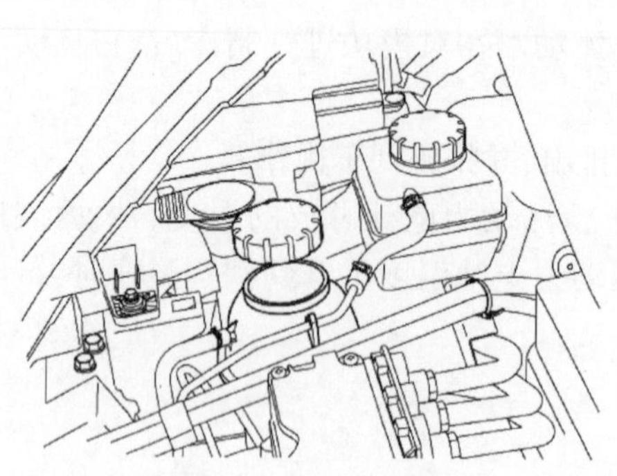

图 1-3-14　打开膨胀水箱盖

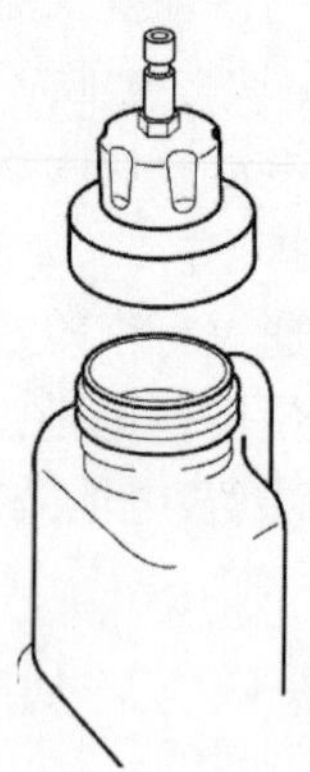

图 1-3-15　安装专用工具 TEN00015 的接头

警告：

不要超过规定压力值，否则会造成冷却系统损坏！

(6)目视检查冷却系统有无冷却液泄漏的痕迹。

(7)通过专用工具 T14001 上的减压阀来释放压力(图 1-3-17)。

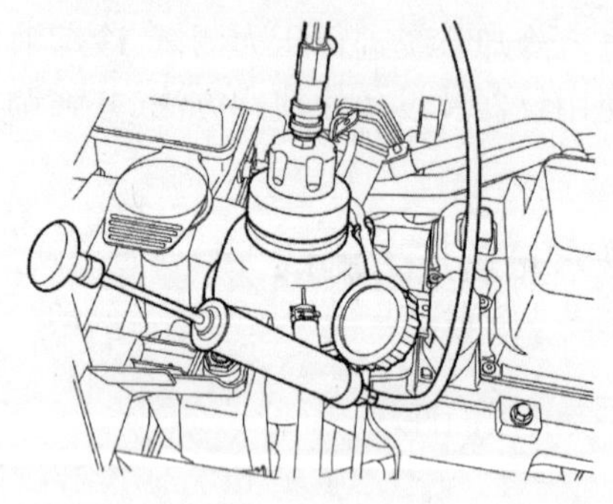

图 1-3-16　连接专用工具 T14001 压力软管的快速接头

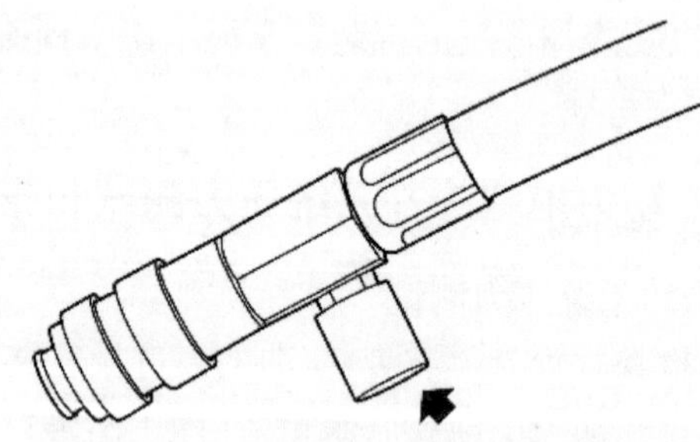

图 1-3-17　专用工具 T14001 上的减压阀

(8)从接头上拆下 T14001 压力软管。

(9)从动力电池膨胀水箱上拆下接头并安装上膨胀水箱盖。

2)膨胀水箱盖压力测试

(1)目视检查动力电池冷却系统有无冷却液泄漏的痕迹。

(2)检查软管有无破裂扭曲的痕迹及管路连接的紧固性。

(3)打开动力电池膨胀水箱盖。

(4)将 TEN00010 的接头安装到动力电池膨胀水箱盖上(图 1-3-18)。

(5)将 T14001 压力软管的快速接头连接到接头上(图 1-3-19)。

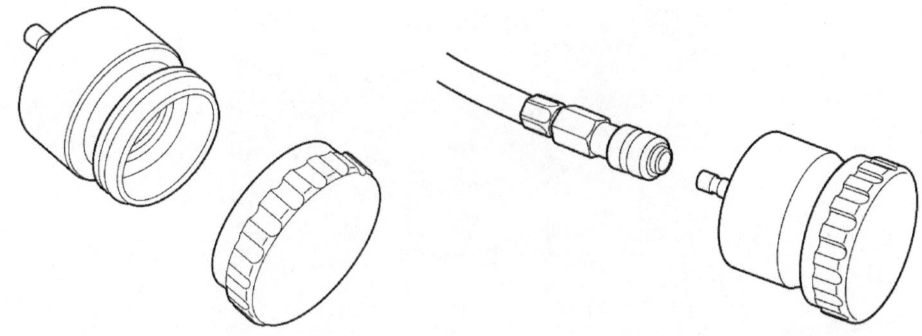

图 1-3-18 安装 TEN00010 的接头　　　图 1-3-19 连接 T14001 压力软管的快速接头

(6)慢慢地给动力电池膨胀水箱盖加压到规定的压力,检查压力范围若能保持在 140 ~ 160kPa 之间,则动力电池膨胀水箱盖正常。

(7)通过 T14001 上的减压阀来释放压力(图 1-3-17)。

(8)从接头上拆下 T14001 压力软管。

(9)从接头上拆下动力电池膨胀水箱盖并安装到膨胀水箱上。

2. 动力电池冷却液的排空与加注

1)冷却液排空

(1)打开动力电池膨胀水箱盖。

警告:

溢出的蒸汽或冷却液会造成诸如烫伤之类的伤害,所以当冷却系统还热时,不要打开膨胀水箱盖。

(2)在举升机上举升车辆。

警告:

不能在只有千斤顶支撑的车辆下工作。必须把车辆支撑在安全的支撑物上。

(3)拆下底部导流板。

(4)将合适的容器固定好以收集冷却液。

(5)松开卡箍,并从三通上断开动力电池到冷却水管三通软管的连接(图 1-3-20)。

(6)让动力电池冷却液完全排空。

2)冷却液加注

(1)将动力电池到冷却水管三通软管连接到三通上,并用卡箍固定。

(2)降低车辆。

(3)准备好规定浓度的冷却液。

图 1-3-20　断开动力电池到冷却水管三通软管的连接

提示：

冷却液要求：动力电池冷却系统循环一种预混合的 Dex-Cool 冷却液，为 50/50 比例的 Dex-Cool 冷却液和去离子水的混合液。去离子水用于隔离高电压并防止腐蚀影响散热片的性能。必须始终在动力电池冷却系统中使用预混合的冷却液，切勿使用自来水！

(4)加注冷却系统，直到冷却液达到动力电池膨胀水箱颈部并保持静止。

(5)连接诊断仪，利用元件动作测试的功能让冷却液泵运转。

(6)在举升机上举升车辆。

(7)松开电动冷却液泵进水口处的放气螺塞，将管路内空气排空，直到有冷却液进入冷却液泵，立即拧紧放气螺塞。

(8)降下车辆，继续使冷却液泵运转 20 ~ 30min，并根据膨胀水箱中的液面下降情况不断补充冷却液，直到没有气泡冒出，液面不再下降。

(9)关闭冷却液泵，并断开诊断仪。

(10)如需要，将冷却液加至 MAX 和 MIN 之间。

(11)检查系统有无泄漏。

(12)装上底部导流板。

3. 动力电池冷却液泵的拆卸与安装

荣威 E50 动力电池冷却液泵拆卸步骤界面如图 1-3-21 所示。

图 1-3-21　荣威 E50 动力电池冷却液泵拆卸步骤界面

警告：

在开始维修作业前，维修人员必须经过专业培训，并取得维修资格。

注意：

在安装或拆卸过程中，油液必须回收，不得随意遗弃，工作过程中应防止冷却液进入或飞溅到高压部件。

1)荣威 E50 动力电池冷却液泵拆卸

(1)断开蓄电池负极，并将蓄电池负极用绝缘胶布包裹防止意外连接。

(2)将动力电池冷却水壶盖打开(图 1-3-22)。

(3)拆下底部导流板。

(4)断开冷却液泵到动力电池包之间的软管，并排空冷却液(图 1-3-23)。

图 1-3-22　打开冷却水壶盖

图 1-3-23　断开冷却液泵到动力电池包之间的软管

(5)断开冷却液泵到冷却液管三通之间的软管。

(6)断开动力电池包冷却液泵的连接器。

(7)拆下冷却液泵固定在车身上的 2 个螺钉(图 1-3-24)。

(8)取下动力电池冷却液泵。

2)荣威 E50 动力电池冷却液泵安装

荣威 E50 动力电池冷却液泵安装步骤界面如图 1-3-25 所示。

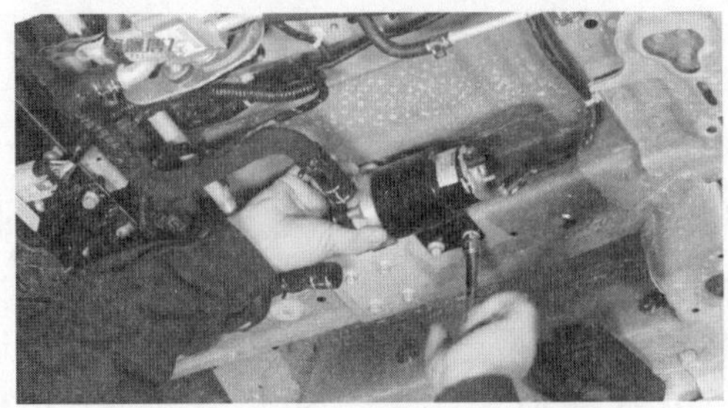

图 1-3-24　拆下 2 个螺钉

图 1-3-25　荣威 E50 动力电池冷却液泵安装步骤界面

(1)将动力电池冷却液泵固定在车架上,安装 2 个螺栓。拧紧力矩为 7～10N·m(图 1-3-26)。

(2)安装冷却液管三通与动力电池冷却液泵之间的软管。

(3)安装动力电池冷却器与动力电池冷却液泵之间的软管。

(4)将 2 段冷却液泵软管的卡箍固定到原位,连接动力电池冷却液泵的连接器(图 1-3-27)。

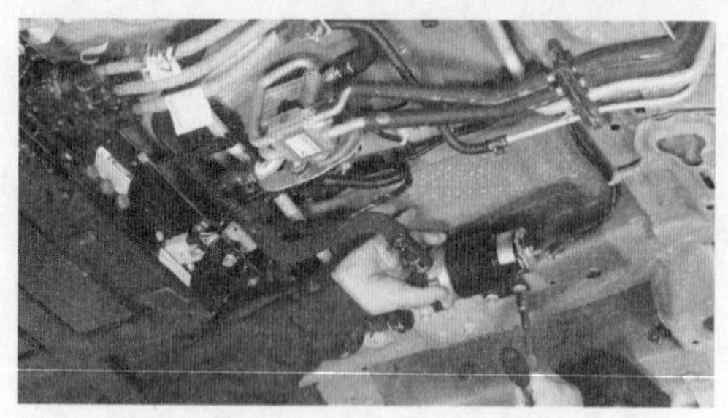

图 1-3-26　将动力电池冷却液泵固定在车架上

图 1-3-27　连接动力电池冷却液泵的连接器

(5)添加动力电池冷却液至上限(图 1-3-28)。

(6)连接蓄电池负极,并紧固。

(7)起动车辆测试。

(8)检查动力电池冷却液泵软管有无泄漏(图 1-3-29)

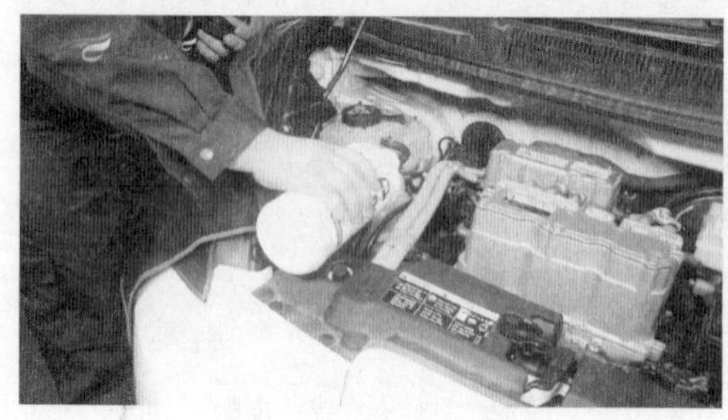

图 1-3-28　添加动力电池冷却液至上限

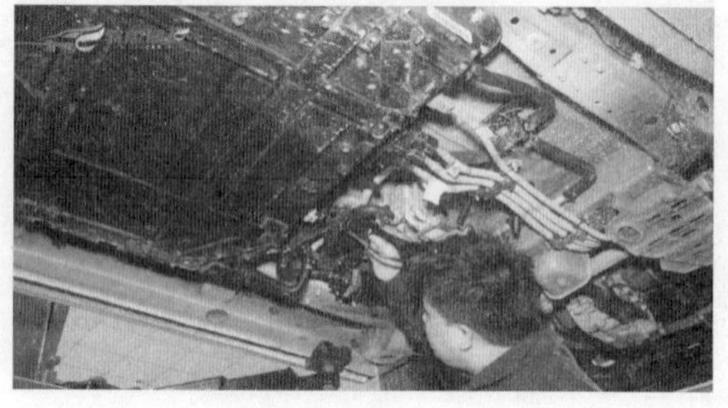

图 1-3-29　检查动力电池冷却液泵软管有无泄漏

(9)安装底部导流板。

(10)降下车辆。

学习拓展

散热器在电动汽车上的设计及改进

1)逆变器模块

电动汽车用逆变器如图 1-3-30 所示。它一共用了 4 个 IGBT(绝缘栅双极型晶体管),其中 3 个型号为 FF1200R17KE3-B2 的 IGBT,主要功能是逆变(该模块以下简称逆变模块);另 1 个型号为 FF300R17KE3 的 IGBT,主要功能是斩波或制动(该模块以下简称斩波模块)。该逆变器的散热方式为强迫风冷,风机安装在散热器的底部,进风方式为抽风。3 个逆变模块为主要工作模块。

通过查找 IGBT 的参数,并经过计算得出:在峰值功率下各逆变模块的发热量为 1016W,由于斩波模块的工况比较复杂,估算其发热量为 200W,则总功耗为 3248W;在额定功率下各逆变模块的发热量为 574W,斩波模块的发热量为 100W,则总功耗为 1822W。

图 1-3-30　新能源汽车逆变器

2)散热器热传递的分析

IGBT 产生的热量通过热传导的方式由管壳传到散热器,然后通过强迫风冷的方式传到外界环境中去(散热器安装在逆变器的外部)。为减少管壳与散热器之间的热阻,首先要求散热器安装表面的表面粗糙度 Ra 值达 1.6μm 以下,其次在管壳的底部均匀涂满导热硅胶或者加垫一层导热系数大而硬度低的纯铜箔或银箔,并用一定的预紧力压紧。

3)散热器的仿真分析

计算流体动力学(Computational Fluid Dynamics,CFD)是通过计算机数值计算和图像显示,对含有流体流动和传热等相关物理现象进行的系统分析(图 1-3-31)。CFD 的基本思想是把原来在时间域和空间域上连续的物理量的场,如速度场、温度场、压力场等,用有限个离散点上的一系列变量值的集合来代替按照一定的原则和方式建立起关于这些离散点上场变量之间关系的代数方程组,然后求解代数方程组获得场变量近似值。

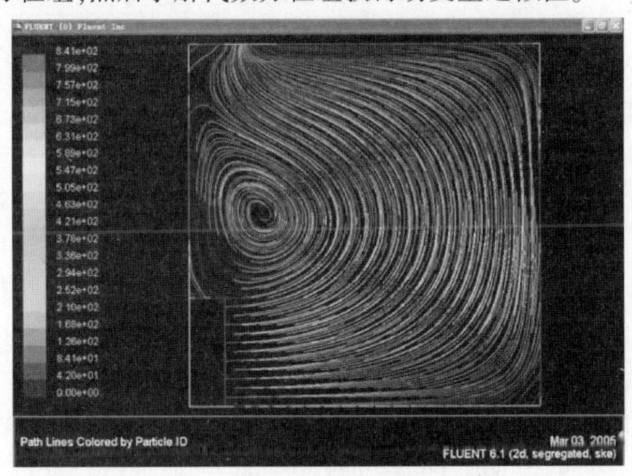

图 1-3-31　暖风空调 CFD 图像分析图

近年来,随着计算机技术的发展,科研开发周期的缩短,人们广泛应用 CFD 技术建立各种工业环境流体力学的模型和仿真环境,得出结论,并在原来的基础上进行优化运算,以得出满足要求的最佳方案。ICEPAK 软件是专业的电子热分析软件(图 1-3-32)。借助 ICEPAK 软件的分析和优化结果,用户可以降低设计成本,提高产品的一次成功率,改善电子产品的性能,提高产品可靠性,缩短产品的上市时间。以下均是用 ICEPAK 软件进行仿真分析的结果。

散热器基板的尺寸为 680mm × 430mm × 20mm,翅片的尺寸为 390mm × 80mm × 2mm,翅片的截面为长方形,翅片间距为 4mm,逆变模块间的间距为 30mm,逆变模块与斩波模块间的间距为20mm，环境温度为20℃，未加说明的冷却风机均采用鼓风方式。以以上散热器的尺寸为原形，在额定工况下（除特别说明外），选择不同的参数对其进行了仿真分析。

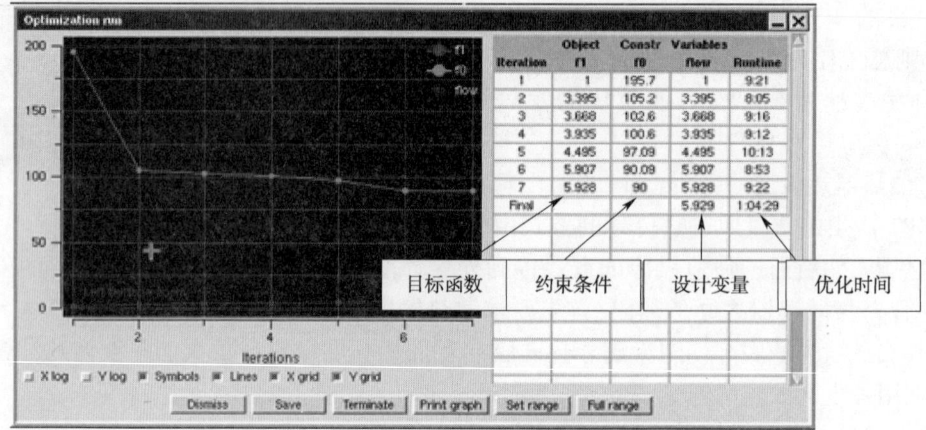

自助优化设计

图1-3-32　专业热力分析软件ICEPAK

（1）翅片厚度的选择。翅片间距为4mm，翅片高度为80mm，翅片厚度为1mm、1.5mm、2mm、2.5mm或3mm（超过3mm风阻太大），可知，随着散热器翅片厚度的增加，散热能力增强。但是翅片厚度超过2mm后，散热的增幅明显变小，所以选用2mm厚的翅片比较合适。

（2）翅片间距的选择。选择翅片高度为80mm，翅片厚度为2mm，翅片间距为3mm、4mm、5mm、6mm或7mm，说明翅片间距越小，散热能力越强。由于受工艺条件的限制，目前翅片能加工到的最小间距为4mm，所以选用4mm的翅片间距是合理的。

（3）翅片高度的选择。选择翅片厚度为2mm，翅片间距为4mm，改变翅片高度，分别为90mm、80mm、70mm、60mm或50mm，当翅片高度达到80mm后，温升的幅度很小，再增加高度几乎是无用的，所以翅片高度达80mm为极限高度。此逆变器选择翅片的高度为80mm。

（4）基板厚度的选择。基板在14～22mm之间，随着基板厚度的增加，垂直于基板方向的热扩散能力增强，使温升逐渐减小，但不同基板厚度之间的温升幅度变化较小，因此选择基板的厚度时，主要是考虑基板的强度。

（5）模块间间距的选择。4个模块间的间距分别选择为：30mm、40mm、40mm；20mm、30mm、30mm；10mm、20mm、20mm；5mm、10mm、10mm。对它们进行分析，其前后两者之间的最高温差分别为1.43K、1.45K、2.1K，由此可见，选用间距太宽，对模块的散热没有多少作用，因此选用间距为10mm、20mm、20mm比较合理，考虑到该逆变器结构布置，选用模块间的间距为20mm、30mm、30mm比较合适。

（6）对抽风与鼓风的情况进行比较。选择翅片间距为4mm，翅片高度为80mm，翅片厚度分别为1mm、2mm或3mm，将鼓风方式改变为抽风方式。可知，风机鼓风时，翅片越厚，散热效果越好，但为抽风时，翅片达3mm时，风阻明显增大，导致温升比翅片厚度为2mm时要差，因此抽风效果劣于鼓风方式。但由于车上受空间限制，该逆变器采用的是抽风方式。

（7）风机的选择。仿真分析的结果与风机的选型有关。选择风机时，需要考虑的因素很多，诸如空气的流量、风压、风机的效率、空气流动速度、通风系统的阻力特征、环境条件、噪

声、体积和质量等，其中主要参数为风量和风压，经计算该逆变器的总风量要求为2040m^3/h(1200CFM)，风压为201Pa。

学习测试

1. 填空题

(1)新能源汽车的动力电池、电机、电机控制器等部件在工作中会产生大量的________，部件的过热会严重影响其________。

(2)在低温的环境下需要对动力电池组进行________，保持合适的工作温度。

(3)水冷动力电池冷却系统部件包括散热器、膨胀壶、________、VCU(或HPCM2，混动车型)、冷却液控制阀、加热器和________等。

(4)冷却空气在动力电池模块中的流动有________、________通风等几种方式。

(5)荣威E50冷却系统分为2个独立的系统，分别是________冷却系统、________冷却系统。

(6)电池冷却器主要由________、带电磁阀的________、管路接口和支架组成。

2. 判断题

(1)动力电池温度越低越好。　　(　　)

(2)纯电动汽车没有内燃机，不需要采用冷却系统。　　(　　)

(3)所有车型的动力电池都有专门的冷却系统。　　(　　)

(4)动力电池冷却液会损坏油漆表面。如果冷却液溢出，要迅速擦掉冷却液并用清水冲洗。　　(　　)

(5)热交换器主要用于动力电池冷却液和制冷系统的制冷剂的热交换。　　(　　)

3. 不定项选择题

(1)以下不是蓄电池生热因素的是(　　)。

A. 电池化学反应生热　　B. 运动摩擦生热

C. 过充电副反应生热　　D. 内阻焦耳热

(2)荣威汽车E50动力电池冷却系统采用(　　)。

A. 自然冷却　　B. 风冷

C. 水冷　　D. 无须冷却

(3)荣威E50电源逆变器/驱动电机冷却系统和动力电池冷却系统是(　　)。

A. 共用　　B. 独立

C. 以上都错误　　D. 以上都正确

(4)动力电池冷却液说法正确的是(　　)。

A. 采用和传统车辆一样的冷却液

B. 采用纯净水

C. 采用专用的去离子冷却液

D. 以上都错误

任务4　动力电池的性能检测

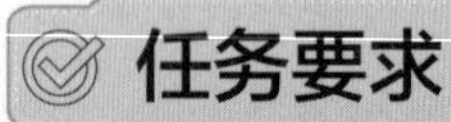

提出任务

动力电池作为纯电动汽车或混合动力汽车最主要的部件,你能使用现有的专业工具正确检测动力电池的单元(单体)电池性能参数吗?

任务要求

知识要求

1. 能够描述储能电池的主要性能指标;
2. 能够描述动力电池性能指标的含义及检测方法。

能力要求

能够正确使用仪器进行动力电池性能检测与维护。

相关知识

1. 储能电池的主要性能指标

储能电池(以下简称"电池")品种繁多,性能各异。常用以表征其性能的指标有电性能、力学性能、储存性能等,有时还包括使用性能和经济成本。电池主要性能指标如下。

1)电压

电压分电动势、额定电压、开路电压、放电电压和终止电压等。

(1)电动势。电池的电动势,又称电池标准电压或理论电压,为组成电池的两个电极的平衡电位之差。

(2)端电压。电池的端电压是指电池正极与负极之间的电位差。

(3)开路电压。电池的开路电压是无负荷情况下的电池端电压。开路电压不等于电池的电动势。必须指出,电池的电动势是从热力学函数计算而得到的,而电池的开路电压则是实际测量出来的。

(4)工作电压。电池在某负载下实际的放电电压,通常是指一个电压范围。例如,铅酸蓄电池的工作电压为1.8~2V;镍氢电池的工作电压为1.1~1.5V;锂离子电池的工作电压

为2.75～3.6V。

(5)额定电压。指该电化学体系的电池工作时公认的标准电压。例如,锌锰干电池为1.5V,镍镉电池为1.2V,铅酸蓄电池为2V。

(6)终止电压。指放电终止时的电压值,根据放电电流大小、放电时间、负载和使用要求的不同而不同。以铅酸蓄电池为例:电动势为2.1V,额定电压为2V,开路电压接近2.1V,工作电压为1.8～2V,放电终止电压为1.5～1.8V。放电终止电压根据放电率的不同,其终止电压也不同。

(7)充电电压。指外电源的直流电压对电池充电的电压。一般的充电电压要大于电池的开路电压,通常在一定的范围内。例如,镍镉电池的充电电压为1.45～1.5V;锂离子电池的充电电压为4.1～4.2V;铅酸蓄电池的充电电压为2.25～2.7V。

(8)电压效率。指电池的工作电压与电池电动势的比值。电池放电,由于存在电化学极化、浓差极化和欧姆压降,使电池的工作电压小于电动势。改进电极结构(包括真实表面积、孔率、孔径分布、活性物质粒子的大小等)和加入添加剂(包括导电物质、膨胀剂、催化剂、疏水剂、掺杂等)是提高电池电压效率的两个重要途径。

2)内阻

内阻是指电池在工作时,电流流过电池内部所受到的阻力,电池在短时间内的稳态模型可以看作一个电压源,其内部阻抗等效为电压源的内阻,内阻大小决定了电池的使用效率。电池包括欧姆内阻和极化内阻,极化内阻又包括电化学极化内阻和浓差极化内阻。例如铅酸蓄电池的内阻包括正负极板的电阻、电解液的电阻、隔板的电阻和连接体的电阻等。

3)容量和比容量

(1)容量。指电池在充足电以后,在一定的放电条件下所能释放出的电量,以符号 C 表示,其单位为安时(A·h)或毫安时(mA·h),容量与放电电流大小有关,与充放电截止电压也有关系。电池的容量可分为理论容量、额定容量、实际容量和标称容量。

①理论容量。假设电极活性物质全部参加电池的电化学反应所能提供的电量,是根据法拉第定律计算得到的最高理论值。

②额定容量。额定容量又称保证容量,是指设计和制造电池时,按照国家或相关部门颁布的标准,保证电池在一定的放电条件下能够放出的最低限度的电量。

③实际容量。实际容量是指电池在一定的放电条件下实际放出的电量。它等于放电电流与放电时间的乘积,对于实用中的化学电源,其实际容量总是低于理论容量而通常比额定容量大10%～20%。电池容量的大小,与正、负极上活性物质的数量和活性有关,也与电池的结构和制造工艺、电池的放电条件(电流、温度)有关。影响电池容量因素的综合指标是活性物质的利用率。换言之,活性物质利用得越充分,电池给出的容量也就越高。采用薄型电极和多孔电极,以及减小电池内阻,均可提高活性物质的利用率,从而提高电池实际输出的容量。

④标称容量。标称容量(或公称容量)是用来鉴别电池容量的近似值。在指定放电条件时,一般指0.2C放电时的放电容量。

(2)比容量。为了比较不同系列的电池,常用比容量的概念。比容量是指单位质量或单位体积的电池所能给出的电量,相应地称为质量比容量或体积比容量。

电池在工作时通过正极和负极的电量总是相等的。但是,在实际电池的设计和制造中,正、负极的容量一般不相等,电池的容量受容量较小的电极的限制。实际电池中多为正极容量限制整个电池的容量,而负极容量过剩。

4)效率

电池作为能量存储器,充电时把电能转化为化学能储存起来,放电时把电能释放出来。在这个可逆的电化学转换过程中,有一定的能量损耗。通常用电池的容量效率和能量效率来表示。

对于电动汽车,续驶里程是最重要指标之一,在电池组电量和输出阻抗一定的前提下,根据能量守恒定律,电池组输出的能量转化为两部分:一部分作为热耗散失在电阻上;另一部分提供给电机控制器转化为有效动力。两部分能量的比率取决于电池组输出阻抗和电机控制器的等效输入阻抗之比,电池组的阻抗越小,无用的热耗就越小,输出效率就更大。

(1)容量效率。容量效率是指电池放电时输出的容量与充电时输入的容量之比。影响电池容量效率的主要因素是副反应。当电池充电时,有一部分电量消耗在水的分解上。此外,自放电、电极活性物质的脱落、结块、孔率收缩等也降低容量输出。

(2)能量效率。能量效率又称电能效率,是指电池放电时输出的能量与充电时输入的能量之比,影响能量效率的原因是电池存在内阻,它使电池充电电压增加,放电电压下降。内阻的能量损耗以电池发热的形式损耗。

5)能量

电池的能量是指在一定放电制度下,电池所能输出的电能,通常用瓦时(W·h)表示。电池的能量反映了电池做功能力的大小,也是电池放电过程中能量转换的量度。对于电动汽车来说,电池的能量大小直接影响电动汽车的行驶距离。

(1)理论能量。假没电池在放电过程中始终处于平衡状态,其放电电压保持电动势的数值,而且活性物质的利用率为100%,即放电容量等于理论容量,则在此条件下电池所输出的能量为理论能量,也就是可逆电池在恒温、恒压下所做的最大功。

(2)实际能量。实际能量是电池放电时实际输出的能量。它在数值上等于电池实际容量与电池平均工作电压的乘积。

(3)比能量。比能量(能量密度 energyd ensity)分为质量比能量和体积比能量。质量比能量是指单位质量电池所能输出的能量,单位常用 W·h/kg。又称质量能量密度。体积比能量是指单位体积电池所能输出的能量,又称体积能量密度,单位常用 W·h/L。常用比能量来比较不同的电池系列。比能量也分为理论比能量和实际比能量。

①理论比能量指质量1kg电池反应物质完全放电时理论上所能输出的能量。根据正、负极活性物质的理论质量比容量和电池的电动势,电池的理论比能量可以直接计算出来。如果电解液参加电池的反应,还需要加上电解质的理论用量。理论比能量只考虑了按照电池反应式进行的完全可逆的电池反应条件下的比能量,因此是一种理想化的模型。对于实际应用的电池,实际比容量更有意义。因为电池反应不可能达到完全可逆的充放电和能量状态,而且实际电池中很多必要辅助材料占据了电池的质量和体积。

②实际比能量是指质量1kg的电池在放电过程中实际输出的能量,表示为电池实际输出能量与整个电池质量(或体积)之比,由于各种因素的影响,电池的实际比能量远小于理论

比能量。

电池的比能量是综合性指标,它反映了电池的质量水平。电池的比能量影响电动汽车的整车质量和续驶里程,是评价电动汽车的动力电池是否满足预定的续驶里程的重要指标。

6)功率与比功率

电池的功率是指电池在一定放电制度下,单位时间内输出的能量,单位为瓦(W)或千瓦(kW)。

单位质量或单位体积电池输出的功率称为比功率,单位为 W/kg 或 W/L。如果一个电池的比功率较大,则表明在单位时间内,单位质量或单位体积中给出的能量较多,即表示此电池能用较大的电流放电。因此,电池的比功率也是评价电池性能优劣的重要指标之一。

对于纯电动汽车,其电能储存装置应具有尽可能高的比能量,以保证汽车的续驶里程。对于混合动力汽车,其电能储存装置则应具有尽可能高的比功率,以保证汽车的动力性。不同储能器的比能量和比功率比较见表 1-4-1。

不同储能器的比能量和比功率比较　　表 1-4-1

电池种类	比能量(W·h/kg)	比功率(W/kg)
铅酸蓄电池	30 ~ 40	300 ~ 500
镍氢电池	40 ~ 50	500 ~ 800
锂离电池	60 ~ 70	500 ~ 1500
锂聚合物电池	50	600 ~ 1100
飞轮储能器	1 ~ 5	50 ~ 300
超级电容器	2 ~ 8	400 ~ 4500

7)放电电流和放电深度

放电电流大小或放电条件,通常用放电率表示,是电池容量或能量的技术参数。

(1)放电率。指放电时的速率,常用“时率”和“倍率”表示。时率是指以放电时间(h)表示的放电速率,即以一定的放电电流释放完额定容量所需的时间。倍率,指电池在规定时间内放出额定容量所输出的电流值,数值上等于额定容量的倍数。例如 2“倍率”放电,表示放电电流数值为额定容量的 2 倍,若电池容量为 3A·h,那么放电电流应为 $2\times3=6(A)$,也就是 2“倍率”放电。

(2)放电深度。表示放电程度的一种量度,为放电容量与总放电容量的百分比,简称 DOD(Depth of Discharge)。放电深度的高低与二次电池的充电寿命有很深的关系:二次电池的放电深度越深,其充电寿命就越短,因此在使用时应尽量避免深度放电。

8)荷电

荷电(State of Char,荷电状态)是指蓄电池放电后剩余容量与全荷电容量的百分比,又称荷电程度。荷电是人们在使用中最关心的、也是最不易获得的参数数据,因为荷电是非线性变化的。

9)储存性能和自放电

对于所有化学电源,即使在与外电路没有接触的条件下开路放置,容量也会自然衰减,这种现象称为自放电,又称荷电保持能力。

电池自放电的大小,用自放电率来衡量,一般用单位时间内容量减少的百分比表示:

自放电率 =(储存前电池容量 - 储存后电池容量)/储存前电池容量 × 100%

电池的自放电主要是由电极材料、制造工艺、储存条件等多方面因素决定的。从热力学的角度来看,电池的放电过程是体系自由能减少的过程,因此自放电的发生是必然的,只是速率有所差别。影响自放电率的因素主要是电池储存的温度和湿度条件等。温度升高会使电池内正负极材料的反应活性提高,同时电解液的离子传导速度加快,镉等辅助材料的强度降低,使自放电反应速率大大提高。如果温度太高,就会严重破坏电池内的化学平衡,发生不可逆反应,最终会严重损害电池的整体性能。湿度的影响与温度条件相似,环境湿度太高也会加快自放电反应。一般来说,低温和低湿的环境条件下,电池的自放电率低,有利于电池的储存。但是温度太低也可能造成电极材料的不可逆变化,使电池的整体性能大大降低。

电池的储存性能是指电池在一定条件下储存一定时间后主要性能参数的变化,包括容量的下降、外观情况和有无变形或渗液情况。国家标准均有电池的容量下降和外观变化及漏液比例的限制。

10)寿命

电池的寿命分储存寿命和使用寿命。

储存寿命有"干储存寿命"和"湿储存寿命"两个概念。对于在使用时才加入电解液的电池储存寿命,习惯上称为干储存寿命,干储存寿命可以很长。而对于出厂前已加入电解液的电池储存寿命,习惯上称为湿储存寿命,湿储存时自放电严重,寿命较短。

使用寿命是指电池实际使用的时间长短。对一次电池而言,电池的寿命是表征给出额定容量的工作时间(与放电倍率大小有关)。对二次电池而言,电池的寿命分充放电循环寿命和湿搁置使用寿命两种。

充放电循环寿命是衡量二次电池性能的一个重要参数。在一定的充放电制度下,电池容量降至某一规定值之前,电池能耐受的充放电次数,称为二次电池的充放电循环寿命。充放电循环寿命越长,电池的性能越好。在目前常用的二次电池中,镍镉电池的充放电循环寿命为500~800次,铅酸电池为200~500次,锂离子电池为600~1000次,锌银电池很短,为100次左右。

二次电池的充放电循环寿命电池管理系统数据流读取与放电深度、温度、充放电制式等条件有关。减少放电深度(即"浅放电"),二次电池的充放电循环寿命可以大大延长。

超级电容在寿命、比功率和充、放电效率方面具有明显优势。

锂离子电池则在比能量和比功率方面具有极强的竞争力。

铅酸蓄电池各种指标均处于中等水平。

2. 动力电池性能指标与检测方法

1)动力电池性能指标

电池作为测试对象的形式有单体和电池组两种形式。单体是电池最基本的单元,称为单元电池,是构成车用动力电池的基础。单元电池的电压和能量都十分有限,使用过程中一般都是以串并联的形式成组的提升输出电压和功率。为了方便电池的安装运输和使用,一般将若干个单元电池以串并联的方式构成动力电池组。动力电池组装在具有一定尺寸和接口的电池盒内,再配以电池管理系统后,在电动车辆上安装和使用。

常见的车用动力电池有铅酸电池、镍氢电池、锂离子电池等。每种电池根据各自技术原理有不同的特性,各种电池在比容量、充放电次数、技术成熟度性能上有差别,典型电池的参数值见表1-4-2。

电池参数表　　表1-4-2

电池类型	单体电压（V）	比容量（A·h/kg）	循环次数（次）	技术成熟度	成本
铅酸电池	2.0	50	500	成熟	低
镍氢电池	1.2	80	2000	较成熟	较低
锂离子电池(磷酸铁锂)	3.2	150	2000	较成熟	较高

铅酸电池技术最成熟价格较低,但比容量较低且循环寿命较短;镍氢电池循环寿命较长技术较为成熟,但单体电压较低;锂离子电池单元电压较高,循环寿命和比容量也相当可观,但成本相对比较高。目前锂离子电池在电动汽车动力电池的应用上拥有更广阔的前景,目前市场上应用较多的电池正极材料有磷酸铁锂、锰酸锂和三元材料,目前还有关于钛酸锂作为负极电极材料电池的研究。

电动汽车用动力电池的主要性能指标包括电压、内阻、容量和比容量、能量以及效率等。要使电动汽车能与传统的燃油汽车相竞争,关键就是要开发出比能量高、比功率大、使用寿命长的高效电池。目前针对评价动力电池性能已经有了较为完善的法规和测试方法。总结下来,主要从电池基本性能、循环性能(使用寿命)和安全来对电池的好坏做出评价(表1-4-3)。

动力电池常见性能评价　　表1-4-3

评价指标	单体	模块	包/系统
基本性能	一致性(容量、能量、内阻、功率)		
	绝热量热测试(ARC)分析,Cp测试	不同温度、倍率下的充放电性能	BMS功能测试,不同温度、倍率下充放电性能,高低温启动、能量效率
循环性能	常规寿命(考虑因素:充放电电流、工作SOC区间)		
	日历寿命(电池质保期)	模拟工况寿命	实际工况寿命(FUDS工况、US06工况、MVEC工况、NEDC工况)
安全性能	电可靠性、机械可靠性、环境可靠性		
	过放电、过充电、短路、跌落、挤压、针刺、海水浸泡、加热、温度冲击		EMC、短路保护、过充电保护、过放电保护、不均衡充电、模拟碰撞、挤压、机械冲击、跌落、振动、翻转、外部火烧、结露、冷热循环、砂尘、淋雨、浸水、盐雾、过温

在基本性能的评价上,通过测试电池的容量、内阻和输出功率来评定电池的基本性能。由于测试的对象是用在汽车上的动力电池,因此测试会包括有动力电池的单个电池,即单元(单体)检测。也有针对串并联的电池模组进行检测。

在循环性能测试上,主要测试的是整个动力电池的常规使用寿命,考虑的因素有充放电电流和工作的 SOC 范围。

安全性能是动力电池运用在汽车上非常重要的一个指标,结合车辆的运行工况,会测试动力电池的电可靠性等因素。

此外,除了对动力电池本身的检测外,在国家和行业规定的标准中,还有包括有对动力电池管理系统的检测。

国家质检总局在 2001 年发布了《电动道路车辆用铅酸蓄电池》(GB/T 18332.1—2001)、《电动道路车辆用锂离子蓄电池》(GB/Z 18333—2001)以及《电动道路车辆用金属氢化物镍蓄电池》(GB/T 18332.2—2001)三项国家标准。随着电动汽车和动力电池技术的发展,国家发改委又于 2006 年发布了《电动汽车用铅酸蓄电池》(QC/T 742—2006)、《电动汽车用锂离子蓄电池》(QC/T 743—2006)和《电动汽车用金属氢化物镍蓄电池》(QC/T 744—2006)三项汽车行业标准,分别规定了电动汽车三种动力电池的性能、试验方法、检验规则和标识运输及存储要求。

2)动力电池性能检测方法

常用的动力电池技术指标的检测方法,包括荷电状态(SOC)、内阻、容量、循环寿命、一致性等检测方法。

(1)SOC 状态检测。

电池的荷电状态(SOC)被用来反映电池的剩余容量状况,这是目前国内外比较统一的认识,其数值上定义为电池剩余容量占电池容量的比值。

荷电状态(SOC)是动力电池重要的技术参数,只有准确知道电池的荷电状态,才能更好地使用电池。因为电池组的 SOC 和很多因素相关且具有很强的非线性,从而给 SOC 实时在线估算带来很大的困难,还没有一种方法能十分准确地测量电池的荷电状态。目前主要的测量方法有以下几种:开路电压法、安时积分法、内阻法等。

①开路电压法。利用电池的开路电压与电池的 SOC 的对应关系,通过测量电池的开路电压来估计 SOC。开路电压法比较简单,但是,开路电压法适用于测试稳定状态下的电池 SOC,不能用于动态的电池 SOC 估算。

②安时积分法。安时积分法是通过负载电流的积分估算 SOC,该方法实时测量充入电池和从电池放出的电量,从而能够给出电池任意时刻的剩余电量(图 1-4-1)。这种方法实现起来较简单,受电池本身情况的限制小,宜于发挥实时监测的优点,简单易用、算法稳定,成为目前电动汽车上使用最多的 SOC 估算方法。

③内阻法。电池的 SOC 与电池的内阻有一定的联系,可以利用电池内阻与 SOC 的关系来预测电池的荷电状态。图 1-4-2 所示是电池内阻测试仪。

(2)内阻检测。

内阻是电池最为重要的特性参数之一,绝大部分老化的电池都是因为内阻过大而造成无法继续使用。通常电池的内阻阻值很小,一般用毫欧来度量它。不同电池的内阻不同,型号相同的电池由于各电池内部的电化学性能不一致所以内阻也不同。对于电动汽车动力电池而言,电池的放电倍率很大,在设计和使用过程中尽量减小电池的内阻,确保电池能够发挥其最大功率特性。

锂离子电池的内阻不是固定不变的常数,而是在使用过程中主要受荷电状态(SOC)和温度等因素的影响。

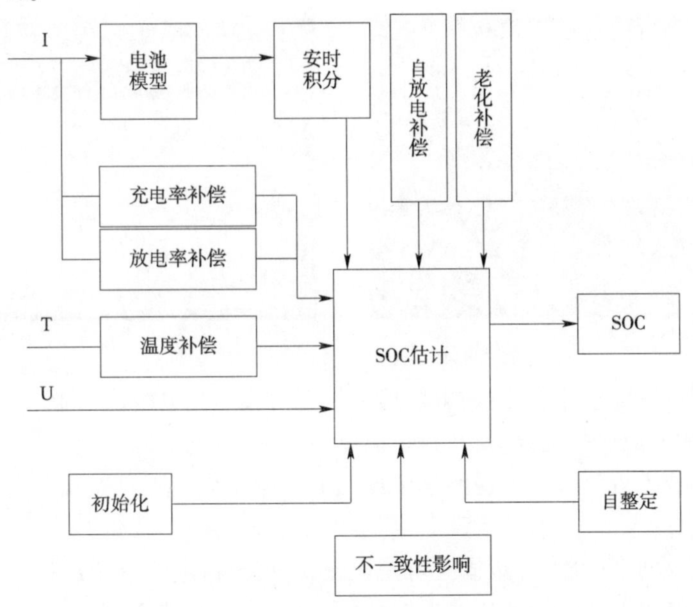

图 1-4-1 安时积分法常规估算模型

内阻测量是一个比较复杂的过程,目前主要有两种方法,即直流放电法和交流阻抗法。

①直流放电法。直流放电法是对蓄电池进行瞬间大电流放电(一般为几十到上百安培),然后测量电池两端的瞬间压降,再通过欧姆定律计算出电池内阻。该方法比较符合电池工作的实际工况,简单易于实现,在实践中得到了广泛的应用。但该方法的缺点是必须在静态或脱机的情况下进行,无法实现在线测量。直流放电测试仪如图 1-4-3 所示。

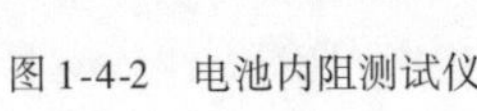

图 1-4-2 电池内阻测试仪

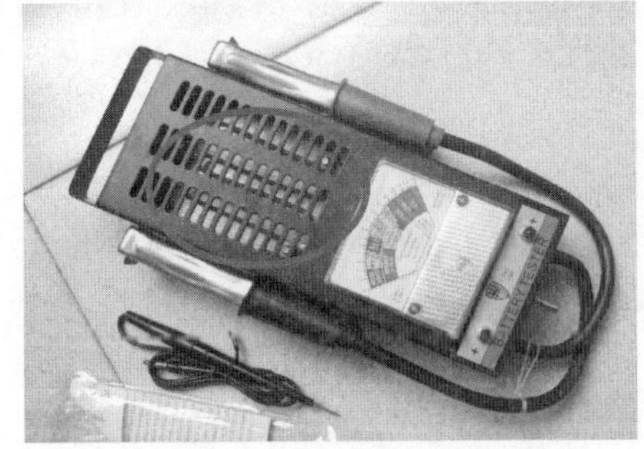

图 1-4-3 直流放电测试仪

②交流阻抗法。交流阻抗法是一种以小幅值的正弦波电流或者电压信号作为激励源,注入蓄电池,通过测定其响应信号来推算电池内阻。该方法的优点在于用交流法测量时间较短,不会因大电流放电对电池本身造成太大的损害。

(3)容量检测。

电池容量是指在一定条件下(包括放电率、环境温度、终止电压等),供给电池或者电池放出的电量,即电池存储电量的大小,是电池另一个重要的性能指标。容量通常以安培·小时(A·h)或者瓦特·小时(W·h)表示。A·h 容量是国内外标准中通用容量表示方法,延续电动汽车电池中概念,表示一定电流下电池的放电能力,常用于电动汽车电池。图 1-4-4 所示为电池容量测试仪与测试方法。

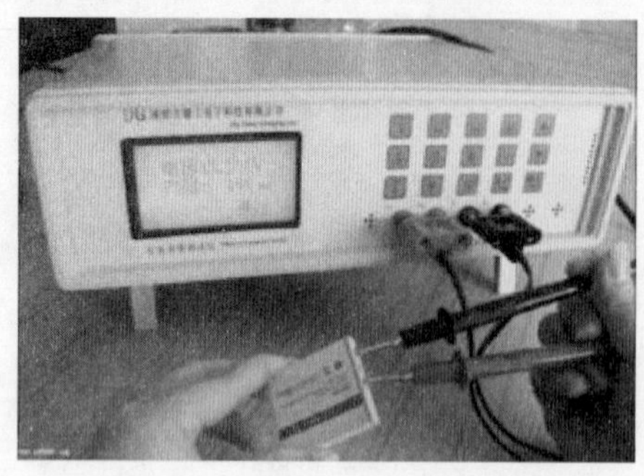

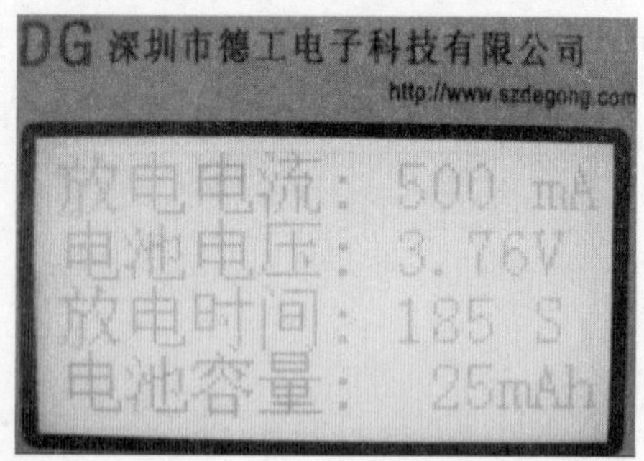

图 1-4-4　电池容量测试仪与测试方法

电池容量测试的标准流程为:放电阶段→搁置阶段→充电阶段→搁置阶段→放电阶段。具体为:用专用的电池充放电设备,在特定温度条件下,蓄电池以设定好的电流进行放电,至蓄电池电压达到技术规范或产品说明书中规定的放电终止电压时停止放电,静置一段时间,然后再进行充电。

充电一般分为两个阶段,先以固定电流恒流充电,至蓄电池电压达技术规范或产品说明书中规定的充电终止电压时转恒压充电,此时充电电流逐渐减小,至充电电流降至某一值时停止充电,充电后静置一段时间。在设定好的环境下以固定的电流进行放电,直到放电终止电压为止,用电流值对放电时间进行积分计算出容量(以 A · h 计)。

(4)寿命检测。

电池在使用过程中的容量会逐渐损失,导致锂离子电池容量损失原因很多,有材料方面的原因,也有生产工艺方面的因素。一般认为,当蓄电池用旧只能充满原有电容量 80% 的时候,就不再适合继续在电动汽车上使用,可以进行梯次利用、回收、拆解和再生。

电池的寿命有循环寿命和日历寿命之分,其中应用最多的是循环寿命。

常规的循环寿命测试方法基本上就是容量测试充放电过程的循环。典型的方法是:将蓄电池按充满电,蓄电池在特定温度和电流下放电,直到放电容量达到某一预先设定的数值,如此连续重复若干次。再将电池充满电,将电池放电到放电截止电压检查其容量。如果蓄电池容量小于额定容量的 80% 终止试验,充放电循环在规定条件下重复的次数为循环寿命数。

上述这种静态测试方法可以检测出同批次或不同批次动力电池的性能,但是却无法反映出动力电池应用于电动汽车时的性能表现及使用时间。随着不同种类电动汽车动力系统构型、车辆行驶工况和所处气候条件的差异,导致在实际使用过程中,动力电池的工作环境有显著差别。

(5)一致性检测

电池容量分为单元电池的容量和电池组的容量,在现有的动力电池技术水平下,电动汽车必须使用多块电池构成的电池组来满足使用要求。由于同一类型、同一规格、同一型号电池间在开路电压、内阻、容量等方面的参数值存在差别,即电池性能存在不一致性,使动力电池组在电动汽车上使用时,性能指标往往达不到单电池原有水平,使用寿命缩短,严重影响其在电动汽车上的应用,有必要对电池组的一致性进行测试与评价。

电池开路电压间接地反映了电池的某些性能,保证电池开路电压的一致,是保证性能一

致的一个重要方面。一般采用的方法是将电池静置数十天，测其满电荷电状态下储存的自放电率以及满电状态下不同储存期内电池的开路电压，通过观察自放电率和电压是否一致来对电池的一致性进行评价。根据静态电压配组的方法最简单，但准确度较差，仅考虑带负载时电压的情况，未考虑带电荷时间和输出容量等参数，往往需要结合其他方法一起使用。

图1-4-5　电池容量分容柜

容量是体现电池性能的一个重要参数。可按标准的容量测试流程计算容量，再根据容量及分布对一致性进行评价。这种方法具有操作简单、设备便宜、厂家易于实施等特点；但工作状态和使用环境不同，都会引起电池电压、容量特性的变化，在指定条件下的容量一致，并不能保证电池在实际充放电过程中保持一致，图1-4-5所示为电池容量分容柜。图1-4-6所示为动力电池的一致性检测示意图。

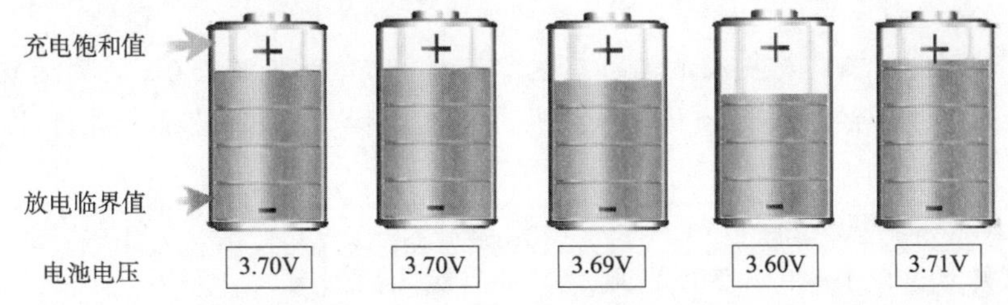

图1-4-6　动力电池的一致性检测示意图

如前文所述，电池的内阻可以快速地测量，因此被广泛用于评价电池的一致性。准确测量内阻数值也有较大的难度，在目前仅能作为定性参考，很难作为定量、精确的依据。

任务实施

(一)工作准备

(1)防护装备：绝缘防护装备。
(2)车辆、台架、总成：北汽新能源或其他车型动力电池总成。
(3)专用工具、设备：充电器；补电机。
(4)手工工具：组合工具。
(5)辅助材料：警示标示和设备。

(二)实施步骤

动力电池性能检测与维护

对动力电池车下维护主要包括：
(1)动力电池SOC的检查。

(2)电池电量平衡状态检查与技术性能检测。

(3)电池的充电与放电。

(4)电池单元或模组的电量平衡。

本任务主要以北汽新能源纯电动汽车系列动力电池为例,介绍使用专用仪器对动力电池执行技术检查与充电的操作步骤。

警告:

如果发生事故,请遵照执行下面的注意事项。

(1)将车辆移到安全地带,执行下列操作,以降低高压电泄漏的风险。

①踩下制动踏板、拉起电子驻车开关。

②按下"P"按键,锁止车辆。

(2)如果车辆损坏严重。则可能会遭到电击。为避免电击,切勿触摸高压电零部件(电池组件等)或连接部件的电缆(橙色)。如果在车内或车外有裸露的电线,也切勿触摸,以免遭到电击。

(3)如果液体泄漏或流入车辆的某些零部件,切勿触摸这些液体,因为这可能是来自铁电池的电解液。如果液体进入皮肤或眼睛,请立即用大量清水进行冲洗(最好是硼酸溶液)并立即就医以避免重伤。

(4)如果车辆失火,使用电火专用灭火器灭火。只用少量的水可能会很危险,因此请使用大水量(例如用消防栓),或者等候消防队的到来。

(5)如果车辆需要拖曳,请在前轮或所有四个车轮离地的情况下进行拖曳。拖曳时如果前轮着地,电机可能会继续发电,从而导致漏电。取决于损坏程度的不同,可能发生火灾。

(6)长途运输时,建议断开高压系统维修开关。

操作步骤见表1-4-4。

操作步骤 表1-4-4

<table>
<tr><th>程序</th><th>详细步骤</th><th>备注</th></tr>
<tr><td>步骤1</td><td>使用专业数据分析软件进行故障诊断并确定欠电压单元电池所在位置</td><td rowspan="3"></td></tr>
<tr><td>步骤2</td><td>将电池箱上盖与箱体分离</td></tr>
<tr><td>步骤3</td><td>确定欠电压单元电池所属BMS接口位置</td></tr>
<tr><td>步骤4</td><td>确定欠电压单元电池位置采集线所属接口插头</td><td></td></tr>
<tr><td>步骤5</td><td>将欠电压单元电池所在接口插头插入补电机采集线接口</td><td rowspan="3">补电机需使用普莱德专用12通道或单通道补电机,切勿使用其他充放电仪器</td></tr>
<tr><td>步骤6</td><td>将充电机位置摆放固定后连接电源并打开电源开关</td></tr>
<tr><td>步骤7</td><td>针对实际情况确定单元电池所需补充安时、电压后启动补电</td></tr>
<tr><td>步骤8</td><td>等待补电单元电池恢复正常数值后,关闭电源,断开连接线</td><td></td></tr>
<tr><td>步骤9</td><td>恢复采集线插头在接口的位置</td><td></td></tr>
<tr><td>步骤10</td><td>安装箱体上盖、将箱体与整车安装</td><td></td></tr>
</table>

(1)使用监控软件确定欠电压单元电池位置(图 1-4-7)。

(2)确定欠电压单元电池所属 BMS 接口位置(图 1-4-8)。

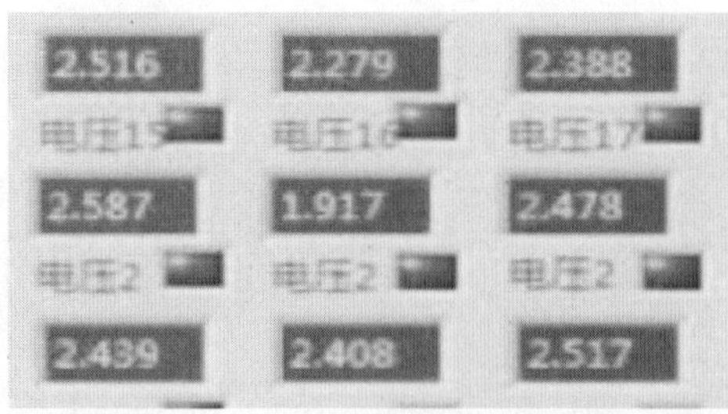

图 1-4-7　确定欠电压单元电池位置

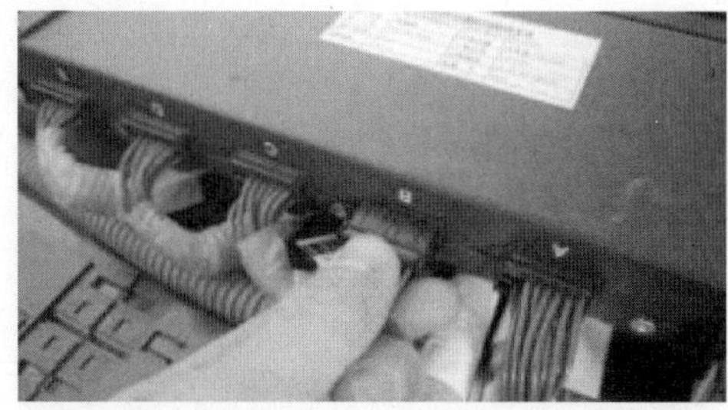

图 1-4-8　确定欠电压单元电池所属 BMS 接口位置

(3)确定欠电压单元电池所属插头位置(图 1-4-9)。

(4)务必使用北汽专用 12 通道或单通道补电机(图 1-4-10)。

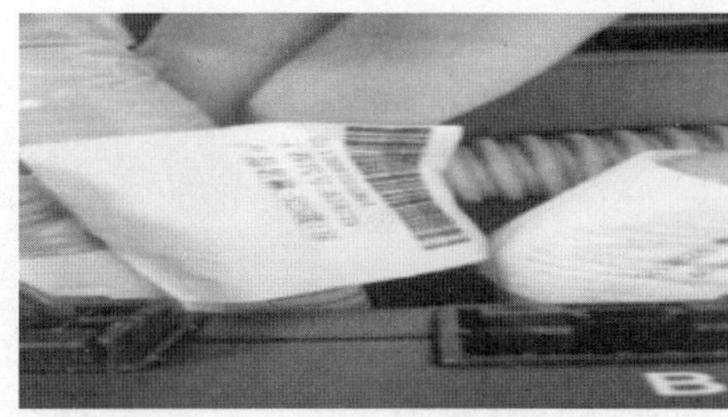

图 1-4-9　确定欠电压单元电池所属插头位置

图 1-4-10　北汽专用 12 通道或单通道补电机

(5)将欠电压单元电池所在位置插头插入补电机接口(图 1-4-11)。

(6)将补电机位置摆放固定(图 1-4-12)。

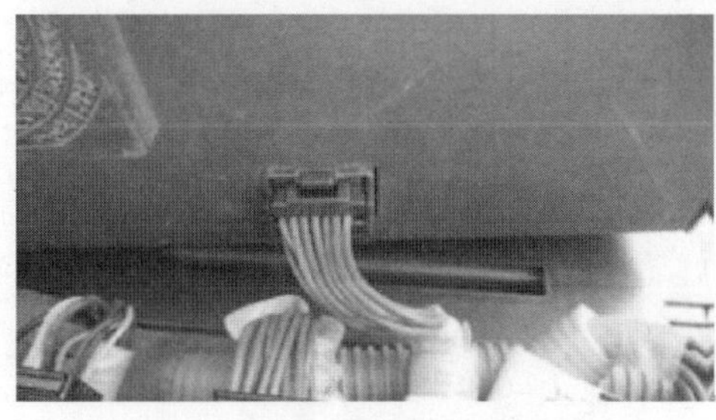

图 1-4-11　将插头插入补电机接口

图 1-4-12　将补电机摆放固定

(7)使用补电机专用电源线(图 1-4-13)。

(8)将连接线插入补电机接通电源并打开开关(图 1-4-14)。

图 1-4-13　补电机专用电源线

图 1-4-14　将连接线插入补电机接通电源

(9)选择充电设置(图1-4-15)

(10)根据实际需求设定欠电压单元电池所需电压或安时(图1-4-16)

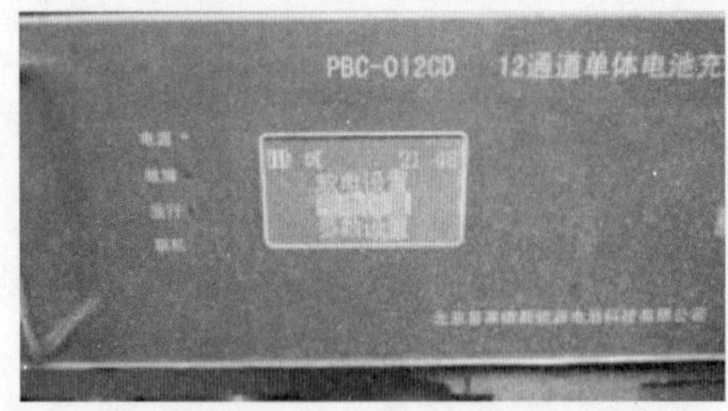

图1-4-15　选择充电设置

图1-4-16　设定电压或安时

(11)设定完成后按下确定按钮将后方“×”变为“√”(图1-4-17)。

(12)完成操作后所显示的内容(图1-4-18)。

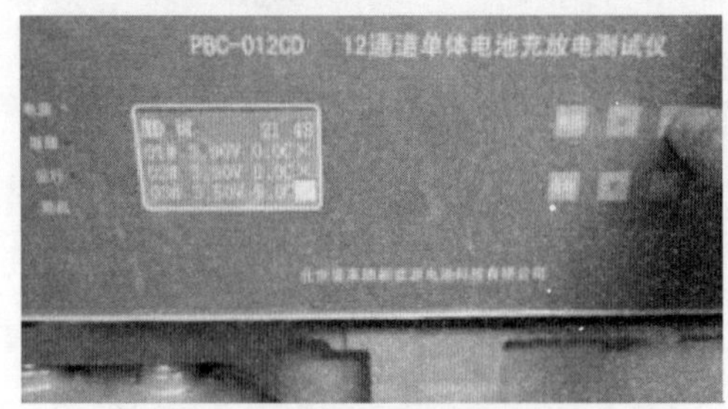

图1-4-17　按下确定按钮

图1-4-18　完成操作后所显示的内容

警告:

使用本厂提供的电动汽车专用充电设备充电。

(1)严禁对充电设备进行改装、拆散及修理。

(2)严禁使用外加的电线或者适配器/转接器。

(3)当充电失败或者有异常时请立即停止使用该设备。

(4)严禁手上沾有水接触插头。

(5)严禁触摸充电插头插针和电动车充电插座插孔。

(6)必须在额定电压下充电。

(7)严禁在三相插头线变软及充电枪电缆磨损、绝缘层破裂或者其他任何损坏的情况下使用该设备。

(8)严禁在防护包装或者电动车充电口断开、破裂、打开或者表露出有任何损坏的情况下使用该设备。

(9)严禁让未成年人触摸或使用该设备,在使用时不要让未成年人靠近。

(10)禁止跌落,严禁直接拉扯线缆移动此设备,搬动时需轻拿轻放,请将设备存放在阴凉处。

学习测试

1. 填空题

(1)电池作为测试对象的形式有________和________两种形式。

(2)常用的动力电池技术指标的检测方法,包括:荷电状态(SOC)、________、容量、________、一致性等检测方法。

(3)电池 SOC 主要的测量方法有开路电压法、________、________等。

(4)电池容量测试的标准流程为:放电阶段→________→充电阶段→搁置阶段→________。

(5)电池容量分为________的容量和________的容量,电动汽车必须使用电池组来满足使用要求。

2. 判断题

(1)铅酸蓄电池技术最成熟,价格较低,但比容量较低且循环寿命较短。 (　　)

(2)单体是电池最基本的单元,也是构成车用动力电池的基础。 (　　)

(3)电池的 SOC 被用来反映电池的总容量状况值。 (　　)

(4)绝大部分老化的电池都是因为内阻过小而造成无法继续使用。 (　　)

(5)电池的寿命有循环寿命和日历寿命之分,其中应用最多的是循环寿命。 (　　)

3. 不定项选择题

(1)动力电池常见测量参数涉及(　　)。

A. 基本性能　　B. 安全性　　C. 寿命　　D. 价格

(2)对动力电池基本的测试参数有(　　)。

A. 荷电状态(SOC)　　B. 内阻

C. 容量　　D. 一致性

(3)下列测量方法用于测量 SOC 的是(　　)。

A. 安时积分法　　B. 开路电压法　　C. 内阻法　　D. 循环放电法

(4)一般认为,当蓄电池用旧只能充满原有电容量(　　)时候,认为电池失效。

A. 40%　　B. 60%　　C. 80%　　D. 10%

(5)下列参数用评定动力电池组中每个电池的容量均匀程度的是(　　)。

A. 一致性　　B. 总容量　　C. 总内阻　　D. 总开路电压

项目二

动力电池能量管理系统

动力电池的能量储存与输出都需要模块来进行管理，即动力电池能量管理模块，又称动力电池管理系统，或动力电池能量管理系统。本项目主要包含以下2个工作任务：

任务1　动力电池能量管理系统认知；

任务2　动力电池能量管理系统的检测。

通过以上2个任务的学习，你可以了解动力电池的管理系统内部组成部件，理解动力电池为何要进行平衡管理和热管理，掌握动力电池的安全管理与数据通信。

任务1　动力电池能量管理系统认知

提出任务

一辆电动汽车的仪表无法显示电池电量,诊断结果为电池能量管理模块无法通信,需要进行更换。作为一位电动汽车售后服务人员,完成上述任务需要具备以下技术能力:①能够识别电池能量管理模块的位置与作用;②可以进行电池能量模块的更换。这些能力你是否都具备了?

任务要求

知识要求

1. 能够描述动力电池系统的构成和基本功能;
2. 能够描述动力电池组的构成和功能;
3. 能够描述动力电池管理系统的基本功能;
4. 能够描述动力电池管理系统的工作模式。

能力要求

能够正确识别与拆装动力电池管理系统的各部件。

相关知识

1. 动力电池系统的构成和基本功能

1)动力电池系统的构成

动力电池系统是指驱动电动汽车以及混合动力汽车等电动汽车的电池、电池管理系统及附属装置等。其主要构成要素是:

(1)动力电池组(电池模块)。

(2)电池管理系统(BMS)。

(3)电池冷却系统。

(4)动力电池组箱体。

图2-1-1所示为纯电动汽车结构图,图中与电池系统相关的组件主要为动力电池组、管

理电池信息的电池管理单元以及车辆集成控制器(VCU)。

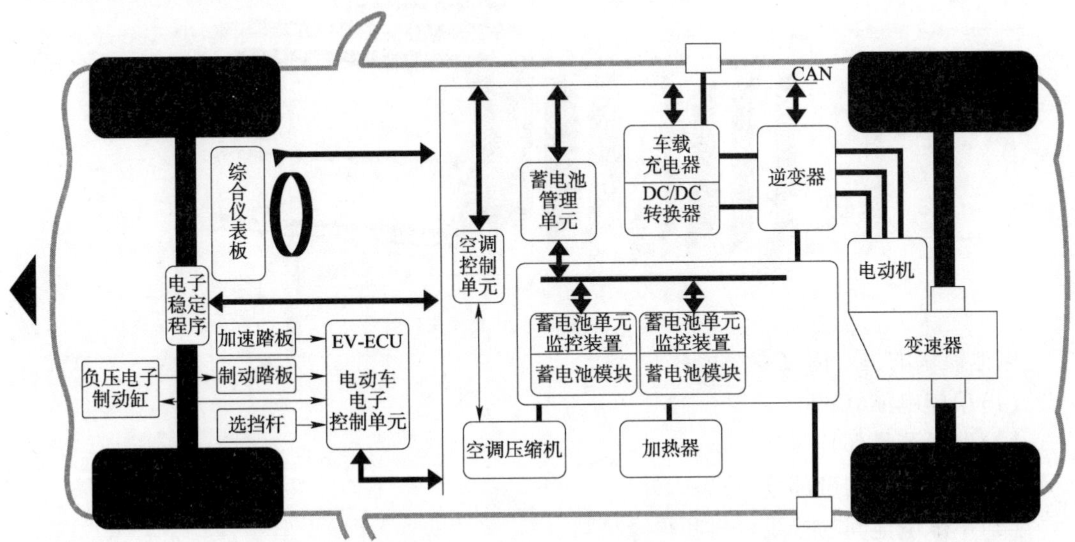

图 2-1-1 纯电动汽车结构示意图

2)动力电池系统的基本功能

动力电池系统的基本功能是:

(1)储存驱动所用电能。

(2)控制最佳行驶电池特性。

(3)确保电池相关的安全性、可靠性。

图 2-1-2 所示为纯电动汽车动力电池系统内部结构。电池组中包含了部分电源系统(安全保护零件类、维护插件等),含有使用高性能锂离子电池的电池组、保持电池在适当温度的冷却管路、防水结构的电池盘等。

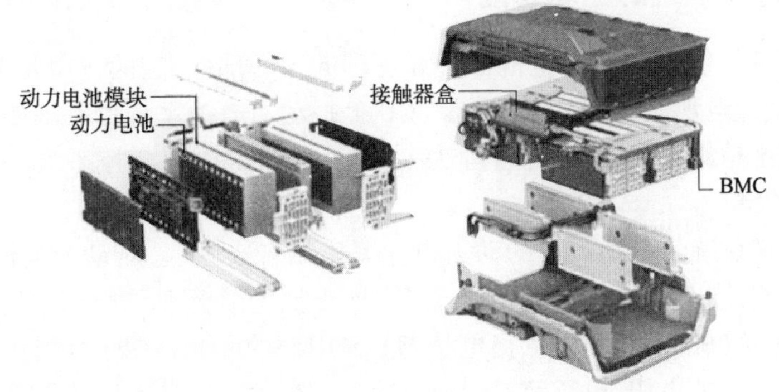

图 2-1-2 电动汽车动力电池系统内部结构

2. 动力电池组的构成和功能

一般为了实现电动机驱动的高效率化,会将电动汽车辆的工作电压设定为 100 ~ 500V。因此,动力电池组主要利用单体电池(Cell)串联结构,如图 2-1-3 所示,动力电池组一般由若干单体电池连接而成的电池模块组成。

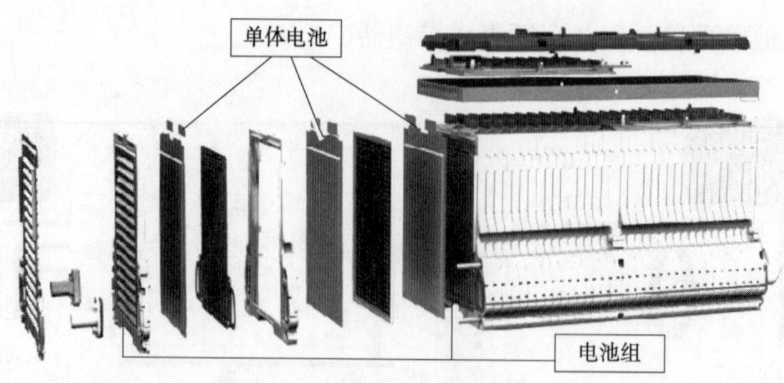

图 2-1-3　电池组(电池模块)

电池模块的主要构成零件是：

(1)单体电池(Cell)。

(2)电压测量部分。

(3)电池温度测量部分。

(4)单体电池间的接线材料和绝缘材料。

另外,电池模块所要求的功能是：

(1)保持电池固定。

(2)配线部绝缘。

(3)检测电池电压和温度。

(4)电池散热(冷却)结构。

当电池模块中加入了隶属电池管理系统的电子印制电路板,这时对电池模块相应增加模数转换电池电压和温度数据的功能、向电池管控单元发送这些信息的通信功能,还有均衡不同电池单体电压的功能。

3. 电池管理系统的基本功能

动力电池管理系统(BMS)是电池保护和管理的核心部件,它的作用要保证电池安全可靠的使用,控制动力电池组的充放电,并向 VCU 上报动力电池系统的基本参数及故障信息。动力电池管理系统是集监测、控制与管理为一体的、复杂的电气测控系统,也是电动汽车商品化、实用化的关键。

动力电池管理系统与电动汽车的动力电池紧密结合在一起,对动力电池的电压、电流、温度进行时刻检测,同时还进行漏电检测、热管理、电池均衡管理、报警提醒,计算剩余容量、放电功率,报告 SOC(State Of Charge 荷电状态)、SOH(State Of Health 性能状态,也称健康状态),还根据动力电池的电压、电流及温度用算法控制最大输出功率以获得最大行驶里程,以及用算法控制充电机进行最佳电流的充电,通过 CAN 总线接口与车载,控制器、电动机控制器、能量控制系统、车载显示系统等进行实时通信。

如图 2-1-4 所示,常见动力电池管理系统的功能主要包括数据采集、数据显示、状态估计、热管理、数据通信、安全管理、能量管理(包括动力电池电量均衡功能)和故障诊断,其中前 6 项为动力电池管理系统的基本功能：

(1)数据采集是动力电池管理系统所有功能的基础,需要采集的数据信息有电池组总电

压、电流、电池模块电压和温度;

(2)电池状态估计包括 SOC 估计和 SOH 估计,SOC 提供电池剩余电量的信息,SOH 提供电池健康状态的信息,目前的动力电池管理系统都实现了 SOC 估计功能,SOH 估计技术尚不成熟。

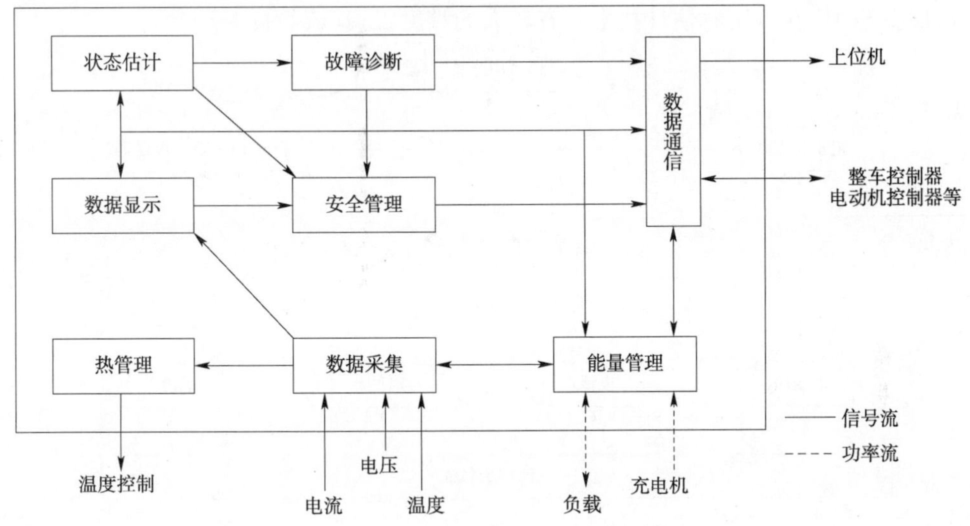

图 2-1-4 电池管理系统功能框图

(3)热管理是指 BMS 根据热管理控制策略进行工作,以使电池组处于最优工作温度范围。

(4)数据通信是指电池管理系统与整车控制器、电动机控制器等车载设备及上位机等非车载设备进行数据交换的功能。

(5)安全管理是指电池管理系统在电池组的电压、电流、温度、SOC 等出现不安全状态时给予及时报警并进行断路等紧急处理。

(6)能量管理是指对电池组充放电过程的控制,其中包括对电池组内单体或模块进行电量均衡;故障诊断是指使用相关技术及时发现电池组内出现故障的单体或模块。

BMS 最基本的功能是监控与动力电池自身安全运行相关的状态参数(如动力电池的电压、电流和温度)、预测动力系统优化控制有关的运行状态参数(SOC、SOH)和相应的剩余行驶里程、进行与工作环境适应性有关的热管理等,进行动力电池管理以避免出现过放电、过充电、过热和单体电池之间电压严重不平衡现象,最大限度地利用动力电池存储能力和循环寿命。BMS 的主要任务及相应的传感器输入和输出控制见表 2-1-1。

BMS 的主要任务及相应的传感器输入和输出控制 表 2-1-1

任务	传感器输入信号	执行器件
防止过充	动力电池电压、电流和温度	充电器
避免深放	动力电池电压、电流和温度	电动机控制器
温度控制	动力电池温度	热管理系统
动力电池组件电压和温度的均衡	动力电池电压和温度	均衡装置
预测动力电池的 SOC 和剩余行驶里程	动力电池电压、电流和温度	显示装置
动力电池诊断	动力电池电压、电流和温度	非在线分析装置

通常在车辆运行过程中,能够通过传感器直接测量得到的参数仅有动力电池端电压 U、动力电池工作电流 I、动力电池的温度 T,而车辆动力系统控制需要用到的物理量包括电池当前的 SOC、电池当前的 SOH、最大可充放电功率等,动力电池管理系统内部各物理量之间的关系如图 2-1-5 所示。在车载动力电池管理系统中,热管理技术、准确的荷电状态(SOC)和性能状态(SOH)在线实时估计技术具有较大的难度,是其核心技术。

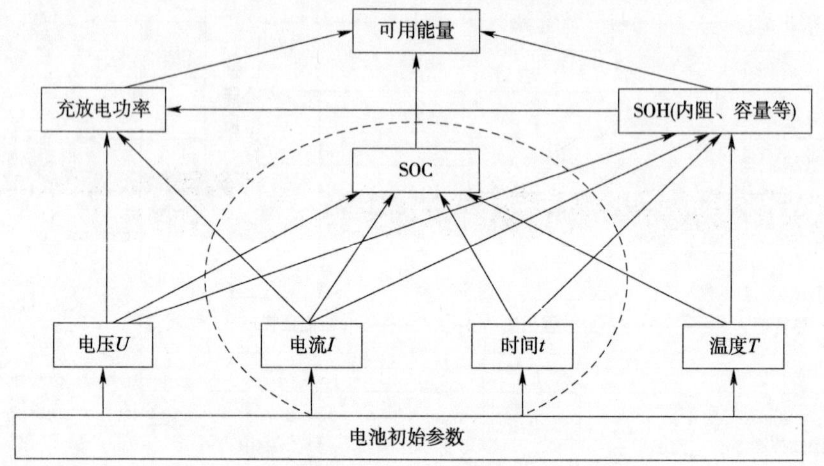

图 2-1-5 电池管理系统内部各物理量之间的关系

电池管理的核心问题就是 SOC 的预估问题,电动汽车电池 SOC 的合理范围是 30% ~ 70%,这对保证电池寿命和整体的能量效率至关重要。电动汽车在运行时,电池的放电和充电均为脉冲工作模式,大的电流脉冲很可能会造成电池过充电(超过 80% SOC)、深放电(小于 20% SOC)甚至过放电(接近 0% SOC),因此电动汽车的控制系统一定要对电池的荷电状态敏感,并能够及时做出准确的调整,这样电池管理系统才能根据电池容量决定电池的充放电电流,从而实施控制,根据各只电池容量的不同识别电池组中各电池间的性能差异,并以此做出均衡充电控制和电池是否损坏的判断,确保电池组的整体性能良好,延长电池组的寿命。

电池管理系统的具体功能是:①保护电池;②估算剩余电量;③计算电池寿命;④故障诊断。

其最为重要的功能是监测电池电压与温度,以及判断电池自身故障,以保护电池。因此,事先在电池管理系统核心的电池管理单元中添加了与所使用的电池化学系统相匹配的各类控制信息。

电池保护功能的主要项目和概要如下:

(1)防止过充电功能。过充电是指超过各单体电池具有的上限充电电压充电。过充电不仅会引起电池性能下降,有时甚至会引起发热或冒烟等。因此,需要监视各单体电池电压,控制充电电流和再生电流不超越上限电压,杜绝过充电。

(2)防止过放电功能。过放电是指低于单体电池内部使用的化学物质具有的固有下限电压放电。出现过放电时,电池内部会发生异于常态的化学反应,导致内部物质不可逆变化,之后电池就无法再继续使用。因此,必须避免行驶时各单体电池电压低于下限电压,需要实施抑制输出电流的控制。此外,电池在剩余容量少的状态下长期放置时,会自放电,也

可能导致过放电，所以点火开关在关闭状态，不在电池管理系统控制之下时，充分确保单体电池自身安全至关重要。

(3)电压均衡功能。如前所述，把若干单体电池串联连接使用的电动汽车十分常见。这种情况下，各单体电池的电压不均衡时，电压最低的单体电池会影响整体性能，电池组无法获得应有性能。为改进这种情况，通常多数会在模块管理单元和电池管理单元等中设置电压均衡电路，主要使用以下方式：

①消耗电阻方式。相对于各单体电池，借助开关功能，并联电阻，使电压高的单体电池电流流过这个电阻，产生消耗，从而与电压最低的单体电池匹配方式。虽然此方式能做到电路结构紧凑和控制简单，但是另一方面，电能消耗会使充电效率下降(图2-1-6)。

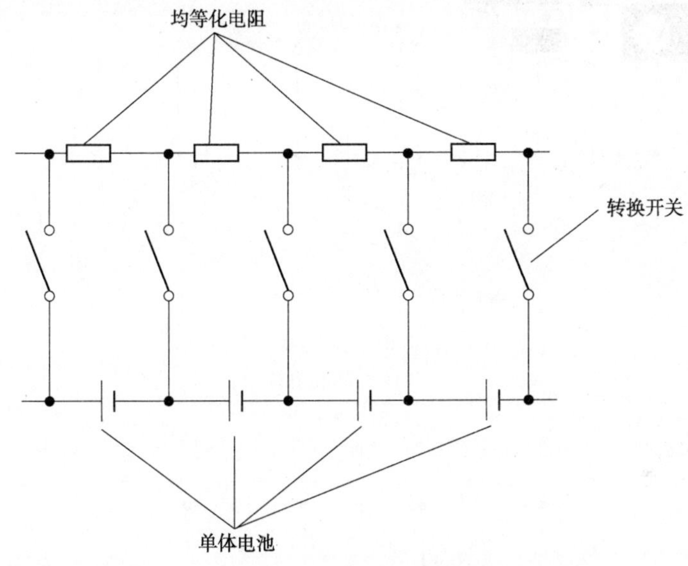

图2-1-6　消耗电阻方式电路图

②转移电能型变压器方式。此方式是指并联连接到整个电池组的线圈为1次侧送电电压，并联连接到各单体电池的线圈为2次侧送电电压的变压器电路，把电压高的电池电能转移到1次侧送电变压器电路，之后2次侧送电变压器电路重新把电能转移到电压低的电池，使各单体电池电压均衡(图2-1-7)。此方式不仅释放了电压高的电池电能，还能够将电能转移给电压低的单体电池，实现高效率化，但是另一方面，也造成电路尺寸的大型化和控制复杂等不利因素。

③转移电能型电容器方式。此方式是指电容器相对于各单体电池并联连接，通过切换电路可以使电容器与相邻电池连接，电能从电压高的电池转移至电压低的电池，实现均衡(图2-1-8)。此方式，与转移电能型变压器方式一样，可有效利用电能，但也存在转移电池范围受限的缺点。

此外，单体电池本身发生故障，产生电压差时，需要立刻进行处理，确保安全，所以监控和判断各单体电池电压差也成为重要功能。

(4)防止过热功能。该功能是指防止各单体电池超过推荐使用的温度范围上限值的功能。用最大输出功率连续行驶和快速充电时，单体电池因自身内部电阻而发热。如果超过上限温度，不仅会使电池容量和输出性能下降，还会发生电池鼓胀等问题。模块管理单元监测各单体电池或是电池模块的温度。此外,为避免超过上限温度,在抑制输出电流和充电电流的同时,需要借助后述电池冷却系统强制降低温度。

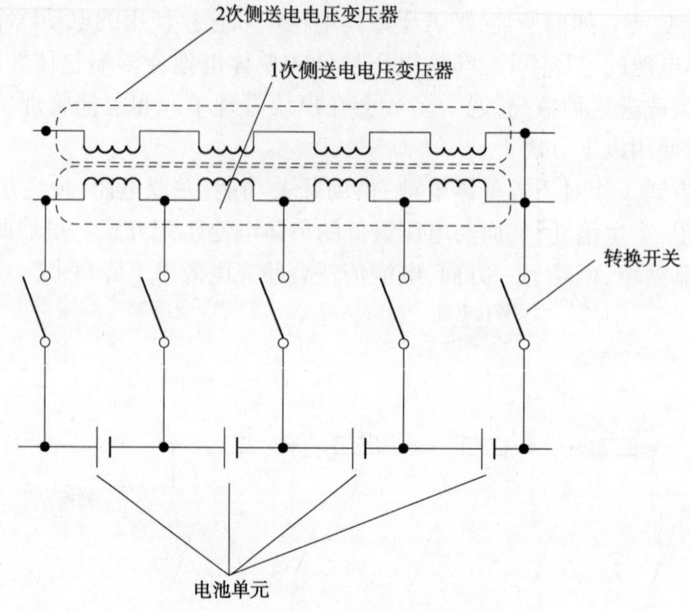

图 2-1-7　转移电能型变压器方式电路图

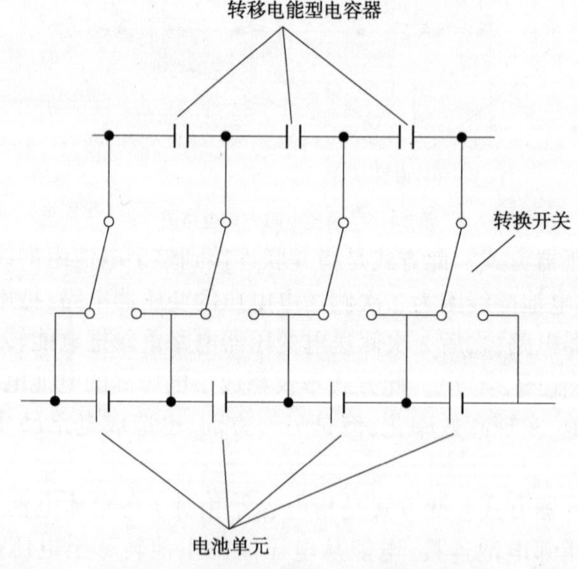

图 2-1-8　转移电能型电容器方式电路图

4. 动力电池管理系统的工作模式

动力电池管理系统高压接触器结构如图 2-1-9 所示,控制原理如图 2-1-10 所示。

动力电池管理系统可工作于下电模式、准备模式、放电模式、充电模式和故障模式 5 种工作模式。

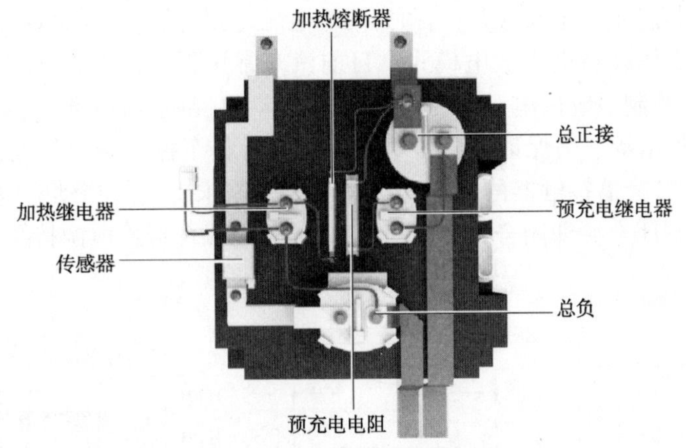

图 2-1-9　动力电池管理系统高压接触器结构

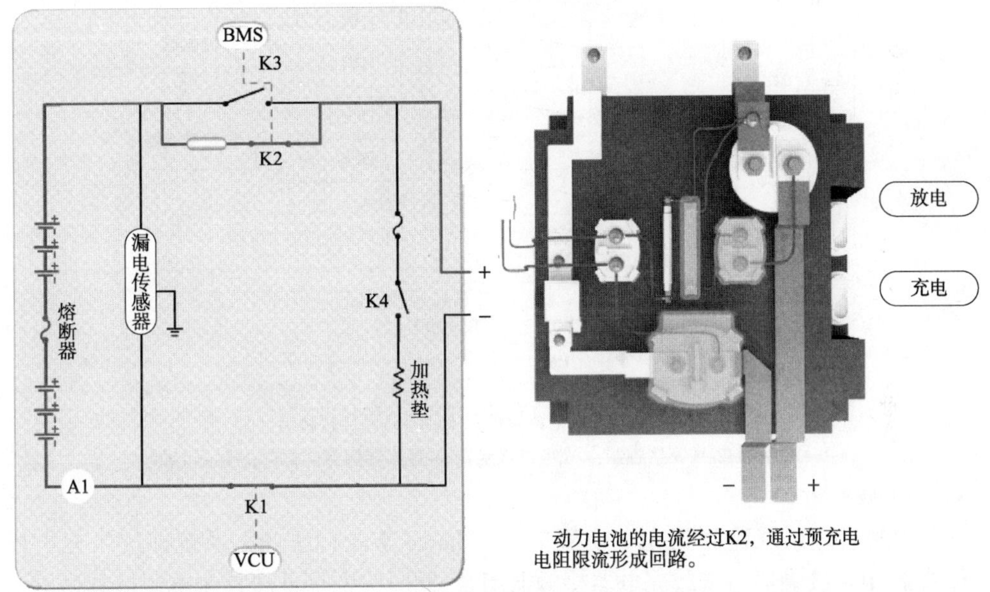

图 2-1-10　动力电池管理系统高压接触器控制原理

1）下电模式

下电模式是整个系统的低压与高压处于不工作状态的模式。在下电模式下，动力电池管理系统控制的所有高压接触器均处于断开状态，如图 2-1-11 所示；低压控制电源处于不供电状态。下电模式属于省电模式。

2）准备模式

在准备模式下，系统所有的接触器均处于未吸合状态。在该模式下，系统可接受外界的点火开关、整车控制器、电动机控制器、充电插头开关等部件发出的硬线信号或受 CAN 报文控制的低压信号来驱动控制各高压接触器，从而使动力电池管理系统进入所需工作模式。

3）放电模式

动力电池管理系统监测到点火开关的高压上电信号（Key-ST 信号）后，系统首先闭合 B－接触器（图 2-1-11），由于电动机是感性负载，为防止过大的电流冲击，B－接触器闭合后即闭合预充接触器进入预充电状态;当预充两端电压达到母线电压的90%时,立即闭合B+接触器并断开预充接触器进入放电模式。目前汽车常用低压电源由12V的铅酸蓄电池提供,不仅可为低压控制系统供电,还需为助力转向电动机、刮水器电动机、安全气囊及后视镜调节电动机等提供电源。为保证低压蓄电池能持续为整车控制系统供电,低压蓄电池需有充电电源,而直流转换器接触器的开启即可满足这一需求,因此,当动力电池系统处于放电状态时,B+接触器闭合后即闭合直流转换器接触器,以保证低压电源持续供电。

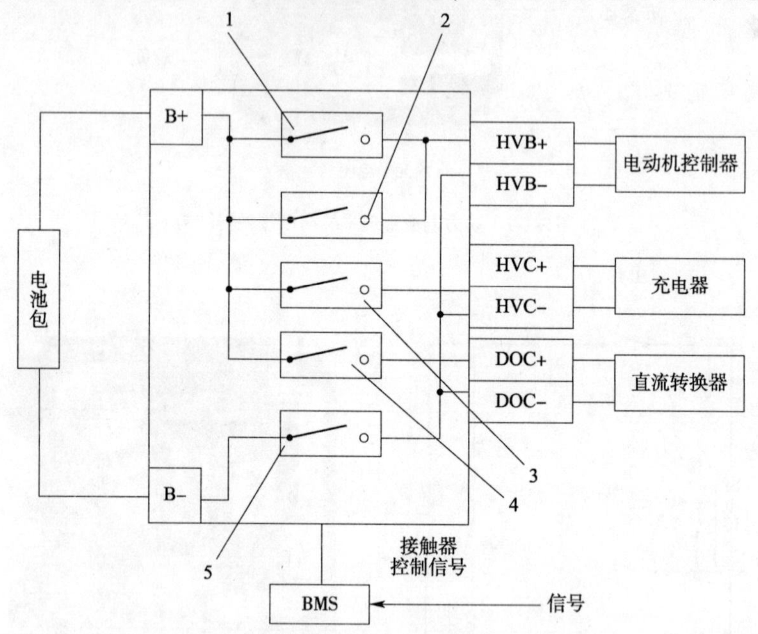

图2-1-11　动力电池管理系统(BMS)高压接触器

1-B+接触器;2-预充接触器;3-充电器接触器;4-直流转换器接触器;5-B-接触器

4)充电模式

动力电池管理系统检测到充电唤醒信号(Charge Wake Up)时,系统即进入充电模式。在该模式下,B-接触器与车载充电器接触器闭合,同时为保证低压控制电源持续供电,直流转换器接触器仍需处于工作状态。在充电模式下,系统不响应点火开关发出的任何指令,充电插头提供的充电唤醒信号可作为充电模式的判定依据。对于磷酸铁锂电池,由于其低温下不具备有很好的充电特性,甚至还伴随有一定的危险性,因此基于安全考虑,还应在系统进入充电模式之前对系统进行一次温度判别。当电池温度低于0℃时,系统进入充电预热模式,此时可通过接通直流转换器接触器对低压蓄电池进行供电,并为预热装置供电以对电池组进行预热;当电池组内的温度高于0℃时,系统可进入充电模式,即闭合B-接触器。

无论在充电状态还是在放电状态,电池的电压不均衡与温度不均衡将极大地妨碍动力电池性能的发挥。在充电状态下,极易出现电压、温度不均衡的状态,充电过程中可通过电压比较及控制电路使得电压较低的单体电池充电电流增大,而让电压较高的电池单体充电电流减小,进而实现电压均衡的目的。温度的不均匀性会大大降低动力电池组的使用寿命,因此,当电池单体温度传感器监测出各单体电池温度不均衡时,可选择强制风冷的方式,实现电池组内气流的循环流动,以达到温度均衡的目标。

5)故障模式

故障模式是控制系统中常出现的一种状态。由于车用动力电池的使用关系到用户的人身安全,因而系统对于各种相应模式总是采取"安全第一"的原则。动力电池管理系统对于故障的响应还需根据故障等级而定,当其故障级别较低时,系统可采取报错或者发出报警信号的方式告知驾驶人;而当故障级别较高,甚至伴随有危险时,系统将采取断开高压接触器的控制策略。低压蓄电池是整车控制系统的供电来源,无论是处于充电模式、放电模式还是故障模式,直流转换器接触器的闭合都可使低压蓄电池处于充电模式,从而保证低压控制系统工作正常。

任务实施

(一)工作准备

(1)防护装备:绝缘防护装备。

(2)车辆、台架、总成:北汽新能源纯电动汽车系列;荣威 E50;或其他同类纯电动汽车。

(3)专用工具、设备:无。

(4)手工工具:绝缘拆装组合工具。

(5)辅助材料:警示标示和设备;清洁剂。

(二)实施步骤

1. 北汽新能源 EV 系列车型动力电池管理系统拆装

以下以北汽 EV160 型汽车为例,介绍动力电池管理系统常见的部件更换拆装流程。

1)BMS 从板更换流程与规范

警告:

在处理从板的更换过程中,拆卸时注意螺钉与配件的拆卸,防止掉落模组内部引起短路事故。

(1)将动力电池箱体与车身分离。

(2)将动力电池包上盖打开。

(3)确认需更换的 BMS 从板位置(图 2-1-12)。

(4)将所属从板的接插件全部拆卸(图 2-1-13)。

(5)拆卸从板本体(图 2-1-14)。

(6)将新从板双侧的固定片安装稳固。

①从板双侧固定片须用专用型号螺钉与从板配套使用(图 2-1-15)。

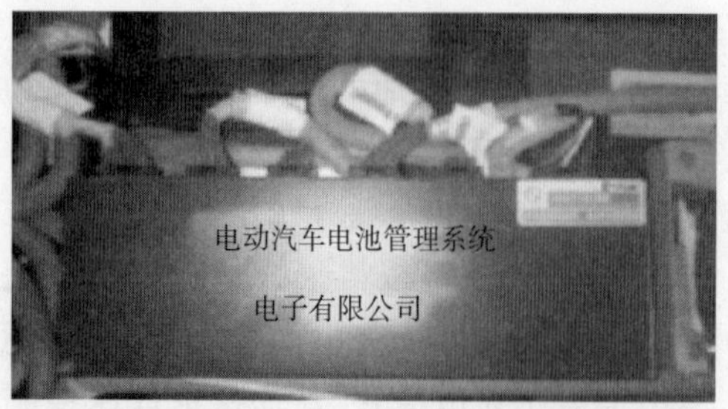

图 2-1-12　确认需更换的 BMS 从板位置

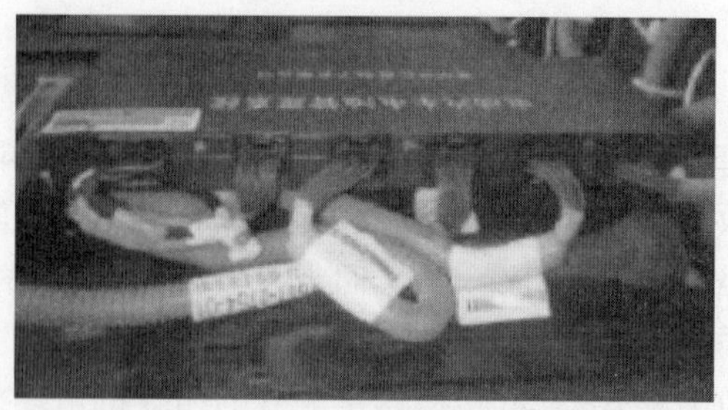

图 2-1-13　拆卸接插件

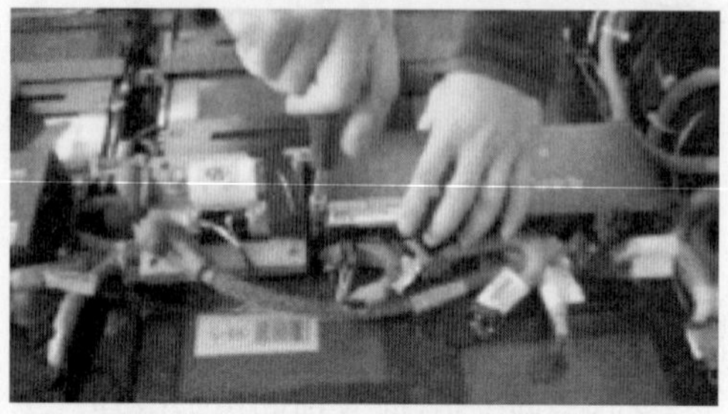

图 2-1-14　拆卸从板本体

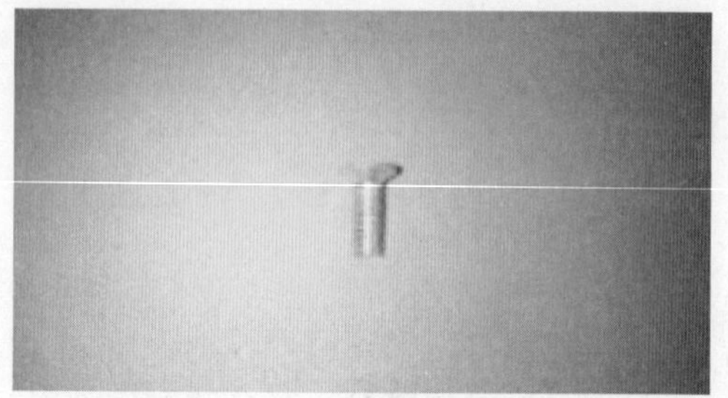

图 2-1-15　专用型号螺钉

②对准从板固定片螺纹进行螺钉的拧紧操作(图 2-1-16)。

③固定片安装后准备安装从板(图 2-1-17)。

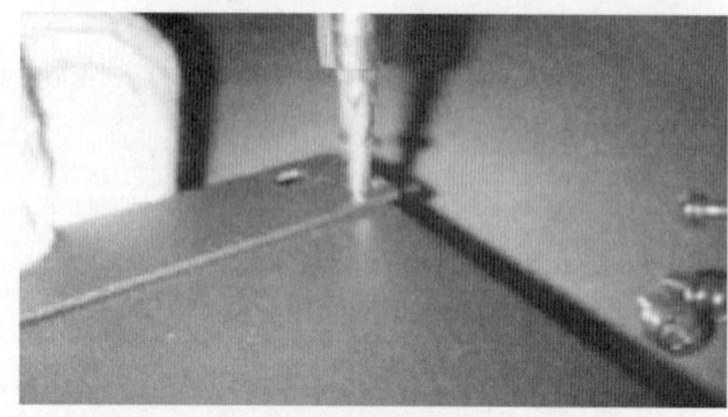

图 2-1-16　进行螺钉的拧紧操作

图 2-1-17　准备安装从板

④从板位置摆放正确至螺纹插孔全部对齐(图 2-1-18)。

⑤检查从板固定螺钉配件是否为标准三件套。

⑥螺钉安装先后顺序为:弹片(上)→垫片(下)(图 2-1-19)。

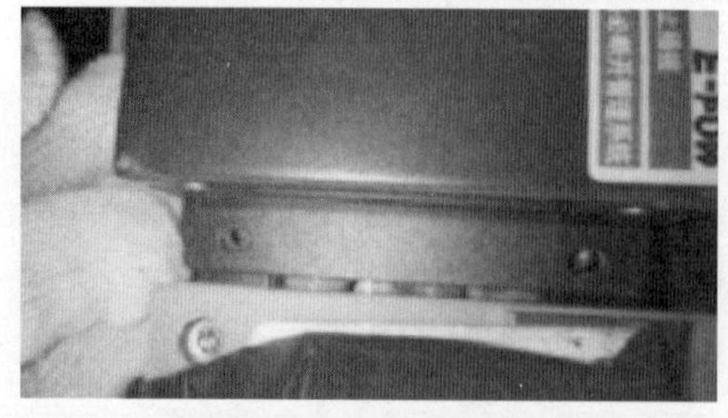

图 2-1-18　从板位置摆放正确

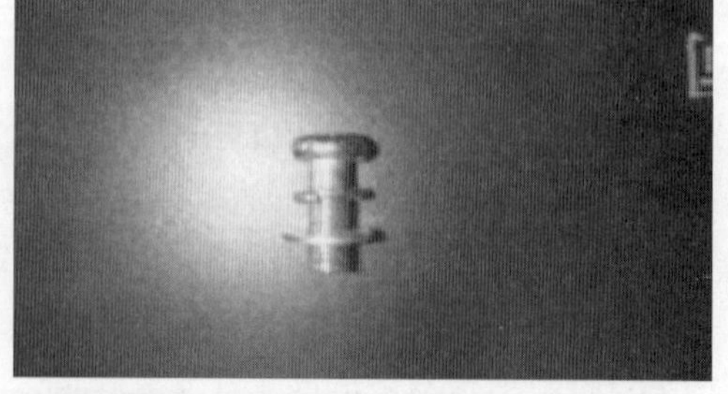

图 2-1-19　螺钉安装顺序为弹片(上)→垫片(下)

⑦使用十字螺丝刀对从板螺钉进行拧紧(图 2-1-20)。

(7)在原位置安装新丛板,将接插件安装至需更换后的丛板并安装插件。

①丛板插口印有接插件标号(图2-1-21)。

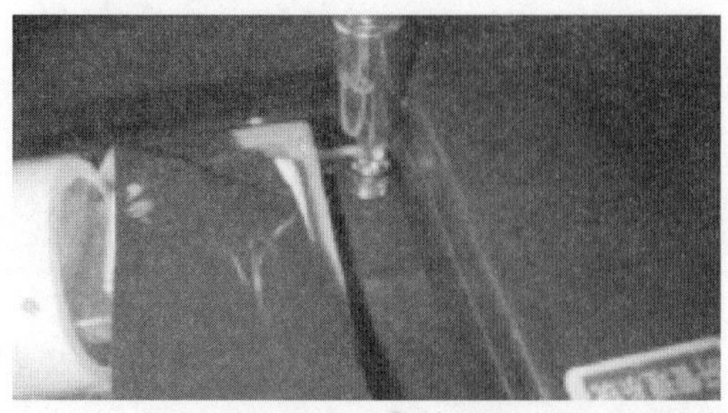

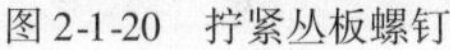

图2-1-20　拧紧丛板螺钉

图2-1-21　丛板插口印有接插件标号

②安装中按照接插件上的标签内容进行对号接插(图2-1-22)。

③接插件对正插口不可错位,防止插针损坏(图2-1-23)。

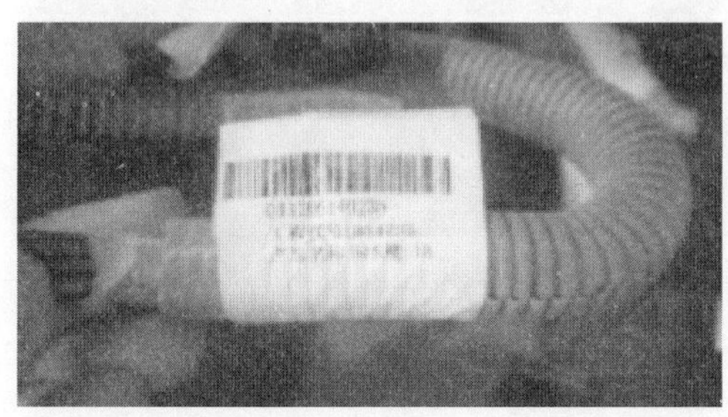

图2-1-22　按接插件上的内容对号接插

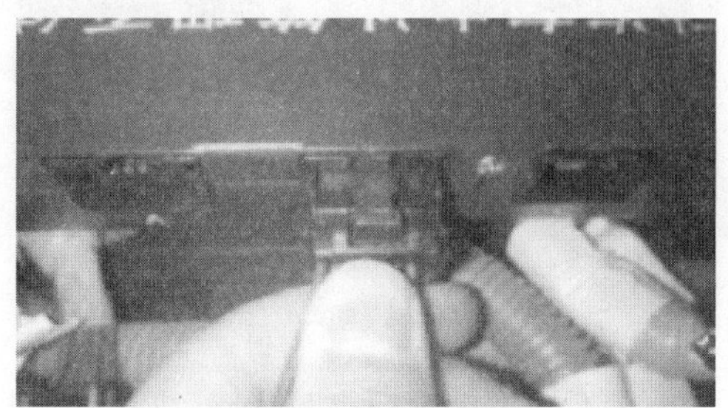

图2-1-23　接插件对正插口

④检查接插件是否牢固,编号是否与插口对应。

(8)再次检查线束接插件是否接插正确,并无工具或异物遗落箱体内部。

(9)安装上盖并进行密封处理。

(10)将动力电池箱体与车身进行安装。

2)高压继电器更换与安装流程与规范

提示:

型号务必选用匹配继电器EV200-1618002-7。

(1)将动力电池包与车身分离并打开动力电池箱体上盖。

(2)断开继电器电源插件。

(3)使用型号匹配的专用工具拆下需更换的继电器螺栓。

(4)选用型号匹配的继电器进行安装。

①确定继电器所安装的位置,有对应螺栓插孔(图2-1-24)。

②选取型号匹配的继电器进行安装(图2-1-25)。

③继电器固定螺钉组件为三件套。

④组件安装顺序为:弹片(上)→垫片(下)(图2-1-26)。

⑤将继电器对准专属插槽并拧紧螺钉。

⑥继电器顶部端子需连接高压电缆、预充电阻、加热继电器等线束、操作时按照实际情况进行线束连接(分“正”与“负”)(图2-1-27)。

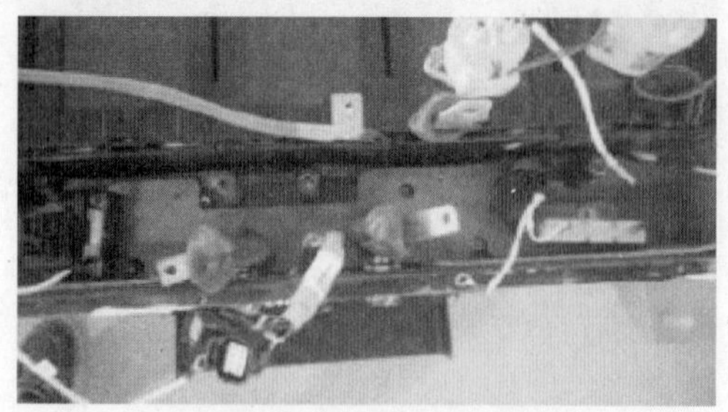

图2-1-24　确定继电器安装位置

图2-1-25　选取型号匹配的继电器

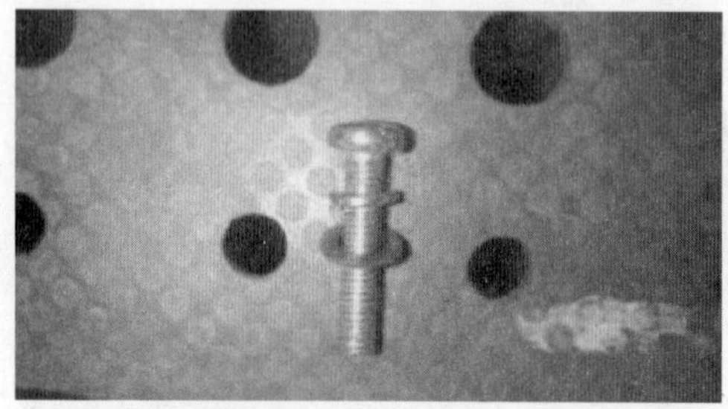

图2-1-26　组件安装顺序为弹片(上)→垫片(下)

图2-1-27　连接高压电缆、预充电阻、加热继电器等线束

⑦安装完毕后将绝缘套固定好(图2-1-28)。

(5)安装箱体上盖、密封并将箱体与车身进行安装。

3)加热继电器更换与安装流程与规范

提示：

继电器型号必须符合电池包实际要求务必使用专用继电器。

(1)将动力电池箱体与车身分离并打开上盖。

(2)拆卸加热继电器端子连接线束。

①确认加热继电器所在位置(图2-1-29)。

图2-1-28　将绝缘套固定

图2-1-29　确认加热继电器所在位置

②将继电器端子连接线束拆卸(图 2-1-30)。

(3)使用专用工具拆卸继电器两侧固定螺钉,拆卸加热继电器(图 2-1-31)。

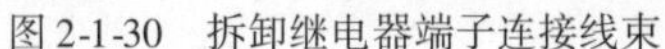

图 2-1-30　拆卸继电器端子连接线束

图 2-1-31　拆卸继电器两侧固定螺钉

(4)按实际要求选择型号匹配的继电器进行更换。

选择型号匹配的加热继电器(型号:AEV110122)如图 2-1-32 所示。

(5)安装新继电器,确认螺栓组件是否齐全。

①在原位置安装新继电器对准螺栓插孔。

②检查加热继电器螺栓组件是否为标准三件套。

③螺栓组件安装顺序为:弹片(上)→垫片(下)(图 2-1-33)。

图 2-1-32　型号为 AEV110122 继电器

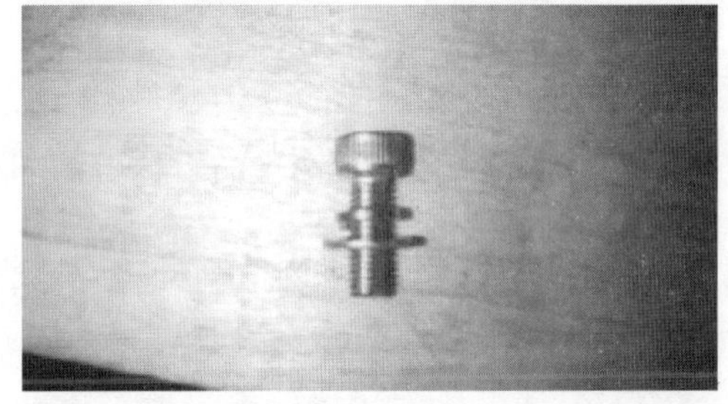

图 2-1-33　螺栓组件安装顺序为弹片(上)→垫片(下)

④将螺栓对准螺栓插孔并紧固(图 2-1-34)。

(6)插入继电器端子连接线束,将加热继电器顶端线束安装至原位。

(7)安装电池包上盖、密封,并将箱体与车身安装。

4)低压航插头更换流程与规范

提示:

航插头务必选用与动力电池包相匹配的型号,实际型号以电池包出厂批次要求为准。

(1)将动力电池包与车身分离并打开箱体上盖。

(2)拆卸航插头尾部接插件。

①确认航插头所在位置(图 2-1-35)。

图 2-1-34　紧固螺栓

图 2-1-35　确认航插头所在位置

②断开并拆卸航插头尾部连接的线束接插件(图 2-1-36)。

(3)拆卸紧固航插头的四组螺栓与螺母。

①使用十字螺丝刀拆卸航插头固定螺栓(图 2-1-37)。

图 2-1-36　拆卸航插头尾部连接的线束接插件

图 2-1-37　拆卸航插头固定螺栓

②拆卸螺栓时需固定螺栓后方位置的螺母(图 2-1-38)。

(4)从航插头插孔中取出故障航插头。

①螺栓与螺母拆卸完毕后取出故障航插头(图 2-1-39)。

图 2-1-38　固定螺栓后方的螺母

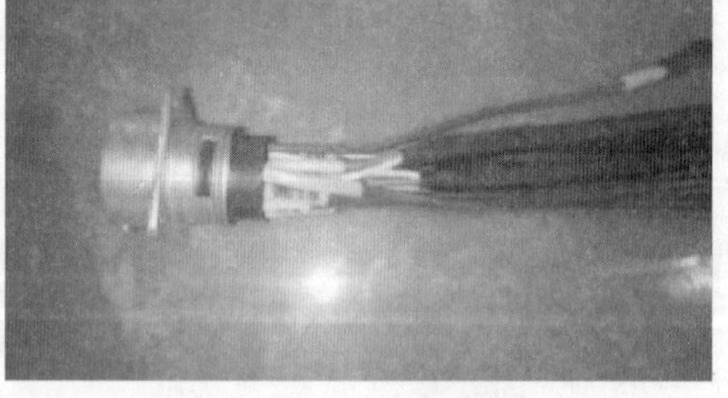

图 2-1-39　取出故障航插头

②更换的航插头必须符合电池包批次与型号标准,以实际情况为准(图 2-1-40)。

(5)从插孔中插入新低压航插头。

①将航插头插入插孔并安装尾部线束与接插件(图 2-1-41)。

②将航插头位置进行调整,最大缺口处为正上方。

(6)紧固四组螺栓与螺母。

①检查螺栓是否为四件套(图 2-1-42),插入螺栓后从尾部进行安装,顺序为:垫片→弹片→螺母。

②将四组螺栓组合件全部紧固,保证航插头固定在箱体(图 2-1-43)。

图 2-1-40 新航插头符合电池包批次与型号标准

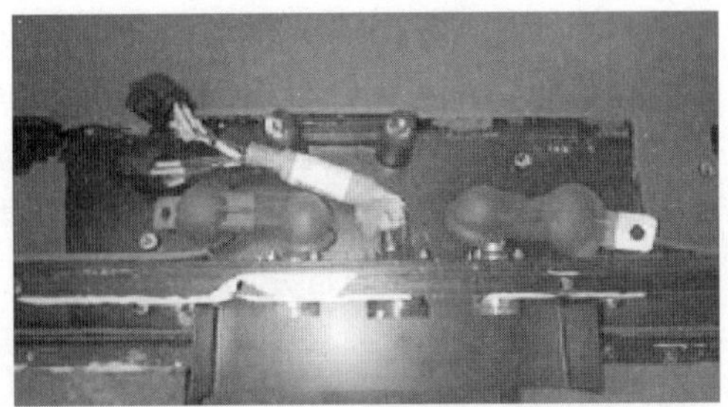

图 2-1-41 将航插头插入插孔

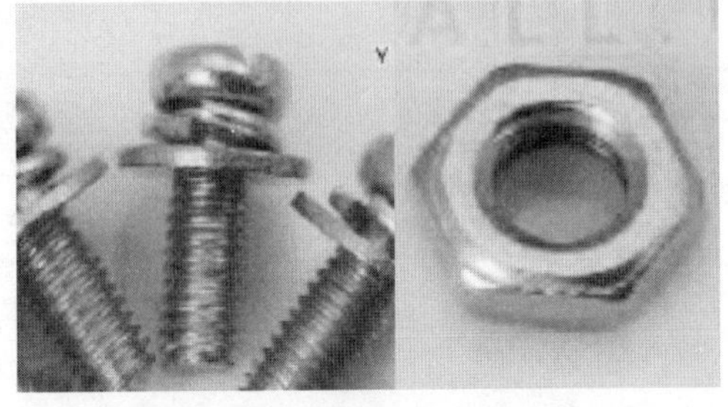

图 2-1-42 螺栓组合件为四件套

图 2-1-43 将四组螺栓组合件紧固

(7)连接航插尾部连接的线束接插件。

(8)将箱体上盖安装并密封,将箱体与车身安装。

5)熔断芯更换流程与规范

提示:

螺栓紧固之前确定高压电缆与熔断芯连接。

(1)将动力电池包与车身分离并将箱体上盖打开。

(2)确定熔断芯所在位置(图 2-1-44)。

(3)拆卸熔断芯两端的三个固定螺栓。

(4)取下故障熔断芯。

(5)选取规格型号与电池包批次类型要求相符的熔断芯进行更换。

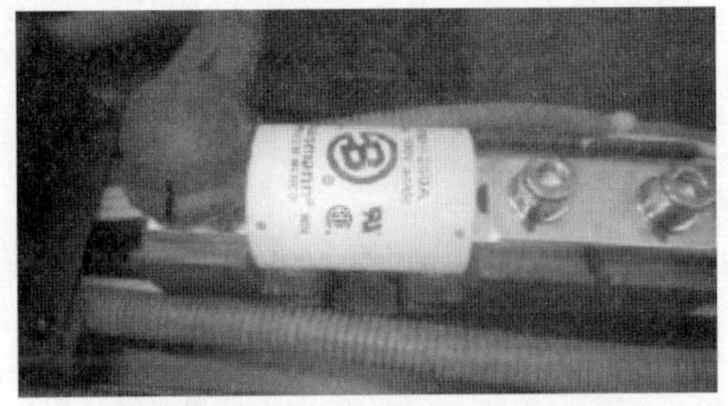

图 2-1-44 确定熔断芯所在位置

提示:

更换选用 250A-500V 标准 AC/DC 熔断芯,实际以电池包批次类型要求为准。

(6)安装熔断芯至原位并紧固两端螺栓。

①将熔断芯两端螺栓孔对准安装插槽。

②检查所用螺栓是否为标准三件套:内六角螺栓、弹片和垫片。

③螺栓组合件安装顺序为:弹片(上)→垫片(下)。

④将高压电缆与熔断芯接触后安装固定螺栓。

⑤另一端与分流器连接片相连(熔断芯接片在下方)。

(7)将绝缘护套位置固定好。

(8)安装上盖并密封,将箱体与车身安装。

2. 荣威 E50 电池管理系统认知

参观实训室荣威 E50 的整车或台架,认识电池管理系统的元件位置、控制原理、工作参数和功能。

如图 2-1-45 所示为荣威 E50 电池组管理系统介绍界面。

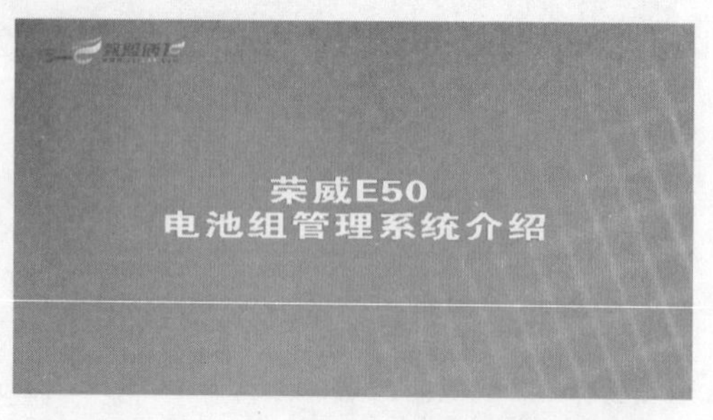

图 2-1-45 荣威 E50 电池组管理系统介绍界面

(1)电池管理系统布置图(图 2-1-46)。

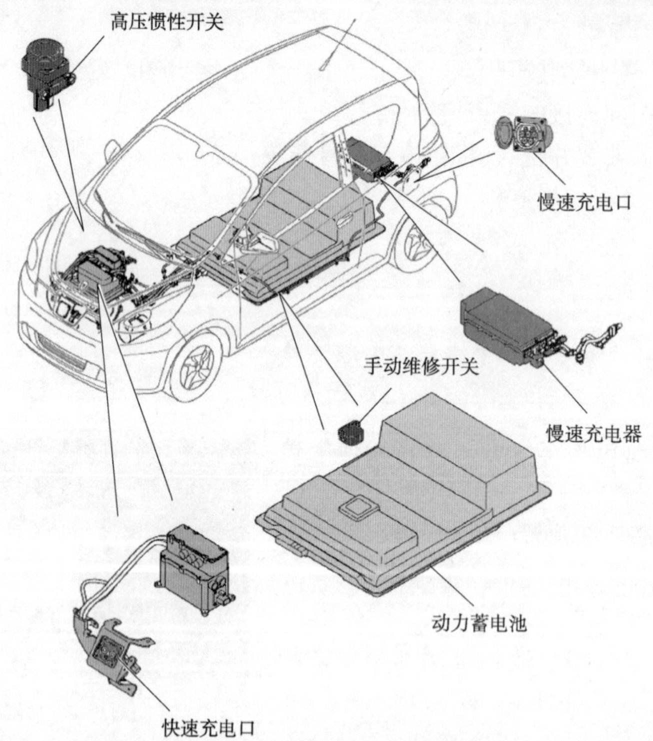

图 2-1-46 电池管理系统布置图

(2)电池管理系统控制框图(图 2-1-47)

(3)功能描述。高压电池组管理系统功能描述:

① 4 路独立的 CAN 网络,分别与整车、车载充电器、非车载充电器、内部控制模块通信。

②提供高压电池包的状态给整车控制器,通过不同高压继电器的通断,实现各个高压回路的通断,使其实现充放电管理和高压电池包电池状态的指示。

③车载充电管理。

④非车载充电管理。

⑤热管理功能:通过水冷的方式控制高压电池包在各种工况下工作在合适的温度范围。

⑥高压安全管理:实现绝缘电阻检测,高压互锁检测,碰撞检测功能,具备故障检测管理及处理机制。

⑦实现车载和非车载充电器的连接线检测,控制整车的充电状态和充电连接状态灯的指示。

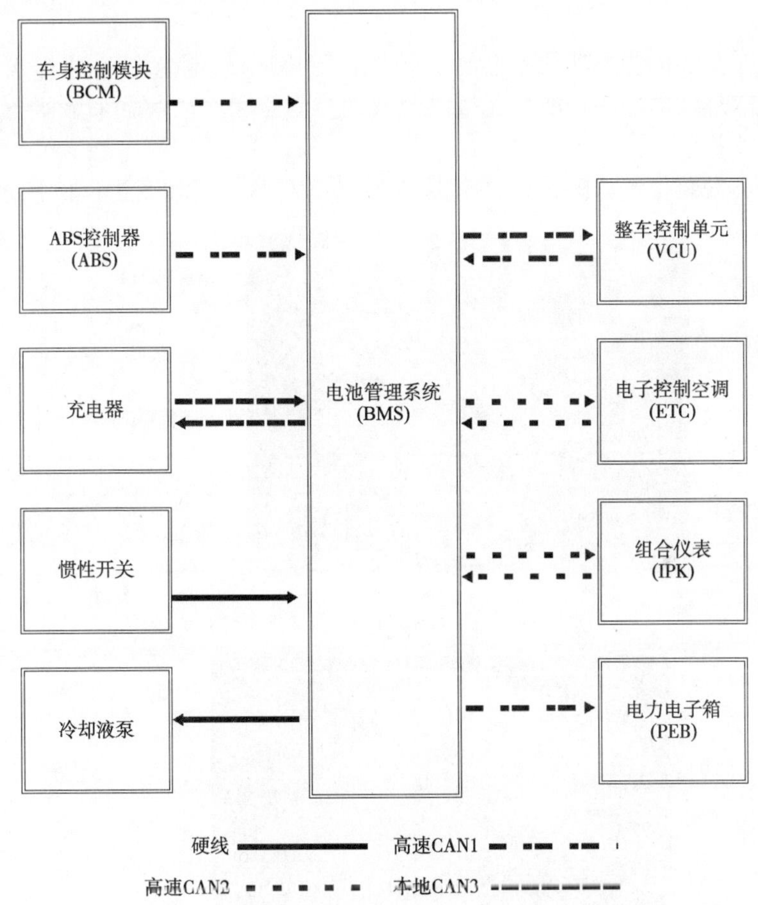

图 2-1-47　电池管理系统控制框图

3. 比亚迪 E6 动力电池管理系统认知

参观实训室比亚迪 E6 的整车或台架,认识电池管理系统的功能与安装位置、工作原理、故障检测与自我保护功能。

1)功能与安装位置

电池管理系统(BMS)是动力电池的“大脑”。比亚迪 E6 采用分布式电池管理系统,由 1 个电池管理器和 11 个电池信息采集器(BIC)及动力电池采样线组成。

电池管理器是监控动力电池包,保证动力电池包正常工作的监控单元,主要目的为了保证每节串联电池的电压、电流等各项性能指标的一致性。由于电池的原理像木桶效应,某一节短板的话,所有电池性能都将按照这一节性能计算,这将对电池可靠性提出及其高的要求,为了防止过充、过放、过温等一系列影响单节电池性能的问题出现,通过电池管理器进行监控,保证单体电池工作在正常工作状态下。

动力电池管理器是E6动力控制部分的核心,负责整车电动系统的电力控制并实施监测高压电力系统的用电状态,采取保护措施,保证车辆安全行。其详细功能有充放电管理、接触器控制、功率控制、电池异常状态报警和保护、SOC/SOH(剩余电量/容量)计算、自检以及通信功能等。

电池信息采集器的主要功能有电池电压采样、温度采样、电池均衡、采样线异常检测等。

动力电池采样线的主要功能是连接电池管理控制器和电池信息采集器,实现两者之间的通信及信息交换。

电池管理器安装位置如图2-1-48所示,其主要通信接口线如图2-1-49所示。

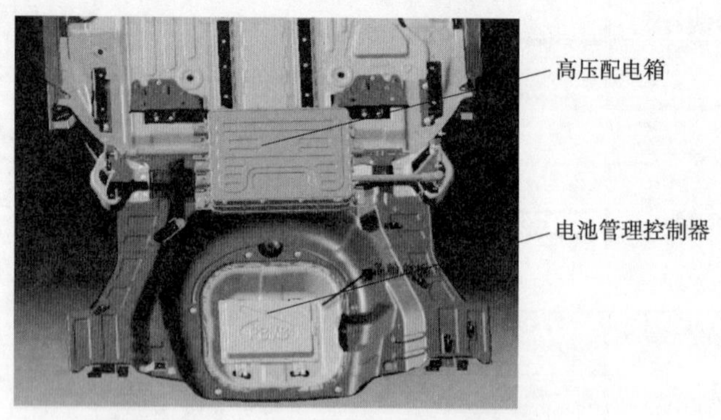

图2-1-48　电池管理器安装在行李舱备胎下方

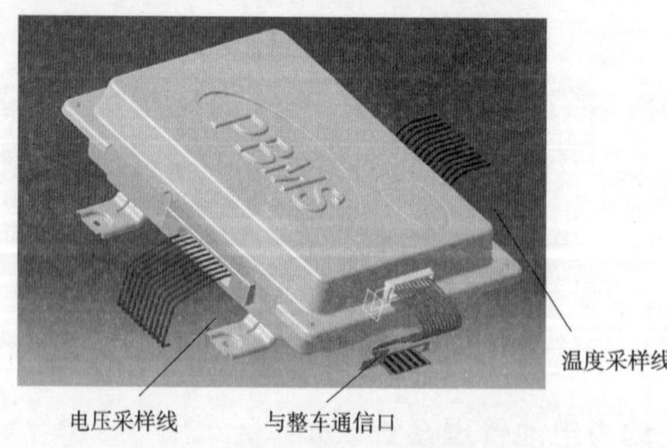

图2-1-49　电池管理器主要通信接口线

2)电池管理器控制框图

如图2-1-50所示,电池管理器连接在车辆的动力及充电CAN BUS网络上,并通过专用信号采样线采集动力电池包内每个单体电池的电压、电池的温度信号。此外,还会结合来自整车控制器的指令,通过控制位于高压配电箱内接触器的通断,去控制电动机控制器的高压电接通,以及外部充电功能。

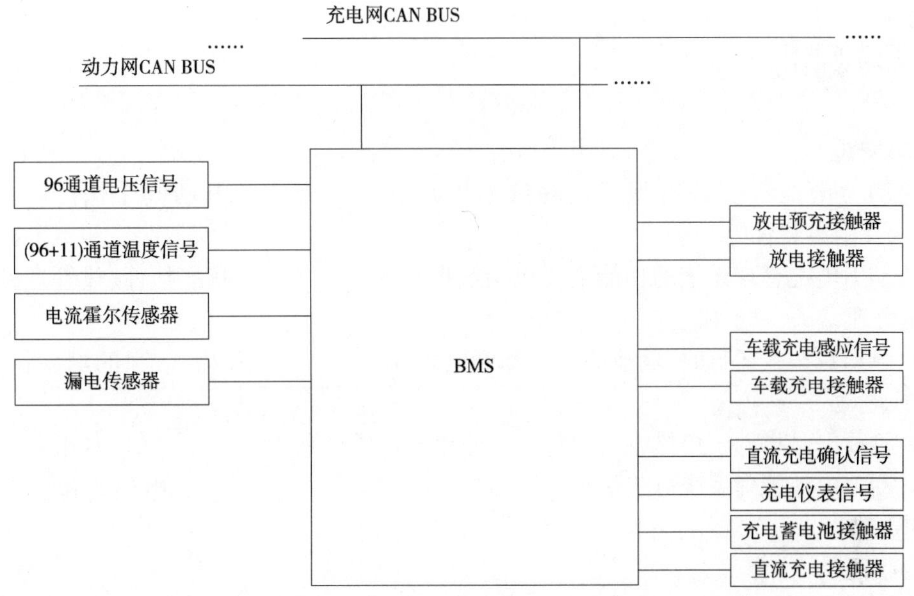

图 2-1-50　电池管理系统输入与输出信号

3)电池管理系统的故障检测与自我保护

电池管理系统能够在运行过程中实现对电池系统的故障诊断,具体见表 2-1-2。

电池管理系统故障诊断表　　表 2-1-2

故障状态	电池管理系统故障诊断状况
模块温度 >65℃	1 级故障:一般高温警告
模块(单体)电压 >3.85V	1 级故障:一般高压警告
模块(单体)电压 <2.6V	1 级故障:一般低压警告
充电电流 >300A	1 级故障:充电过流警告
放电电流 >450A	1 级故障:放电过流警告
绝缘电阻 < 设定值	1 级故障:一般漏电警告
模块温度 >70℃	2 级故障:严重高温警告
模块(单体)电压 >4.1V	2 级故障:严重高压警告
模块(单体)电压 <2.0V	2 级故障:严重低压警告
绝缘电阻 < 设定值	2 级故障:严重漏电警告

同时,也会根据检测到的故障运行自我保护,见表 2-1-3。

故障运行自我保护诊断表　　表 2-1-3

故障类别	整车系统级别的故障响应和处理	电池管理系统硬件响应
1 级故障	电池管理系统发出警告后,整车的其他控制器模块可以根据具体故障内容启动相应的故障处理机制	无
2 级故障:温度高		关断直流动力回路
2 级故障:电压高		关断直流动力回路
2 级故障:电压低		关断直流动力回路
2 级故障:严重漏电		不允许放电

学习测试

1. 填空题

(1)动力电池系统是指驱动电动汽车以及混合动力车等电动汽车辆的________、________及附属装置等。

(2)动力电池管理系统的功能主要包括数据采集、________、状态估计、热管理、数据通信、安全管理、________和________。

(3)电动汽车在运行时,电池的放电和充电均为________工作模式,大的电流脉冲很可能会造成电池________。

(4)过放电是指低于单体电池内部使用的化学物质具有的固有________放电。

(5)动力电池管理系统可工作于________、准备模式、________、充电模式和________5种工作模式。

2. 判断题

(1)为了实现电动机驱动的高效率化,会将电动汽车辆的工作电压设定为100~500V。 (　　)

(2)电池管理的核心问题就是SOC的预估问题,SOC的合理范围是10%~50%。 (　　)

(3)过充电是指电池的充电时间太长。 (　　)

(4)单体电池的电压不均衡时,电压最低的单体电池会影响整体性能,电池组无法获得应有性能。 (　　)

(5)电池冷却只能采用水冷的方式。 (　　)

3. 不定项选择题

(1)电池管理系统的简称是(　　)。

A. PCU　　B. MCU　　C. BMS　　D. VCU

(2)电池管理系统的主要功能是(　　)。

A. 管理动力电池的能量和技术状态

B. 管理车辆动力的输出

C. 检测电动机运行温度

D. 控制纯电动汽车动力模式

(3)下列功能属于电池管理系统的是(　　)。

A. 防止过度充电　　B. 防止过度放电

C. 平衡每个电池单元电压　　D. 防止过热

(4)下列参数属于电池管理系统检测的有(　　)。

A. 电池单元电压　　B. 电池组温度

C. 电池输入与输出电流　　D. 电池质量

(5)电池管理系统通常对电池组进行冷却的方式有(　　)。

A. 水冷　　B. 风冷　　C. 不冷却　　D. 干冰冷却

任务2　动力电池能量管理系统的检测

提出任务

一辆北汽新能源EV160纯电动汽车出现无法行驶的故障,你的主管初步判断是电池管理系统方面的问题,要求你利用诊断仪器进行进一步诊断,你能完成这个任务吗?

任务要求

知识要求

1. 能够描述动力电池管理系统的采集内容;
2. 能够描述动力电池管理系统的基本参数采集方法;
3. 能够描述动力电池的均衡管理;
4. 能够描述动力电池的热管理;
5. 能够描述动力电池的电安全管理。

能力要求

能够正确使用诊断仪读取和分析新能源汽车电池管理系统的基本数据。

相关知识

1. 动力电池管理系统的采集内容

在功能上,动力电池能量管理系统主要包括:数据采集、电池状态计算、能量管理、安全管理、热管理、均衡控制、通信功能和人机接口等。控制方式如图2-2-1所示。

1)数据采集

电池管理系统的所有算法都是以采集的动力电池数据作为输入,采样速率、精度和前置滤波特性是影响电池系统性能的重要指标。电动汽车电池管理系统的采样速率一般要求大于200Hz(50ms)。

2)电池状态计算

电池状态计算包括电池组荷电状态(State of Charge,SOC)和电池组健康状态(State of Health,SOH)两方面。SOC用来提示动力电池组剩余电量,是计算和估计电动汽车续驶里程的基础。SOH用来提示电池技术状态,预计可用寿命等健康状态的参数。

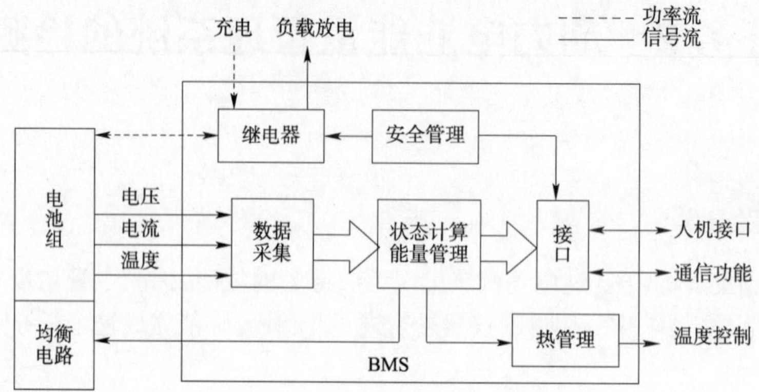

图2-2-1　电池管理系统控制方式

3)能量管理

能量管理主要包括以电流、电压、温度、SOC和SOH为输入进行充电过程控制,以SOC、SOH和温度等参数为条件进行放电功率控制两个部分。

4)安全管理

监视电池电压、电流、温度是否超过正常范围,防止电池组过充电、过放电。现在,在对电池组进行整组监控的同时,多数电池管理系统已经发展到对极端单体电池进行过充电、过放电、过热等安全状态管理。

5)热管理

在电池工作温度超高时进行冷却,低于适宜工作温度下限时进行电池加热,使电池处于适宜的工作温度范围内,并在电池工作过程中总保持电池单体间温度均衡。对于大功率放电和高温条件下使用的电池,电池的热管理尤为必要。

6)均衡控制

由于电池的一致性差异导致电池组的工作状态是由最差电池单体决定的。在电池组各个电池之间设置均衡电路,实施均衡控制足为了使各单体电池充放电的工作情况尽量一致,提高整体电池组的工作性能。

7)通信功能

通过电池管理系统实现电池参数和信息与车载设备或非车载设备的通信,为充放电控制、整车控制提供数据依据是电池管理系统的重要功能之一,根据应用需要,数据交换可采用不同的通信接口,如模拟信号、PWM信号、CAN总线或I2C串行接口。

8)人机接口

根据设计的需要设置显示信息以及控制按键、旋钮等。电池管理系统的主要工作原理可简单归纳为:数据采集电路采集电池状态信息数据后,由电子控制单元(ECU)进行数据处理和分析,然后电池管理系统根据分析结果对系统内的相关功能模块发出控制指令,并向外界传递参数信息。

2.动力电池管理系统的主要数据采集参数

如图2-2-2所示,系统包括电池、温度传感器、电流传感器、电池平衡器单元、电池监控单

元和电池管理单元。在电池组中一共有12个串联的模块,其中每个模块由4个电池串联组成。电池监控单元检测所有电池的电压和模块的温度。电池管理单元负责与电池系统中的其他单元进行通信并控制它们,同时显示电池系统的状态给车辆其他系统。

电池管理系统的主要功能是监测电压、电流、温度,计算SOC和最大功率,控制电流接触器来保证电池是否正确,并识别故障情况,监测绝缘状况,并与车辆网络进行通信。

早期的电池管理系统仅仅进行电池一次测量参数(电压、电流、温度等)的采集,之后发展到二次参数(SOC、内阻)的测量和预测,并根据极端参数进行电池状态预警。现阶段,电池管理系统除完成数据测量和预警功能外,还通过数据总线直接参与车辆状态的控制。

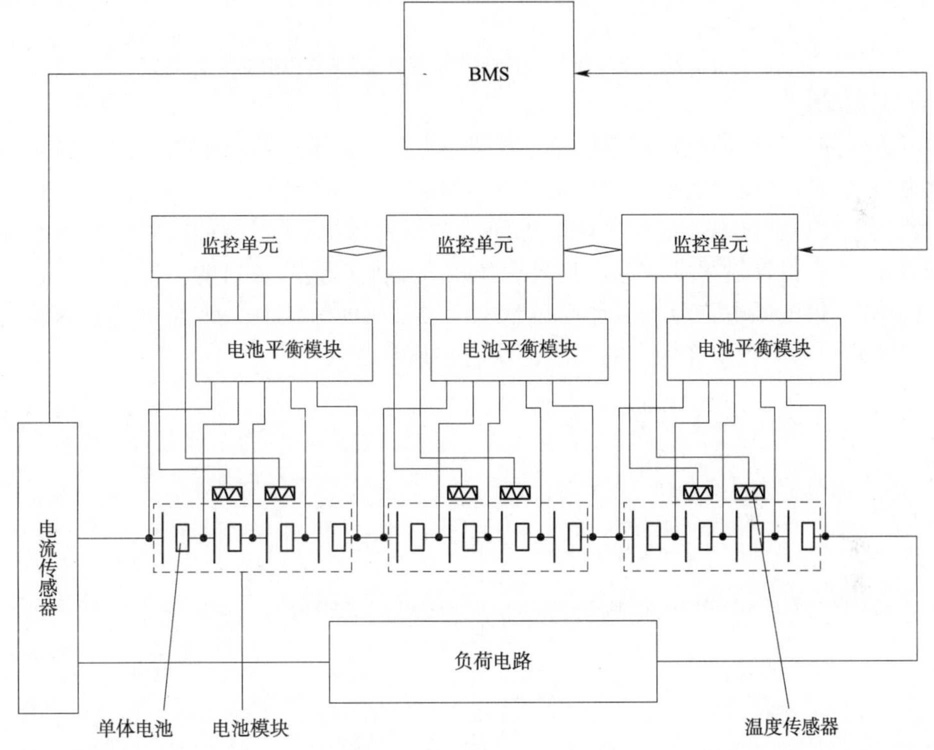

图2-2-2　电池管理系统示意图

1)单体电压采集方法

电池单体电压采集是动力电池组管理系统中的重要一环,其性能好坏或精度高低决定了系统对电池状态信息判断的准确程度,并进一步影响了后续的控制策略能否有效实施。常用的单体电压检测方法有5种。

(1)继电器阵列法。

图2-2-3所示为基于继电器阵列法的电池电压采集电路原理框图,其由端电压传感器、继电器阵列、A/D转换芯片、光耦、多路模拟开关等组成。如果需要测量n块串联成组电池的端电压,就需要将$n+1$根导线引入电池组中各节点。测量第m块电池的端电压时,单片机发出相应的控制信号,通过多路模拟开关、光耦合继电器驱动电路选通相应的继电器,将第m和$m+1$根导线引入到A/D转换芯片。通常开关器件的电阻都比较小,配合分压电路之后由于开关器件的电阻所引起的误差几乎可以忽略不算,而且整个电路结构简单,只有分

压电阻和模数转换芯片还有电压基准的精度能够影响最终结果的精度，通常电阻和芯片的误差都可以做得很小。所以，在所需要测量的电池单体电压较高而且对精度要求也高的场合最适合使用继电器阵列法。

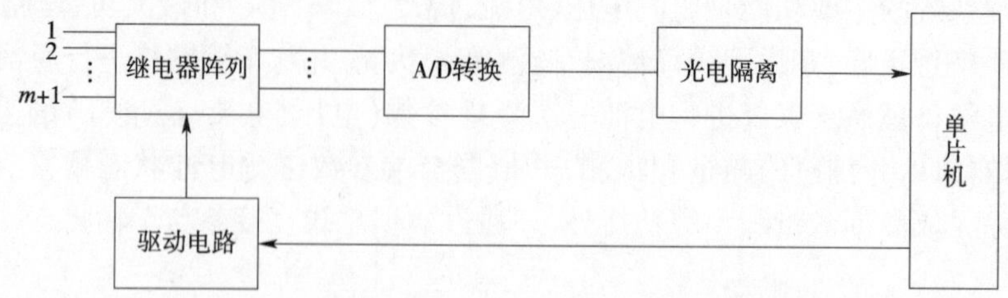

图 2-2-3　基于继电器阵列法的电池电压采集电路原理图

(2)恒流源法。

恒流源电路进行电池电压采集的基本原理是，在不使用转换电阻的前提下，将电池端电压转化为与之呈线性变化关系的电流信号，以此提高系统的抗干扰能力。在串联电池组中，由于电池端电压也就是电池组相邻两节点间的电压差，故要求恒流源电路具有很好的共模抑制能力，一般在设计过程中多选用集成运算放大器来达到此种目的。出于设计思路和应用场合的不同，恒流源电路会有多种不同形式，图 2-2-4 即为其中一种，它是由运算放大器和绝缘栅型场效应晶体管组合构成的减法运算恒流源电路。

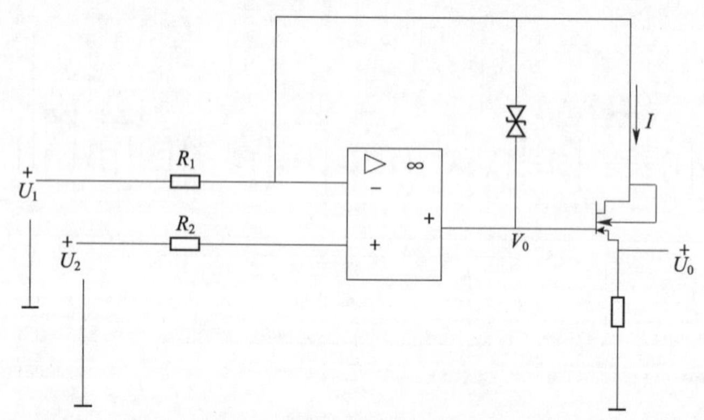

图 2-2-4　运算放大器和场效应晶体管组合构成的减法运算恒流源电路

由运算放大器的结构可知，该电路是具有高开环放大倍数并带有深度负反馈的多级直接耦合放大电路，其输入级采用差动放大电路，并集成在同一硅片上，故两者的性能匹配非常好，且中间级具有很高的放大能力。由差动电路原理可知，这种电路具有很强的共模信号抑制能力，所以在用运算放大器对电池组的单体电压进行测量时，由于高的共模抑制性和放大能力，测量精度将会得到提高。绝缘栅型场效应晶体管是利用输入回路的电场效应来控制输出回路电流的一种半导体器件，当其工作在可变电阻区时，输出量漏极电流，与输入量漏源电压 U_0 呈线性关系，且管子的栅、源间阻抗很高，造成的漏电流很小，而漏、源间导通电阻很小，造成的导通压降很低。

图 2-2-4 中 U_1 和 U_2 的差即为电池端电压，U_0 为恒流源电路输出电压。不难看出，运算放大器输出端连接场效应晶体管实现了电路的负反馈作用，使电路保持在平衡状态。其中，

V_0 是运算放大器的输出电压；VR_1 是电阻 R_1 上的电压降；V_1 是运算放大器的输入差模电压，即 $V=u-U$，当电路处于平衡态时，$E=0$。恒流源电路结构较简单，共模抑制能力强，采集精度高，具有很好的实用性。

(3)隔离运放采集法。

隔离运算放大器是一种能够对模拟信号进行电气隔离的电子元件，广泛用作工业过程控制中的隔离器和各种电源设备中的隔离介质。一般由输入和输出两部分组成，两者单独供电，并以隔离层划分，信号经输入部分调制处理后经过隔离层，再由输出部分解调复现。隔离运算放大器非常适合应用于电池单体电压采集电路中，它能将输入的电池端电压信号与电路隔离，从而避免了外界干扰而使系统采集精度提高，可靠性增强。

(4)压/频转换电路采集法。

当利用压/频(V/f)转换电路实现电池单体电压采集功能时，压/频变换器的应用是关键，它是把电压信号转换为频率信号的元件，具有良好的精度、线性度和积分输入等特点。

该采集方法中，电压信号直接被转换为频率信号，随即就可以进入单片机的计数器端口进行处理，而不需 A/D 转换。此外，为了配合压/频转换电路在电池单体电压采集系统中的应用，相应选择电路和运算放大电路也需加以设计，以实现多路采集的功能。这种方法所涉及的元件比较少，但是压控振荡器中含有电容器，而电容器的相对误差一般都比较大，而且电容越大相对误差也越大。

2)电池温度采集方法

电池的工作温度不仅影响电池的性能，而且直接关系到电动汽车使用的安全问题，因此，准确采集温度参数显得尤为重要。采集温度并不难，关键是如何选择合适的温度传感器。目前，使用的温度传感器很多，比如，热电偶、热敏电阻、热敏晶体管、集成温度传感器等。

(1)热敏电阻采集法。热敏电阻采集法的原理是利用热敏电阻阻值随温度的变化而变化的特性，用一个定值电阻和热敏电阻串联起来构成一个分压器，从而把温度的高低转化为电压信号，再通过 A/D 转换得到温度的数字信息。热敏电阻成本低，但线性度不好，而且，制造误差一般也比较大。

(2)热电偶采集法。热电偶的作用原理是双金属体在不同温度下会产生不同的热电动势，通过采集这个电动势的值就可以通过查表得到温度的值。由于热电动势的值仅和材料有关，所以热电偶的准确度很高。但是由于热电动势都是毫伏等级的信号，所以需要放大，外部电路比较复杂。一般来说金属的熔点都比较高，所以热电偶一般都用于高温的测量。

(3)集成温度传感器采集法。由于温度的测量在日常生产、生活中用得越来越多，所以半导体生产商们都推出了很多集成温度传感器。这些温度传感器虽然很多都是基于热敏电阻式的，但都在生产的过程中进行校正，所以精度可以媲美热电偶，而且直接输出数字量，很适合在数字系统中使用。

3)电池工作电流采集方法

常用的电流检测方式有分流器、互感器、霍尔元件电流传感器和光纤传感器 4 种，各种方法的特点见表 2-2-1。

各种电流检测方式特点 表 2-2-1

项目	分流器	互感器	霍尔元件电流传感器	光纤传感器
插入损耗	有	无	无	无
布置形式	需插入主电路	开孔、导线传入	开孔、导线传入	—
测量对象	直流、交流、脉冲	交流	直流、交流、脉冲	直流、交流
电气隔离	无隔离	隔离	隔离	隔离
使用方便性	小信号放大需控制处理	使用较简单	使用简单	—
使用场合	小电流、控制测量	交流测量、电网监控	控制测量	高压测量
价格	较低	低	较高	高
普及程度	普及	普及	较普及	未普及

其中,光纤传感器昂贵的价格影响了其在控制领域应用;分流器成本低、频响应好,但使用麻烦,必须接入电流回路;互感器只能用于交流测量;霍尔传感器性能好,使用方便。

目前,在电动车辆动力电池管理系统电流采集与监测方面应用较多的是分流器和霍尔传感器。

3. 动力电池的均衡管理

为了平衡电池组中单体电池的容量和能量差异,提高电池组的能量利用率,在电池组的充放电过程中需要使用均衡电路。

根据均衡过程中对所传递的能量的处理方式不同,均衡电路可以分为能量耗散型均衡和非能量耗散型(即无损均衡),国外有些文献又分别称之为被动均衡(Passive Balancing)和主动均衡(Active Balancing)。

能量耗散型均衡主要通过令电池组中能量较高的电池利用其旁路电阻进行放电的方式损耗部分能量,以期达到电池组能量状态的一致。这种均衡结构以损耗电池组能量为代价,并且由于生热问题导致均衡电流不能过大,适用于小容量电池系统以及能量能够及时得到补充的系统,如混合动力汽车。宝马公司 ActiveE 混合动力汽车即采用了由 PrehGmbH 公司提供的带有能量耗散式均衡系统的 BMS。

1)能量耗散型均衡管理

能量耗散型是通过单体电池的并联电阻进行分流从而实现均衡的。这种电路结构简单,均衡过程一般在充电过程中完成,对容量低的单体电池不能补充电量,存在能量浪费和增加热管理系统负荷的问题。能量耗散型一般有两类:

(1)恒定分流电阻均衡充电电路。每个电池单体上都始终并联一个分流电阻。这种方式的特点是可靠性高,分流电阻的值大,通过固定分流来减小由于自放电导致的单体电池差异。其缺点在于无论电池充电还是放电过程,分流电阻始终消耗功率,能量损失大,一般在能够及时补充能量的场合适用。

(2)开关控制分流电阻均衡充电电路。分流电阻通过开关控制,在充电过程中,当单体电池电压达到截止电压时,均衡装置能阻止其过充电并将多余的能量转化成热能。这种均衡电路工作在充电期间,特点是可以对充电时单体电池电压偏高者进行分流。其缺点是由于均衡时间的限制,导致分流时产生的大量热量需要及时通过热管理系统耗散,尤其在容量

比较大的电池组中更加明显。例如，10A · h 的电池组，100mV 的电压差异，最大可达 500mA · h以上的容量差异，如果以 2h 的均衡时间，则分流电流为 250mA，分流电阻值约为 14Ω，则产生的热量为 2W · h 左右。

能量耗散型电路结构简单，但是均衡电阻在分流的过程中，不仅消耗了能量，而且还会由于电阻的发热引起电路的热管理问题。由于其实质是通过能量消耗的办法限制单体电池出现过高或过低的端电压，所以，只适合在静态均衡中使用，其高温升等特点降低了系统的可靠性，不适用于动态均衡。该方式仅适合小型电池组或者容量较小的电池组。

2）非能量耗散型均衡管理

非能量耗散型电路的耗能相对于能量耗散型电路小很多，但电路结构相对复杂，可分为能量转换式均衡和能量转移式均衡两种方式。

（1）能量转换式均衡。

能量转换式均衡是通过开关信号，将电池组整体能量对单体电池进行能量补充，或者将单体电池能量向整体电池组进行能量转换。其中单体能量向整体能量转换，一般都是在电池组充电过程中进行，电路如图 2-2-5 所示。该电路是检测各个单体电池的电压值，当单体电池电压达到一定值时，均衡模块开始工作。把单体电池中的充电电流进行分流从而降低充电电压，分出的电流经模块转换把能量反馈回充电总线，达到均衡的目的。还有的能量转换式均衡可以通过续流电感，完成单体到电池组的能量转换。

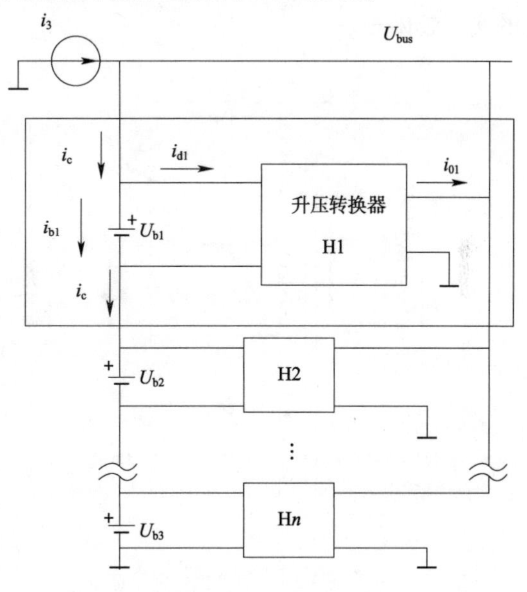

图 2-2-5　单体电压向整体电压转换方式

电池组整体能量向单体转换，电路如图 2-2-6 所示。这种方式也称为补充式均衡，即在充电过程. 首先通过主充电模块对电池组进行充电，电压检测电路对每个单体电池进行监控。当任一单体电池的电压过高，主充电电路就会关闭，然后补充式均衡充电模块开始对电池组充电。通过优化设计，均衡模块中充电电压经过一个独立的 DC/DC 变换器和一个同轴线圈变压器，给每个单体电池上增加相同的次级绕组。这样，单体电压高的电池从辅助充电电路上得到的能量少，而单体电压低的电池从辅助充电器上得到的能量多，从而达到均衡的目的。此方式的问题在于次级绕组的一致性难以控制，即使次级绕组匝数完全相同，考虑到变压器漏感以及次级绕组之间的互感，单体电池也不一定获得相同的充电电压。同时，同轴线网也存在一定的能量耗散，并且这种方式的均衡只有充电均衡，对于放电状态的不均衡无法起作用。

能量转换式电路是一种通过开关电源来实现能量变换的电路。相对于能量转移式均衡电路来说，它的电路复杂程度降低了很多，成本也降低了。但对同轴线圈，由于绕组到各单体之间的导线长度和形状不同，变压比有差异，导致对每个单体电池均衡的不一致，有均衡误差。另外同轴线圈本身由于电磁泄漏等问题，也消耗了一定的能量。

(2)能量转移式均衡。

能量转移式均衡是利用电感或电容等储能元件,把能量从电池组中容量高的单体电池通过储能元件转移到容量比较低的电池上,该电路是通过切换电容开关传递相邻电池间的能量,从而达到均衡的目的(图 2-2-7)。另外,也可以通过电感储能的方式,对一相邻电池间进行双向传递。此电路的能量损耗很小,但是均衡过程中必须有多次传输,均衡时间长,不适于多串的电池组。改进的电容开关均衡方式,可通过选择最高电压单体与最低电压单体电池间进行能量转移,从而使均衡速度增快。能量转移式均衡中能量的判断以及开关电路的实现较困难。

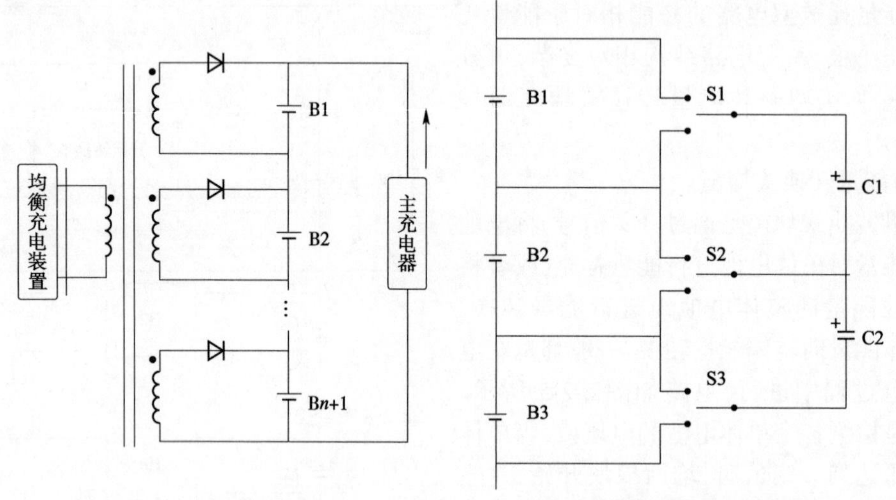

图 2-2-6　补充式均衡示意图

图 2-2-7　能量转移式均衡

能量转移式均衡是一种电池容量补偿的方法,就是从容量高的电池取出一些电量来补偿容量低的电池。这个方法虽然可行,但是由于在实际电路中需要对各个单体电池电压进行检测判断,电路会很复杂,且体积大、成本高。另外,能量的转移是通过一个储能媒介来实现的,存在一定的消耗及控制问题。该均衡方式一般应用于中大型电池组中。

除上述均衡方法外,在充电应用过程中,还可采用涓流充电的方式实现电池的均衡。这是最简单的方法,不需要外加任何辅助电路。其方法是对串联电池组持续用小电流充电。由于充电电流很小,这时的过充电对满充电池所带来的影响并不严重。由于已经充饱的电池没办法将更多的电能转换成化学能,多余的能量将会转化成热量。而对于没有充饱的电池,却能继续接收电能,直至到达满充点。这样,经过较长的周期,所有的电池都将会达到满充状态,从而实现了容量均衡。但这种方法需要很长的均衡充电时间,且消耗相当大的能量来达到均衡。另外,在放电均衡管理上,这种方法是不能起任何作用的。

4. 动力电池的热管理

1)动力电池热管理系统的功能

由于过高或过低的温度都将直接影响动力电池的使用寿命和性能,并有可能导致电池系统的安全问题,并且电池箱内温度场的长久不均匀分布将造成各电池模块、单体间性能的不均衡,因此,电池热管理系统对于电动车辆动力电池系统而言是必需的。可靠、高效的热

管理系统对于电动车辆的可靠安全应用意义重大。

电池组热管理系统有如下5项主要功能：

(1)电池温度的准确测量和监控。

(2)电池组温度过高时的有效散热和通风。

(3)低温条件下的快速加热。

(4)有害气体产生时的有效通风。

(5)保证电池组温度场的均匀分布。

2)电池内传热的基本方式

电池内热传递方式主要有热传导、对流换热和辐射换热3种方式。电池和环境交换的热量也是通过辐射、传到和对流3种方式进行。

热辐射主要发生在电池表面，与电池表面材料的性质相关。

热传导是指物质与物体直接接触而产生的热传递。电池内部的电极、电解液、集流体等都是热传导介质，而将电池作为整体，电池和环境界面层的温度和环境热传导性质决定了环境中的热传导。

热对流是指电池表面的热量通过环境介质(一般为流体)的流动交换热量，它也和温差成正比。

对于单体电池内部而言，热辐射和热对流的影响很小，热量的传递主要是由热传导决定的。电池自身吸热的大小是与其材料的比热容有关，比热容越大，散热越多，电池的温升越小。如果散热量大于或等于产生的热量，则电池温度不会升高。如果散热量小于所产生的热量，热量将会在电池体内产生热积累，电池温度升高。

3)电池组热管理系统形式

按照传热介质，可将电池组热管理系统分为空冷、液冷和相变材料冷却3种。考虑到材料的研发以及制造成本等问题，目前最有效且最常用的散热系统是采用空气作为散热介质。

5.动力电池的电安全管理

电安全管理系统主要包括烟雾报警、绝缘检测、自动灭火、过电压和过电流控制、过放电控制、防止温度过高、在发生碰撞的情况下关闭电源等功能。

电动汽车动力电池系统电压常用的有288V、336V、384V以及544V等，已经大大超过了人体可以承受的安全电压，因此，电气绝缘性能是电安全管理重要的内容，绝缘性能的好坏不仅关系到电气设备和系统能否正常工作，更重要的是还关系到人的生命财产安全。

现阶段电池包外壳多采用金属材料制成，要求在符合表2-2-2要求的电压条件下，电池包正极和负极与金属外壳之间的绝缘电阻应大于10MΩ。

电压与绝缘电阻测试的等级　　表2-2-2

蓄电池包额定工作电压(单箱) U_i(V)	绝缘电阻测试仪器的电压等级(V)
$U_i \leq 60$	250
$60 < U_i \leq 300$	500
$300 < U_i \leq 750$	1000

动力电池在电动车辆上安装应用，因此，必须满足车辆部件的耐振动、耐冲击、耐跌落、

耐烟雾等强度和可靠性要求,保证可靠应用。为满足防水、防尘要求,电池包应满足规定的IP防护等级,根据车辆的总体要求,一般的IP防护等级要求不低于IP55。在极端工况下,通过电池安全管理系统应能实现电池包的高压断电保护、过电流断开保护、过放电保护、过充电保护等功能。

任务实施

(一)工作准备

(1)防护装备:常规实训着装。

(2)车辆、台架、总成:北汽新能源纯电动汽车;荣威E550混合动力汽车。

(3)专用工具、设备:北汽新能源动力电池BMS系统专用软件;荣威专用故障诊断仪。

(4)手工工具:无。

(5)辅助材料:无。

(二)实施步骤

1. 新能源汽车动力电池管理系统检测流程与规范

北汽新能源EV系列车型动力电池管理系统检测必须采用配套厂商北京普莱德新能源电池科技有限公司的专用软件,厂家提供以下软件的操作流程与规范:

(1)EV03监控软件使用流程与规范。

(2)BMSCAN1报文采集流程与规范。

(3)BMSCAN2报文采集流程与规范。

(4)BMSCAN3报文采集流程与规范。

(5)FLASHTOOL刷写程序上位机操作流程与规范。

(6)EOL上位机测试平台操作流程与规范。

由于需要采用厂家的专用软件,考虑实际条件难于实施,以下只介绍“EV03监控软件使用流程与规范”,供参考。

EV03监控软件(北京普莱德新能源电池科技有限公司生产)使用流程与规范如下。

软件中可查看电池所有数据信息。包括单体、温度,故障详情,版本信息等。

(1)选用装有BMS通信软件的电脑与数据下载设备(CAN盒)。

(2)打开车辆转向盘下方扣盖。

①打开转向盘下方扣盖(图2-2-8)。

②确认整车通信口位置(图2-2-9)。

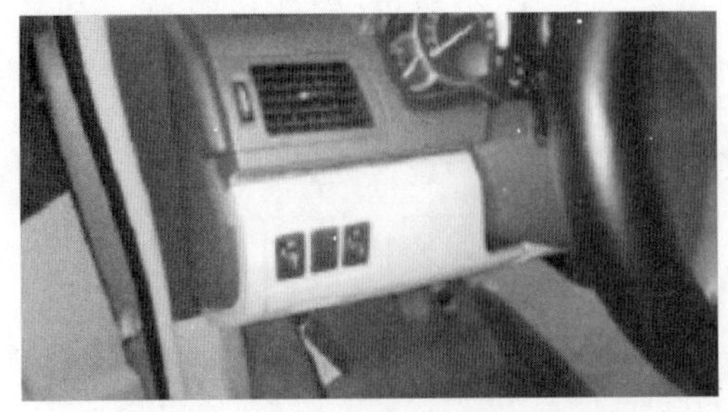

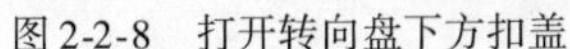

图 2-2-8　打开转向盘下方扣盖

图 2-2-9　确认整车通信口位置

(3)将 CAN 盒 H 与 L 两根线束接入整车 CAN3 通信端 H 口与 L 口。

①选用普莱德专用数据采集 CAN 盒(图 2-2-10)。

②使用通信软件监控数据要用插针连接第二排(图中从上往下数)CAN3 口(图 2-2-11)。

图 2-2-10　普莱德专用数据采集 CAN 盒

图 2-2-11　连接第二排 CAN3 口

(4)将 CAN 盒连接至电脑。

(5)打开 BMS 通信监控软件(图 2-2-12)。

(6)打开通信软件:

①确定 CAN 通道号(需与 CAN 盒通道号一致)。

②确认选用的波特率是否为数据采集要求的 500kbp。

③打开车辆钥匙开关至 ON 挡后,通电激活 BMS 主板。点击启动 CAN 连接按钮,开始数据监控。

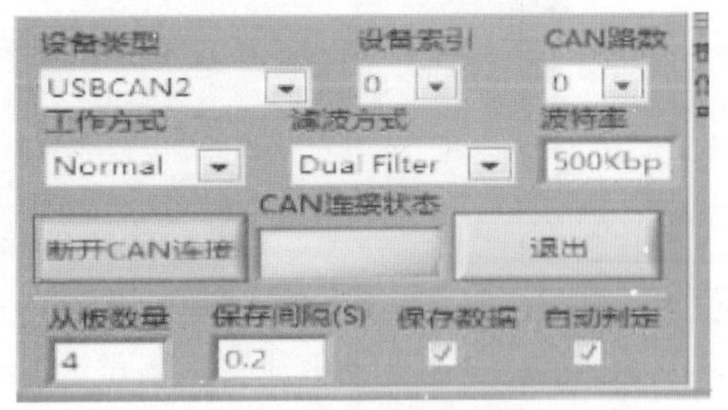

图 2-2-12　打开 BMS 通信监控软件

④如未成功显示信息,排除通信线束故障外,需重新检查数值调整与针孔连接方面操作是否正确。

⑤数据说明如图 2-2-13 所示。

2. 新能源汽车动力电池管理系统数据流读取和分析

对于新能源汽车系统的诊断,数据流读取分析是故障诊断的最重要环节之一。以下以荣威 E550 混合动力汽车为例,介绍动力电池管理系统的数据流读取和分析,其他车型可以参考。如图 2-2-14 所示为比亚迪 E6 电池管理系统数据流读取。

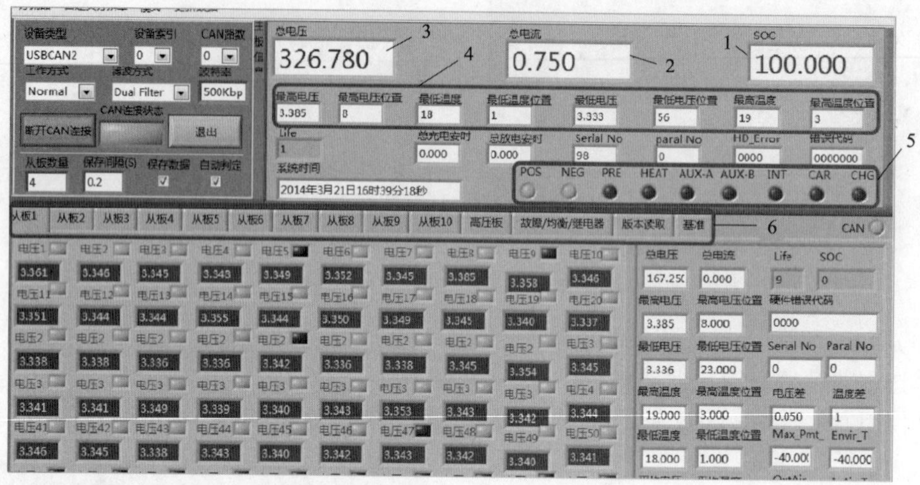

图 2-2-13　软件数据说明

1-电池包 SOC 显示窗口;2-电池包电流数值显示窗口;3-电池包总电压数值显示窗口;4-单体信息显示窗口(包括单体电压、模组温度);5-电池包继电器状态提示灯(吸合状态时点亮,断开状态时熄灭);6-数据信息显示卡(包括每节单体信息,高压板状态显示,故障报警详情,BMS 和 BMU 软件版本,参数设置)

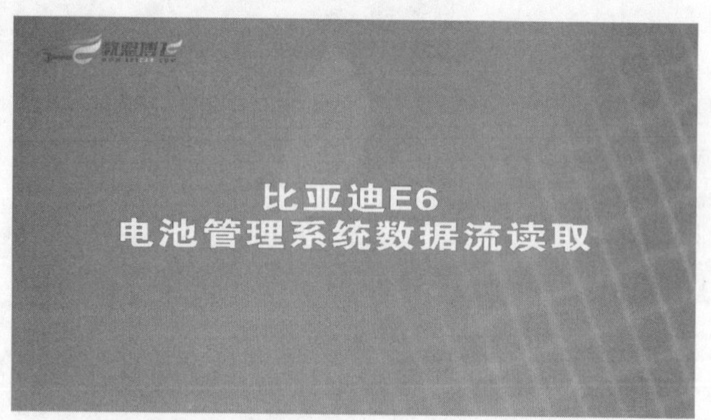

图 2-2-14　比亚迪 E6 电池管理系统数据流读取

对荣威 E550 混动电池管理系统的基本参数,我们重点分析蓄电池的温度监控和电压监控。

1)温度监控数据流

连接诊断仪器,根据仪器提示操作,进入数据流读取功能,读取温度相关的数据流(图 2-2-15 ~ 图 2-2-17)。

从以上三个图中,我们可以看出每个动力电池单元的温度数值,控制动力电池散热的冷却风扇相关参数,分析如下:

(1)各电力电池模块之间温度相同,说明散热良好且散热均匀。

(2)散热风扇为占空比控制的,当前的控制比率为 5%,使用比率低说明当前散热良好。

(3)冷却液泵控制指令和反馈数值相同,蓄电池管理系统 BMS 发出的指令和 BMS 传感器监控得到数值一样,说明冷却液泵工作良好。

数据显示屏　创建报告　添加书签

诊断数据显示屏　显示图形数据　线形图　DTC显示屏

温度数据

参数名称	数值	单位	控制模块
混合动力/电动汽车蓄电池7	29	°C	混合动力系控制模块2
混合动力/电动汽车蓄电池8	29	°C	混合动力系控制模块2
混合动力/电动汽车蓄电池9	29	°C	混合动力系控制模块2
混合动力/电动汽车蓄电池10	29	°C	混合动力系控制模块2
混合动力/电动汽车蓄电池11	29	°C	混合动力系控制模块2
混合动力/电动汽车蓄电池12	29	°C	混合动力系控制模块2
混合动力/电动汽车蓄电池13	29	°C	混合动力系控制模块2
混合动力/电动汽车蓄电池14	29	°C	混合动力系控制模块2
混合动力/电动汽车蓄电池15	29	°C	混合动力系控制模块2
混合动力/电动汽车蓄电池16	29	°C	混合动力系控制模块2
混合动力/电动汽车（EV）蓄电池组冷却风扇占空比指令	5	%	混合动力系控制模块2
混合动力/电动汽车（EV）蓄电池组冷却风扇转速反馈占空比	0	%	混合动力系控制模块2
混合动力/电动汽车（EV）蓄电池组冷却风扇转速	0	分钟转数	混合动力系控制模块2

图 2-2-15　读取温度相关的数据流（一）

数据显示屏　创建报告　添加书签

诊断数据显示屏　显示图形数据　线形图　DTC显示屏

温度数据

参数名称	数值	单位	控制模块
环境空气温度	26	°C	混合动力系控制模块2
混合动力/电动汽车蓄电池模块最高温度	29	°C	混合动力系控制模块2
混合动力/电动汽车蓄电池模块最低温度	29	°C	混合动力系控制模块2
具有最大值的混合动力/电动汽车蓄电池温度传感器	4		混合动力系控制模块2
具有最小值的混合动力/电动汽车蓄电池温度传感器	8		混合动力系控制模块2
混合动力/电动汽车蓄电池组平均温度	29	°C	混合动力系控制模块2
混合动力/电动汽车蓄电池1	29	°C	混合动力系控制模块2
混合动力/电动汽车蓄电池2	28	°C	混合动力系控制模块2
混合动力/电动汽车蓄电池3	29	°C	混合动力系控制模块2
混合动力/电动汽车蓄电池4	29	°C	混合动力系控制模块2
混合动力/电动汽车蓄电池5	29	°C	混合动力系控制模块2
混合动力/电动汽车蓄电池6	29	°C	混合动力系控制模块2
混合动力/电动汽车蓄电池7	29	°C	混合动力系控制模块2

返回　请联系我们　主页　车辆菜单　输入

图 2-2-16　读取温度相关的数据流（二）

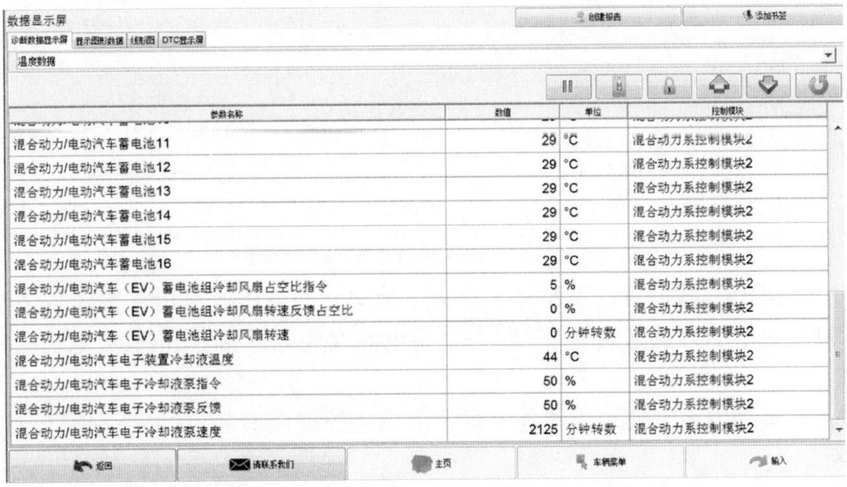

数据显示屏　创建报告　添加书签

诊断数据显示屏　显示图形数据　线形图　DTC显示屏

温度数据

参数名称	数值	单位	控制模块
混合动力/电动汽车蓄电池11	29	°C	混合动力系控制模块2
混合动力/电动汽车蓄电池12	29	°C	混合动力系控制模块2
混合动力/电动汽车蓄电池13	29	°C	混合动力系控制模块2
混合动力/电动汽车蓄电池14	29	°C	混合动力系控制模块2
混合动力/电动汽车蓄电池15	29	°C	混合动力系控制模块2
混合动力/电动汽车蓄电池16	29	°C	混合动力系控制模块2
混合动力/电动汽车（EV）蓄电池组冷却风扇占空比指令	5	%	混合动力系控制模块2
混合动力/电动汽车（EV）蓄电池组冷却风扇转速反馈占空比	0	%	混合动力系控制模块2
混合动力/电动汽车（EV）蓄电池组冷却风扇转速	0	分钟转数	混合动力系控制模块2
混合动力/电动汽车电子装置冷却液温度	44	°C	混合动力系控制模块2
混合动力/电动汽车电子冷却液泵指令	50	%	混合动力系控制模块2
混合动力/电动汽车电子冷却液泵反馈	50	%	混合动力系控制模块2
混合动力/电动汽车电子冷却液泵速度	2125	分钟转数	混合动力系控制模块2

返回　请联系我们　主页　车辆菜单　输入

图 2-2-17　读取温度相关的数据流（三）

2）电压监控数据流

连接诊断仪器，根据仪器提示操作，进入数据流读取功能，读取电压相关的数据流（图2-2-18～图2-2-20）。

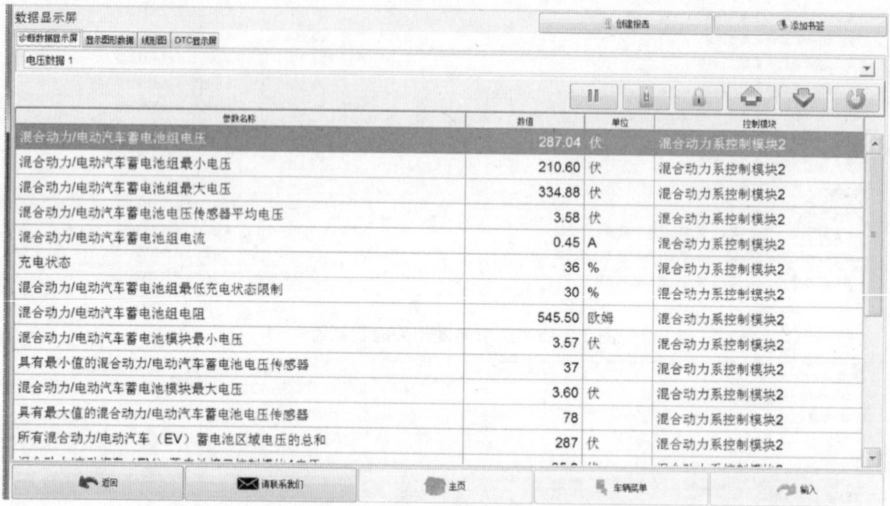

数据显示屏

诊断数据显示屏 | 显示图形数据 | 线形图 | DTC显示屏　　创建报告　　添加书签

电压数据 1

参数名称	数值	单位	控制模块
混合动力/电动汽车蓄电池组电压	287.04	伏	混合动力系控制模块2
混合动力/电动汽车蓄电池组最小电压	210.60	伏	混合动力系控制模块2
混合动力/电动汽车蓄电池组最大电压	334.88	伏	混合动力系控制模块2
混合动力/电动汽车蓄电池电压传感器平均电压	3.58	伏	混合动力系控制模块2
混合动力/电动汽车蓄电池组电流	0.45	A	混合动力系控制模块2
充电状态	36	%	混合动力系控制模块2
混合动力/电动汽车蓄电池组最低充电状态限制	30	%	混合动力系控制模块2
混合动力/电动汽车蓄电池组电阻	545.50	欧姆	混合动力系控制模块2
混合动力/电动汽车蓄电池模块最小电压	3.57	伏	混合动力系控制模块2
具有最小值的混合动力/电动汽车蓄电池电压传感器	37		混合动力系控制模块2
混合动力/电动汽车蓄电池模块最大电压	3.60	伏	混合动力系控制模块2
具有最大值的混合动力/电动汽车蓄电池电压传感器	78		混合动力系控制模块2
所有混合动力/电动汽车（EV）蓄电池区域电压的总和	287	伏	混合动力系控制模块2

返回　请联系我们　主页　车辆菜单　输入

图2-2-18　读取电压相关的数据流（一）

数据显示屏

诊断数据显示屏 | 显示图形数据 | 线形图 | DTC显示屏　　创建报告　　添加书签

电压数据 1

参数名称	数值	单位	控制模块
具有最大值的混合动力/电动汽车蓄电池电压传感器	78		混合动力系控制模块2
所有混合动力/电动汽车（EV）蓄电池区域电压的总和	287	伏	混合动力系控制模块2
混合动力/电动汽车（EV）蓄电池接口控制模块1电压	35.9	伏	混合动力系控制模块2
混合动力/电动汽车（EV）蓄电池接口控制模块2电压	35.9	伏	混合动力系控制模块2
混合动力/电动汽车（EV）蓄电池接口控制模块3电压	35.8	伏	混合动力系控制模块2
混合动力/电动汽车（EV）蓄电池接口控制模块4电压	35.8	伏	混合动力系控制模块2
混合动力/电动汽车（EV）蓄电池接口控制模块5电压	35.8	伏	混合动力系控制模块2
混合动力/电动汽车（EV）蓄电池接口控制模块6电压	35.8	伏	混合动力系控制模块2
混合动力/电动汽车（EV）蓄电池接口控制模块7电压	35.9	伏	混合动力系控制模块2
混合动力/电动汽车（EV）蓄电池接口控制模块8电压	35.8	伏	混合动力系控制模块2
绝缘测试电阻	0000	千欧姆	混合动力系控制模块2
混合动力/电动汽车（EV）蓄电池组正极绝缘电压	142.87	伏	混合动力系控制模块2
混合动力/电动汽车（EV）蓄电池组负极绝缘电压	143.78	伏	混合动力系控制模块2

返回　请联系我们　主页　车辆菜单　输入

图2-2-19　读取电压相关的数据流（二）

从以上三个图中，我们可以看出每个动力电池单元的电压数值相关参数，分析如下：

图2-2-18：总的动力蓄电池为287V，各个蓄电池模块电压相等，正负极绝缘电压相等，系统正常。

图2-2-19：车动力蓄电池总成和各个蓄电池单元的电压参数，这些数据需要对照维修手册进行判断。

图2-2-20：从图中我们可以清楚地看到，动力电池单元21-26六个电池单元电压均异常，这样我们就可以有针对性的对此六个电池的电路进行分析，然后进行检查排故。

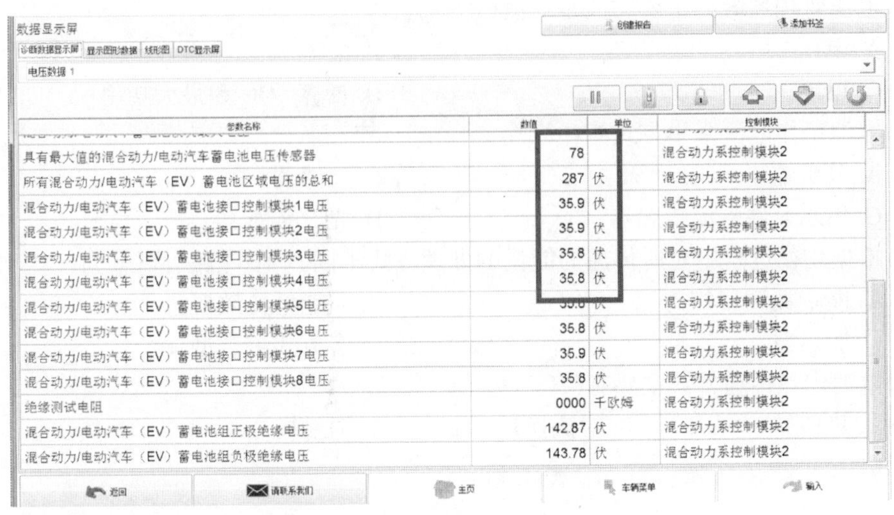

参数名称	数值	单位	控制模块
具有最大值的混合动力/电动汽车蓄电池电压传感器	78		混合动力系控制模块2
所有混合动力/电动汽车（EV）蓄电池区域电压的总和	287	伏	混合动力系控制模块2
混合动力/电动汽车（EV）蓄电池接口控制模块1电压	35.9	伏	混合动力系控制模块2
混合动力/电动汽车（EV）蓄电池接口控制模块2电压	35.9	伏	混合动力系控制模块2
混合动力/电动汽车（EV）蓄电池接口控制模块3电压	35.8	伏	混合动力系控制模块2
混合动力/电动汽车（EV）蓄电池接口控制模块4电压	35.8	伏	混合动力系控制模块2
混合动力/电动汽车（EV）蓄电池接口控制模块5电压	[illegible]	伏	混合动力系控制模块2
混合动力/电动汽车（EV）蓄电池接口控制模块6电压	35.8	伏	混合动力系控制模块2
混合动力/电动汽车（EV）蓄电池接口控制模块7电压	35.9	伏	混合动力系控制模块2
混合动力/电动汽车（EV）蓄电池接口控制模块8电压	35.8	伏	混合动力系控制模块2
绝缘测试电阻	0000	千欧姆	混合动力系控制模块2
混合动力/电动汽车（EV）蓄电池组正极绝缘电压	142.87	伏	混合动力系控制模块2
混合动力/电动汽车（EV）蓄电池组负极绝缘电压	143.78	伏	混合动力系控制模块2

图 2-2-20　读取电压相关的数据流(三)

学习测试

1. 填空题

(1)动力电池能量管理系统功能包括:________、电池状态计算、________、安全管理、热管理、均衡控制、________和人机接口等。

(2)电池管理系统的所有算法都是以采集的________作为输入,________、精度和前置滤波特性是影响电池系统性能的重要指标。

(3)电池状态计算包括电池组________和电池组________两方面。

(4)电池单体________是动力电池组管理系统中的重要一环,其性能好坏或精度高低决定了系统对电池状态信息判断的准确程度。

(5)为了平衡电池组中单体电池的________和________差异,提高电池组的能量利用率、在电池组的充放电过程中需要使用均衡电路。

2. 判断题

(1)电池组的工作状态是由最好的电池单体决定的。 (　　)

(2)电池的工作温度不仅影响电池的性能,而且直接关系到电动汽车使用的安全问题。 (　　)

(3)每个电池单体上都始终串联一个分流电阻。 (　　)

(4)热传导主要发生在电池表面,与电池表面材料的性质相关。 (　　)

(5)电安全管理系统主要包括烟雾报警、绝缘检测、自动灭火、过电压和过电流控制、过放电控制、防止温度过高、在发生碰撞的情况下关闭电源等功能。 (　　)

3. 不定项选择题

(1)电池管理系统的所有算法都是以采集(　　)作为输入。

A. 动力电池电压　　B. 动力电池数据　　C. 动力电池温度　　D. 动力电池质量

(2)电池管理系统的主要功能是监测(　　)。

A. 电压　　B. 电流

C. 温度　　D. 计算 SOC 和最大功率

(3)电池工作电流采集方式有(　　)。

A. 分流器　　B. 互感器

C. 霍尔元件电流传感器　　D. 光纤传感器

(4)根据均衡过程中对所传递的能量的处理方式不同,均衡电路可以分为(　　)。

A. 能量耗散型均衡　　B. 非能量耗散型

C. 加热型　　D. 多方式综合型

(5)电池内热传递方式主要有(　　)。

A. 热传导　　B. 对流换热　　C. 辐射换热　　D. 热交互

项目三

驱动电机

驱动电机也称为动力电机或驱动电动机，是纯电动汽车的唯一动力源，可向外输出转矩，驱动汽车前进后退；同时也可以作为发电机发电(例如，在高坡下滑、高速滑行以及制动过程中把势能或者动能通过电机转化为电能)。本项目介绍驱动电机的特点类型、结构与检测，包含以下4个任务：

任务1　驱动电机的认知；

任务2　驱动电机总成拆卸与安装；

任务3　驱动电机与控制器冷却系统检修；

任务4　驱动电机性能检测。

通过以上4个任务的学习，你将掌握驱动电机的结构、工作原理、拆装与检测方法。

任务1　驱动电机的认知

提出任务

一辆电动汽车无法高速行驶，你的主管初步诊断结果为驱动电机故障，让你对电机进行检查，你能完成这个任务吗？

任务要求

知识要求

1. 能够描述驱动电机的功能和特点；
2. 能够描述驱动电机的类型；
3. 能够描述常见新能源汽车驱动电机的类型。

能力要求

能够检索资料，归纳常见的驱动电机类型和特点。

相关知识

1. 驱动电机的功能和特点

电机，也称“驱动电机”，是一种将电能转化成机械能，并可以再使机械能产生动能，用来驱动其他装置的电气设备。

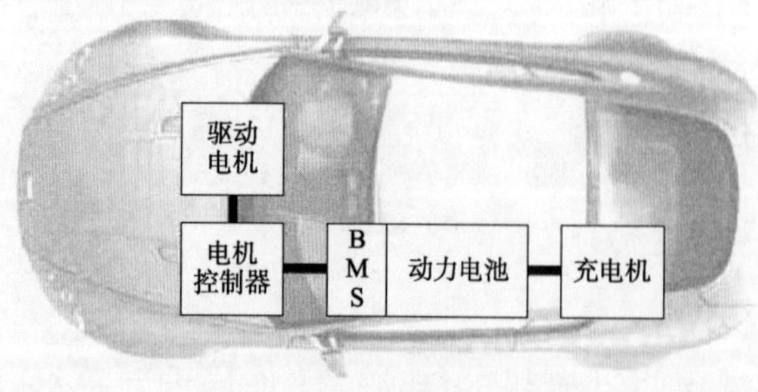

图3-1-1　新能源汽车主要部件

驱动电机对于新能源汽车来说就像人的心脏一样重要，它负责给整车提供驱动的力，是新能源汽车驱动系统的核心部件之一，如图3-1-1所示。

驱动纯电动汽车和混合动力汽车的电机需要在各个转速下均能够产生转矩。图3-1-2表示的是汽车驱动用电机的转速与转矩之间的关系，这种曲线被称为转速转矩曲线。汽车用驱动电机在中速以下时要求恒定功率输出,转矩与速度组合决定电机的运转情况,根据坡道起步、急加速、行驶区域、高速巡航等不同的行驶状态,会发生很大的变化。

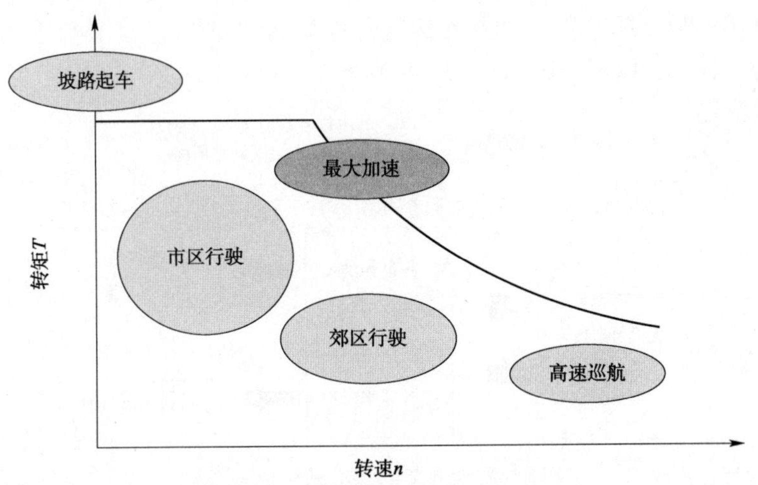

图 3-1-2 汽车驱动电机转速与转矩要求

新能源汽车采用的驱动电机有以下特点。

1)体积小、功率密度大

由于新能源汽车的整车空间有限,因此第一要求驱动电机的结构紧凑、尺寸要小。这就意味着电机系统(驱动电机+电机控制器)的尺寸将受到很大的限制,电机设计厂家必须想尽办法缩小驱动电机的体积,即提高电机的功率密度和转矩密度。尤其是民用的乘用车,对电机的体积限制要求很高,因此业内一般选用高功率密度的永磁同步电机作为驱动电机解决方案的。

2)效率高、高效区广、质量轻

新能源汽车驱动电机的第二个特点就是效率要高、高效区要广、质量要轻。续航里程一直是新能源汽车的短板,而提升续航里程的方法就是提升驱动电机的效率,保证每千瓦·时电都能发挥最大的用处。驱动电机的高效工况区要够广,保证汽车在大部分工况下的都是处于高效状态下。减轻电机质量,也能间接降低整车的功耗,实现续航里程提升,如图 3-1-3 所示。

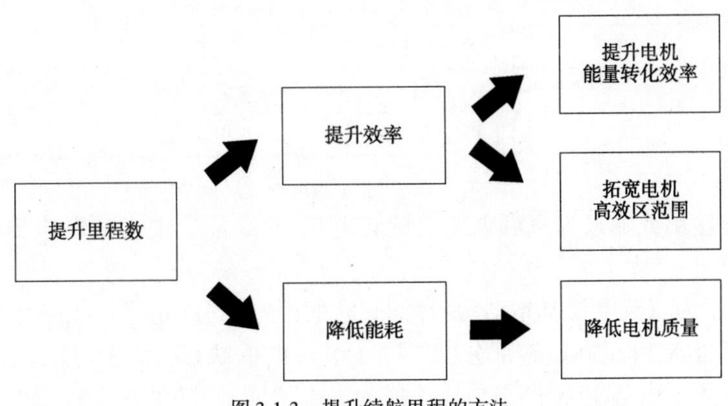

图 3-1-3 提升续航里程的方法

3）安全性与舒适度

基于汽车用户的体验，新能源汽车驱动电机还需关注电机自身的安全性和舒适度。安全性可以理解成电机的可靠性，即电机在恶劣环境下能否正常工作。可通过高低温箱试验来进行安全性能检测。舒适度，即电机在运行时是否会对驾驶人产生体验上的不适，关注的是电机运行时的振动和噪声情况，如图 3-1-4 所示。

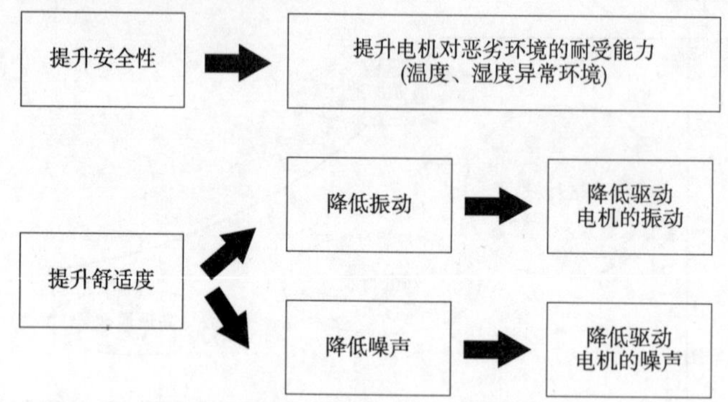

图 3-1-4　提升安全性与舒适性度的方法

2. 驱动电机类型

电机（电动机）从很早以前就已经实用化，并且产品种类、形式也越来越丰富。表 3-1-1 所示即为按照电机电源供给进行的分类，主要包括有以下几种类型。

电 机 的 类 型

表 3-1-1

电源类型	构成	磁力构成	名　称	简称
直流电动机	绕组磁场	串联连接	直流串励电动机	
		并联或另接电源	直流并励电动机	
	永磁磁场		永磁直流电动机	PMDCM
交流电动机（正弦波）	同步电动机	绕组磁极	同步电动机	
		永磁磁极	表面式同步电动机	SPMSM
			埋入磁铁式同步电动机	IPMSM
		无磁极	磁阻电动机	SVNRM
	异步电动机	笼型绕组	感应电动机	IM
特殊波形电动机（交流或脉动电流）		无刷电动机	无刷电动机	BLM
		凸极	开关磁阻电动机	SRM
		PM,VR,HB	步进电动机	

1）直流电机

直流电机是输出或输入为直流电能的旋转电机，它是能实现直流电能和机械能互相转换的电机。

图 3-1-5 所示为直流电机基本结构示意图，它的固定部分（定子）上，装设了一对直流励磁的静止的主磁极 N 和 S，在旋转部分（转子）上装设电枢铁芯。定子与转子之间有一气隙。在电枢铁芯上放置了由 A 和 X 两根导体连成的电枢线圈，线圈的首端和末端分别连到两个

圆弧形的铜片上,此铜片称为换向片。换向片之间互相绝缘,由换向片构成的整体称为换向器。换向器固定在转轴上,换向片与转轴之间亦互相绝缘。在换向片上放置着一对固定不动的电刷 B1 和 B2,当电枢旋转时,电枢线圈通过换向片和电刷与外电路接通。

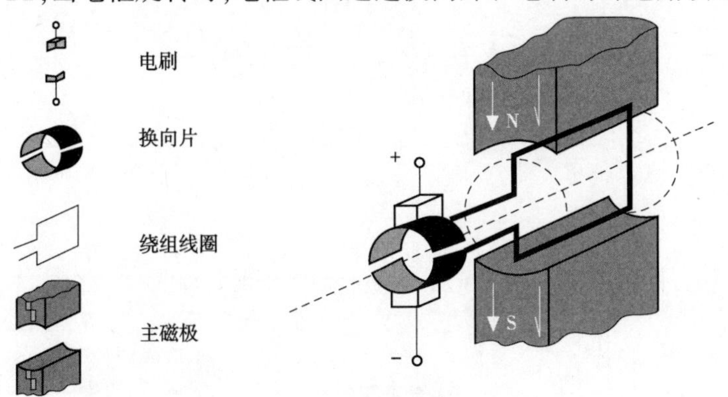

图 3-1-5　直流电机基本结构示意图

感应电动势的方向按右手定则确定(磁感线指向手心,大拇指指向导体运动方向,其他四指的指向就是导体中感应电动势的方向),如图 3-1-6 所示。

直流电机的励磁方式是指对励磁绕组如何供电、产生励磁磁通势而建立主磁场的问题。根据励磁方式的不同,直流电机可分为下列几种类型。

(1)他励直流电机。励磁绕组与电枢绕组无连接关系,而由其他直流电源对励磁绕组供电的直流电机称为他励直流电机,接线如图 3-1-7a)所示。图中 M 表示电动机。永磁直流电机也可看作他励直流电机。

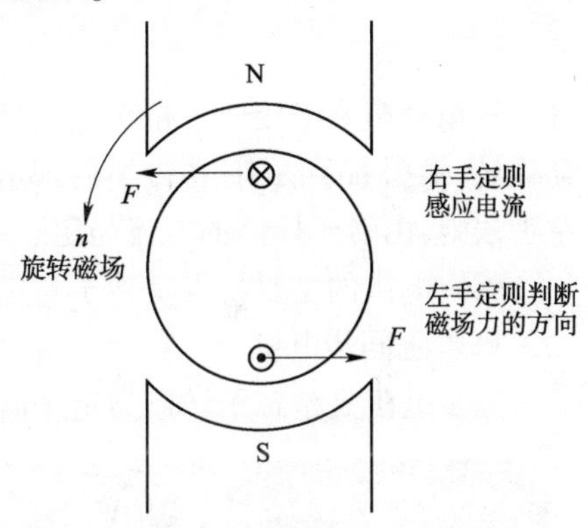

图 3-1-6　电机旋转方向判定方法

(2)并励直流电机。并励直流电机的励磁绕组与电枢绕组相并联,接线如图 3-1-7b)所示。作为并励发电机来说,是电机本身发出来的端电压为励磁绕组供电;作为并励电动机来说,励磁绕组与电枢共用同一电源,从性能上讲与他励直流电机相同。

(3)串励直流电机。串励直流电机的励磁绕组与电枢绕组串联后,再接于直流电源,接线如图 3-1-7c)所示。这种直流电机的励磁电流就是电枢电流。

(4)复励直流电机。复励直流电机有并励和串励两个励磁绕组,接线如图 3-1-7d)所示。若串励绕组产生的磁通势与并励绕组产生的磁通势方向相同称为积复励。若两个磁通势方向相反,则称为差复励。

2)感应电机

感应电动机,又称"异步电动机",即转子置于旋转磁场中,在旋转磁场的作用下,获得一个转动力矩,因而转子转动。转子是可转动的导体,通常多呈鼠笼状,如图 3-1-8 所示。

感应电机的笼型导体是将棒状的导体排布在圆周上,在端部通过圆环短路。感应电机的内侧为线槽,在其内部缠绕绕组,绕组由 U、V、W 三组构成三相分布绕组。图 3-1-9 所示为感应电机绕组。

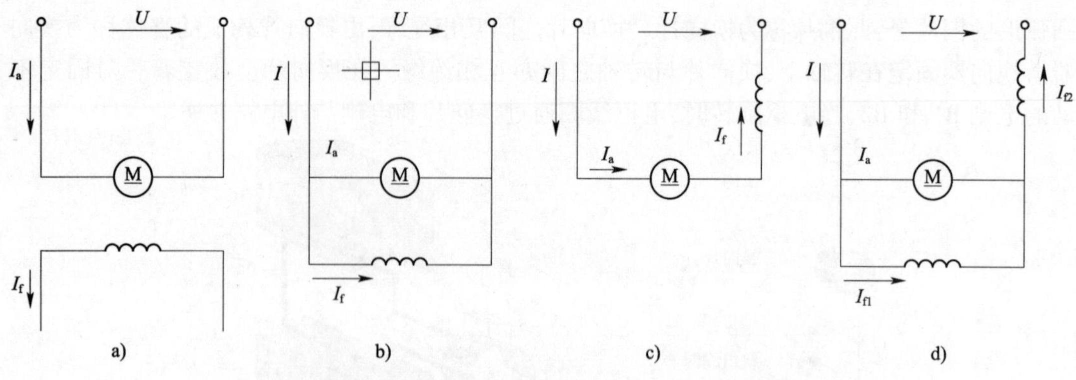

图 3-1-7　直流电机励磁方式

图 3-1-8　感应电机

三相分布绕组接通三相交流电流以后产生旋转磁场，通过磁场旋转移动，转子导体棒横穿磁场，根据右手法则，在转子内产生电动势，该电动势使得电流在转子导体内流动，再按照左手法则，由转子导体的电流与定子的励磁产生力，产生转矩。

感应电机的主要特点是转子与定子磁场变化之间存在转速差。

3）永磁同步电机

同步电机是指转子转速与定子旋转磁场的转速同步的电机，如图 3-1-10 所示。

图 3-1-9　感应电机绕组

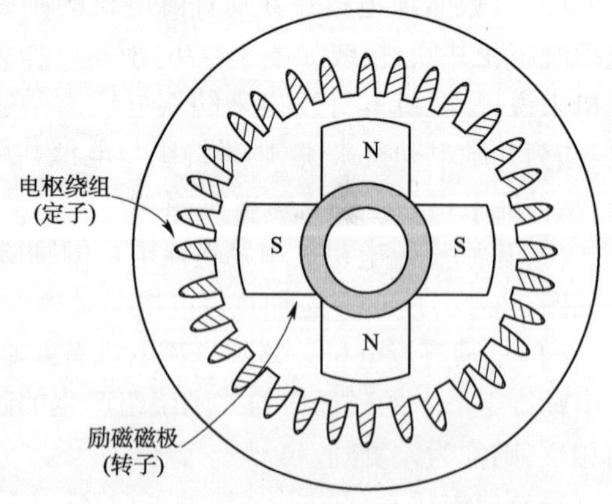

图 3-1-10　同步电机的结构示意图

电机的转子为永磁磁体，转子磁体的 N 极、S 极随着定子绕组的旋转磁场磁极的移动而旋转。磁场产生磁通量，电枢完成电能与机械能的转换。

永磁同步电机主要是由转子、端盖及定子等各部件组成的。一般来说，永磁同步电机的最大的特点是它的定子结构与普通的感应电机的结构非常相似，主要是转子的独特的结构

与其他电机形成了差别。和常用的异步电机的最大不同则是转子的独特的结构，在转子上放有高质量的永磁体磁极。由于在转子上安放永磁体的位置有很多选择，所以永磁同步电机通常会被分为三大类：内嵌式（IPM）、面贴式（SPM）及插入式，如图3-1-11所示。

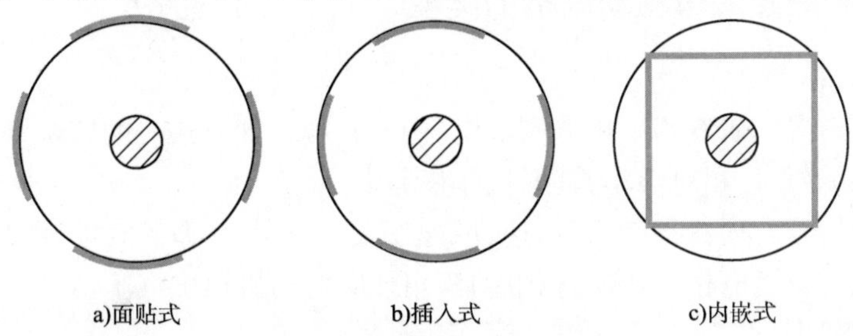

图3-1-11 永磁同步电机转子断面

用于汽车驱动的同步电机几乎都为旋转磁极式，转子使用永磁体。此外，同步电机开环控制容易产生脱离同步运转的情况，因此需要对转子的磁极位置进行检测，根据磁极的变化改变定子三相电缆电流的供给。

永磁同步电动机由于转子是永磁体励磁，随着转速的升高，电压会逐渐达到逆变器所能输出的电压极限，这时要想继续升高转速只有靠调节定子电流的大小和相位增加直轴去磁电流来等效弱磁提高转速，电机的弱磁能力大小，主要与直轴电抗和反电势大小有关，但永磁体串联在直轴磁路中，所以直轴磁路一般磁阻较大，弱磁能力较小，电机反电势较大时，也会降低电机的最高转速。

永磁式电动机结构如图3-1-12所示。

4）磁阻电机

为了提高弱磁能力，针对永磁同步电机提出了改进电机本体结构，从电机结构的角度来研究弱磁能力，提出采用凸极式转子结构的永磁同步电机。凸极式转子结构就是转子的直轴磁阻大于交轴磁阻，表现为凸极电机的性质。这样，电机电磁转矩的组成就类似于普通的凸极永磁同步电机，由永磁转矩和磁阻转矩组成。然而，永磁磁阻式同步电机的电磁转矩又和普通凸极永磁同步电机有所不同，普通的凸极永磁同步电机的永磁磁场非常强，占转矩的主要成分，但同时也造成了高速弱磁的困难。而在永磁磁阻式同步电机中，永磁含有量较小，永磁的主要作用是励磁、提高功率因数、效率和较小逆变器的容量。由于永磁磁通量较小，因此弱磁容易，有很高的恒功率比范围，如图3-1-13所示。

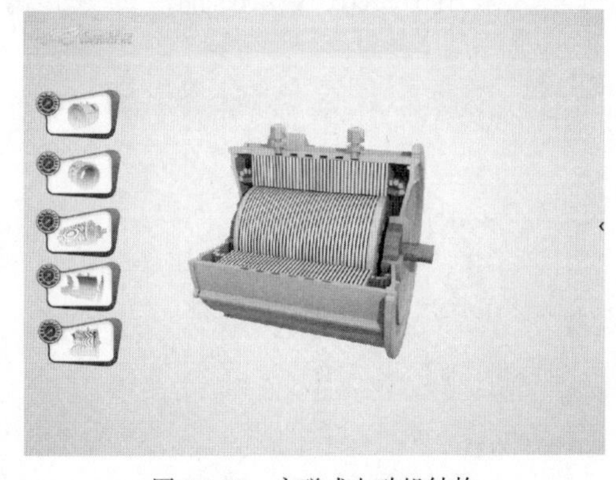

图3-1-12 永磁式电动机结构

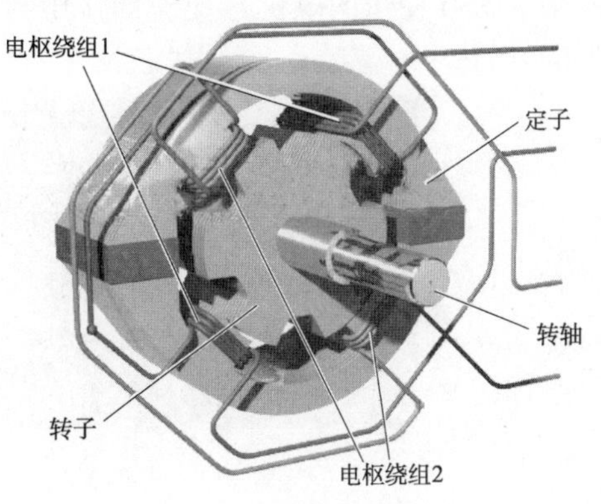

图3-1-13 磁阻电机原理

永磁磁阻式同步电机永磁含有量较小，因此弱磁容易，可以很方便地解决了永磁电动机的恒功率调节问题。

3. 常见新能源汽车驱动电机的类型

1）特斯拉电机

特斯拉电机为自主研发的三相感应电机（图3-1-14），拥有最优的缠绕线性，能极大减少阻力和能量损耗。同时，相对整车，其电机体积非常小。

通过高性能信号处理器将制动、加速、减速等需求转换为数字信号，控制转动变频器将电池组的直流电与交流电相互转换，以带动三相感应电动机提供汽车动力。

2）比亚迪电机

比亚迪电动汽车现在使用的电机为交流无刷永磁同步电机（图3-1-15），通过采集电机旋变信号进行工作。当车辆要行驶时，电机通过旋转变压器检测到电机的位置，位置信号通过控制器的处理，发送相关信号给控制器IGBT，逻辑信号控制IGBT开断，控制器输出的近似正弦波交流电。

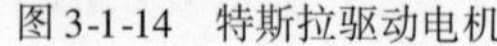

图3-1-14　特斯拉驱动电机

图3-1-15　比亚迪E6驱动电机

电机额定功率75kW，最大功率为120kW，电机由外圈的定子与内圈的转子组成，是汽车的唯一动力源，可向外输出转矩，驱动汽车前进后退；同时也可以作为发电机发电（例如，在高坡下滑、高速滑行以及制动过程中把势能或者动能通过电机转化为电能存储）。

3）荣威E50电机

荣威E50使用的电机是交流同步电机，电机总成采用DEXRON® HP油冷的方式冷却（图3-1-16）。

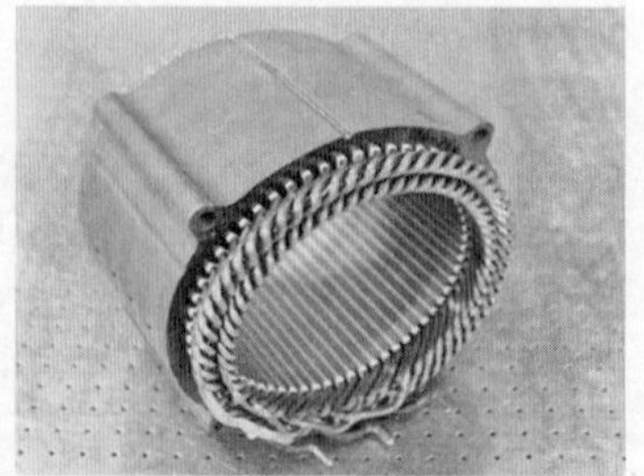

图3-1-16　荣威E50驱动电机

定子是由三相绕组构成的回路，三相绕组分别为 U/V/W，以 Y 形方式连接。Y 形连接方式的特点是每个回路都连接在同一个端点，车辆的高压电缆分别连接到电机的每个绕组上。

驱动/发电电机转子的两端都由轴承支撑，定子产生磁场，并推动转子实现顺时针或逆时针的转动。

任务实施

(一)工作准备

(1)防护装备：常规实训着装。

(2)车辆、台架、总成：北汽新能源纯电动汽车、比亚迪秦、荣威 E50；或其他同类新能源汽车。

(3)专用工具、设备：无。

(4)手工工具：无。

(5)辅助材料：无。

(二)实施步骤

参观实训室的驱动电机挂图、模型；检索资料，或网上搜索或走访周边汽车销售店面，了解驱动电机的类型和特点。

提示：

以下为具有代表性的北汽新能源纯电动汽车、比亚迪秦和荣威 E50 驱动电机的类型和特点。

1. 北汽新能源驱动电机认知

如图 3-1-17 是北汽新能源 E150EV 的驱动电机，图 3-1-18 是 E150EV 的电机控制器，图 3-1-19 是 EV200 的电机控制器。控制方式如下：驱动电机控制器将动力电池提供的直流电转化为交流电，然后输出给电机；通过电机的正转来实现整车加速、减速；通过电机的反转来实现倒车。驱动电机控制器通过有效的控制策略，控制动力总成以最佳方式协调工作。

图 3-1-17　E150EV 驱动电机

2. 比亚迪秦驱动电机认知

BYD-TYC110A 电机主要配备比亚迪 HA 的新能源车型上。

图 3-1-18　E150EV 电机控制器

图 3-1-19　EV200 电机控制器

1）BYD-TYC110A 电机外形尺寸（包括后箱体和减速器前箱体）

BDY-TYC110A 电机外形尺寸为：$A \times B \times C = 403\text{mm} \times 361\text{mm} \times 664\text{mm}$，如图 3-1-20 所示。

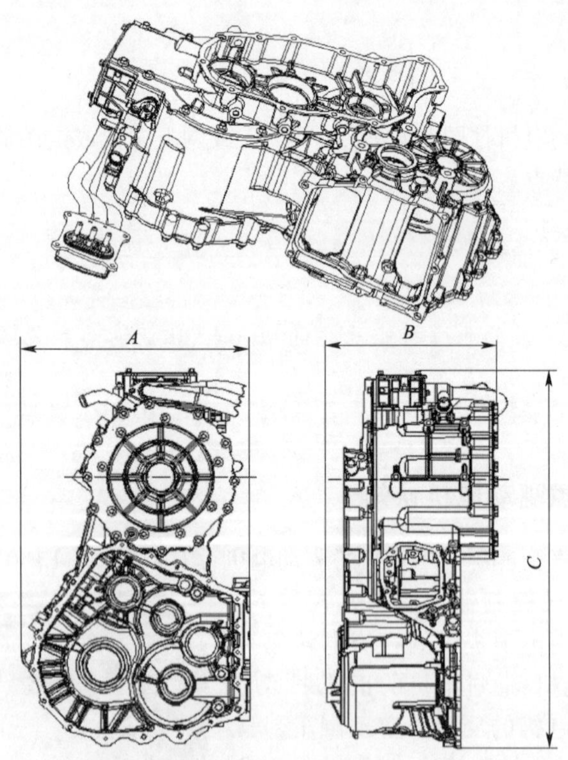

图 3-1-20　比亚迪驱动电机外形尺寸

2）BYD-TYC110A 电机外部零部件

BYD-TYC110A 电机外部零部件如图 3-1-21 所示。

3）BYD-TYC110A 电机技术参数

技术参数见表 3-1-2。

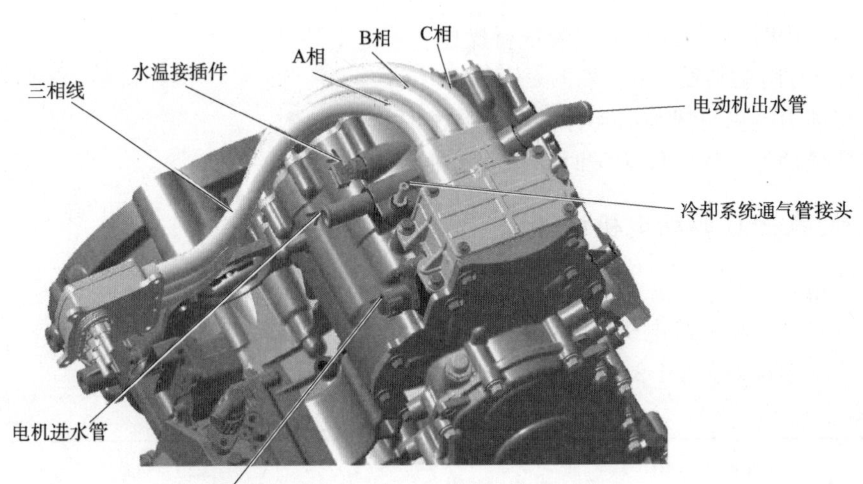

图 3-1-21　比亚迪驱动电机外部零件

技术参数　　表 3-1-2

电动机最大输出转矩	250N·m
电动机最大输出功率	110kW
电动机最大输出转速	10000r/min
电动机散热方式	水冷
电动机质量	47.5kg(包括后箱体和减速器前箱体)
螺纹胶型号	赛特 242
密封胶型号	耐油硅酮密封胶 M-1213 型

4)驱动电机维修说明

(1)电机内部。

①维修装配时都要清洁电机内部,不能有杂质。

②电机在修理后,电机应空转灵活,无定子与转子相擦现象或异常响声(如周期性的异响、轴承受损后的异响、微小异物卡滞在转动部位引起的异响等)。

(2)密封处。

①彻底清洗接合面。

②接合面一定要涂抹密封胶(耐油硅酮密封胶 M-1213 型)。接合面为:通气塞螺纹、排气管螺纹、挡水板与后箱体接合处、后箱体与减速器前箱体接合处。

③铭牌要用 AB 胶涂抹接合处。

(3)螺栓。

电机上所有的螺栓要用螺纹胶赛特 242 涂抹紧固,拧紧时有要求拧紧力矩请按规定力矩拧紧。如果螺栓有裂纹或者损坏,请及时更换。螺栓拧紧后用油漆笔作标记。

(4)轴承。

①安装轴承前要将箱体置于 120℃烤箱中加热 30min。

②安装过程时，采用规定的工装进行操作。

(5)装配时用油脂处。

①三相动力线束总成与后箱体装配孔装配时涂抹油脂。

②旋变接插件与后箱体装配时涂抹润滑油。

3.荣威 E50 驱动电机认知

1)驱动电机

驱动电机为三相交流电机，接受 PEB 的控制，是整个车辆的动力源。

电机技术参数如表 3-1-3。

技术参数　　表 3-1-3

工作电压范围(V)	250～345
峰值相电流(A)	200(有效值)
持续功率/峰值功率(kW/kW)	28/52
额定转矩/峰值转矩(N·m/N·m)	90/155
额定转速/峰值转速(r/min/r/min)	3000/8000
电机控制器额定输入电压(V)	280
绕组接法	Y
相间电阻(MΩ)	27
电机质量(kg)	≤38.5
防护等级	IP67

2)驱动电机操作注意事项

由于驱动电机工作时的环境是高电压，大电流，所以，在操作时一定要注意以下几点：

(1)产品运输及安装过程中应避免碰撞、跌落及和人体的挤压。

(2)存储环境应干燥，在拆开电机包装时的环境要求为：温度在 -25～+55℃范围内，湿度为 10%～70%RH 范围内。

(3)电机在安装使用前，必须进行绝缘检查(接线端子对机壳的绝缘电阻应大于 250MΩ)

(4)电机在安装使用前，旋转电机输出轴应能灵活转动，检查电机外观应无机壳破损或异常形变情况。

(5)电机在安装使用前，检查三相线束导电部分及电机强电接口应清洁无异物油脂。

(6)低压接插件为塑料件，安装过程中应避免与坚硬物体直接碰撞或受力。

(7)电机转子带强磁性，电机除高低压盖板外，其余零部件禁止拆装。

3)驱动电机动力输出

荣威驱动电机功率表如图 3-1-22 所示。

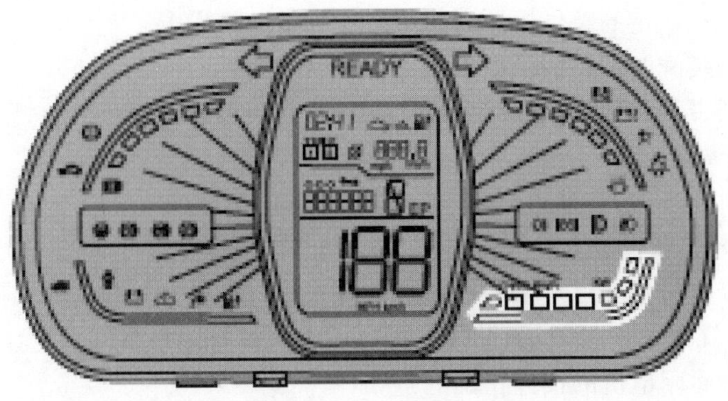

驱动电机功率表显示(点亮格数)	驱动电机相对应功率(kW)
1 格	-10
2 格	0
3 格	0
4 格	10
5 格	20
6 格	30
7 格	40
8 格	50

图 3-1-22 荣威驱动电机功率表

学习测试

1. 填空题

(1)电机是一种将________转化成机械能,并再使机械能产生________,用来________其他装置的电气设备。

(2)直流发电机的工作原理就是把电枢线圈中感应的________,靠________配合电刷的换向作用,使之从电刷端引出时变为直流电动势的原理。

(3)用于汽车驱动的同步电机几乎都为________,转子使用________。

(4)荣威 E50 使用的电机是________电机,电机总成采用 DEXRON® HP ________的方式冷却。

(5)电机在安装使用前,必须进行________检查,接线端子对机壳的绝缘电阻应大于________ MΩ。

2. 判断题

(1)驱动纯电动汽车和混合动力汽车的电机需要在各个转速下均能够产生转矩。 ( )

(2)比亚迪电动汽车现在使用的电机为直流无刷永磁同步电机。 ( )

(3)动力电机在一定的条件下同时也可以作为发电机发电。 (　　)

(4)电机维修装配时都要清洁电机内部,不能有杂质。 (　　)

(5)电机转子带强磁性,电机除高低压盖板外,其余零部件禁止拆装。 (　　)

3. 不定项选择题

(1)按照电机供电方式,动力汽车电机常见的类型有(　　)。

A. 直流电机　B. 交流电机　C. 水冷电机　D. 风冷电机

(2)永磁同步电机根据磁片镶嵌在转子中的方式,常见的类型有(　　)。

A. 内嵌式(IPM)　B. 面贴式(SPM)　C. 焊接时(SWI)　D. 黏结式

(3)下列关于磁阻电机的描述正确的是(　　)。

A. 采用凸极式转子结构的永磁同步电机

B. 电机转子的电阻超过 2kΩ

C. 电机定子的电阻超过 2kΩ

D. 电机的磁场与转子的电阻相互作用的电机

(4)在高速巡航时,汽车驱动电机具有的特性是(　　)。

A. 高转速低转矩　B. 高转矩低转速

C. 高转速高转矩　D. 低转速低转矩

(5)荣威 E50 采用的驱动电机类型是(　　)。

A. 直流电机　B. 异步交流电机

C. 永磁同步电机　D. 磁阻电机

任务2　驱动电机总成拆卸与安装

提出任务

一辆电动汽车无法高速行驶,你的主管诊断结果为驱动电机损坏,需要更换新的电机,你能借助维修手册完成更换电机的任务吗?

任务要求

知识要求

1. 能够描述混合动力汽车驱动电机结构特点;
2. 能够描述纯电动汽车驱动电机结构特点;
3. 能够描述驱动电机拆卸与安装注意事项。

能力要求

能够正确拆卸与安装新能源汽车驱动电机总成。

相关知识

从当前的应用情况来看,大多数纯电动汽车和油电混合动力汽车使用的电机都是三相永磁同步电机,由于作为动力电机需要具有一定的输出功率,因此汽车上的电机都在有限的转矩输出下,设计成高速电机。

一般来说,作为混合动力汽车和纯电动汽车的电机所起的功能都相同,即作为驱动电机使用,也同时作为发电机使用。

1. 混合动力汽车驱动电机的结构特点

1)总体结构组成和性能特点

以丰田普锐斯 THS Ⅱ驱动桥为例,混合动力变速驱动桥由发电机 MG1、驱动电机 MG2 和行星齿轮组成,如图 3-2-1 所示。

其中,MG1、MG2 定子绕组采用三相 Y 形连接,每相由 4 个绕组并联,可以在给电机输入较大电流下,获得最大转矩和最小转矩脉动。此外,MG1、MG2 均采用永磁体转子,稀土永磁材料作为永磁铁,安装在转子铁芯内部(内埋式永磁转子)。转子内的永磁铁为 V 形,这样永磁体既有径向充磁，又有横向充磁，有效集中了磁通量，提高电机的转矩(图 3-2-2)。从永磁转子的磁路特点分析，内埋式永磁转子结构，改变了电机交、直轴磁路，可以改善电机的调速特性，拓宽速度范围。

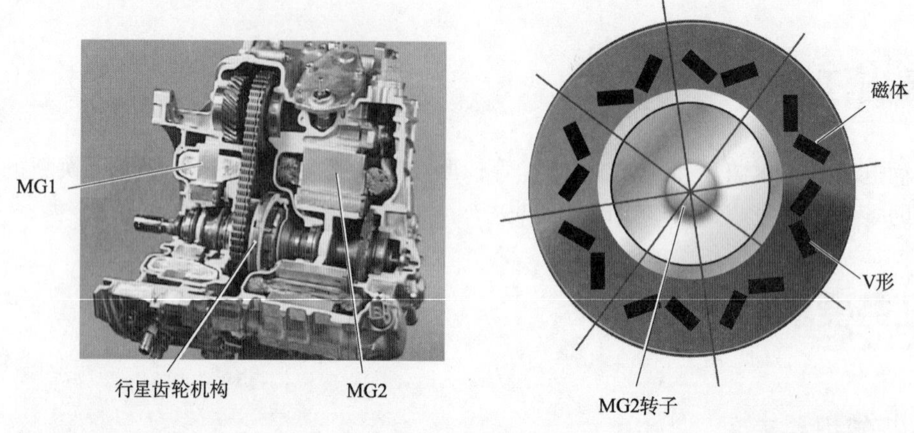

图 3-2-1　丰田普锐斯驱动桥与驱动电机　　图 3-2-2　驱动电机转子永磁体结构形式

THS 提高了车辆的燃油经济性，实现了顺畅的加速感以及静音特性等。由于 THS 的驱动电机与发动机并列布置，因此对驱动电机的小型化要求十分严格，它实现了 THS 所要求的电机性能，也就是说它实现小型化、低损耗以及小型化所带来的冷却与绝缘性能改善。

针对前款车型的 THS，新车型的 THSⅡ不仅将输出功率在 50kW 的基础上增加了 20%，还通过增加减速齿轮将最大转矩从 400N · m 降到 207N · m，降低了约 50%。最高转速增加到原来的 2 倍以上(6000 ~ 13900r/min)，定子尺寸也减了 27%，如图 3-2-3 所示。

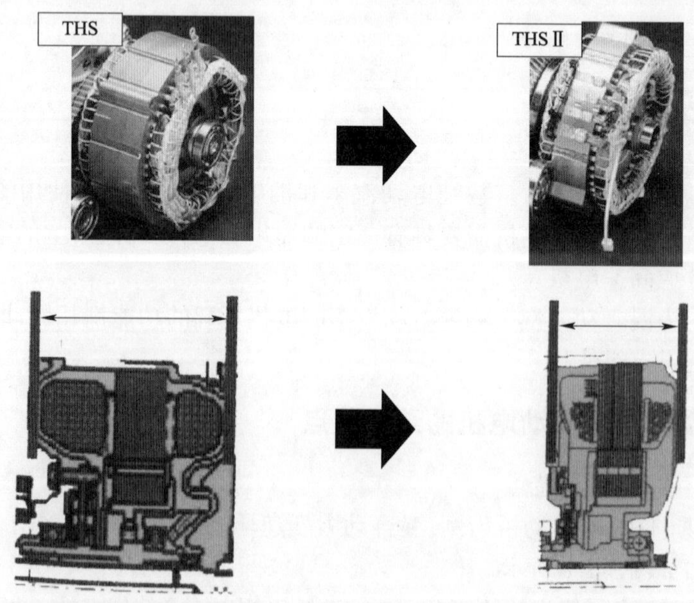

图 3-2-3　丰田普锐斯 THS Ⅱ驱动电机结构和性能提升

THSⅡ的转子磁铁断面成 V 形布置不但能够降低高速旋转时的磁损，还能够改善由于

磁阻转矩分量的增加造成的电流值下降。另外，V 形布置磁铁也还可以通过树脂膜成型来提高耐离心强度，如图 3-2-4 所示。

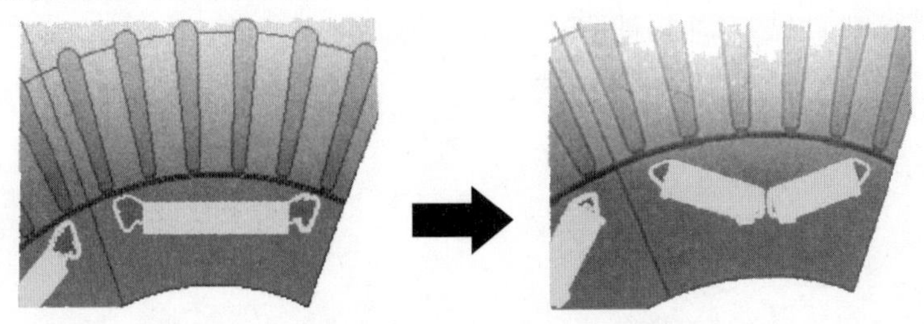

图 3-2-4　普锐斯 THS Ⅱ驱动电机转子的变化

THS Ⅱ也对发电机小型化做出了努力。开发的新式线圈为绕线管排列方法，发电机可以将绕组方式从分布绕组改为高密度集中绕组，这样电机尺寸能够减小 34%。丰田普锐斯 THS Ⅱ驱动电机外形如图 3-2-5 所示。

2)冷却润滑性能特点

THS Ⅱ利用变速器内部齿轮润滑的 ATF(Automatic Transmission Fluid)实现绕组的冷却(图 3-2-6)，将驱动电机的热量传导到壳体上。

ATF 存留于变速器的最低位置(油箱)，通过差速齿轮与塔轮的旋转，将 ATF 从油箱底搅起，临时储存于位于上部的 ATF 采集箱中，ATF 受重力作用填充到定子与壳体之间的间隙中，实现定子到壳体的热传递。ATF 吸收绕组端部的热量，将其传递到油箱，再传递到壳体。

图 3-2-5　丰田普锐斯 THS Ⅱ驱动电机外形

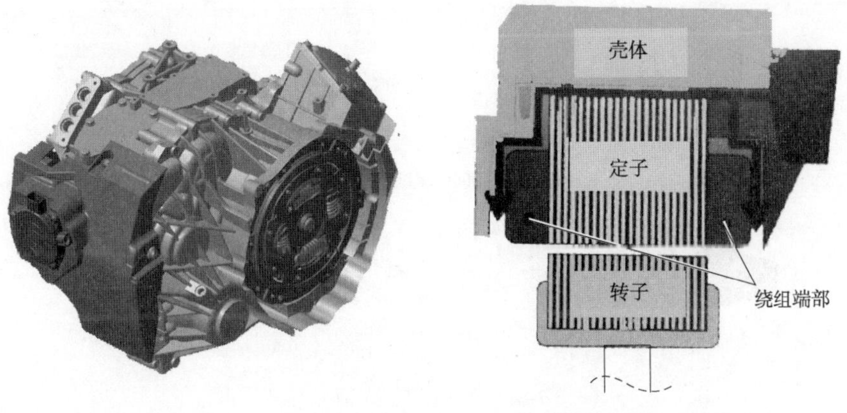

图 3-2-6　丰田普锐斯 THS Ⅱ驱动电机润滑冷却示意图

图 3-2-7 是 ATF 从绕组到壳体的导热回路模型，一般用热阻模型来表示各个部位热传递的快慢。

3)绝缘性能特点

将驱动电机的电源电压从 500V 提高到 650V 之后，逆变器开关切换时电机受到的冲击电压也提高了近 30%。最容易受切换冲击影响的是 U、V、W 间的各个相间绝缘性与对地绝缘性,为了确保其绝缘性能,如图 3-2-8 所示,增加插入相间绝缘纸的工序并努力实现其自动化操作,提高耐冲击性能。此外,考虑各绕组的电压分配,对绕组连接方式进行研究,降低相邻绕组之间的电动势,提高耐冲击性能。

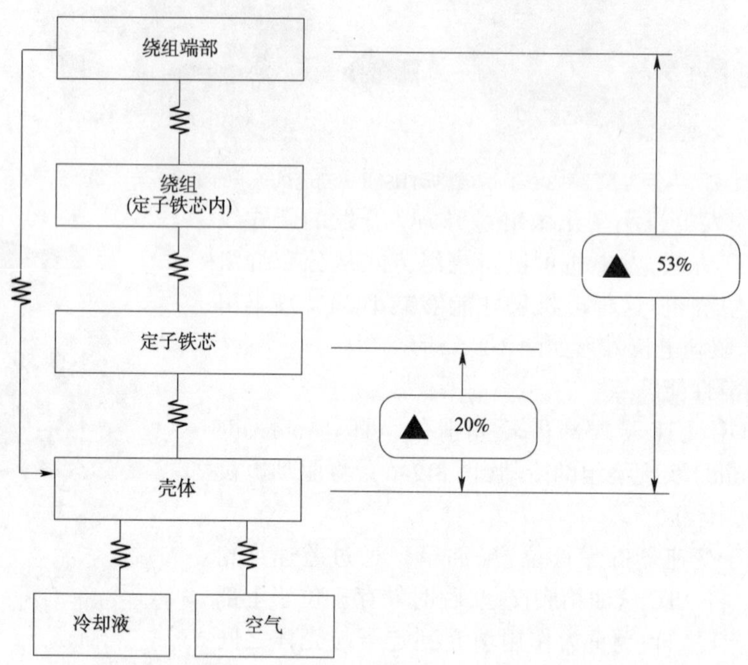

图 3-2-7　ATF 从绕组到壳体的导热回路模型

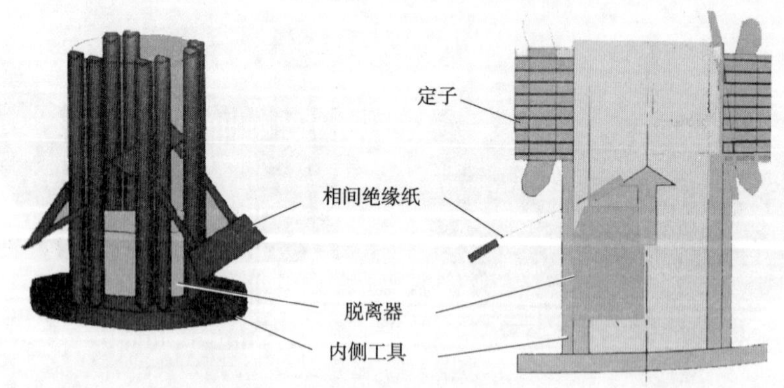

图 3-2-8　驱动电机绝缘性能示意图

2. 纯电动汽车驱动电机的结构特点

1)北汽新能源驱动电机

图 3-2-9 所示为北汽新能源 EV 系列(E150EV)纯电动汽车驱动电机的设计结构特点,纯电动汽车对驱动电机在功率和稳定性上有更高的要求。

图 3-2-10 所示为纯电动汽车电机结构。

图 3-2-9　北汽新能源 EV 驱动电机外形

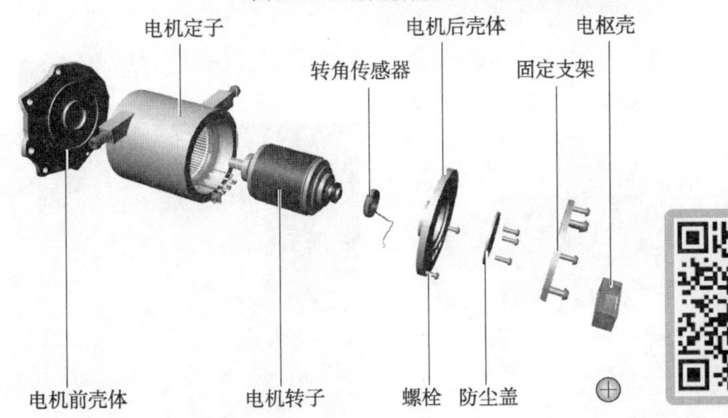

图 3-2-10　纯电动汽车电机结构

(1)电机系统主要技术参数。

北汽新能源纯电动汽车驱动电机主要技术参数见表 3-2-1。

北汽新能源纯电动汽车驱动电机主要技术参数　　表 3-2-1

项　目	参　数	项　目	参　数
类型	三相交流异步电机	峰值功率	45kW
基速	2870r/min	额定转矩	80N · m
转速范围	0 ~ 8000r/min	峰值转矩	150N · m
额定功率	20kW	质量	75kg

(2)驱动电机结构和性能特点。

采用永磁同步电机(PMSM):效率高、体积小、质量轻及可靠性高。

永磁同步电机 PMSM 是系统的重要执行机构,是电能转与机械能转化的部件,并将自身的运行状态的信息发送给电机控制器。

电机使用了一些传感器来提供电机的工作信息。这些传感器包括:

①旋转传感器:用以检测电机转子位置。

②温度传感器:用以检测电机的绕组温度。

在电机系统中,电机的输出动作主要是靠控制单元给定命令执行,即控制器输出命令。控制器主要是将输入的直流电逆变成电压、频率可调的三相交流电,供给配套的三相交流永磁同步电机使用。

(3)冷却性能。

为驱动电机和控制器散热,沿用原车散热器及膨胀水箱,采用电动水泵,全新设计水管。图3-2-11所示为北汽新能源EV驱动电机冷却系统图。

电机温度保护方式如下:当控制器监测到驱动电机温度传感器显示为120℃≤温度<140℃时,降功率运行;温度≥140℃时,降功率至0,即停机。

2)比亚迪E6驱动电机

比亚迪E6驱动电机如图3-2-12所示。驱动电机额定功率为75kW,最大功率为120kW,电机由外圈的定子与内圈的转子组成,是汽车的唯一动力源,可向外输出转矩,驱动汽车前进后退;同时也可以作为发电机发电(例如,在高坡下滑、高速滑行以及制动过程中把势能或者动能通过电机转化为电能存储)。

驱动电机为永磁同步电机,高密度、小型轻量化、高效率、高可靠性、高耐久性、强适应性。

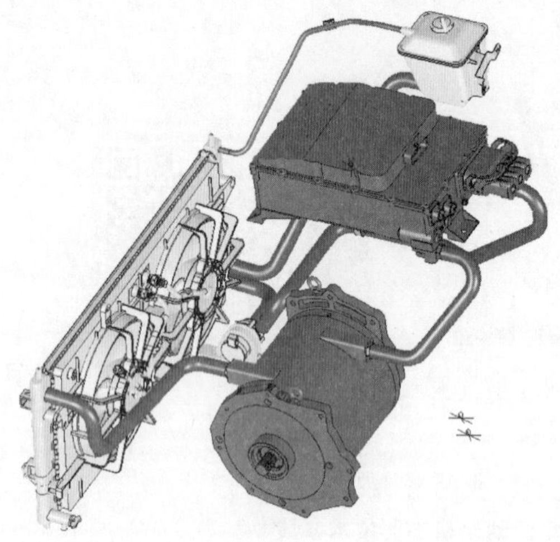

图3-2-11 北汽新能源EV驱动电机冷却系统

图3-2-12 比亚迪E6驱动电机

任务实施

(一)工作准备

(1)防护装备:绝缘防护装备。

(2)车辆、台架、总成:荣威E50;北汽EV160或其他纯电动汽车。

(3)专用工具、设备:举升机;起吊机;故障诊断仪。

(4)手工工具:绝缘拆装组合工具。

(5)辅助材料:警示标示和设备;清洁剂;电机冷却液。

(二)实施步骤

本操作任务主要完成对纯电动汽车驱动电机的拆卸与安装。

警告：

不要试图分解电机总成，避免造成人身伤害及损坏电机。

1. 荣威 E50 驱动电机总成拆装

1）驱动电机总成拆卸

荣威 E50 驱动电机控制器的拆卸步骤如图 3-2-13 所示。

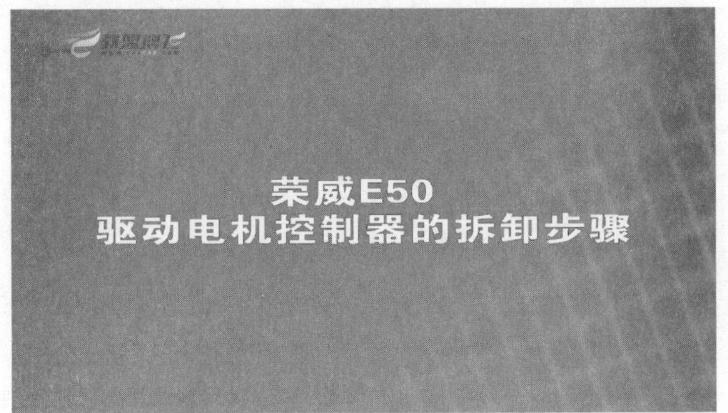

图 3-2-13　荣威 E50 驱动电机控制器的拆卸步骤

警告：

（1）禁止未参加该车型高压系统知识培训的维修人员拆卸高压系统（包括手动维修开关、高压动力电池、驱动电机、电力电子箱、高压配电单元、高压线束、电空调压缩机、交流充电口和交流充电线、快速充电口、电加热器、慢速充电器）。

（2）当拆卸或装配高压配件时，必须断开 12V 电源和高压动力电池上的手动维修开关。

（3）在进行高压相关操作前，维修人员必须穿戴好劳保用品：戴好绝缘手套，穿好高压绝缘鞋。在戴绝缘手套前，必须要检查绝缘手套是否有破损的地方，要确保手套无绝缘失效。

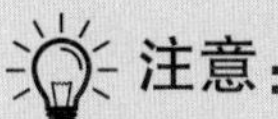

注意：

在安装和拆卸的过程中，应防止制动液、洗涤液、冷却液等液体进入或飞溅到高压部件上。

警告：

溢出的蒸气或冷却液会造成诸如烫伤之类的伤害，所以当冷却系统还热时，不要打开膨胀水箱盖。

驱动电机总成拆卸步骤如下：

（1）打开主驾驶车门，铺设脚垫，套上转向盘套、座椅套。

（2）断开点火开关，拔出车钥匙。

警告：

正常情况下，在钥匙开关关闭后，高压系统还存在高压电，这是因为电机控制器中高压电容的存在造成的，需要经过一段时间的等待，高压电容中的电才能被完全释放。

（3）打开发动机罩开关，打开发动机罩，固定支架，铺设翼子板布。

（4）用10mm套筒松开低压蓄电池负极螺栓，断开蓄电池负极线，并固定好蓄电池负极线，使用绝缘胶带包裹，防止工作时负极线与蓄电池重新连接。

（5）打开驱动电机冷却液膨胀箱盖，如图3-2-14所示。

（6）拆卸底部导流板。

（7）断开散热器软管到水泵上的卡箍，如图3-2-15所示。

图3-2-14　打开驱动电机冷却液膨胀箱盖

图3-2-15　断开散热器软管到水泵上的卡箍

图3-2-16　排空冷却液

（8）慢慢拔出软管，排空冷却液，如图3-2-16所示。

（9）拆卸维修开关盖板。

①用内饰拆卸工具松开中央扶手面板。

②抬开控制面板，用十字螺丝刀拆下面板下的螺钉。

③取出杯托底部减振垫，拆下杯托底部螺钉。

④取出杯托面板。

⑤撬起维修开关上部的盖板。

(10)检查并佩戴绝缘手套。

①检查绝缘手套外观有无明显磨损痕迹。

②检查绝缘手套密封性:卷起手套边缘,折叠开口,并封住手套开口,向手套内吹气,确认有无空气泄漏;用同样的方法检查第二只手套。

③确认密封良好后,佩戴绝缘手套。

(11)拆下维修开关。

①按住维修开关卡扣,微微向上撬起维修开关把手,垂直向上拿出,拆下手动维修开关。

②等待 5min。

警告:

正常情况下,在拆除手动维修开关后,高压系统还存在高压电,这是因为电机控制器中高压电容的存在造成的,需要经过一段时间的等待,高压电容中的电才能被完全释放。

(12)打开保护盖,如图 3-2-17 所示。

(13)用 13mm 套筒拆下固定到 PEB 上的两个螺母,并断开。

(14)断开 PEB 低压连接器。

(15)用 T30 套筒对角拆下 PEB 上的 7 根螺栓。

(16)用一字螺丝刀轻轻翘起 PEB 盖板,并取下 PEB 盖板,如图 3-2-18 所示。

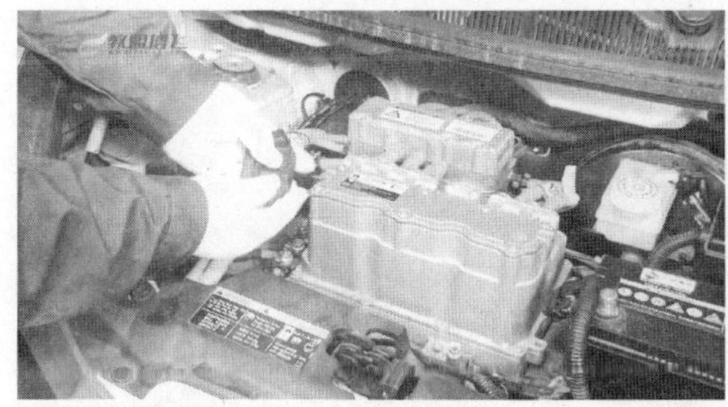

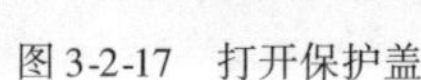

图 3-2-17　打开保护盖

图 3-2-18　取下 PEB 盖板

(17)将万用表调至直流电压挡,测量高压线束端子间电压,如图 3-2-19 所示。

警告:

在进行电压测量时,必须佩戴绝缘手套,并且一定要确保测量每个端子间的电压,确保每组电压值为 0V 或者 3V 以下才可以继续拆卸。

(18)测量高压线束端子与搭铁之间的电压。

（19）用交流电压挡，测量 UVW 三相线束端子间电压，如图 3-2-20 所示。

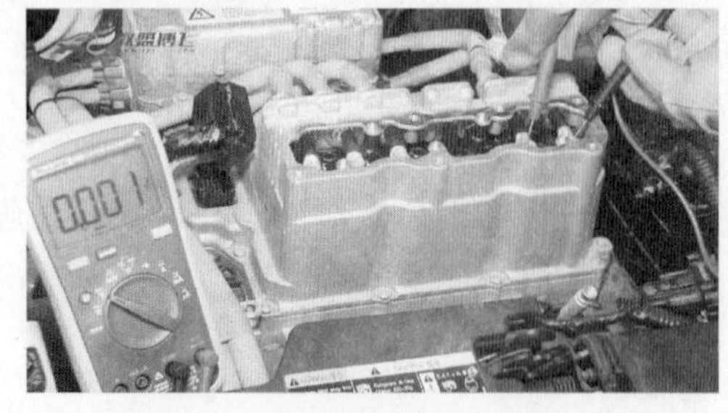
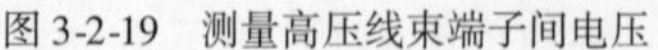
图 3-2-19　测量高压线束端子间电压

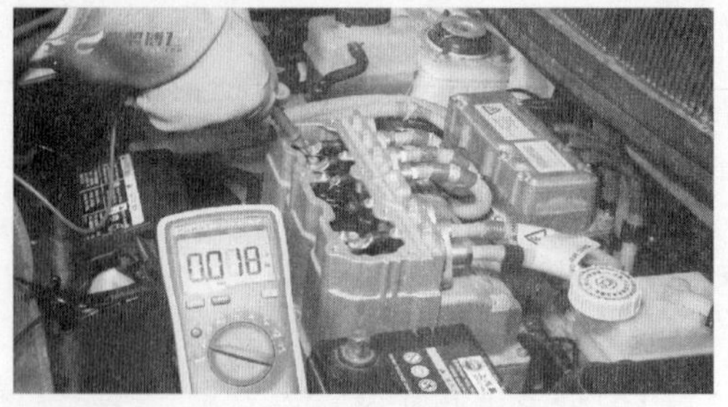
图 3-2-20　测量 UVW 三相线束端子间电压

（20）测量 UVW 三相线束端子与搭铁之间的电压。

（21）用 10mm 长套筒拆下 3 根驱动电机线束螺栓。

（22）使用漆笔在线束上做好标记，如图 3-2-21 所示。

（23）取下电机线固定到 PEB 外壳上的 6 根螺栓，如图 3-2-22 所示。

图 3-2-21　使用漆笔在线束上做好标记

图 3-2-22　取下电机线固定到 PEB 外壳上的 6 个螺栓

（24）拔出 W/V/U 线束，如图 3-2-23 所示。

（25）拆下两根 PEB 高压线束固定螺栓，如图 3-2-24 所示。

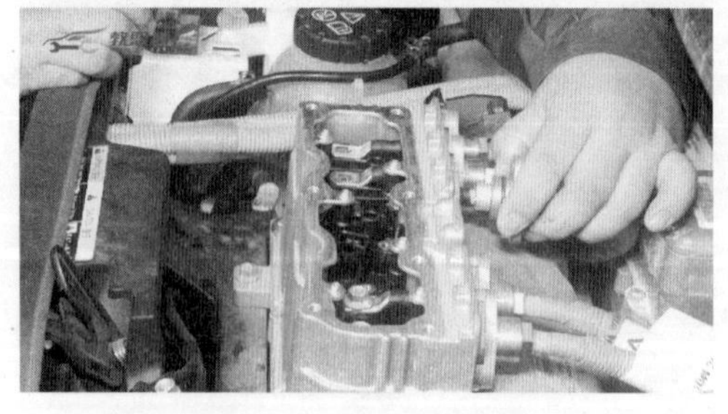
图 3-2-23　拔出 W/V/U 线束

图 3-2-24　拆下两根 PEB 高压线束固定螺栓

（26）使用漆笔在线束上做好标记，如图 3-2-25 所示。

（27）拆下 PEB 高压线束固定在 PEB 外壳上的 4 根螺栓，并拆下固定 PEB 的 4 根螺栓，如图 3-2-26 所示。

（28）松开水泵到 PEB 软管上的卡箍，并断开软管，如图 3-2-27 所示。

（29）取出电机控制器，如图 3-2-28 所示。

（30）拆下前保险杠塑料盖板的 4 个开尾销，如图 3-2-29 所示。

（31）拆下内侧的两个开尾销，如图 3-2-30 所示。

图 3-2-25 使用漆笔在线束上做好标记

图 3-2-26 拆下 PEB 高压线束固定在 PEB 外壳上的 4 根螺栓

图 3-2-27 松开水泵到 PEB 软管上的卡箍,并断开软管

图 3-2-28 取出电机控制器

图 3-2-29 拆下前保险杠塑料盖板的 4 个开尾销

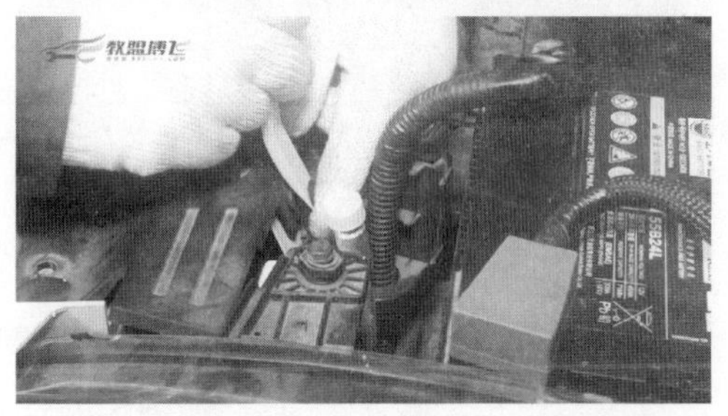
图 3-2-30 拆下内侧的两个开尾销

(32)取下前保险杠塑料盖板,如图 3-2-31 所示。

(33)拉开扣手,打开快速充电口。

(34)用 10mm 套筒拆下快速充电口小门上的螺栓。

(35)取下快速充电口保护盖,如图 3-2-32 所示。

图 3-2-31 取下前保险杠塑料盖板

图 3-2-32 取下快速充电口保护盖

(36)拆下两个开尾销。

(37)用10mm套筒拆下拉索固定螺栓。

(38)取下快速充电小门总成,如图3-2-33所示。

(39)拆下前轮罩连接的4个螺钉。

(40)拆下前保险杠固定到车身底部的5个开尾销,如图3-2-34所示。

图3-2-33 取下快速充电小门总成

图3-2-34 拆下前保险杠固定到车身底部的5个开尾销

(41)断开左前雾灯、右前雾灯连接器。

(42)断开碰撞传感器连接器,如图3-2-35所示。

(43)拆下前保险杠固定在横梁上的4根螺栓,如图3-2-36所示。

图3-2-35 断开碰撞传感器连接器

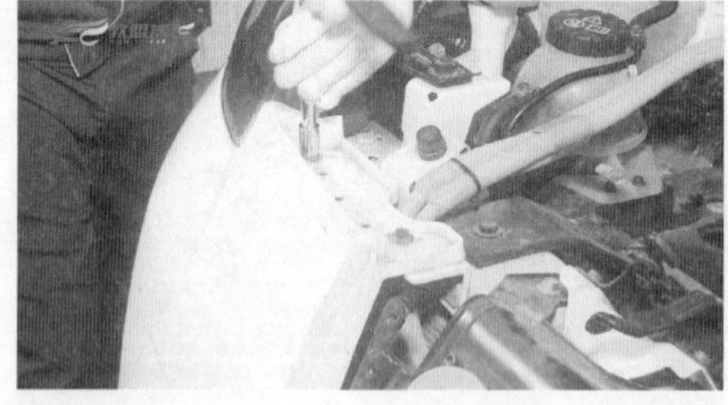

图3-2-36 拆下前保险杠固定在横梁上的4根螺栓

(44)拆下车轮侧连接螺钉,如图3-2-37所示。

(45)拆下前保险杠,如图3-2-38所示。

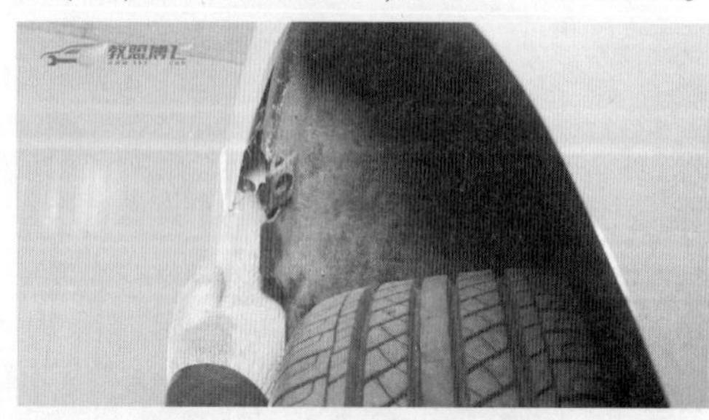

图3-2-37 拆下车轮侧连接螺钉

图3-2-38 拆下前保险杠

(46)用7mm套筒,对角拆下高压配电单元上盖的6根螺栓。

(47)取下高压配电单元上盖,如图3-2-39所示。

(48)用10mm套筒,拆下高压配电单元线束的固定螺栓,如图3-2-40所示。

(49)使用记号笔在壳体及线束端做好标记。

(50)拔出3根高压配电单元线。

图 3-2-39 取下高压配电单元上盖

图 3-2-40 拆下高压配电单元线束的固定螺栓

(51)断开左侧高压互锁连接器,如图 3-2-41 所示。

(52)断开电空调压缩机线束连接器锁止开关,如图 3-2-42 所示。

图 3-2-41 断开左侧高压互锁连接器

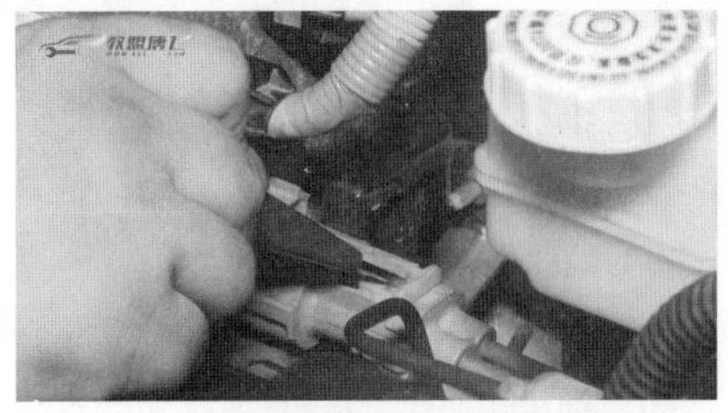

图 3-2-42 断开电空调压缩机线束连接器锁止开关

(53)断开电空调压缩机线束连接器。

(54)断开右侧高压互锁连接器。

(55)断开加热器线束连接器锁止开关。

(56)断开加热器线束连接器。

(57)用 8mm 套筒拆下固定快速充电口支架螺栓,如图 3-2-43 所示。

(58)用 10mm 套筒拆下快速充电口两个螺母。

(59)拆下快速充电口低压连接器。

(60)用 10mm 套筒拆下快速充电口固定到水箱横梁上的两个螺栓,如图 3-2-44 所示。

图 3-2-43 拆下固定快速充电口支架螺栓

图 3-2-44 拆下快速充电口固定到水箱横梁上的两个螺栓

(61)拆下快速充电口底部螺栓,如图 3-2-45 所示。

(62)将快速充电口支架与水箱横梁分离,如图 3-2-46 所示。

(63)断开快速充电口线束的卡扣和扎带,如图 3-2-47 所示。

(64)拆下快速充电口固定搭铁线螺栓,如图 3-2-48 所示。

图 3-2-45　拆下快速充电口底部螺栓

图 3-2-46　将快速充电口支架与水箱横梁分离

图 3-2-47　断开快速充电口线束的卡扣和扎带

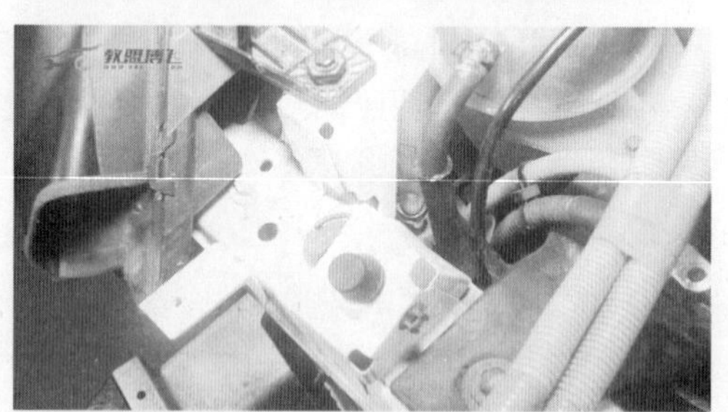
图 3-2-48　拆下快速充电口固定搭铁线螺栓

(65)抽出快速充电口搭铁线,如图 3-2-49 所示。

(66)拆下高压配电单元上的电机线固定卡钉,如图 3-2-50 所示。

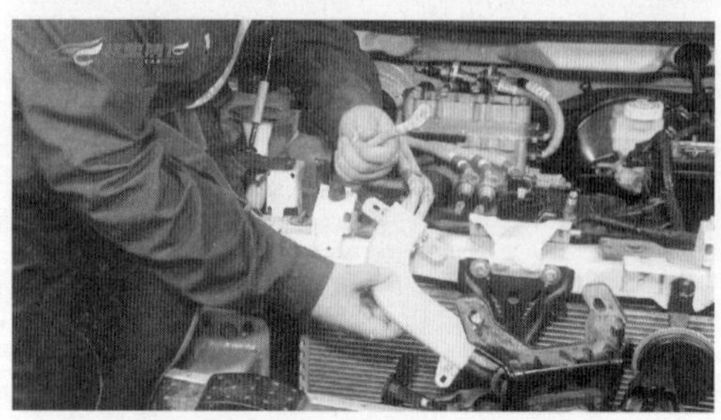
图 3-2-49　抽出快速充电口搭铁线

图 3-2-50　拆下高压配电单元上的电机线固定卡钉

(67)对角拆下高压配电单元总成固定螺栓,如图 3-2-51 所示。

(68)取出高压配电单元,如图 3-2-52 所示。

图 3-2-51　拆下高压配电单元总成固定螺栓

图 3-2-52　取出高压配电单元

(69)用 8mm 长套筒,拆下电池膨胀水箱固定螺栓,如图 3-2-53 所示。

(70)用 14mm 套筒,拆下高压配电单元托盘螺栓,如图 3-2-54 所示。

图 3-2-53　拆下冷却液膨胀水箱固定螺栓

图 3-2-54　拆下高压配电单元托盘螺栓

(71)取出托盘,如图 3-2-55 所示。

(72)用 10mm 长套筒,拆下熔断丝盒两根正极螺栓及熔断丝盒固定螺栓。

(73)拨开熔断丝盒固定卡子。

(74)拔出熔断丝盒 6 个连接器。

(75)取出熔断丝盒,如图 3-2-56 所示。

图 3-2-55　取出托盘

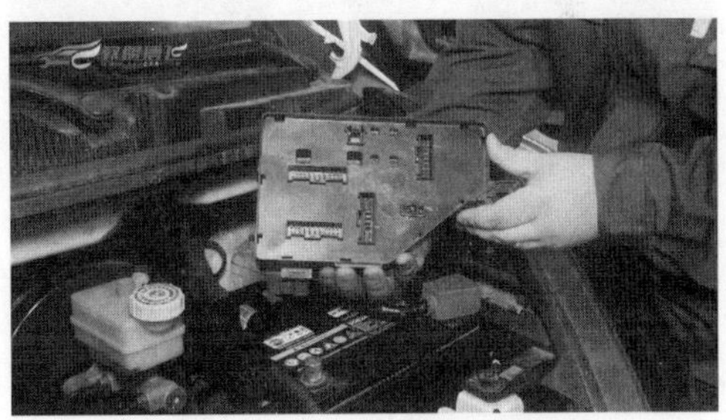

图 3-2-56　取出熔断丝盒

(76)拔下线束卡夹,移开低压线束。

(77)使用 8mm 长套筒拆下熔断丝盒底座的 3 个螺栓。

(78)取出熔断丝盒底座,如图 3-2-57 所示。

(79)使用绝缘胶带将低压正极线束金属部分包裹。

(80)使用 8mm 套筒拆下驱动电机线支架螺栓。

(81)取出线束支架,如图 3-2-58 所示。

图 3-2-57　取出熔断丝盒底座

图 3-2-58　取出线束支架

(82)拆出冷却液膨胀水箱,放置一旁,如图 3-2-59 所示。

(83)用 13mm 套筒拆下横梁两侧固定螺栓,如图 3-2-60 所示。

图 3-2-59　拆出冷却液膨胀水箱

图 3-2-60　拆下横梁两侧固定螺栓

(84)取出低压蓄电池。

(85)拆下蓄电池底部支架固定螺栓。

(86)取出蓄电池盒支架,如图 3-2-61 所示。

(87)取出 PEB 横梁,如图 3-2-62 所示。

图 3-2-61　取出蓄电池盒支架

图 3-2-62　取出 PEB 横梁

(88)拆下两根螺栓,从减速器上断开换挡操纵机构拉锁,如图 3-2-63 所示。

(89)松开卡箍,从电机上断开散热器到电机软管的连接。

(90)从电机上拆下蓄电池负极搭铁线电缆。

(91)断开电机旋变线束连接器,如图 3-2-64 所示。

图 3-2-63　从减速器上断开换挡操纵机构拉锁

图 3-2-64　断开电机旋变线束连接器

(92)拆下将驱动电机固定到减速器上的 4 根螺栓,如图 3-2-65 所示。

(93)安装吊环,如图 3-2-66 所示。

(94)将锁链与起吊机相连。

(95)拆下将驱动电机固定到减速器上的两根螺栓。

(96)拆下固定在车架上的电机机爪螺栓,如图 3-2-67 所示。

(97)取出电机机爪,如图 3-2-68 所示。

图 3-2-65　拆下将驱动电机固定到减速器上的 4 根螺栓

图 3-2-66　安装吊环

图 3-2-67　拆下固定在车架上的电机机爪螺栓

图 3-2-68　取出电机机爪

(98)清理电机周围线路及管路,慢慢将驱动电机吊出机舱,如图 3-2-69 所示。

2)驱动电机总成安装

如图 3-2-70 所示为荣威 E50 驱动电机总成安装步骤界面。

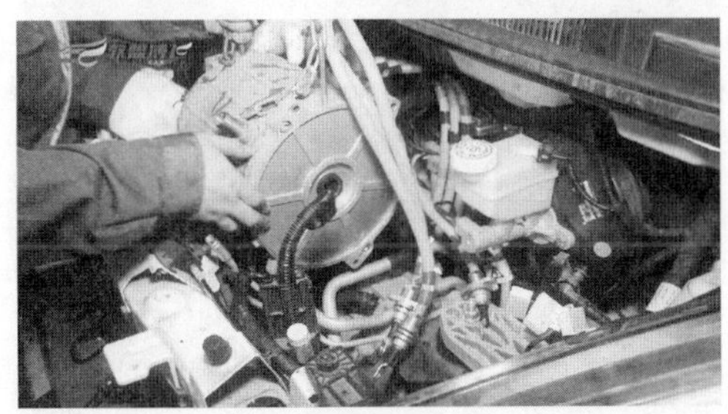

图 3-2-69　将驱动电机吊出机舱

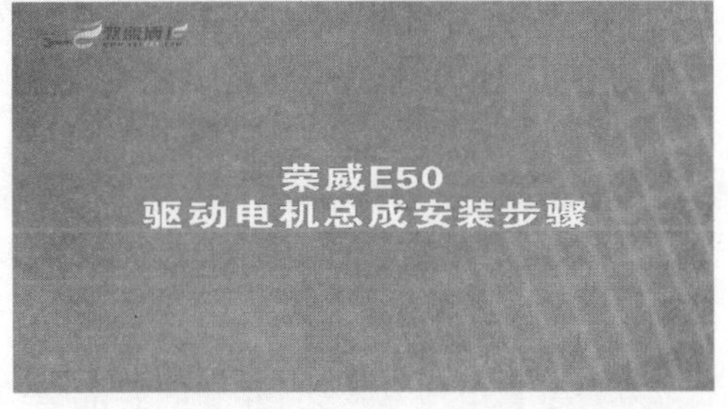

图 3-2-70　荣威 E50 驱动电机总成安装步骤界面

警告:

在高压系统:高压动力电池、电驱动变速器、电力电子箱、高压线束、电空调压缩机、车载充电器、交流充电口和交流充电线全部安装(包括所有连接器的连接)完成之前,必须确保蓄电池的负极电缆始终处于断开状态,手动维修开关处于断开位置。

驱动电机总成安装步骤如下(按拆卸的相反顺序):

(1)用起吊机将驱动电机慢慢吊入机舱,如图 3-2-71 所示。

(2)安装驱动电机固定在减速器上的两根螺栓。

(3)将驱动电机机爪放入连接位置,安装电机机爪固定电机的螺栓,安装电机机爪固定在车架上的两根螺栓。紧固机爪固定在车架上的两根螺栓，力矩为 90 ~ 110N · m。紧固电机固定在机爪上的 3 根螺栓，力矩为 55 ~ 65N · m。紧固驱动电机固定在减速器上的螺栓，力矩为 26 ~ 30N · m，如图 3-2-72 所示。

图 3-2-71　用起吊机将驱动电机慢慢吊入机舱

图 3-2-72　安装并固定电机机爪

（4）降下起吊机拆除固定链锁，如图 3-2-73 所示。

（5）拆下吊环，将蓄电池负极线固定到电机上，并紧固。

（6）安装驱动电机固定在减速器轴心结合面的 4 根螺栓，拧紧力矩为 26 ~ 30N · m。将散热器软管连接到电机上，并用卡箍固定。安装电机旋变线束连接器。

（7）将换挡操纵机构拉锁固定到减速器上，如图 3-2-74 所示。

图 3-2-73　降下起吊机拆除固定链锁

图 3-2-74　将换挡操纵机构拉锁固定到减速器上

（8）安装 PEB 横梁，将 PEB 横梁固定在车身上，如图 3-2-75 所示。

（9）安装蓄电池盒支架，并紧固底部螺栓。

（10）安装 PEB 横梁两侧螺栓，拧紧力矩为 19 ~ 25N · m。将膨胀水箱固定到支架上；将驱动电机线支架固定到 PEB 横梁上，紧固两根螺栓。

（11）将电机高压线固定到 PEB 横梁上，如图 3-2-76 所示。

图 3-2-75　安装 PEB 横梁

图 3-2-76　将电机高压线固定到 PEB 横梁上

（12）将车身低压线束固定到 PEB 横梁上；将熔断丝盒固定到横梁上；将车身低压线束

卡锁在熔断丝盒内，并安装蓄电池；连接熔断丝线束接插件，将熔断丝盒体嵌入支架。

(13)解开蓄电池正极包裹绝缘胶带，并安装两个端子到熔断丝盒体上，安装固定熔断丝盒体螺栓，紧固三根螺栓。

(14)安装熔断丝盒保护盖，将 PEB 托盘固定到车身上并紧固螺栓。

(15)将膨胀水箱固到 PEB 托盘上，并紧固螺栓，安装高压配电单元。

(16)紧固 4 根螺栓，力矩为 7～10N·m；将驱动电机线束固定到高压配电单元上，卡紧 3 个塑料卡箍；安装高压配电单元线束的 3 根螺栓，紧固力矩为 20N·m，如图 3-2-77 所示。

(17)安装高压配电单元上盖，安装紧固 6 根螺栓，如图 3-2-78 所示。

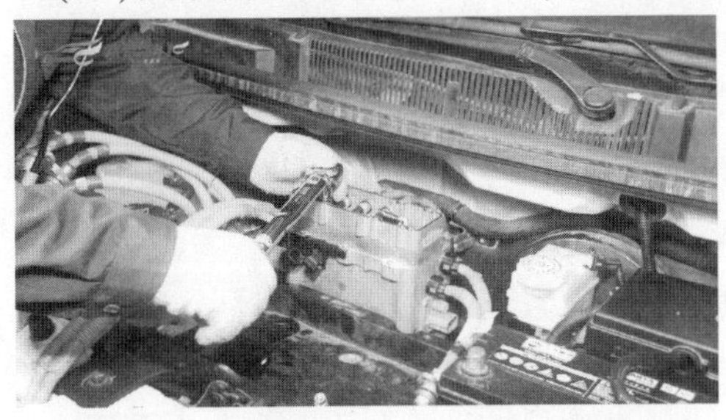

图 3-2-77　安装高压配电单元线束的 3 根螺栓

图 3-2-78　安装高压配电单元上盖

(18)安装右侧加热器线束，连接右侧高压互锁连接器。

(19)连接左侧电空调压缩机线束连接器，连接左侧高压互锁连接器。

(20)安装紧固快速充电口支架螺栓，紧固力矩为 20N·m；将快速充电口固定导槽固定到水箱横梁上，并紧固螺栓。

(21)将快速充电口搭铁线固定到车身上，并紧固螺栓。

(22)使用扎带固定快速充电口线束，安装快速充电口低压线束连接器。

(23)安装前保险杠总成，安装保险杠固定螺栓，并紧固。

(24)安装前保险杠连接翼子板的两侧螺钉；安装前轮罩固定到保险杠上的 4 个螺钉。

(25)安装前保险杠底部的 5 个开尾销；安装前碰撞传感器连接器；安装右侧雾灯连接器；安装左侧雾灯连接器。

(26)将拉索固定到快速充电口小门总成上，紧固两个螺栓。

(27)将快速充电保护盖固定到车身前端，并紧固螺栓；安装两个开尾销；紧固快速充电保护盖螺栓；关闭快速充电保护盖。

(28)将驱动电机高压线束固定到高压配电单元上。

(29)安装驱动电机控制器 PEB。将 PEB 固定在托架上，紧固螺栓，拧紧力矩为 20N·m。

(30)将 3 根驱动电机线束固定到 PEB 外壳上，并紧固螺栓。

(31)将 3 根驱动电机线束端子固定到 PEB 中，并紧固螺栓，拧紧力矩为 20N·m；将 PEB 线束的两个端子塞进 PEB 中，并紧固螺栓；将 PEB 线束的两个端子固定到 PEB 中，并紧固螺栓，拧紧力矩为 20N·m。

警告：

安装时，请注意线束及壳体上的标记。

(32)将PEB盖板固定到PEB上,并对角紧固螺栓,拧紧力矩为10N·m。

(33)将2根蓄电池接线固定到PEB上,并紧固螺栓,拧紧力矩为22N·m。

(34)安装保护壳;连接PEB低压连接器。

(35)安装前保险杠塑料盖板;安装开尾销固定前保险杠塑料盖板。

(36)安装PEB到电机之间的软管,并用卡箍固定;安装PEB到水泵之间的软管,并用卡箍固定。

(37)安装底部导流板。

(38)安装手动维修开关;锁止维修开关卡扣。

(39)安装杯托面板。

(40)紧固面板下的螺栓;安装控制面板。

(41)安装杯托底部螺钉;放入杯托底部减振垫。

(42)连接并紧固蓄电池负极电缆。

(43)拧开驱动电机膨胀水箱盖,加注冷却液至上限位置。

(44)安装驱动电机膨胀水箱盖。

注意:

①冷却系统-电机规格:浓度为50%;防冻液容量为1.275L。

②加注冷却系统,直到冷却液达到驱动电机膨胀水箱颈部并保持静止。

③连接诊断仪让水泵运转20~30min,直到膨胀水箱中没有气泡冒出,液面不再下降。

④关闭水泵,并断开诊断仪。

⑤如需要,将冷却液加至MAX和MIN之间,并拧紧驱动电机膨胀水箱盖。

⑥检查系统有无泄漏。

⑦装上底部导流板。

警告:

溢出的蒸气或冷却液会造成诸如烫伤之类的伤害,所以当冷却系统还热时,不要打开膨胀水箱盖。

2. 北汽EV160驱动电机总成拆装

1)驱动电机拆卸

(1)拆卸前,需断开电机控制器高压电源。

(2)拧松动力线缆固定螺钉并拔下线缆,拔下旋转变压器、温度连接插座。

(3)给电机壳体进行外部支撑后,松开并取出固定螺栓,将电机取下。

(4)因该电机转子含有磁体,需要专用工装才能拆机,否则会造成电机严重损坏而无法修复。无论是否在保修期内,电机如有问题,请联系供应商返回制造厂维修。

2)驱动电机安装

(1)进行机械安装,整个安装过程根据整车厂的装配工艺进行。

(2)电机壳体上的吊环用于对电机的吊装及搬运,安装完成后,可取下,并妥善保存,在维修、更换时继续使用。

(3)然后进行水路安装,将水管分别与电机进、出水口连接,水管采用金属卡箍束紧。完成后,检查冷却系统是否畅通无阻,连接是否可靠,通水时无滴漏现象。如存在问题,需查找原因并解决。

(4)最后依照系统连接图,接入动力线缆,接入旋转变压器及电机温度连接插座,完成电气的连接。

学习测试

1.填空题

(1)混合动力汽车和纯电动汽车的电机,作为________使用,也同时作为________使用。

(2)丰田普锐斯 THS Ⅱ混合动力变速驱动桥由发电机________、驱动电机________和________组成。

(3)与混合动力汽车相比,纯电动汽车对驱动电机在________和________上有更高的要求。

(4)北汽新能源的驱动电机使用两个主要传感器,分别是________和________。

(5)正常情况下,在钥匙开关关闭后,高压系统还存在高压电,这是因为电机控制器中________需要经过一段时间的等待,电能才能完全释放。

2.判断题

(1)汽车上的驱动电机都在有限的转矩输出下,设计成高速电机。　(　　)

(2)由于丰田普锐斯 THS 的驱动电机与发动机并列布置在车辆上,因此需要驱动电机小型化。　(　　)

(3)普锐斯 THS Ⅱ利用变速器冷却液实现绕组的冷却,将电机的热量传导到壳体上。　(　　)

(4)永磁同步电机(PMSM)有效率高、体积小、质量轻及可靠性高的优点。　(　　)

(5)电机温度保护方式是:当控制器监测到驱动电机温度传感器信号异常时立即停机。　(　　)

3.不定项选择题

(1)丰田普锐斯变速驱动桥内设计有(　　)电机。

A.1个　　B.2个　　C.3个　　D.没有

(2)下列关于丰田普锐斯驱动电机功能描述正确的是(　　)。

A.用于驱动车辆　　B.用于发电

C.用于起动发动机　　D.用于制动车辆

(3)纯电动汽车采用的驱动电机类型通常是(　　)。

A. 永磁同步电机　　　　B. 直流电机

C. 笼型电机　　　　D. 交流异步电机

(4)下列关于驱动电机的描述正确的是(　　)。

A. 通常采用水冷

B. 需要用油液进行润滑

C. 与车辆之间需要通过齿轮减速机构连接

D. 以上都不对

(5)下列关于驱动电机拆卸与安装注意事项描述正确的是(　　)。

A. 安装过程中应避免碰撞、跌落

B. 安装使用前必须进行绝缘检查

C. 安装使用前检查三相线束导电部分及电机强电接口应清洁无异物、油脂

D. 电机转子带强磁性,除高低压盖板外,其余零部件一般禁止拆装

任务3 驱动电机与控制器冷却系统检修

提出任务

纯电动汽车采用电机来驱动车辆,电机高速运转时一定会产生热量,需要进行冷却吗?作为新能源汽车的售后服务人员,你能否回答这些问题?如果电机的冷却系统出现故障,你能进行检修吗?

任务要求

知识要求

1. 能够描述驱动电机与控制器冷却系统的作用;
2. 能够描述驱动电机的散热类型;
3. 能够描述常见新能源车型驱动电机与控制器冷却系统的结构原理。

能力要求

能进行驱动电机与控制器冷却系统电动水泵的更换。

相关知识

1. 驱动电机与控制器冷却系统的作用

电机(也称电动机)作为电动汽车驱动可实现极低排放或零排放。电动汽车在驱动与回收能量的工作过程中,电机定子铁芯、定子绕组在运动过程中都会产生损耗,这些损耗以热量的形式向外发散,需要有效的冷却介质及冷却方式来带走热量,保证电机在一个稳定的冷热循环平衡的通风系统中安全可靠运行。电机冷却系统设计的好坏将直接影响电机的安全运行和使用寿命。图 3-3-1 所示是新能源汽车的驱动电机。

电动汽车驱动电机与控制器的冷却系统主要依靠冷却水泵带动冷却液在冷却管道中循环流动,通过在散热器的热交换等物理过程,冷却液带走电机与控制器产生的热量。为使散热器热量散发更充分,通常还在散热器后方设置风扇,如图 3-3-2、图 3-3-3 所示。

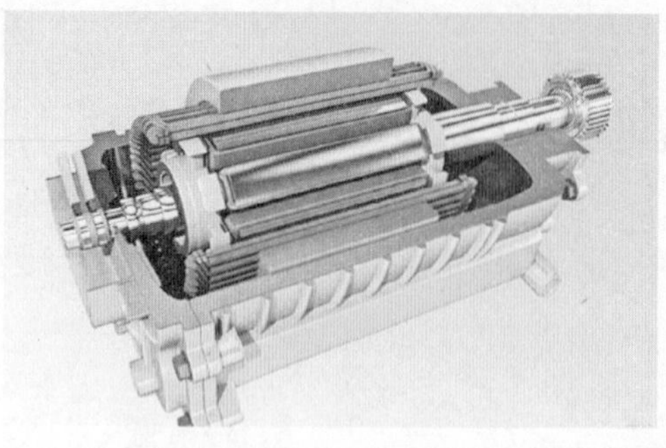

图 3-3-1　新能源汽车驱动电机

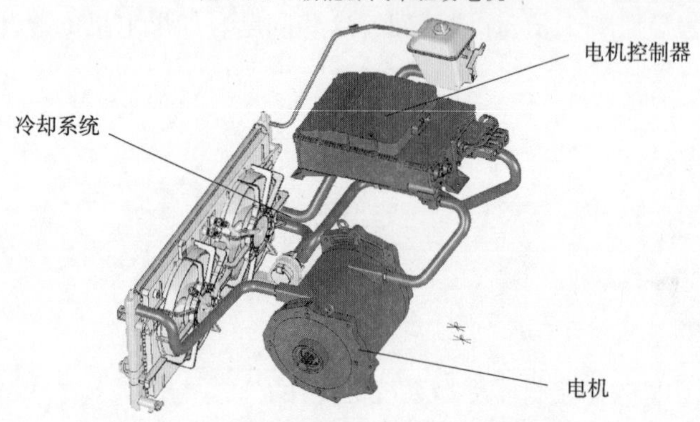

图 3-3-2　驱动电机与控制器冷却系统主要构成

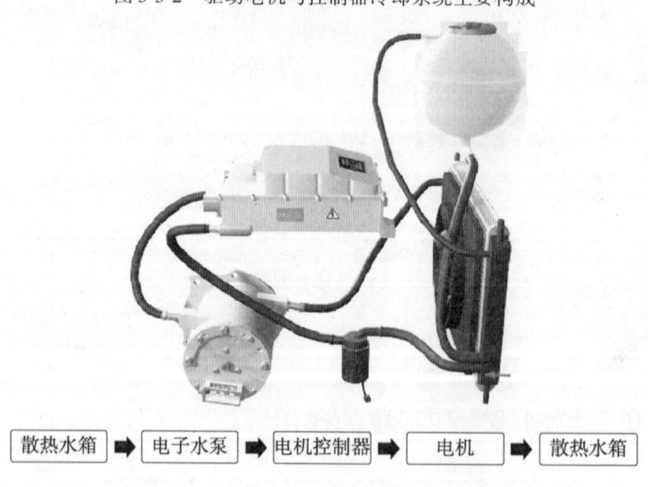

图 3-3-3　电机与控制器冷却系统主要构成

2. 驱动电机的散热类型

电机在进行能量转换时，总是有一小部分损耗转变成热量，它必须通过电机外壳和周围介质不断将热量散发出去，这个散发热量的过程，我们就称为冷却。电动机主要冷却方式有自然冷却、风冷和水冷，如图 3-3-4 所示。

1) 自然冷却

自然冷却依靠电机铁芯自身的热传递，散去电机产生的热量，热量通过封闭的机壳表面传递给周围介质，其散热面积为机壳的表面，为增加散热面积，机壳表面可加冷却筋（图 3-3-5）。

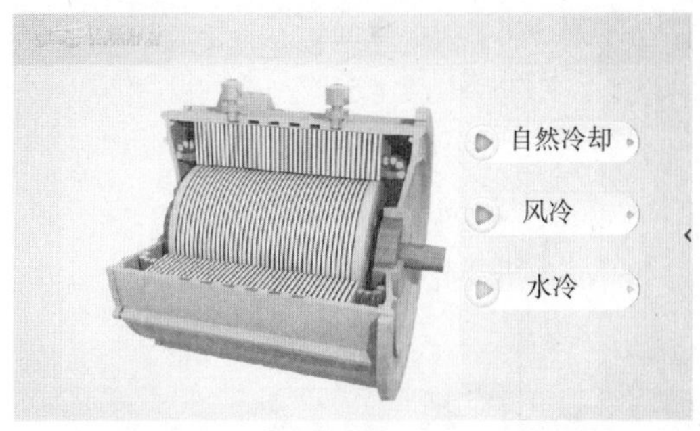

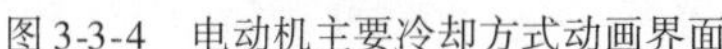
图 3-3-4　电动机主要冷却方式动画界面

图 3-3-5　自然冷却的电机机壳

自然冷却具有结构简单，不需要辅助设施就能实现，但自然冷却效率差，仅适用于转速低、负载转矩小、电机发热量较小的小型电动机。

2）风冷

风冷是电机自带同轴风扇来形成内风路循环或外风路循环，通过风扇产生足够的风量，带走电机所产生的热量。介质为电机周围的空气，空气直接送入电机内，吸收热量后向周围环境排出。

风冷具有冷却效果好；可使用风冷却器，采用循环空气冷却器避免腐蚀物和磨粒，有利于提高电动机的使用寿命；结构相对简单，电机冷却成本较低。但受环境因素的制约，在恶劣的工业环境中，例如高温、粉尘、污垢和恶劣的天气下无法使用风冷。风冷常用于一般清洁、无腐蚀、无爆炸环境下的电机。

3）水冷

水冷是将水通过管道和通路引入定子或转子空心导体内部，通过循环水不断的流动，带走电机转子和定子产生的热量，达到对电机的冷却功能。

水冷的冷却效果比风冷更显著，无热量散发到环境中。但是，需要良好的机械密封装置，水循环系统结构复杂，存在渗漏隐患，如果发生水渗漏，会造成电机绝缘破坏，可能烧毁电动机；水质需要处理，其电导率、硬度和 pH 值都有一定的要求。

水冷电机主要应用于大型机组和高温、粉尘、污垢等恶劣的无法使用自然冷却、风冷型电机的场合，如纺织、冶金、造纸等行业使用的电动机。

3. 常见新能源车型驱动电机与控制器冷却系统的结构原理

1）荣威 E50 驱动电机与控制器冷却系统

以下介绍荣威 E50 电源逆变器（PEB，或称电力电子箱）/驱动电机冷却系统。

（1）驱动电机与控制器冷却系统结构原理。

驱动电机与冷却系统组件如图 3-3-6 所示。

①冷却液泵。PEB/驱动电机冷却液泵通过安装支架，并由 2 个螺栓固定在前右纵梁上，经由其运转来循环传动系统。

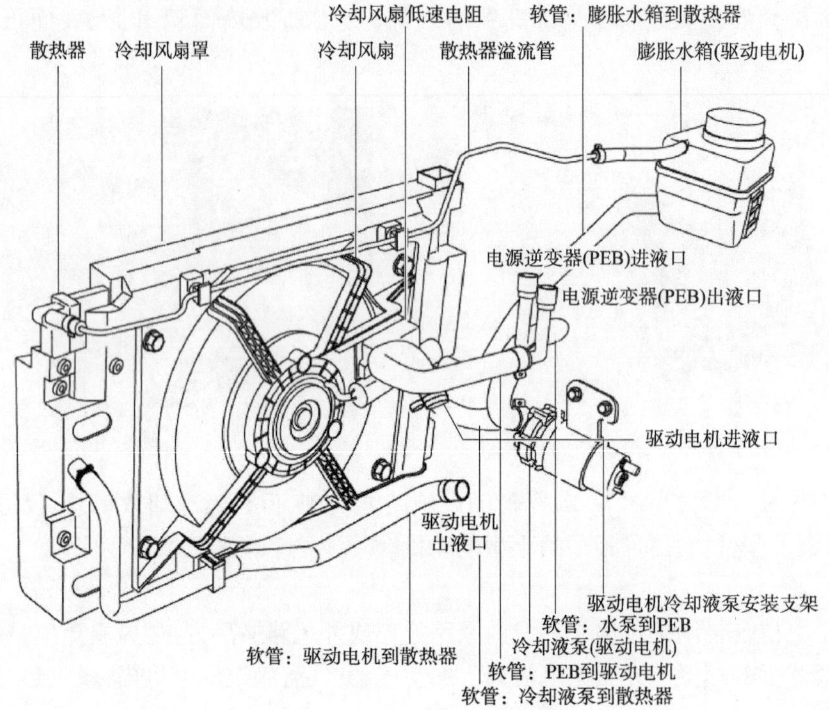

图 3-3-6　驱动电机与冷却系统组件

提示：

整个冷却系统 2 个电子冷却液泵，分别是 PEB/驱动电机冷却液泵和动力电池冷却液泵。

②冷却液软管。橡胶冷却液软管在各组件间传送冷却液，弹簧卡箍将软管固定到各组件上，“快速接头”将软管-PEB 到驱动电机和软管-水泵到 PEB 连接到 PEB 上。PEB/驱动电机冷却系统软管布置在前舱内。

③膨胀水箱。PEB/驱动电机冷却系统配有卸压阀的注塑冷却液膨胀水箱，PEB/驱动电机冷却系统膨胀水箱安装在右纵梁右悬架前部，溢流管连接到散热器左水室顶部，出液管连接到 PEB/驱动电机冷却液泵上。

④散热器和冷却风扇。散热器都是一个两端带有注塑水箱的铝制横流式散热器。散热器的下部位于紧固在前纵梁的支架所支承的橡胶衬套内。散热器的顶部位于水箱上横梁支架所支承的橡胶衬套内，支承了冷却风扇总成、空调(A/C)冷凝器。

空调(A/C)冷凝器安装在散热器后部，由 4 个螺栓固定至冷却风扇罩上。冷却风扇和驱动电机总成及风扇低速电阻安装在空调(A/C)冷凝器后部的风扇罩上。“吸入”式风扇抽取空气通过散热器。

⑤冷却液温度(ECT)传感器。ECT 传感器安装在散热器右侧前部，内含一个封装的负温度系数(NTC)热敏电阻，该电阻与 PEB/驱动电机冷却系统冷却液相接触，是分压器电路

的一部分。该电路由额定的5V电源、一个PEB控制模块内部电阻和一个温度相关的可变电阻(ECT传感器)组成。

(2)驱动电机与控制器冷却液循环路线。

荣威E50驱动电机与控制器冷却液流循环路线如图3-3-7所示。

冷却系统利用传导原理,将热量从PEB/驱动电机组件传递到冷却液中,再从PEB/驱动电机组件传递到散热器上,通过冷却风扇吹动气流,将热量传递到大气中。当系统处于较低温度时,冷却液泵不工作。当温度上升后,冷却液泵工作,冷却液经过软管流入散热器内,散热器将热量散发到空气中,使PEB/驱动电机组件保持在最佳的工作温度。

由热膨胀所产生的多余冷却液经过散热器顶部的溢流管返回到膨胀水箱中。膨胀水箱同时消除冷却液中的气体。膨胀水箱有个出液管连接到冷却液回路中,当循环冷却系统中冷却液冷却收缩或循环冷却系统中冷却液不足时,膨胀水箱中的冷却液会及时补充到循环系统中。

额定压力为140kPa的膨胀水箱盖将冷却系统与外界大气隔开,因而随着温度的升高冷却液膨胀,使冷却系统的压力随之升高。压力的升高增加了冷却液的沸点,可使PEB/驱动电机组件在更高、更有效的工作温度下运转,而没有冷却液沸腾的风险。冷却系统的增压有极限,因此膨胀水箱盖上安装了卸压阀。这样在达到最大工作压力时,可释放冷却系统中过度的压力。

冷却液从右侧上部水室到左侧底部水室流经散热器,由经过芯体的空气进行冷却。冷却系统的温度是由ECT传感器来测量的。该传感器向PEB发送信号,根据需要控制冷却风扇的操作。冷却液温度信号由PEB经过CAN总线到显示冷却液温度到组合仪表。该组合仪表上会实时显示冷却液的温度,如果冷却液温度变得过高,则组合仪表上的警示灯将提醒驾驶人。

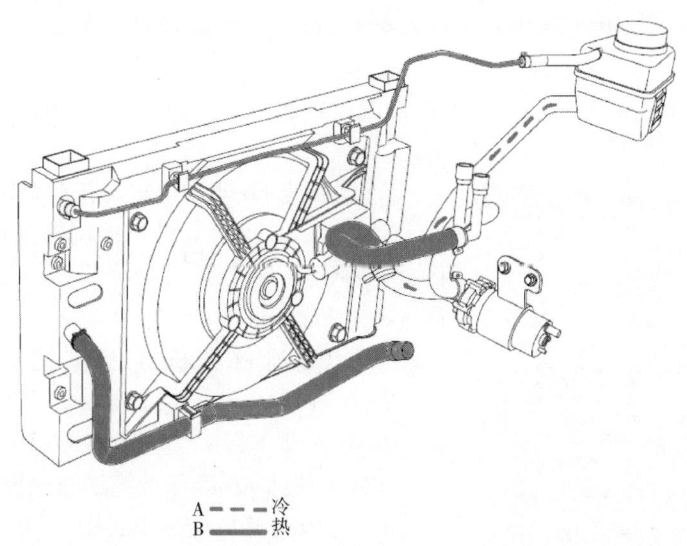

图3-3-7 荣威E50驱动电机与控制器冷却液流循环路线图

(3)驱动电机与控制器冷却风扇控制。

荣威E50驱动电机与控制器冷却风扇控制框图如图3-3-8所示,冷却风扇采用脉冲调制

(PWM,又称占空比控制)。

PWM 冷却风扇受 VCU 控制,冷却风扇工作时,VCU 通过 CAN 系统接收来自空调控制模块(ETCECU)的信号,控制 PWM 模块使冷却风扇在 20% ~90% 的占空比范围内的 8 个挡位的速度工作,以满足不同的冷却负荷要求。

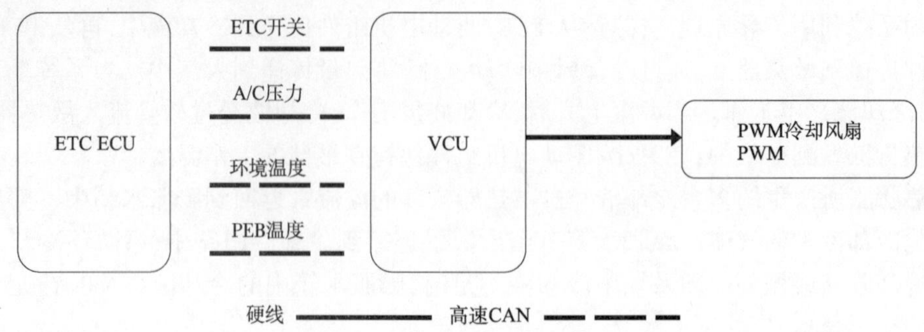

图 3-3-8　PWM 风扇控制框图

①冷却风扇开启条件。冷却风扇开启取决于空调 A/C 和电机逆变器 PEB 冷却液温度这两个重要因素。当 A/C 开启或 PEB 冷却液温度高于 52℃时,冷却液风扇开始工作。

②冷却风扇停止工作条件。如果 PEB 冷却液温度低于 65℃,并且空调 A/C 关闭,冷却风扇停止工作。

点火开关关闭,A/C 关闭,PEB 冷却液温度高于 65℃,冷却风扇继续工作,如果环境温度低于 10℃,冷却风扇会工作 30s,环境温度高于 10℃,冷却风扇会工作 60s。

(4)PEB/驱动电机冷却系统控制。

PEB 的工作温度不能超过 75℃,最合适的工作温度应该低于 65℃。将温度控制在 75℃以下可以更好地延长 PEB 和驱动电机的使用寿命。

PEB 开始工作时,电动冷却液泵会立即打开,冷却液温度传感器向空调控制模块 ETC 提供温度信号。

PEB 计算冷却液温度将它与 PEB 冷却温度传感器信号进行比较,从而判断是否需要使用 PEB 冷却液温度传感器。

2)比亚迪 E6 驱动电机与控制器冷却系统

比亚迪 E6 驱动电机与控制器采用的冷却系统是闭式水冷循环系统,冷却液介质为乙二醇型冷却液,如图 3-3-9 所示。

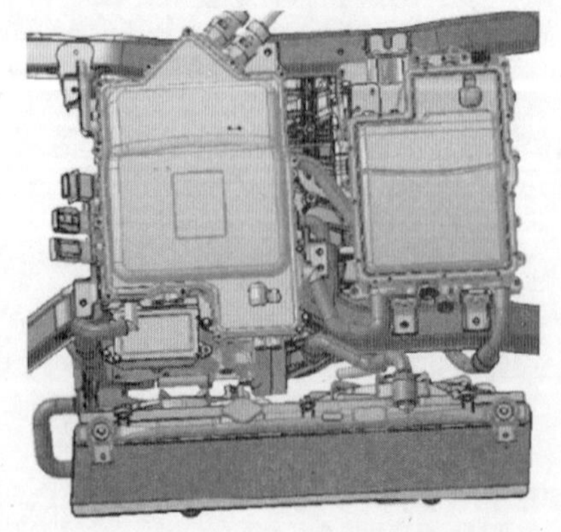

图 3-3-9　比亚迪 E6 驱动电机与控制器冷却系统

(1)比亚迪 E6 电机与控制器冷却系统组成部件。

比亚迪 E6 电机与控制器冷却系统由散热器总成、电子风扇总成、电动冷却液泵总成、冷却软件等组成。

(2)比亚迪 E6 冷却系统工作原理。

E6 车型电机与控制器冷却系统由电动冷却液泵提供动力,低温冷却液通过管路由散热器流向待散热元件(电机控制器、DC/DC、电机),冷却液在待散热元件处吸收热量后,再通过冷却管路流经散热器进行散热,之后进行下一个循环,如图 3-3-10

所示。

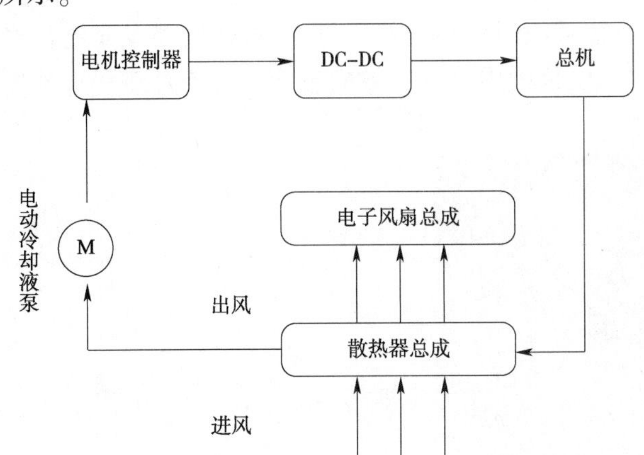

图 3-3-10　比亚迪 E6 电机与控制器冷却系统

电子风扇总成采用吸风式双风扇，通过串联调速电阻的方式来实现风扇的高低速挡分级，从而降低风扇噪声，提高整车的舒适性，如图 3-3-11 所示。

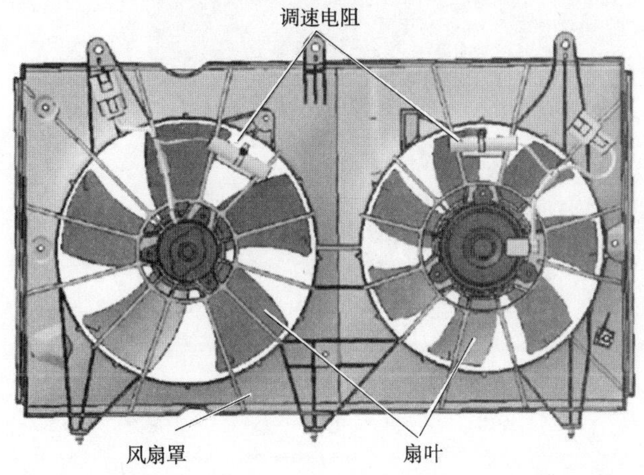

图 3-3-11　电子风扇总成

3）比亚迪秦驱动电机与控制器冷却系统

比亚迪秦混合动力汽车的冷却系统由发动机冷却系统和驱动电机冷却系统组成。

发动机冷却系统与传统涡轮增压车型冷却系统一样，冷却液温度为 90 ~ 100℃，允许最高温度 110℃。

驱动电机与控制器冷却系统采用独立的冷却系统，用于电机与控制器的冷却，是通过单独的电动冷却液泵驱动冷却液实现独立的循环系统。它由散热器、电子风扇、水管、水壶、电机水套、电机控制器、冷却液泵（安装在水箱立柱上的电动冷却液泵）组成，如图 3-3-12 所示。

图 3-3-12　比亚迪秦驱动电机与控制器冷却系统结构示意图

4)北汽新能源驱动电机与控制器冷却系统

北汽新能源纯电动汽车的 CC33DB 冷却系统的功用是将电机、电机控制器及充电机产生的热量及时散发出去,保证其在要求的温度范围内稳定高效的工作。主要发热元件如图 3-3-13 所示。

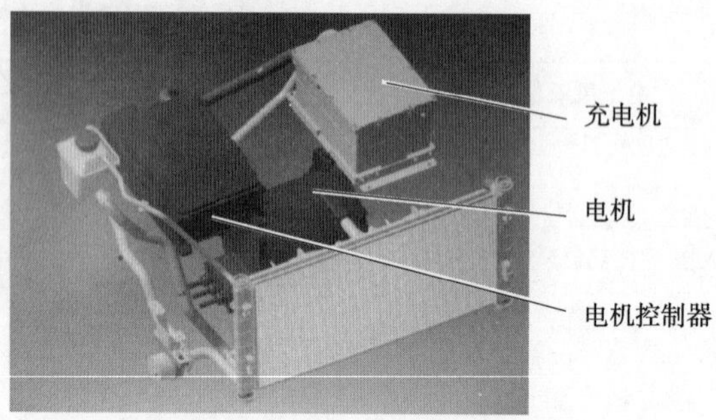

图 3-3-13　主要发热元件

(1)C33D 风冷充电机与水冷充电机冷却系统结构示意图如图 3-3-14 和图 3-3-15 所示。

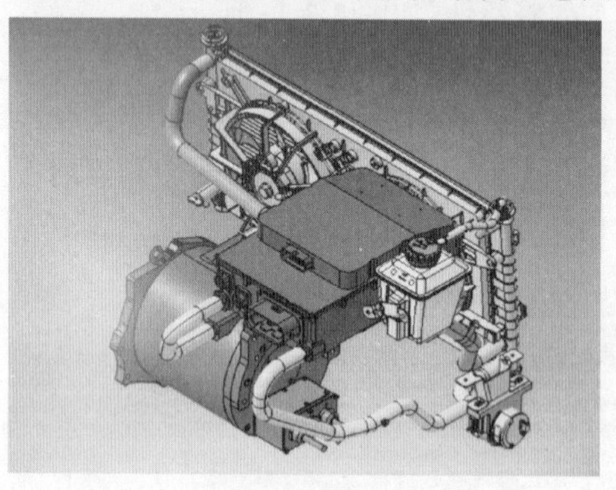

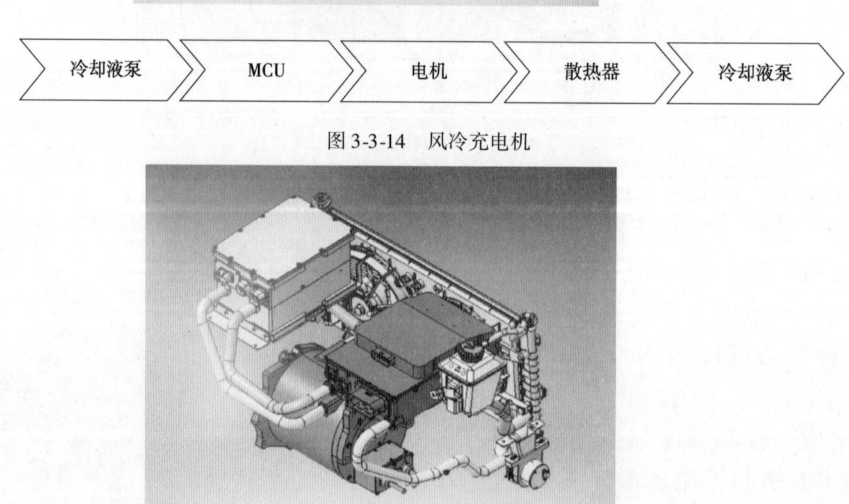

图 3-3-14　风冷充电机

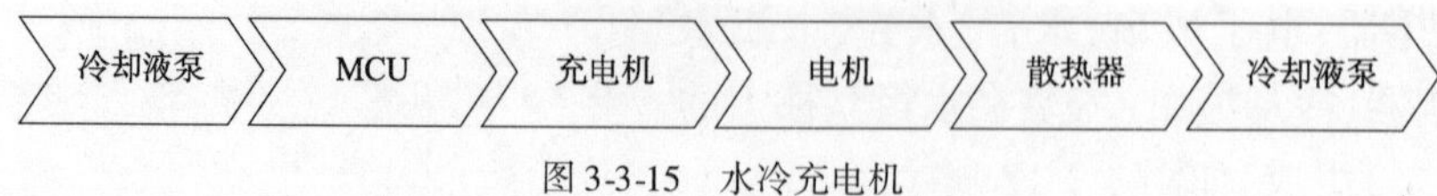

图 3-3-15　水冷充电机

(2)工作原理。冷却系统由两个体系构成:冷却液回路和冷却风流道。

冷却液在流经 MCU、充电机和电机等热源时,热源通过热传导将热量传递给冷却液,高温冷却液通过电动冷却液泵提供的动力流经散热器时将热量通过热传导传递给散热器芯体,冷却空气通过热对流将热量带走,完成换热过程,如图 3-3-16 所示。

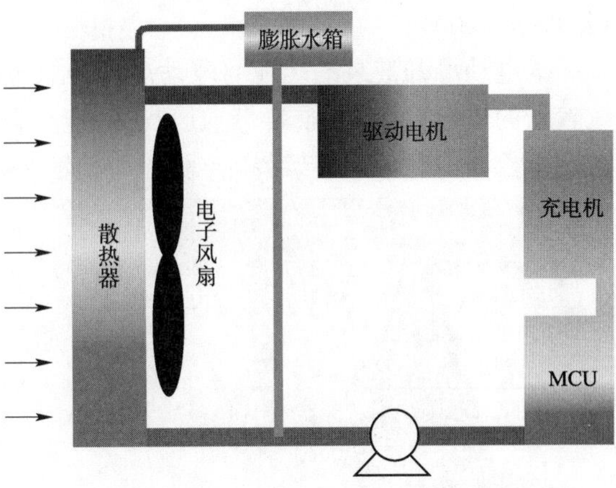

图 3-3-16　新能源汽车的冷却系统

膨胀水箱在冷却系统中起提高冷却液沸点和提供冷却液加注口两大作用。

(3)电动冷却液泵。电动冷却液泵是冷却液循环的动力元件,其作用是对冷却液加压,促使冷却液在冷却系统中循环,带走系统散发的热量。电动冷却液泵外形如图 3-3-17 所示。电动冷却液泵的作用如图 3-3-18 及动画所示。

图 3-3-17　电动冷却液泵

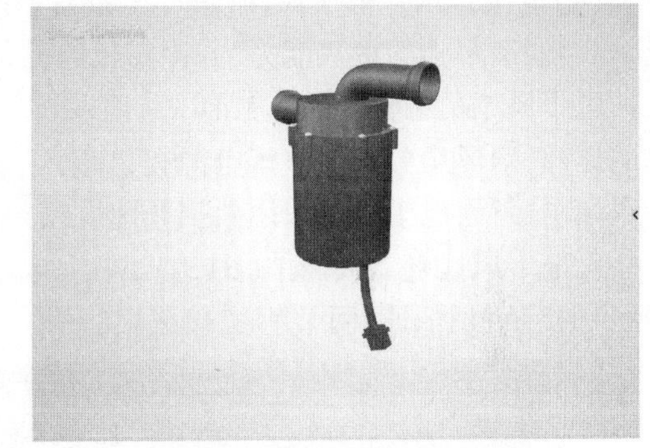

图 3-3-18　电动冷却液泵的作用

①电动冷却液泵的构成。电动冷却液泵采用的是永磁无刷直流冷却液泵,整个部件中没有动密封,浮动式转子与叶轮注塑成一体。严禁电动冷却液泵在没有冷却液的情况下空载运行,否则将导致转子、定子的磨损,将最终导致冷却液泵的损坏。电动冷却液泵剖面图与转子图如图 3-3-19 所示。

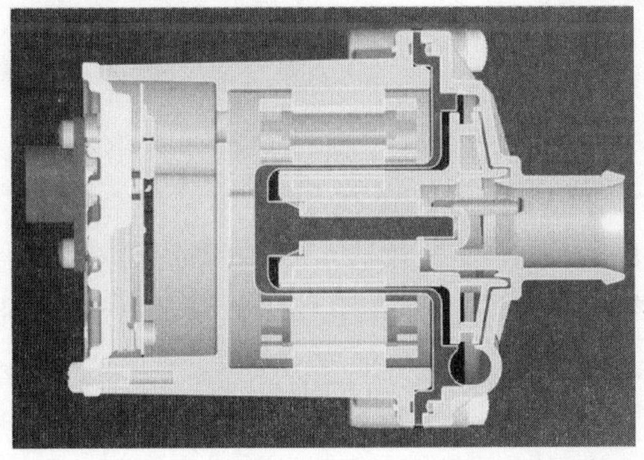

图 3-3-19　电动冷却液泵剖面图与转子图

②电器接插件。冷却液泵接插件位于冷却液泵后盖上，接插件为两线，分别为正极和负极（图 3-3-20）。

③电动冷却液泵的装配。电动冷却液泵安装在车身右纵梁前部下方，位于整个冷却系统较低的位置；冷却液泵自带橡胶支架，起到降低噪声的作用。通过 2 个 Q1860625 六角法兰面螺栓与冷却液泵支架装配，紧固力矩为 9 ~ 11N · m，如图 3-3-21 所示。

图 3-3-20　电动冷却液泵接插件

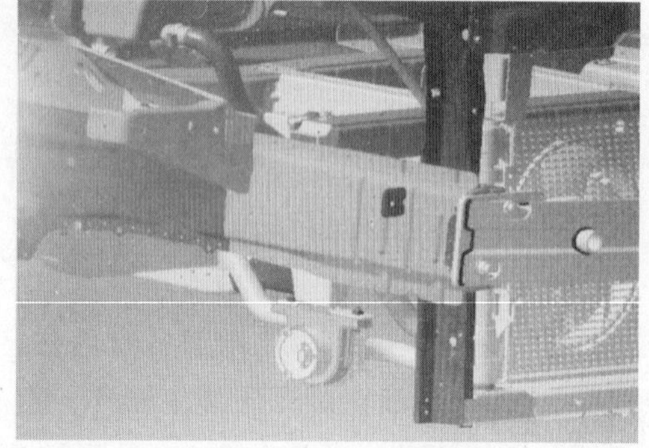

图 3-3-21　电动冷却液泵装配

（4）电子风扇。电子风扇（图 3-3-22）的作用是提高流经散热器、冷凝器的空气流速和流量，以增强散热器的散热能力，并冷却机舱其他附件。

电子风扇的结构特性：C33DB 采用左右双风扇构架，采用半径为 125mm、6 叶不对称结构的扇叶，双风扇分别由整车电源提供输入，根据电机、控制器、空调压力等参数由 VCU 控制双风扇运行，电子风扇采用两挡调速风扇。

①电子风扇电器接插件（图 3-3-23）。电子风扇接插件为四线，高速：两个" + "接正极，两" - "接负极；低速：两个" + "接正极，一个" - "接负极。

图 3-3-22　北汽新能源汽车电子风扇

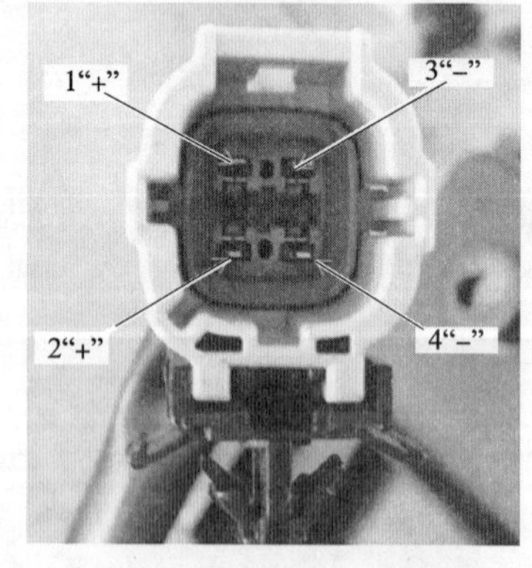

图 3-3-23　电动风扇接插件

②电子风扇装配（图 3-3-24）。电子风扇下部卡接在散热器水室上，上部通过 2 个 Q2736313A（十字槽大半圆头自攻螺钉-F 型）装配在散热器水室上，紧固力矩为 9 ~ 11N · m。

（5）膨胀水箱（图 3-3-25）。膨胀水箱的作用是为冷却系统冷却液的排气、膨胀和收缩提供受压容积，同时也作为冷却液加注口。

性能参数：C33DB 膨胀水箱盖开启压力为 29 ~ 35kPa。

结构特性：膨胀水箱采用 PP 材料，结构设计满足爆破压力不小于 200kPa。

接口尺寸：膨胀水箱补水端外径为20mm，溢气端外径为8mm，胶管安装时插接到底。

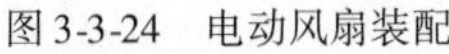

图3-3-24　电动风扇装配

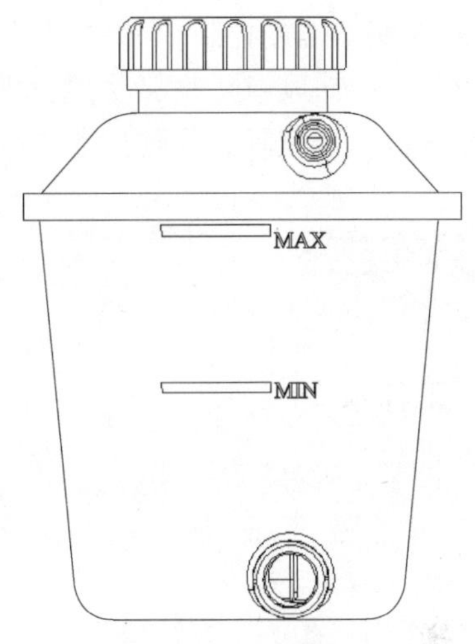

图3-3-25　膨胀水箱

(6)冷却管路总成。

材料：目前冷却管内外胶为三元乙丙橡胶(EPDM)，中间层由织物增强，耐温等级是Ⅰ级(125℃)，爆破压力达到1.3MPa。

装配：冷却水管壁厚4mm，端口有安装定位标识(图3-3-26)，装配时标识与散热器上的定位标识对齐。

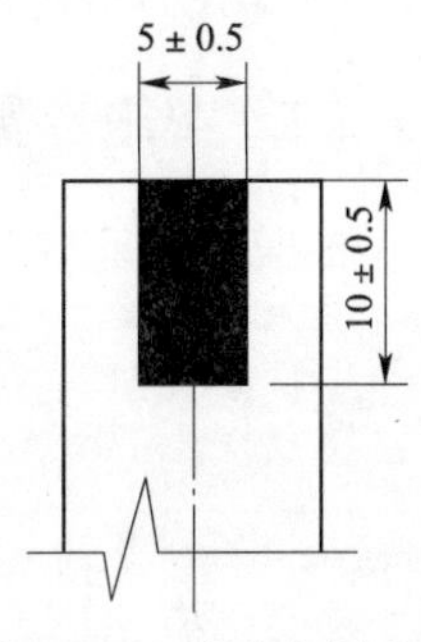

图3-3-26　管路定位标识

冷却系统电动冷却液泵与散热器风扇由整车VCU控制，根据整车热源(电机、电机控制器和充电器)温度进行控制。温度控制见表3-3-1。

温度控制　　表3-3-1

工作模式	控制单元	热源	风扇挡位	ON	OFF
充电模式	冷却液泵	充电器	—	55℃	45℃
	风扇	充电器	低速	65℃	60℃
			高速	75℃	70℃
工作模式	冷却液泵	电机控制器		30℃	35℃
		电机	—	30℃	35℃
	风扇	电机控制器	低速	45℃	43℃
			高速	50℃	48℃
		电机	低速	75℃	73℃
			高速	80℃	78℃

(7)电机冷却系统。

①冷却液泵控制：起动车辆时电动冷却液泵开始工作(即仪表显示READY)。

②电机温度控制：当控制器监测到驱动电机温度45℃≤温度<50℃时冷却风扇低速起动；温度≥50℃时，冷却风扇高速起动；温度降至40℃时冷却风扇停止工作。120℃≤温度<

140℃时,降功率运行;温度≥140℃时,降功率至0,即停机。

③电机控制器温度控制:当控制器监测到散热基板温度≥75℃时,冷却风扇低速起动。温度≥80℃时,冷却风扇高速起动;温度降至75℃时冷却风扇停止工作。温度≥85℃时,超温保护,即停机。当控制器监测到散热基板温度为75~85℃时,降功率运行。

任务实施

(一)工作准备

(1)防护装备:绝缘防护装备。
(2)车辆、台架、总成:荣威E50;比亚迪E6或同类纯电动汽车。
(3)专用工具、设备:无。
(4)手工工具:组合工具一套。
(5)辅助材料:干净抹布;专用的冷却液。

(二)实施步骤

根据实训室的车辆配置,对新能源汽车电机与控制器冷却系统的部件进行更换。掌握本次实训课所使用仪器及设备的使用方法,并强调实训中的安全注意事项。

荣威E50驱动电机与控制器冷却系统电动冷却液泵的更换步骤如下。

1. 拆卸

荣威E50驱动电机冷却液泵拆卸步骤界面如图3-3-27所示。

图3-3-27　荣威E50驱动电机冷却液泵拆卸步骤界面

警告:

在开始维修作业前,维修人员必须经过专业培训,并取得维修资格。

警告:

在开始维修作业前,维修人员必须穿戴好劳保用品:戴好绝缘手套,穿好高压绝缘鞋。在戴绝缘手套前,必须检查绝缘手套是否有破损的地方,确保手套无绝缘失效。

注意：

在安装或拆卸过程中，油液必须回收，不得随意遗弃，工作过程中应防止冷却液进入或飞溅到高压部件。

(1)断开蓄电池负极，将蓄电池负极用绝缘胶布包裹防止意外虚接。

(2)将驱动电机冷却液膨胀水箱盖打开。

(3)拆卸底部导流板。

(4)断开驱动电机冷却液泵的连接器，如图3-3-28所示。

(5)松开卡箍，从驱动电机冷却液泵上断开冷却液泵到电机控制器软管和散热器到冷却液泵的软管，如图3-3-29所示。

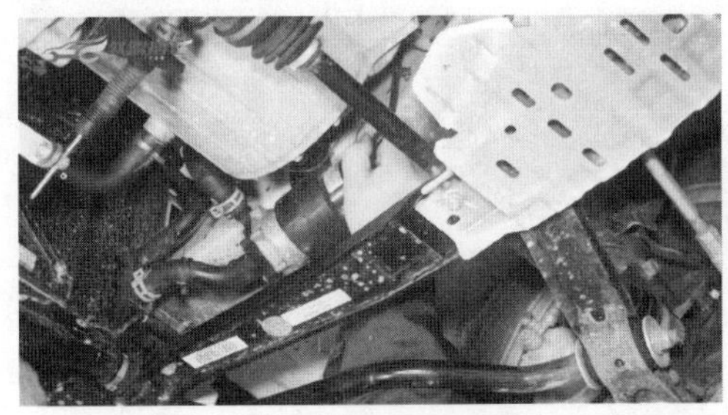

图3-3-28　断开驱动电机冷却液泵的连接器

图3-3-29　断开冷却液泵到电机控制器软管和散热器到冷却液泵的软管

(6)松开卡箍，从驱动电机冷却液泵上断开散热器到冷却液泵的软管。

(7)用10mm扳手拆下驱动电机冷却液泵支架上的螺栓。

(8)取下驱动电机冷却液泵，如图3-3-30所示。

2. 安装

荣威E50驱动电机冷却液泵安装步骤界面如图3-3-31所示。

图3-3-30　取下驱动电机冷却液泵

图3-3-31　荣威E50驱动电机冷却液泵安装步骤界面

(1)将驱动电机冷却液泵支架固定到车身上，固定2个螺栓拧紧到7～10N·m，如图3-3-32所示。

(2)将散热器到冷却液泵之间软管和冷却液泵到PEB的软管连接到驱动电机冷却液泵上，并用卡箍固定，如图3-3-33所示。

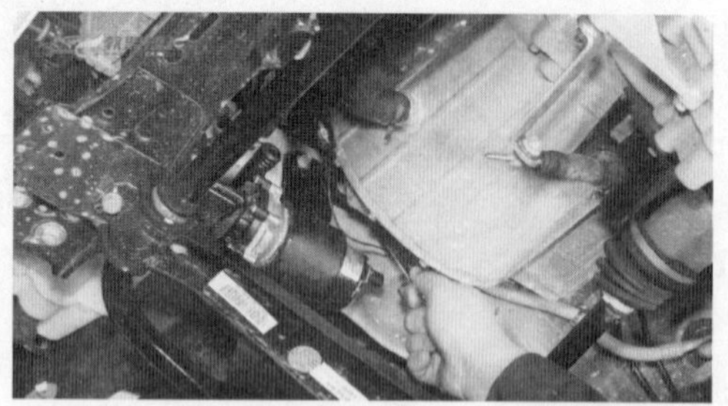
图 3-3-32　将驱动电机冷却液泵支架固定到车身上

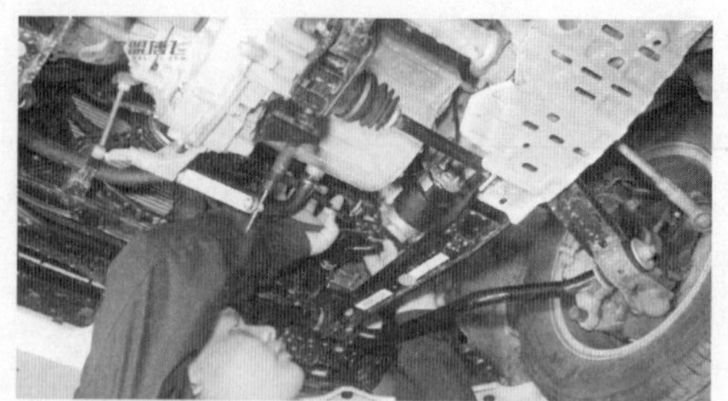
图 3-3-33　将散热器到冷却液泵之间软管和冷却液泵到 PEB 的软管连接到驱动电机冷却液泵上

(3)安装驱动电机冷却液泵的连接器,如图 3-3-34 所示。

(4)加注驱动电机冷却液至上限。

(5)连接蓄电池负极,并固定螺栓,如图 3-3-35 所示。

图 3-3-34　安装驱动电机冷却液泵的连接器

图 3-3-35　连接蓄电池负极

(6)起动车辆,运转冷却液泵,如图 3-3-36 所示。

(7)关闭点火开关,检查冷却液泵软管附近有无泄漏,如图 3-3-37 所示。

图 3-3-36　起动车辆

图 3-3-37　检查冷却液泵软管附近有无泄漏

(8)安装底部导流板。

(9)降下车辆。

学习拓展

以下介绍散热器在电动汽车上的设计及改进。

1. 逆变器模块

电动汽车用逆变器如图 3-3-38 所示。一共用了 4 个 IGBT,其中 3 个型号为 FF1200R17KE3-

B2 的 IGBT,主要功能是逆变(该模块以下简称逆变模块);另 1 个型号为 FF300R17KE3 的 IGBT,主要功能是斩波或制动(该模块以下简称斩波模块)。该逆变器的散热方式为强迫风冷,风机安装在散热器的底部,进风方式为抽风。3 个逆变模块为主要工作模块。

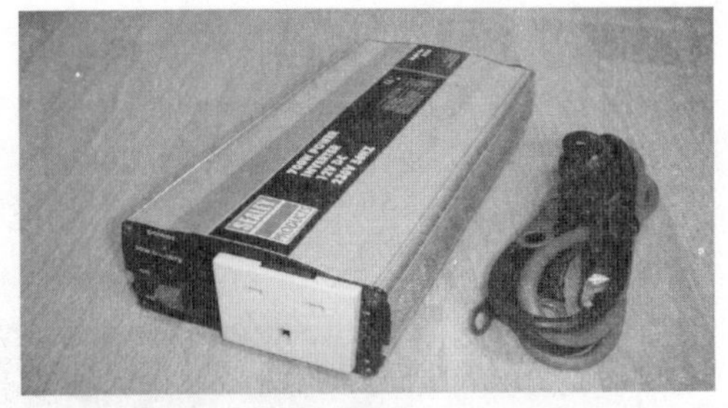

图 3-3-38 新能源汽车逆变器

通过查找 IGBT 的参数,并经过计算得出:在峰值功率下各逆变模块的发热量为 1016W,由于斩波模块的工况比较复杂,估算其发热量为 200W,则总功耗为 3248W;在额定功率下各逆变模块的发热量为 574W,斩波模块的发热量为 100W,则总功耗为 1822W。

2. 散热器热传递的分析

IGBT 产生的热量通过热传导的方式由管壳传到散热器,然后通过强迫风冷的方式传到外界环境中去(散热器安装在逆变器的外部)。为减少管壳与散热器之间的热阻,首先要求散热器安装表面的表面粗糙度达 1.6μm 以下,其次在管壳的底部均匀涂满导热硅胶或者加垫一层导热系数大而硬度低的纯铜箔或银箔,并用一定的预紧力压紧。

3. 散热器的仿真分析

计算流体动力学(Computational Fluid Dynamics,CFD)是通过计算机数值计算和图像显示,对含有流体流动和传热等相关物理现象进行的系统分析。CFD 的基本思想是把原来在时间域和空间域上连续的物理量的场,如速度场、温度场、压力场等,用有限个离散点上的一系列变量值的集合来代替按照一定的原则和方式建立起关于这些离散点上场变量之间关系的代数方程组,然后求解代数方程组获得场变量的近似值。暖风空调 CFD 图像分析如图 3-3-39 所示。

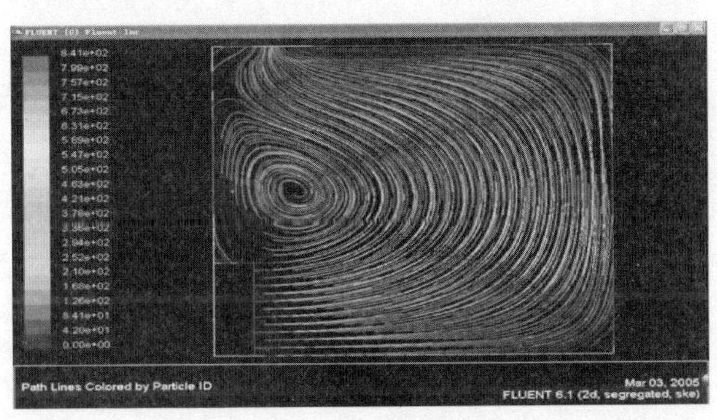

图 3-3-39 暖风空调 CFD 图像分析

近年来,随着计算机技术的发展,科研开发周期的缩短,人们广泛应用 CFD 技术建立各种工业环境流体力学的模型和仿真环境,得出结论,并在原来的基础上进行优化运算,以得出满足要求的最佳方案。ICEPAK 软件是专业的电子热分析软件(图 3-3-40)。借助 ICEPAK 软件的分析和优化结果,用户可以降低设计成本,提高产品的一次成功率,改善电子产品的性能,提高产品可靠性,缩短产品的上市时间。以下均是用 ICEPAK 软件进行仿真分析的结果。

散热器基板的尺寸为680mm×430mm×20mm，翅片的尺寸为390mm×80mm×2mm，翅片的截面为长方形，翅片间距为4mm，逆变模块间的间距为30mm，逆变模块与斩波模块间的间距为20mm，环境温度为20℃，未加说明的冷却风机均采用鼓风方式。以以上散热器的尺寸为原形，在额定工况下(除特别说明外)，选择不同的参数对其进行了仿真分析。

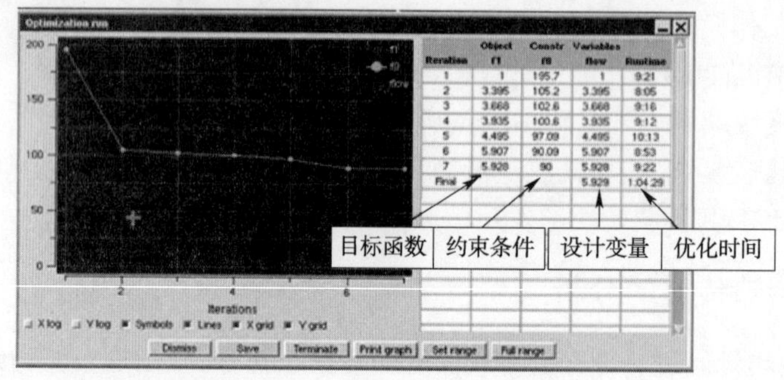

图3-3-40　专业热力分析软件ICEPAK

(1)翅片厚度的选择选择。翅片间距为4mm，翅片高度为80mm，翅片厚度为1mm、1.5mm、2mm、2.5mm或3mm(超过3mm风阻太大)，可知，随着散热器翅片厚度的增加，散热能力增强。但是翅片厚度超过2mm后，散热的增幅明显变小，所以选用2mm厚的翅片比较合适。

(2)翅片间距的选择。选择翅片高度为80mm，翅片厚度为2mm，翅片间距为3mm、4mm、5mm、6mm或7mm，说明翅片间距越小，散热能力越强。由于受工艺条件的限制，目前翅片能加工到的最小间距为4mm，所以选用4mm的翅片间距是合理的。

(3)翅片高度的选择。选择翅片厚度为2mm，翅片间距为4mm，改变翅片高度，分别为90mm、80mm、70mm、60mm或50mm，当翅片高度达到80mm后，温升的幅度很小，再增加高度几乎是无用的，所以翅片高度达80mm为极限高度。此逆变器选择翅片的高度为80mm。

(4)基板厚度的选择。基板在14~22mm，随着基板厚度的增加，垂直于基板方向的热扩散能力增强，使温升逐渐减小，但不同基板厚度之间的温升幅度变化较小，因此选择基板的厚度时，主要是考虑基板的强度。

(5)模块间间距的选择。4个模块间的间距分别选择为：30mm、40mm、40mm；20mm、30mm、30mm；10mm、20mm、20mm；5mm、10mm、10mm。对它们进行分析，其前后两者之间的最高温差分别为1.43K、1.45K、2.1K，由此可见，选用间距太宽，对模块的散热没有多少作用，因此选用间距为10mm、20mm、20mm比较合理，考虑到该逆变器结构布置，选用模块间的间距为20mm、30mm、30mm比较合适。

(6)对抽风与鼓风的情况进行比较。选择翅片间距为4mm，翅片高度为80mm，翅片厚度分别为1mm、2mm或3mm，将鼓风方式改变为抽风方式。可知，风机鼓风时，翅片越厚，散热效果越好，但为抽风时，翅片达3mm时，风阻明显增大，导致温升比翅片厚度为2mm时要差，因此抽风效果劣于鼓风方式。但由于车上受空间限制，该逆变器采用的是抽风方式。

(7)风机的选择。仿真分析的结果与风机的选型有关。选择风机时，需要考虑的因素很多，诸如空气的流量、风压、风机的效率、空气流动速度、通风系统的阻力特征、环境条件、噪声、体积和质量等,其中主要参数为风量和风压,经计算该逆变器的总风量要求为2040m³/h(1200CFM),风压为201Pa.我们选型的风机(P22072HBL)的实际工作点的风压能满足要求,风量是通过并联的3台风机来满足要求的。由于翅片间的间距为4mm,翅片高度达80mm,所以要求的风压很高,由于选型风机的风压与风量都留有裕量,故都能满足翅片间距为3mm与翅片高度为90mm的要求。

学习测试

1. 填空题

(1)电动汽车电机与控制器的冷却系统主要依靠________带动冷却液在冷却管道中循环流动,通过在________的热交换等物理过程,冷却液带走电机与控制器产生的热量。

(2)驱动电机主要冷却方式有________、________和________。

(3)冷却系统将热量从PEB/驱动电机组件传递到________中,再从PEB/驱动电机组件传递到________上,通过________吹动气流,将热量传递到大气中。

(4)冷却风扇开启取决于________和________冷却液温度这两个重要因素。

(5)PEB开始工作时,________会立即打开,冷却液温度传感器向________提供温度信号。

2. 判断题

(1)自然冷却具有结构简单,不需要辅助设施就能实现,但自然冷却效率差。 ( )

(2)ECT传感器安装在散热器右侧前部,内含一个封装的正温度系数的热敏电阻。 ( )

(3)荣威E50驱动电机与控制器冷却风扇采用脉冲调制控制。 ( )

(4)如果PEB冷却液温度低于65℃,冷却风扇停止工作。 ( )

(5)混合动力汽车的发动机冷却系统同时提供驱动电机冷却。 ( )

3. 不定项选择题

(1)驱动电机冷却方式冷却效果最好的是( )。

A. 自然冷却　　B. 风冷　　C. 水冷　　D. 直接风扇冷却

(2)荣威E50的PEB/驱动电机冷却液泵安装在( )。

A. 在前右纵梁上　　B. 在前左纵梁上

C. 驱动电机上　　D. 动力蓄电池上

(3)荣威E50的冷却风扇受( )控制。

A. BMS　　B. ETC　　C. FEB　　D. VCU

(4)荣威E50PEB最合适的工作温度应该是( )。

A. 低于65℃　　B. 高于65℃　　C. 低于75℃　　D. 高于65℃

(5)驱动电机过热,造成故障的原因不可能是( )。

A. 冷却液缺少　　B. 电动冷却液泵损坏

C. 电动冷却液泵不工作　　D. 电子风扇常转

任务4 驱动电机性能检测

提出任务

驱动电机作为纯电动汽车或混合动力汽车主要的部件,你能使用现有的专业工具正确检测驱动电机性能参数吗?

任务要求

知识要求

1. 能够描述驱动电机的性能评价参数与测量方法;
2. 能够描述驱动电机性能检测方法。

能力要求

1. 能够正确对电机定子进行检测和性能判定;
2. 能够描述驱动电机性能参数检测方法。

相关知识

1. 驱动电机的性能评价参数与测量方法

驱动电机通常都有以下定量参数:

(1)电量参数:电压、电流、功率、频率、相位、阻抗、介电强度、谐波。

(2)非电量参数:转速、转矩、温度、噪声、振动。

通过这些参数,我们了解到电机运行时的工作特性,对被测电机进行性能评价。打个比方:假设我是一个电风扇的生产厂家,现在手上有两个电机,一个是直流电机A,另一个是交流电机B,我想挑效率更高的那一款电机作为电风扇产品的内部部件,那么我会选择测试一下这两个风扇电机的效率大小并进行比对,于是就有了图3-4-1所示的步骤。

经过以上步骤,我们可以轻松获取到A、B两个电机各自的转换效率,从而选择更高效率的电机。

1)电机基本电量参数的测量

要测量电机的电量参数,就要关注最基本的电量参数:电压、电流、功率、频率、相位。这

些参数是通过电子测量仪器进行测量的,根据测量项目的不同,一般会用到电压表、电流表、功率表、频率表等各种仪表。实际上,当前的电流参数测量技术非常成熟,通常使用功率分析仪(或功率计)即可满足电机所有基本电量参数的测量需求。

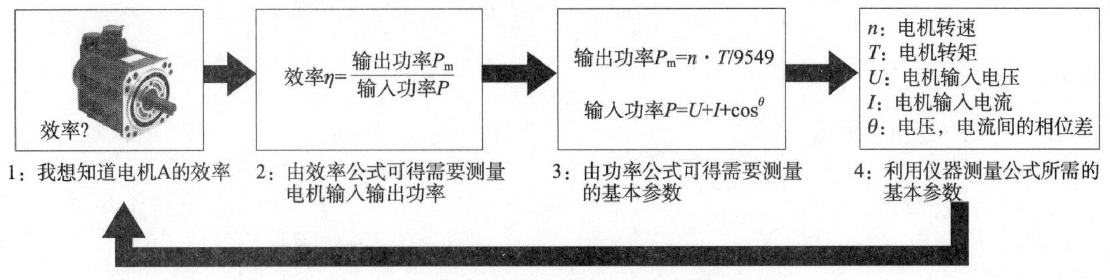

图 3-4-1　电机效率比较步骤

功率分析仪实际上是电压表、电流表、功率表和频率表的有机融合,它实现了高精度的电压、电流、频率、相位实时采集,并实时运算出功率结果,可以为使用者提供精准的电机电量参数测试结果,且不同参数之间的采集在时基上是同步的,保证了数据的有效性,图 3-4-2。

针对这些电量参数的测试,测试仪器有对应的测试指标,如精度、带宽、采样率等,测试人员在选择测试仪器时要注意仪器的指标是否满足自身需要与相关测试标准要求。

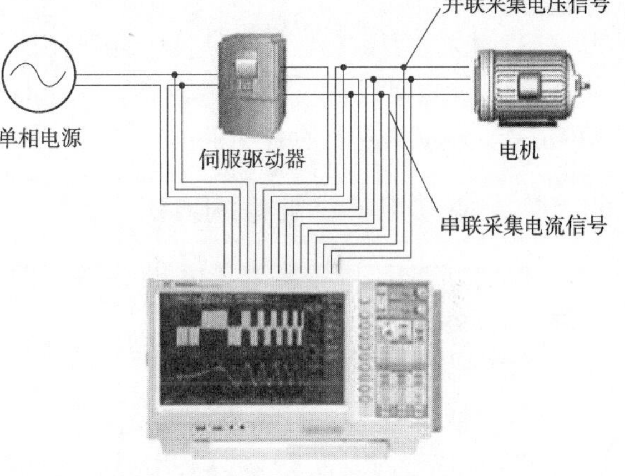

图 3-4-2　功率分析仪的基本测量原理

2)电机性能参数的测量

电机性能的测量参数有负载特性测试、T-N 曲线、耐久测试、空载测试、堵转测试、起动电流。

(1)负载特性测试。

①测试目的:负载试验的目的是确定电机的效率、功率因数、转速、定子电流等。

②测试方法:用伺服电机给被测电机加载,从 150% 额定负载逐步降低到 25% 额定负载,在此间至少选取 6 个测试点(必包含 100% 额定负载点),测取其电压、电流、功率、转矩、转速等参数并进行计算。

③测试依据标准:《三相永磁同步电动机试验方法》(GBT 22669—2008))第 8 章　负载实验;《三相异步电动机试验方法》(GB/T 1032—2012)第 7 章　负载特性实验。

从负载特性作用上看,主要是针对不同负载情况下电机特性的测试,保证电机在不同适用场合下仍能保持良好地运行,保证电机质量提高生产生活效率。

(2)T-N 曲线的测试。

①测试目的:描绘出电机的转速、转矩关系特性曲线。

②测试方法:通过控制被测电机的转速,测量从 0 转速到最高转速下,在不同转速点能输出的最大转矩,绘制出其关系曲线(图 3-4-3)。

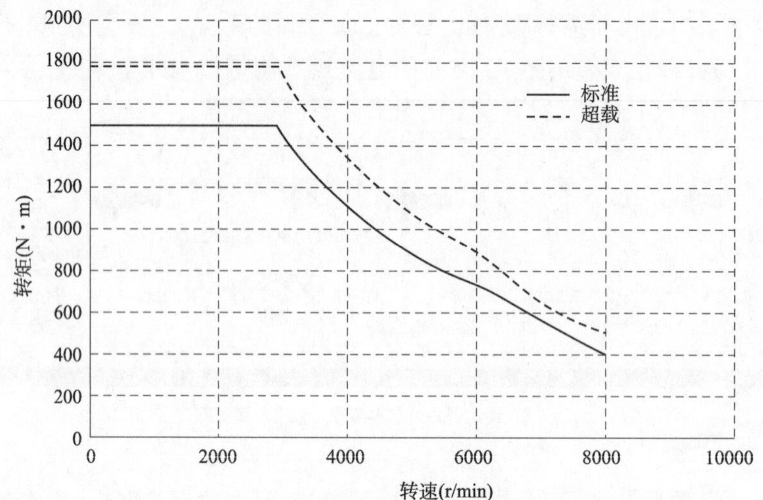

图 3-4-3　永磁同步电机转速与转矩关系图

根据不同转速对应下的转矩来判断电机基本特性,直观地表现电机运行性能,更好地评估电机的运行状态。

(3)耐久性测试。在测试软件中,可由用户设定电机按某个测试方案来进行耐久测试,如:设定被测电机以 80% 的额定转速运行 10min,之后暂停 5min,再以 120% 的额定转速运行 10min 等。测试该运行过程中的电压、电流、效率、转矩、转速等关键信息。

2. 驱动电机性能检测方法

试验检测方法可参考《电动汽车用电机及其控制器 第二部分:检验方法》(GB/T 18488.2—2006)执行。

日常维修检测可按以下方法执行。

1)测量定子绕组的冷态直流电阻

将电机在室内放置一段时间,用温度计测量电机绕组端部或铁芯的温度。当所测温度与冷却介质温度之差不超过 2K 时,即为实际冷态。记录此时的温度和测量定子绕组的直流电阻,此阻值即为冷态直流电阻。

具体实现方法有:伏安法、电桥法等。在实际应用场合,可以使用万用表来进行伏安法的测试。

2)空载实验

《电机学实验指导书》上讲述的是△接法的测量方法。原理分析如下:采用△接法的测量方法时,只需一相绕组短接,测量一相得到的数据是线电压跟线电流,可以得出空载实验的空载阻抗。△接法电机等效电路如图 3-4-4 所示。

在小功率的应用场合(比如:家电等消费产品场合),三相异步电动机亦有好多采用 Y 接法。此时电机测量如果可以检测相电压或者线电压均可,下面将逐一分析。

Y 接法电机等效图如图 3-4-5 所示。

按照图 3-4-5 的等效图,若检测一相得到相电压、线电流,则可直接计算得出短路阻抗。若检测一相得到线电压、线电流,计算便可得到 2 倍的短路阻抗。

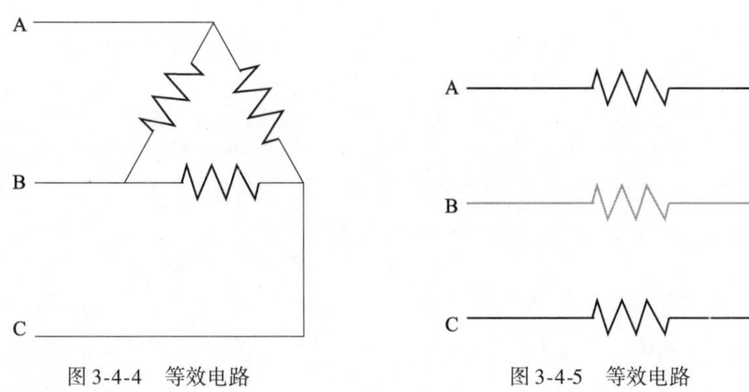

图 3-4-4　等效电路　　　　图 3-4-5　等效电路

任务实施

(一)工作准备

(1)防护装备:绝缘防护装备。

(2)车辆、台架、总成:荣威 E50\北汽 EV\比亚迪 E6 或其他纯电动汽车。

(3)专用工具、设备:万用表;绝缘电阻表;MPT 电机测试仪(根据实训室配置)。

(4)手工工具:绝缘拆装组合工具。

(5)辅助材料:警示标示和设备。

(二)实施步骤

本操作任务主要完成对电机各部件(定子)进行检测和性能判定,以及了解驱动电机的性能检测设备和方法。

警告:

不要试图分解电机总成,避免造成人身伤害及损坏电机。

警告:

禁止未参加该车型高压系统知识培训的维修人员拆解高压系统(包括手动维修开关、高压动力电池、驱动电机、电力电子箱、高压配电单元、高压线束、电空调压缩机、交流充电口和交流充电线、快速充电口、电加热器、慢速充电器)。

警告:

当拆解或装配高压配件时,必须断开 12V 电源和高压动力电池上的手动维修开关。

警告:

在开始维修作业前,维修人员必须穿戴好劳保用品:戴好绝缘手套,穿好高压绝缘鞋。在戴绝缘手套前,必须要检查绝缘手套是否有破损的地方,要确保手套无绝缘失效。

注意:

在安装和拆卸的过程中,应防止制动液、洗涤液、冷却液等液体进入或飞溅到高压部件上。

注意:

正常情况下,在钥匙开关关闭后,高压系统还存在高压电,这是因为电机控制器中高压电容的存在造成的。需要经过一段时间的等待,高压电容中的电能才能完全释放。

1. 电机定子绕组检测

以下以荣威 E50 为例介绍驱动电机定子绕组的测量方法,其他车型可参考。荣威 E50 驱动电机定子绕组的测量步骤界面如图 3-4-6 所示。

(1)拆下手动维修开关,等待 5min。

(2)用 T30 套筒对角拆下 PEB 上的 7 个螺栓,如图 3-4-7 所示。

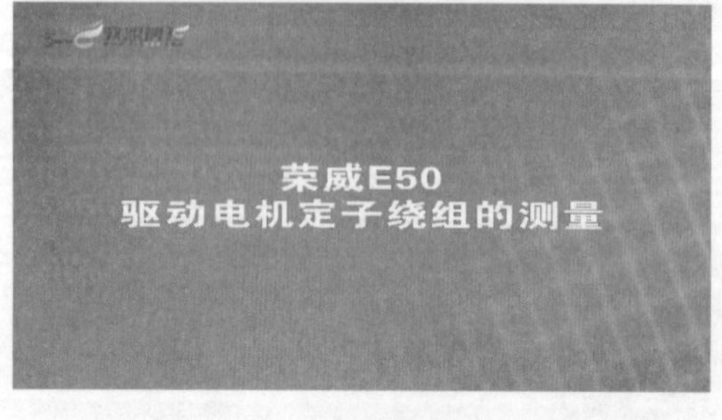

图 3-4-6 荣威 E50 驱动电机定子绕组的测量步骤界面

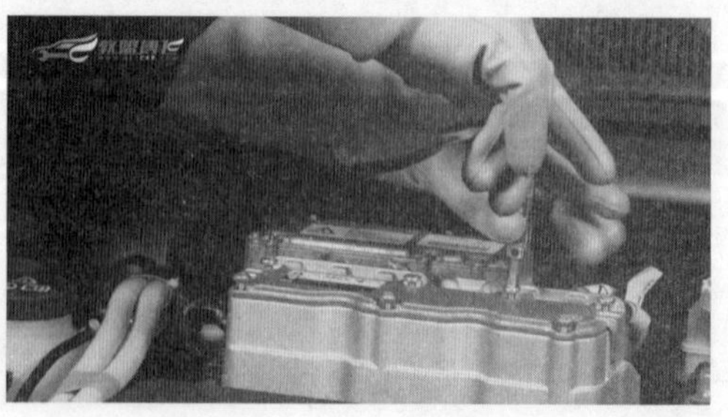

图 3-4-7 拆下 PEB 上的 7 个螺栓

(3)轻轻取出 PEB 盖板,如图 3-4-8 所示。

(4)将万用表旋至电阻挡,校正万用表,如图 3-4-9 所示。

(5)将万用表挡位旋至交流电压挡,测量 U、V、W 三相线束端子间电压,如图 3-4-10 所示。

图 3-4-8　取出 PEB 盖板

图 3-4-9　校正万用表

警告：

在进行电压测量时必须佩戴绝缘手套，并且一定要确保测量每个端子间的电压，确保每组电压值为 0V 或者 3V 以下才可以继续拆卸。

(6)测量 U、V、W 三相线束端子与搭铁之间的电压，如图 3-4-11 所示。

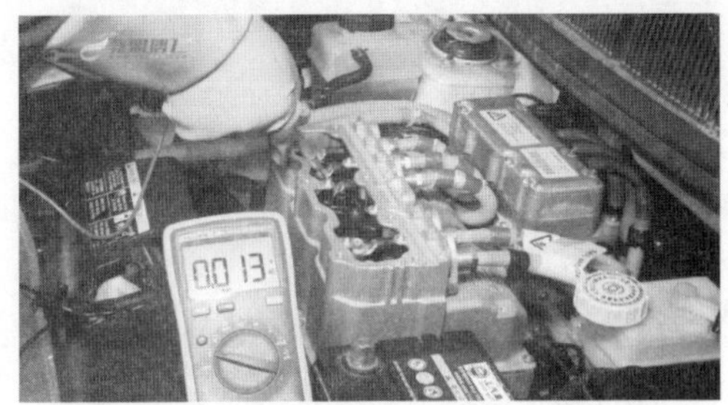

图 3-4-10　测量 U、V、W 三相线束端子之间的电压

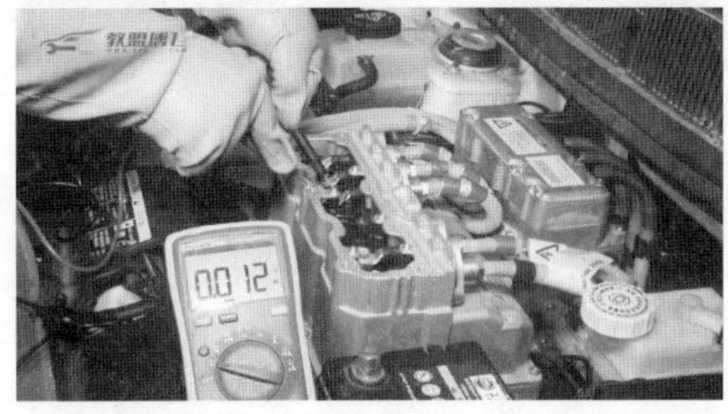

图 3-4-11　测量 U、V、W 三相线束端子与搭铁之间的电压

(7)将万用表旋至直流电压挡，测量高压线束端子之间的电压，如图 3-4-12 所示。

(8)测量高压线束端子与搭铁之间的电压，如图 3-4-13 所示。

图 3-4-12　测量高压线束端子之间的电压

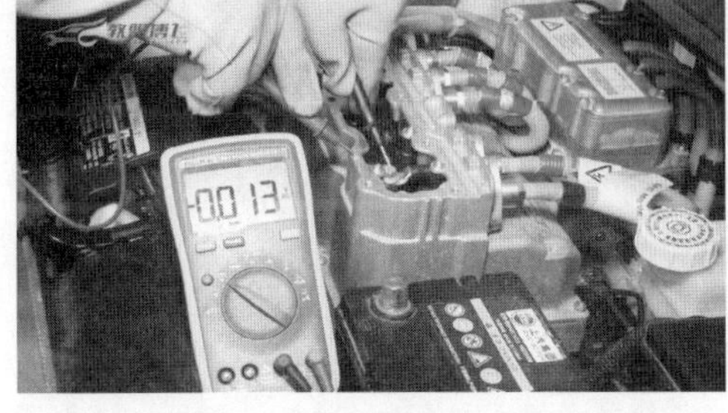

图 3-4-13　测量高压线束端子与搭铁之间的电压

(9)用 10mm 长套筒拆下驱动电机线束固定螺栓，如图 3-4-14 所示。

(10)拆下电机线固定在 PEB 外壳上的 6 个螺栓，并抽出 3 根电机线束，如图 3-4-15 所示。

(11)使用万用表电阻挡，测量 U、V、W 三相线束端子间的电阻，如图 3-4-16 所示。

测出的电阻值应相等或稍有偏差，若三相电阻差别较大则说明电机可能有匝间短路。

(12)校正万用表，将黑表笔与驱动电机壳体连接，如图3-4-17所示。

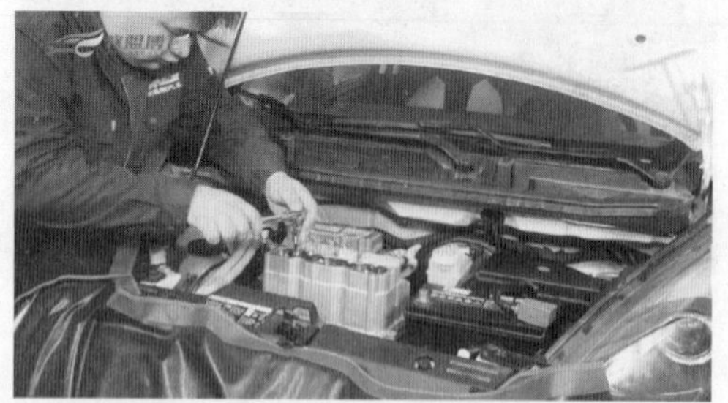

图3-4-14　拆下驱动电机线束固定螺栓

图3-4-15　抽出3根电机线束

图3-4-16　测量U、V、W三相线束端子间的电阻

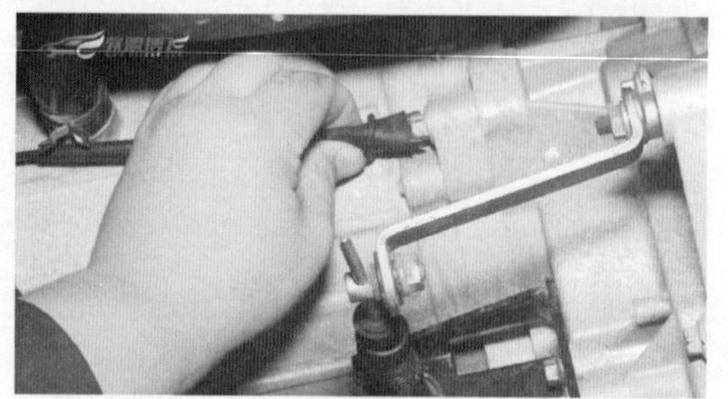

图3-4-17　将黑表笔与驱动电机壳体连接

(13)将红表笔与车身搭铁点连接，观察万用表数值变化，测试壳体连通性，如图3-4-18所示。

(14)将红表笔分别与U、V、W三相线束连接，测试每一相和壳体之间的电阻数值，数值应不显示或为无限大，否则是对地短路，如图3-4-19所示。

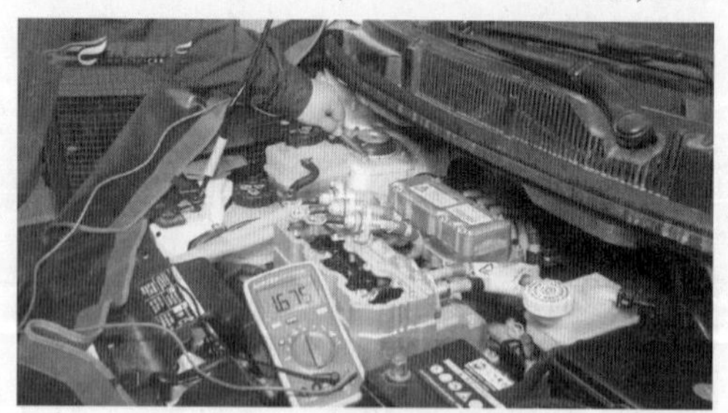

图3-4-18　测试壳体连通性

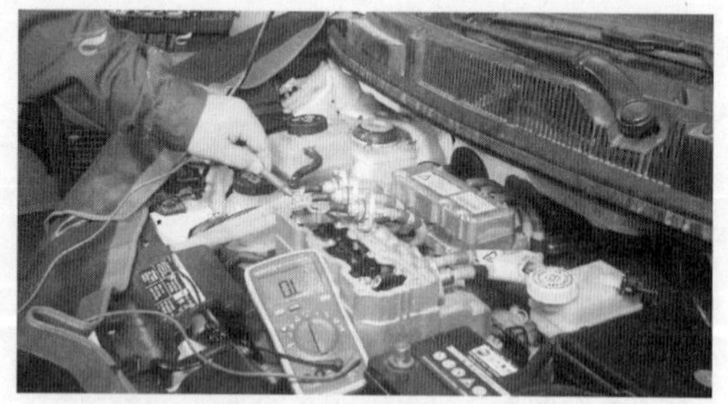

图3-4-19　测试每一相和壳体之间的电阻数值

2. 驱动电机性能检测

提示：

根据实训室设备配置选做。

1)测试设备介绍

相比于低精度、窄带宽的传统测试平台，MPT 电机测试系统（图 3-4-20）融合了仪器设计与系统集成的理念，拥有高达 0.01% 测量精度、1MHz 电机输入带宽、10ns 同步误差和 2×10^5r/s 转速与转矩采样率等四大顶级性能指标，是应用较多的电参数分析系统。

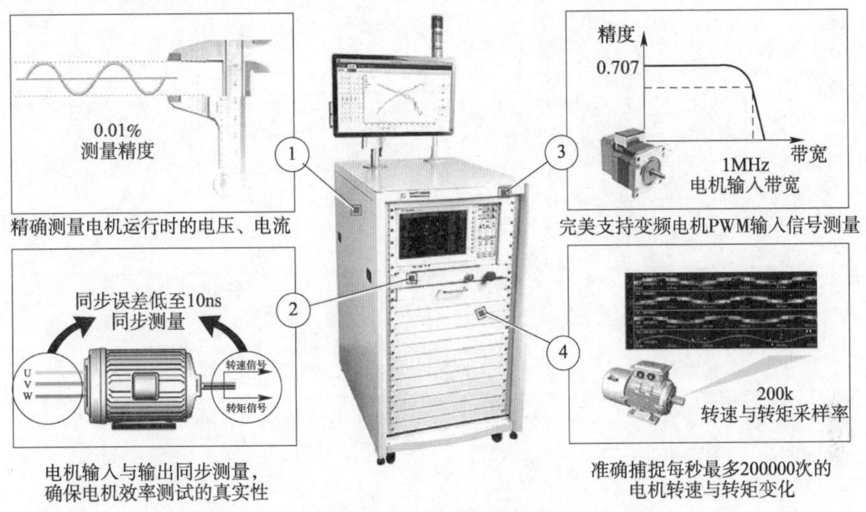

图 3-4-20　MPT 电机测试系统

基于对电机及电动汽车行业的深入探索和长久积累，成功在 MPT 系列电机测试系统上整合面向新能源汽车的特殊测试项目——MAP 图和再生能量回馈试验，为电动汽车驱动系统设计者提供测试解决方案。

MPT 电机测试系统支持 8 种特色分析功能，可对电机的电气特性进行全面的综合分析与性能评估。

2）测试步骤

（1）谐波分析：可对电机输入信号进行 128 次谐波测量，分析电机异常的问题源头（图 3-4-21）。

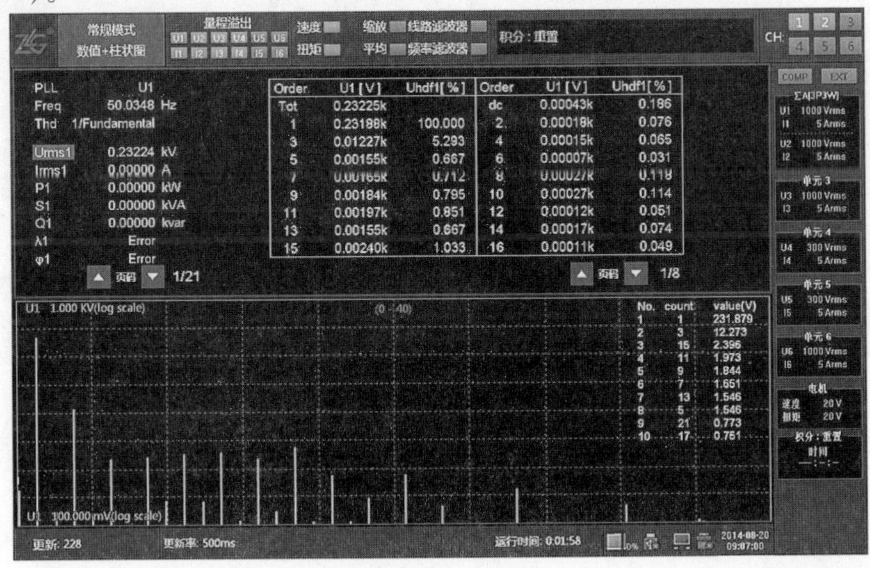

图 3-4-21　谐波分析

(2)矢量图:直观显示两路三相信号的不平衡度、相位差等参数,可用于变频电机驱动系统中对电机驱动器输入输出三相不平衡度特性的分析(图3-4-22)。

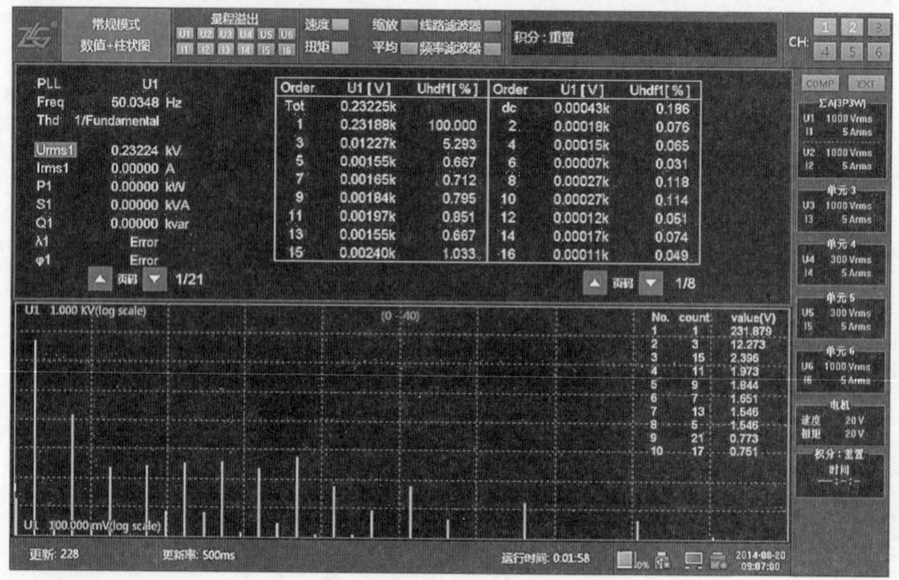

图3-4-22 矢量图

(3)趋势图:可测量电机各项参数的变化趋势,最大支持16项参数趋势线同时查看(图3-4-23)。

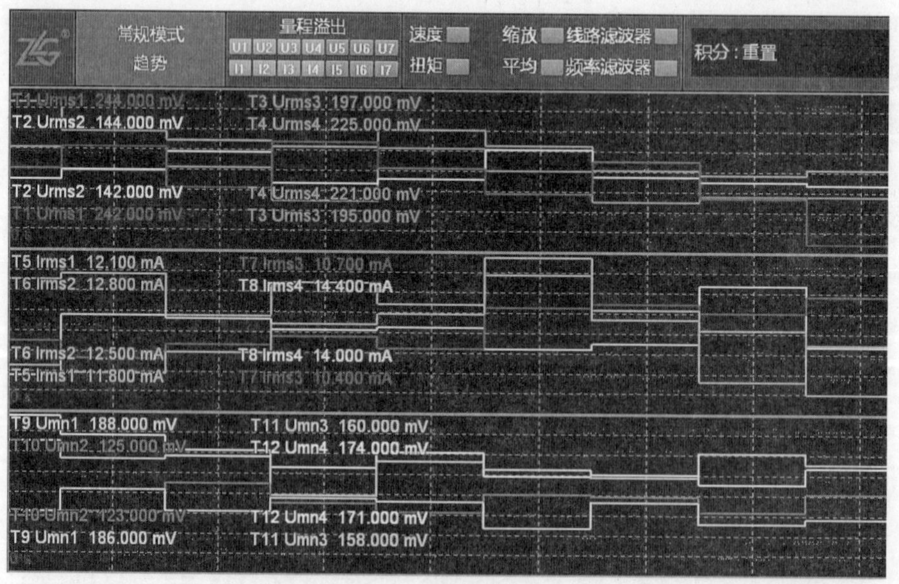

图3-4-23 趋势图

(4)FFT分析:可对电机输入信号进行FFT分析,分析各类高频干扰的产生原因(图3-4-24)。

(5)波形运算:可对电机输入电压、电流的波形进行自定义公式运算,并将计算结果以波形显示(图3-4-25)。

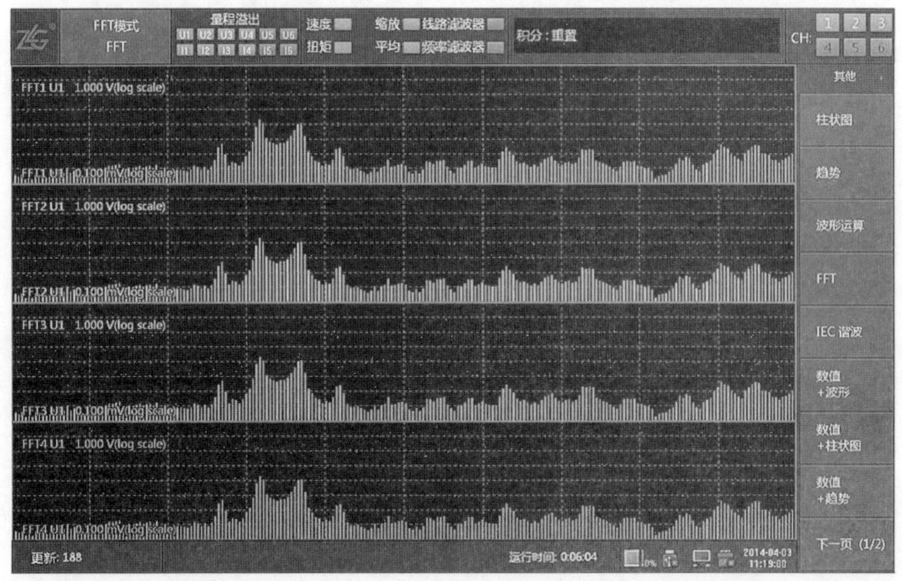

图 3-4-24 FFT 分析

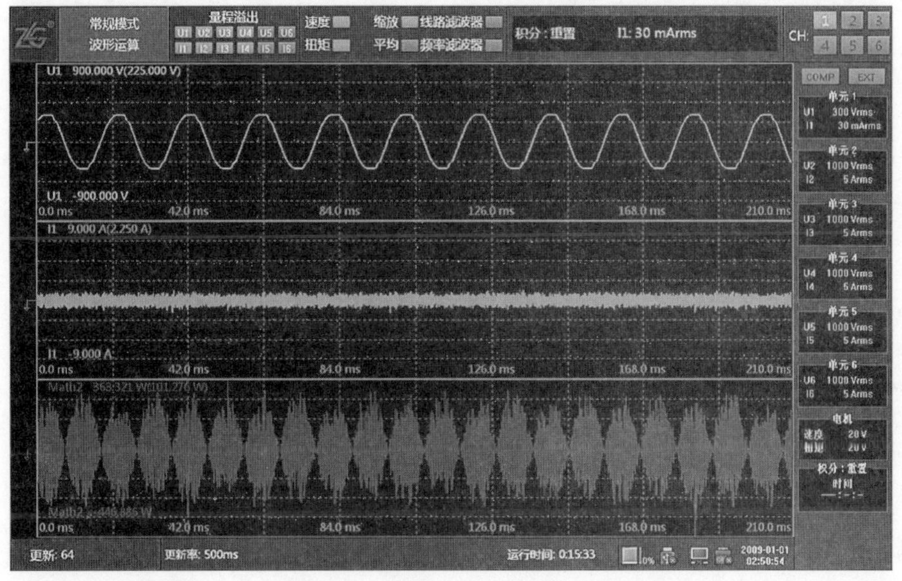

图 3-4-25 波形运算

（6）积分功能：可对电机输入功率进行积分，测量电机运行时的能耗（图 3-4-26）。

（7）周期分析：可对电机输入每个周期的测量参数进行数值和图像统计，便于观察电机运行时各种参数的变化和波动情况（图 3-4-27）。

（8）IEC 谐波分析：可对并网电机的输入信号进行 IEC 谐波测量，分析其 IEC 谐波含量与对电网的影响（图 3-4-28）。

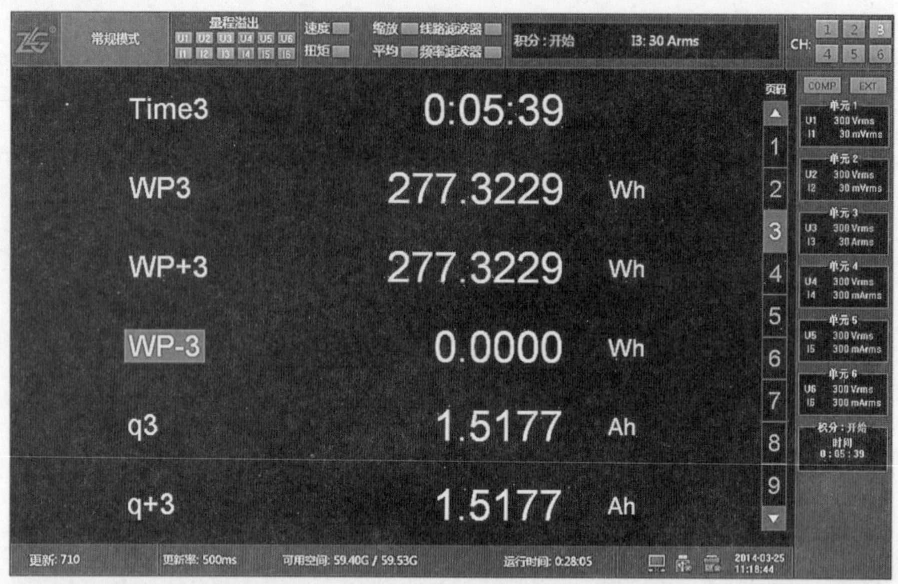

图 3-4-26　积分功能

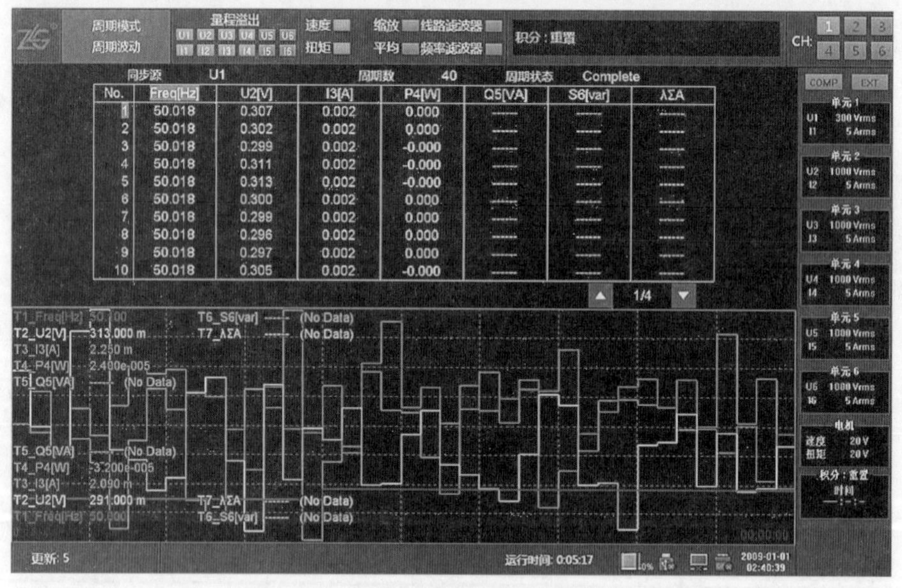

No.	Freq[Hz]	U2[V]	I3[A]	P4[W]	Q5[VA]	S6[var]	λΣA
1	50.018	0.307	0.002	0.000	------	------	------
2	50.018	0.302	0.002	0.000	------	------	------
3	50.018	0.299	0.002	-0.000	------	------	------
4	50.018	0.311	0.002	-0.000	------	------	------
5	50.018	0.313	0.002	-0.000	------	------	------
6	50.018	0.300	0.002	0.000	------	------	------
7	50.018	0.299	0.002	0.000	------	------	------
8	50.018	0.296	0.002	0.000	------	------	------
9	50.018	0.297	0.002	0.000	------	------	------
10	50.018	0.305	0.002	-0.000	------	------	------

图 3-4-27　周期分析

MAP 图根据《电动汽车用驱动电机系统试验标准》(GB/T 18488—2015)，需要对新能源汽车驱动电机进行 MAP 图测试，获取该电机的效率特性和高效区分布情况。MAP 图实际测试结果如图 3-4-29 所示。

图中横轴为转速，纵轴为转矩，它代表了电机在不同工作区域(转速、转矩)下的效率特性分布情况。

MPT 电机测试系统内置 MAP 自动化测试功能，可以根据用户预先设置的加载情况，自动控制负载和被试电机进行对应的工况加载，获取不同工况下的效率，最终把海量的测试数据整合成一张 MAP 图，直观地为用户分析电机的效率特性和高效区分布情况。

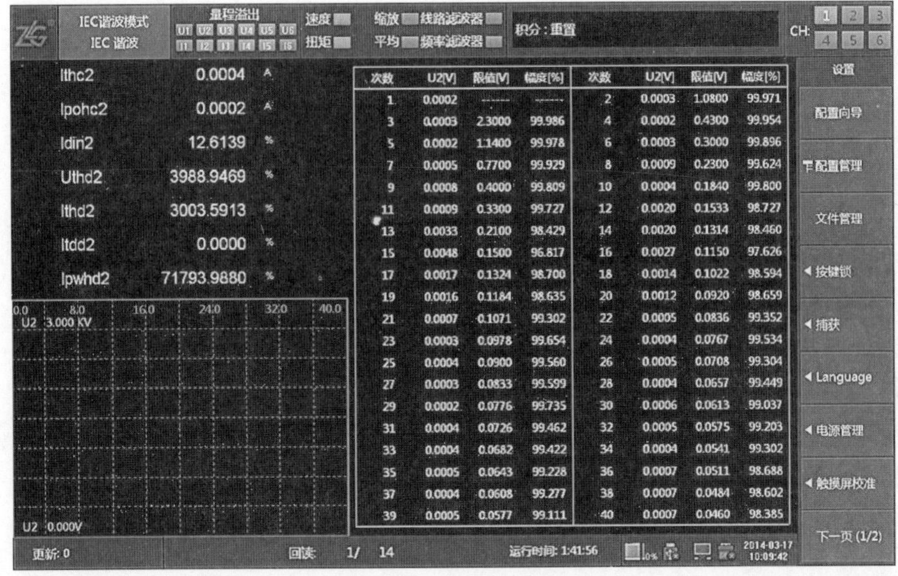

图 3-4-28 IEC 谐波分析

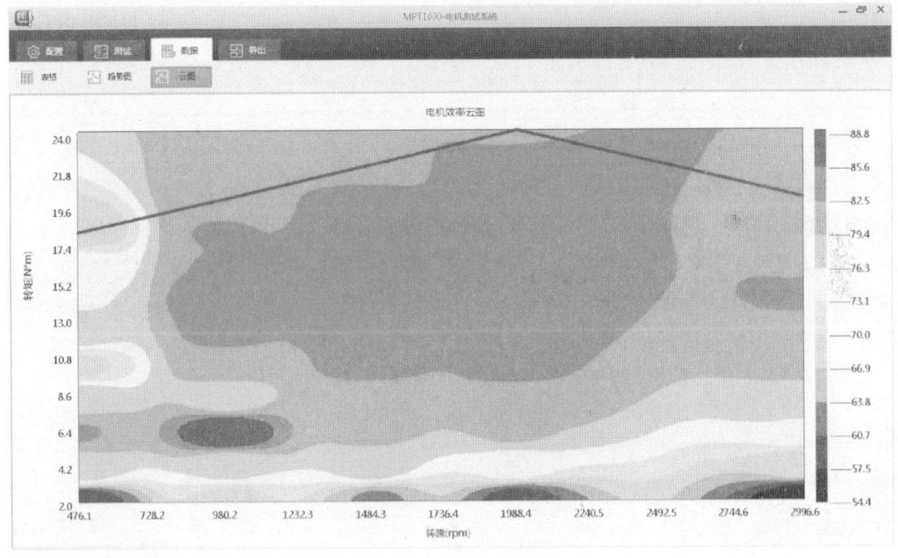

图 3-4-29 MAP 图实际测试结果

学习测试

1. 填空题

(1)由于新能源汽车的整车空间有限,因此一般选用高功率密度的________作为驱动电机解决方案的。

(2)提升续航里程的方法是提升________和________。

(3)驱动电机通常采用的定量参数是________(如电压、电流、功率等)和________(如转速、转矩、温度等)。

(4)电机性能的测量参数有负载特性测试、________、耐久测试、________、________、起动电流。

(5)测量定子绕组的冷态直流电阻具体实现方法有:________、________等。

2. 判断题

(1)基于汽车用户的体验,新能源汽车驱动电机还需关注电机自身的安全性和舒适度。 ( )

(2)提升续航里程的唯一方法就是提升驱动电机的效率。 ( )

(3)电机耐久测试的目的是确定电机的效率、功率因数、转速、定子电流等。 ( )

(4)T-N 曲线测试目的是描绘出电机的转速、转矩关系特性曲线。 ( )

(5)若电机定子三相直流电阻差别较大则说明电机可能有匝间短路。 ( )

3. 不定项选择题

(1)下列属于驱动电机特点的是( )。

A. 体积小　B. 密度大　C. 质量轻　D. 价格低

(2)对驱动电机电量检测参数有( )。

A. 电压　B. 电流　C. 功率　D. 相位

(3)对驱动电机非电量检测参数有( )。

A. 转速　B. 转矩　C. 温度　D. 振动

(4)一般认为电机性能的测量参数有( )。

A. 负载特性测试　B. T-N 曲线　C. 耐久测试　D. 空载测试

(5)测量驱动电机三相定子线圈电阻可用的仪器有( )。

A. 万用表　B. 绝缘电阻表　C. 千分尺　D. 百分表

项目四

驱动电机管理系统

驱动电机管理系统是纯电动汽车和油电混合动力汽车的核心部件，它担负着采集车辆运行工况，并计算车辆需要的动力及输出方式，合理利用动力电池存储的能量任务。本项目包括2个任务：

任务1　驱动电机管理系统认知；

任务2　驱动电机管理系统检测。

通过以上2个任务的学习，你将可以了解驱动电机管理控制模块的功能，直流-直流的原理，直流变交流的原理，以及驱动电机管理模块的检测与诊断。

任务1　驱动电机管理系统认知

提出任务

一辆电动汽车无法运行,你的主管诊断结果为逆变器异常,让你协助他进一步检查。作为一位电动汽车汽车服务人员,你知道逆变器属于哪个系统,具备哪些功能吗?

任务要求

知识要求

1. 能够描述驱动电机管理统的主要部件;
2. 能够描述常见车型驱动电机管理系统主要部件的位置、结构与特点。

能力要求

能够检索资料,归纳并描述主流车型驱动电机控制器、DC/DC 转换器的结构与特点。

相关知识

1. 驱动电机管理系统主要部件

驱动电机系统是电动汽车核心系统之一,是车辆行驶的主要驱动系统,其特性决定了车辆的主要性能指标,直接影响车辆动力性、经济性和用户驾乘感受。以下介绍驱动电机管理系统的主要部件结构和检测技术。

1)驱动电机管理模块

驱动电机管理模块(控制器),通常简称 MCU,主要用于管理和控制驱动电机的运转速度、方向以及将驱动电机作为逆变电机发电。MCU 的功能类似于传统汽车的发动机控制模块。

目前使用在纯电动汽车上的驱动电机管理模块主要有两种类型,一种是仅用于控制驱动电机的,即 MCU;另一种是更具有集成控制功能的驱动电机管理模块,即 MCU 与 DC/DC 转换器功能,这类的驱动电机管理模块也被称为 PCU(图 4-1-1)。

DC/DC 转换器是直流-直流的电压变换器,用于将动力电池或逆变器产生的电能转换成 12V 低压电能,用于给 12V 蓄电池充电和车身电气设备供电。

图 4-1-1　驱动电机管理模块

将 MCU 与 DC/DC 转换器集成化是目前纯电动汽车与混合动力汽车驱动电机管理模块发展的一个趋势，集成度更高的系统即节省了成本，也利于系统之间信息的共享与车辆部件位置的布置设计。

2）逆变器

为了提高电机驱动系统的效率，HEV 主要采用交流电机驱动。为了驱动交流电机，从直流获得交流电力的电力转换装置就被称为逆变器。

（1）构成。

图 4-1-2 所示的是丰田普锐斯内置了逆变器之后的车载用动力控制单元（Power Control Unit）的构成，图 4-1-3所示为主回路构成。动力控制单元（PCU）由内置了动力装置元器件的 IPM、M/GECU（Motor/Generator Electric Control Unit）、电容器、电抗器、冷却系统、电流传感器等构成。

图 4-1-2　动力控制单元

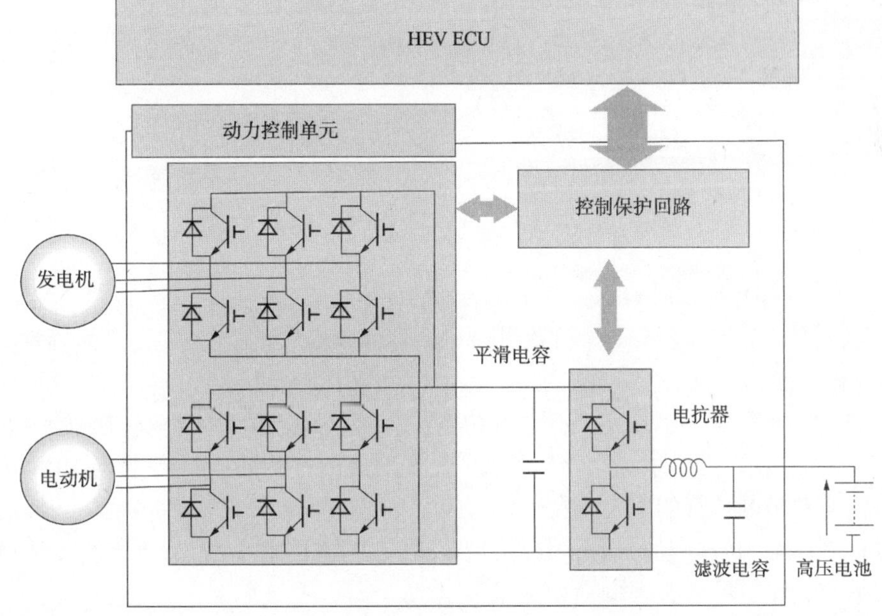

图 4-1-3　主回路构成

（2）控制。

新能源汽车采用的驱动电机要求在停止及低速区域输出大转矩，在最高车速区域实现大功率输出等。现在主流电机为永磁交流同步电机，通过弱磁场控制，可以实现大范围的转速区域输出。

逆变器大多采用的是电压输出式,PWM 方式的矩形波输出电压的脉冲幅度定期变化。频率在数千赫兹以上的高频进行转换,将直流电压转换成交流电压。

影响电机输出的电压成分取决于基波分量,因此为了加大该基波,采用使逆变器输出电压波形变形增大电压基波分量的手法。图 4-1-4 所示的是逆变器的电压波形与调制度。在此,所谓的调制度是指逆变器电源电压与输出电压的基波分量的比。电压波形可划分为正弦波 PWM、过调制 PWM、矩形波 3 种。图 4-1-5 所示的是各自的适用区域。

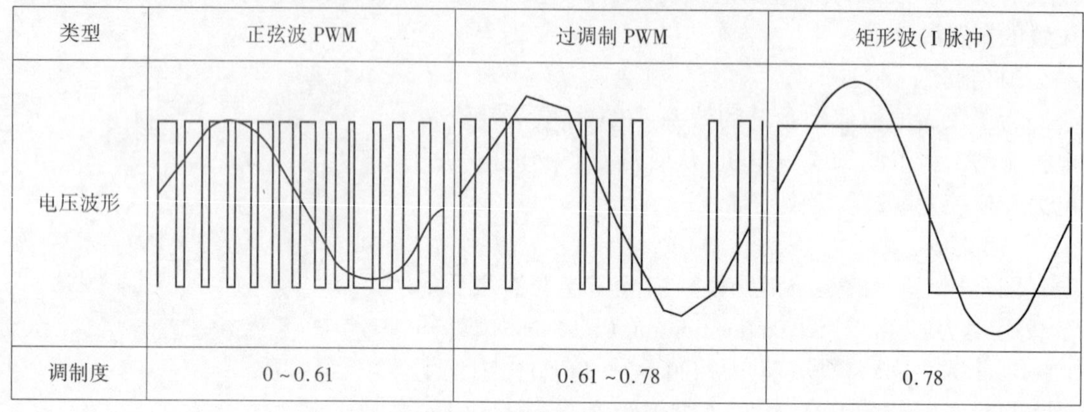

图 4-1-4　电压波形与调制度

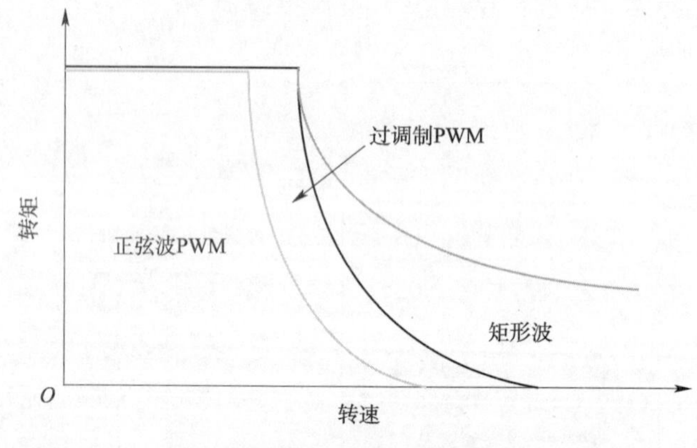

图 4-1-5　各电压波形的控制

(3)内部元件。

车辆驱动用逆变器由于在高频下进行转换,功率半导体元器件要求转换高速化。另外,为了应对大功率输出,也要求高电压。因此,大多采用 IGBT(图 4-1-6)兼具 MOS 构造的电压驱动特性与双极晶体管的强电力特性。

通过将平面型闸门构造向槽型闸门构造改进,使基本构造小型化,再进一步通过推进元器件厚度的薄板化技术来实现低损耗。

逆变器采用与 IGBT 同样的 FWD(同流用二极管)并列连接,二极管与 IGBT 同样,要求具有高耐压、低损耗特性,因此采用耐高压的 PIN 构造,另外,为降低二极管特有的导通状态向闭合状态切换时产生的损耗,一般通过形成品格缺陷来减少转换损耗。

(4)冷却器。

逆变器主要发热部分是功率半导体元器件 IGBT 和 FRD(Fast Recoverv Diode),需要对

其进行高效率的冷却。冷却方式有风冷方式与水冷方式。大功率逆变器一般采用的是水冷方式。图 4-1-7 所示的是动力模块剖面。功率半导体元器件的冷却是借助动力模块内部绝缘印制电路板以及散热板,通过冷却器冷却。网此,降低热阻与提高冷却器能力至关重要。

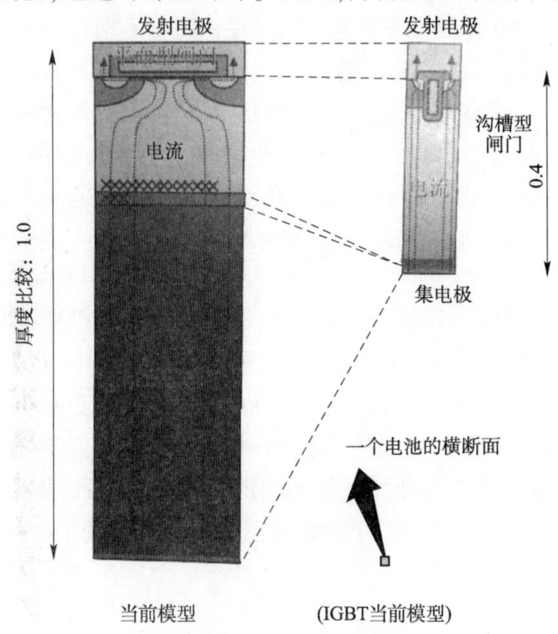

图 4-1-6　IGBT 的剖面

图 4-1-7　动力模块剖面

为了提高散热能力,新的技术中不通过散热润滑剂,而是采用将功率半导体元器件直接安装在冷却器上的直接冷却构造与双面冷却方式。图 4-1-8 所示为直接冷却构造。

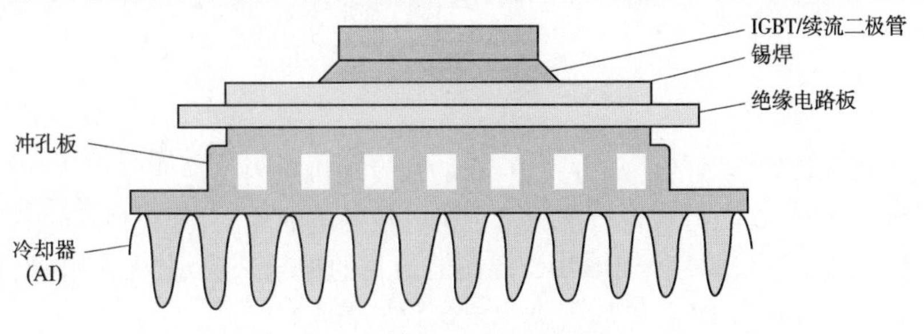

图 4-1-8　直接冷却构造剖面

直接冷却构造中,线性膨胀系数较高的冷却器的热应力直接作用于绝缘电路板,因此,如何确保热收缩的长期可靠性是一个重要的技术。

(5)电容器。

主电路电容器有平滑电容器和滤波电容器,前者用于平滑电机控制用电压,而后者主要用于高/电池的脉动平稳化。这些电容器由于具有低 ESR(Equivalent Series Resistance)、高耐压、寿命期限长、耐温特性良好等优点,采用薄膜电容器的情况有所增加,电容器元器件中,通过采用薄 PP 膜,可以实现电容器装置的小型化。单位体积的静电容量与薄膜厚度的二次方大致成正比,因此,薄膜化对于实现小型、轻量化来说,是最为有效的手段。另外,通过开发各种蒸镀方式,以最佳形式来应对较大的脉动和实现高安全性(自我保障功能)。

3)DC/DC 转换器

HEV、EV 配置两种电池,一种是作为行驶用电机电源的高电压主机电池(动力电池),另一种是作为车辆附件类及控制 ECU 电源的 12V 辅助电池。

图 4-1-9 所示为混合动力系统组成示意图。EV 无法利用发动机的动力进行发电,因此一般搭载 DC/DC 转换器,进行主机电池向辅助电池的降压式直流-直流电力转换。HEV 可以通过交流发电机发电,但是混合动力系统为了改善油耗,要反复进行怠速停机与起动发动机,因此一般采用可以输出稳定电压、可高效率完成电力转换的 DC/DC 转换器。

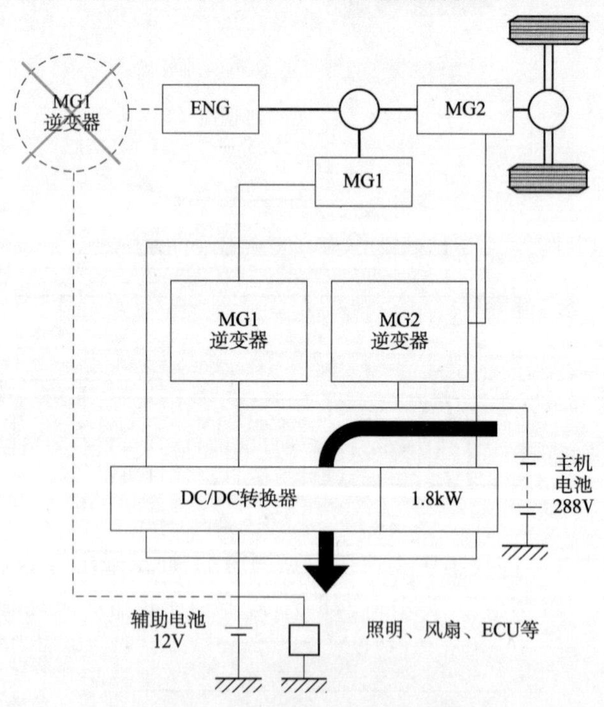

图 4-1-9 混合动力系统组成示意图

另外,在 DC/DC 转换器的冷却方式中,有的在发动机舱内与逆变器整体化配置,通过冷却系统进行水冷冷却,有的搭载在行李舱内主机电池的电池盒上,通过风扇进行风冷。冷却方式根据配置位置的环境温度与 DC/DC 转换器自身的损耗来决定,无论哪种,提高效率是共同的目标。丰田普锐斯 DC/DC 转换器主要参数见表 4-1-1。

丰田普锐斯 DC/DC 转换器的主要参数　　表 4-1-1

项　目	参数值	项　目	参数值
输入电压(V)	240～400	最大电流(A)	120
输出电压(V)	13～15 可变	工作温度范围(℃)	-30～85

与一般所使用的 DC/DC 转换器不同，车辆用转换器要求输入电压范围广泛、温度范围广泛等。另外，由于搭载在行李舱内，冷却方式一般采用风冷方式。

4）解角器

解角器又称解析器，是可靠性极高且结构紧凑的传感器，它可精确检测磁极位置。

（1）解角器的结构。

解角器的定子包括三种线圈：励磁线圈 A、检测线圈 S 和检测线圈 C。解角器结构如图 4-1-10 所示。

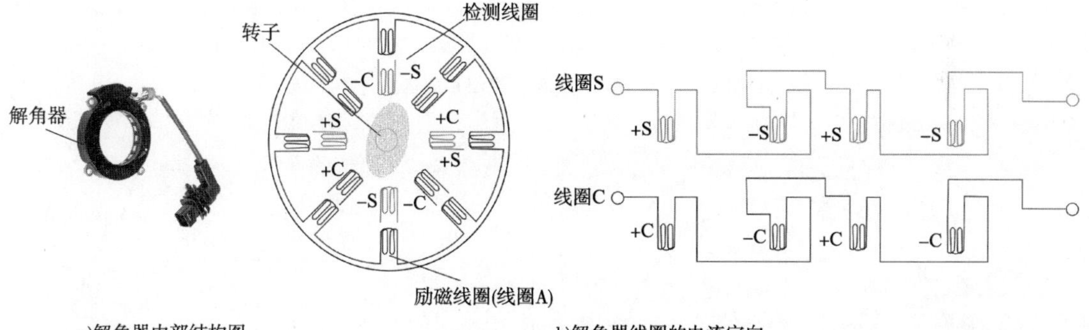

图 4-1-10　解角器的结构与工作原理

解角器的转子为椭圆形，椭圆形转子与 MG1、MG2 的永磁转子相连接，定子与转子间的距离随转子的旋转而变化。交流电流入励磁线圈 A，产生频率恒定的磁场。使用频率恒定的磁场，线圈 S 和线圈 C 将输出与转子位置对应的值。因此，驱动电机-发电机 ECU（MGECU）根据线圈 S 和线圈 C 输出值之间的差异检测出绝对位置。此外，MGECU 根据规定时间内位置的变化量计算转速。

（2）解角器的工作原理。

检测线圈 S 的 +S 和 -S 错开 90°，+C 和 -C 也以同样的方式错开 90°，线圈 C 和 S 之间相距 45°检测线圈的电流流向，如图 4-1-10 所示。

由于解角器的励磁线圈中为频率恒定的交流电，因此无论转子转速如何，频率恒定的磁场均会由转子输出至线圈 S 和线圈 C。转子为椭圆形，解角器的定子与其转子之间的间隙随转子的旋转而变化。由于间隙的变化，线圈 S 和线圈 C 输出波形的峰值随转子位置的变化而变化。驱动电机-发电机 ECU（MGECU）持续监视这些峰值，并将其连接形成虚拟波形。驱动电机-发电机 ECU（MGECU）根据线圈 S 和线圈 C 值之间的差异计算转子的绝对位置。其根据线圈 S 的虚拟波形和线圈 C 的虚拟波形的相位差判定转子的方向。此外，驱动电机-发电机 ECU（MGECU）根据规定时间内转子位置的变化量计算转速。转子旋转 180°时线圈 A、线圈 S 和线圈 C 的输出波形如图 4-1-11 所示。解角器的工作原理如图 4-1-12 及动画所示。

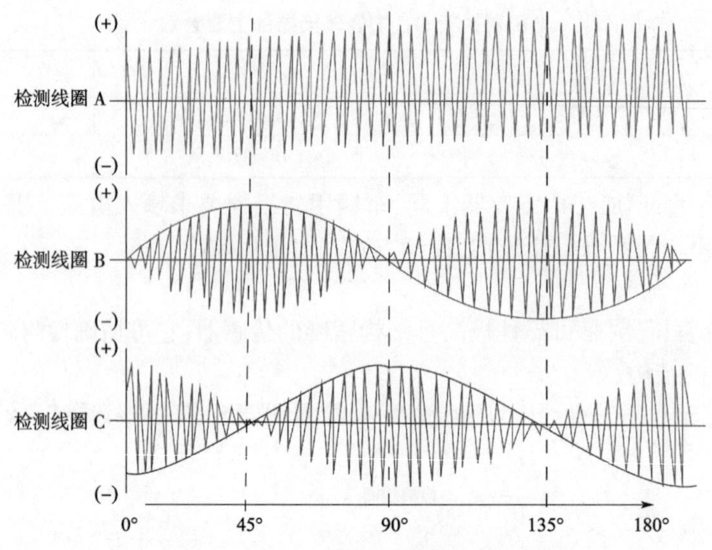

图 4-1-11　线圈 A、线圈 S、线圈 C 的输出波形

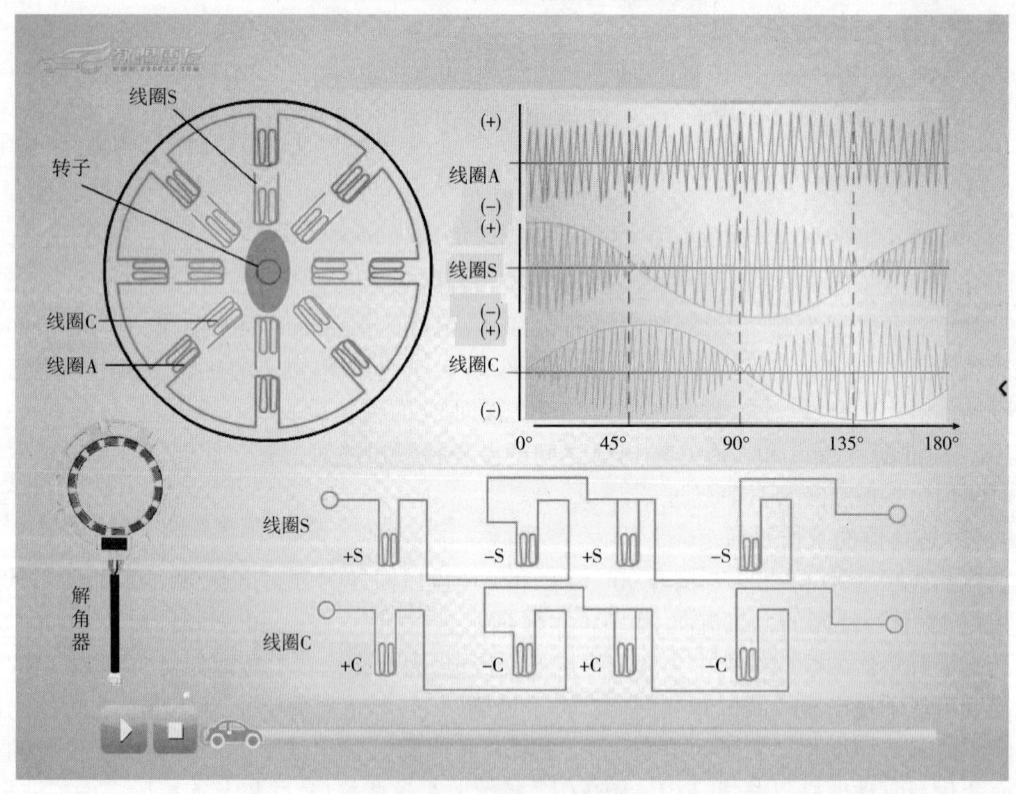

图 4-1-12　解角器的工作原理

2. 常见车型驱动电机管理系统主要部件的位置、结构与特点

以下介绍具有代表性的比亚迪 E6、比亚迪秦以及北汽新能源 EV 系列车型驱动电机控制器和 DC/DC 转换器的安装位置、结构与特点。

1)比亚迪 E6 驱动电机控制器

(1)驱动电机控制器的功能和安装位置。

比亚迪 E6 的驱动电机控制器,简称电机控制器,是纯电动汽车整车驱动控制系统的核心,它的作用至关重要。简单地讲,类似于传统内燃机汽车的油量调节机构,都是通过调节加速踏板的幅度来进行车速和牵引力的控制。但是电机控制器相比较油量调节机构的结构、功能更为复杂全面。电机控制器不仅接受加速踏板的加减速信号,同时接受制动踏板、电机转速、车速、电机电枢电压、电流、冷却液温度等信号,经过对这些信号的分析完成对电机的精确控制。并且控制器会将这些信号的数值显示在外接显示屏上以供驾驶人随时掌握车辆状况。此外,控制器在电机发生过电流、过电压以及过热情况都会自动切断主电路以保护汽车以及乘员的安全。如图 4-1-13 所示为 E6 电机控制器,安装在前机舱右侧,靠近 DC/DC 转换器的位置。

驱动电机控制器类型为电压型逆变器,利用 IGBT(绝缘栅双极型晶体管)将直流电转换为交流电,额定电压为 318V,主要功能是控制电动机和发电机等根据不同工况控制电机的正反转、功率、扭矩、转速等。即控制电机的前进、倒退、维持电动车的正常运转,关键零部件为 IGBT,IGBT 实际为大电容,目的是为了控制电流的工作,保证能够输出合适的电流参数。

驱动电机控制器总成包含上中下三层,上下层为电动机控制单元,中层为水道冷却单元,总成还包括信号接插件(包含 12V 电源/CAN 线/挡位、节气门/旋变/电机过温信号线/预充满信号线等),2 根动力电池正负极接插件,3 根电机三相线接插件和 2 个水套接头及其他周边附件,如图 4-1-14 所示。

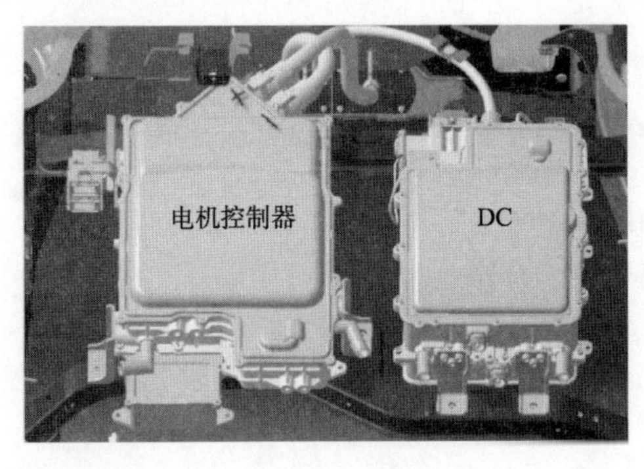

图 4-1-13　E6 电机控制器

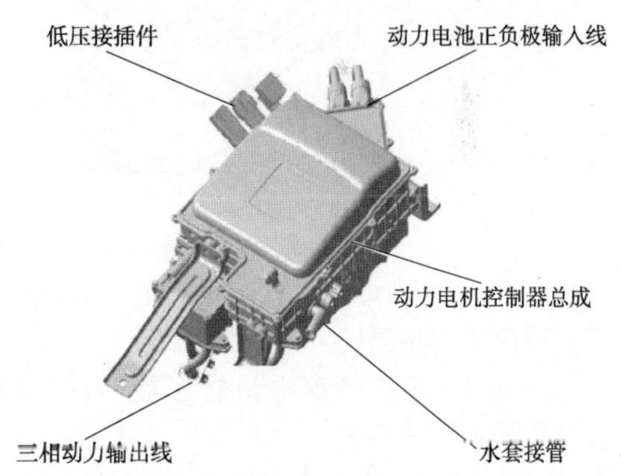

图 4-1-14　电机控制器主要接口示意图

电机控制器的主要功能有:

①控制电机正向驱动、反向驱动、正转发电、反转发电。

②控制电机的动力输出,同时对电机进行保护。

③通过 CAN 与其他控制模块通信,接收并发送相关的信号,间接地控制车上相关系统正常运行。

④制动能量回馈控制。

⑤自身内部故障的检测和处理。

(2)驱动电机控制系统工作原理。

驱动电机控制器系统主要由高压配电、控制器、驱动电机及相关的传感器组成，该系统核心为驱动电机控制器。

驱动电机控制器接受挡位开关信号、节气门深度、制动踏板深度、旋变等信号，经过一系列的逻辑处理和判断，来控制电机正、反转和转速等。

控制策略采用了经典的电机控制理论并注入了先进的控制算法，驱动永磁同步电机以最佳方式协调工作，核心 ECU——驱动电机控制器上层软件所依赖的下层硬件电路包括控制电路板和驱动电路板两块电路板。它们的分工有所不同：控制电路板又分为模拟通道采样单元、模数转换单元、DSP 处理单元、旋变解码单元、CAN 通信单元、挡位处理单元。驱动电路板包括信号隔离单元、保护信号选择单元、电源单元。控制电路板对采样的数据进行处理，计算出所需占空比，产生 PWM（正弦脉宽调制）；通过驱动电路板传递给 IGBT，供驱动电机工作。

驱动电机控制器系统元件位置和控制框图如图 4-1-15 和图 4-1-16 所示。

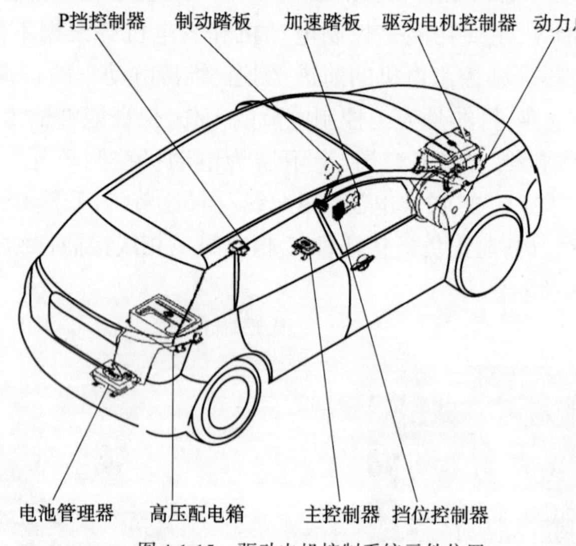

图 4-1-15　驱动电机控制系统元件位置

（3）角度传感器。

比亚迪 E6 电机检测电机转子旋转的角度和位置传感器采用旋转变压器形式，如图 4-1-17和图 4-1-18 所示。

角度传感器又称旋转变压器，旋转变压器（简称旋变）是一种输出电压随转子转角变化的信号元件。电机转速由角度传感器进行控制和监测。

角度传感器由电机控制器模块监测，根据这些位置传感器的信号，电机控制器监测电机的角位置、转速和方向。角度传感器包含一个励磁线圈、两个驱动线圈和一个不规则形状的金属转子。金属转子以机械方式固定在电机轴上。将点火开关置于 ON 位置时，电机控制模块输出一个 5V 交流电、一定频率的励磁信号至驱动线圈。驱动线圈励磁信号生成一个环绕两个从动线圈和不规则形状转子的磁场。然后，电机控制模块监测两个从动线圈电路，以获得一个返回信号。不规则形状金属转子的位置引起从动线圈的磁感应返回信号发生大小和形状的变化。通过比较两个从动线圈信号，电机控制模块能确定电机的确切角度、转速和方向。

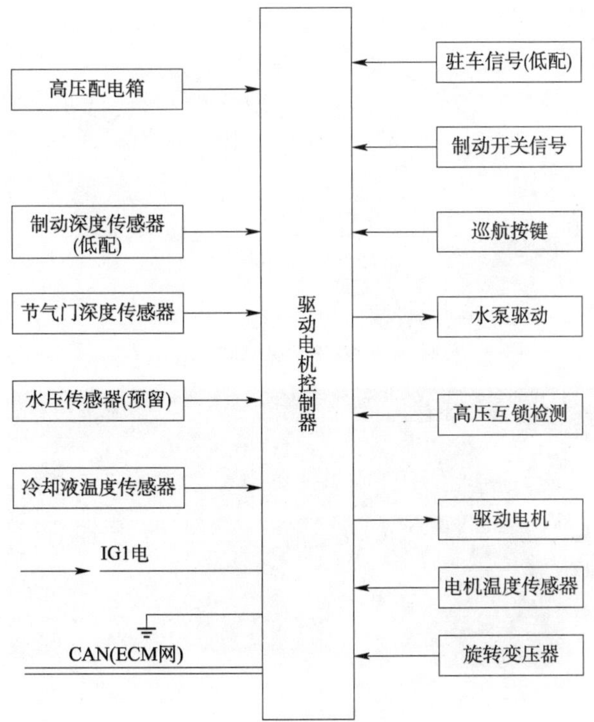

图 4-1-16　驱动电机控制系统框图

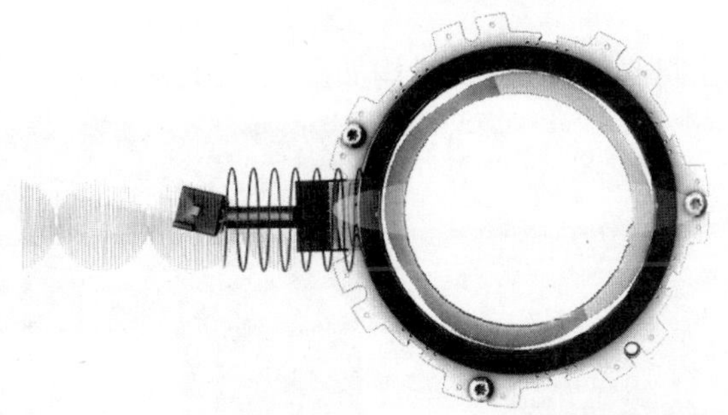

图 4-1-17　角度传感器工作原理

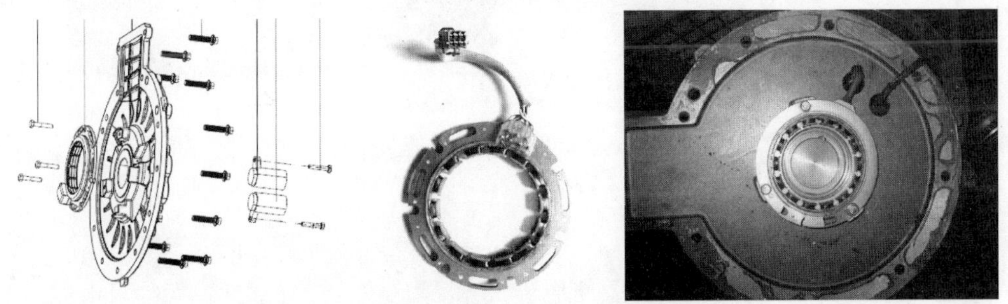

图 4-1-18　角度传感器(旋转变压器)安装位置及结构

2)比亚迪秦驱动电机控制器与 DC 总成

(1)整车安装位置。

整车安装位置如图 4-1-19 所示。

图 4-1-19　比亚迪秦驱动电机控制器与 DC/DC 位置图

(2)结构。

比亚迪秦驱动电机控制器与 DC 总成结构如图 4-1-20 所示。

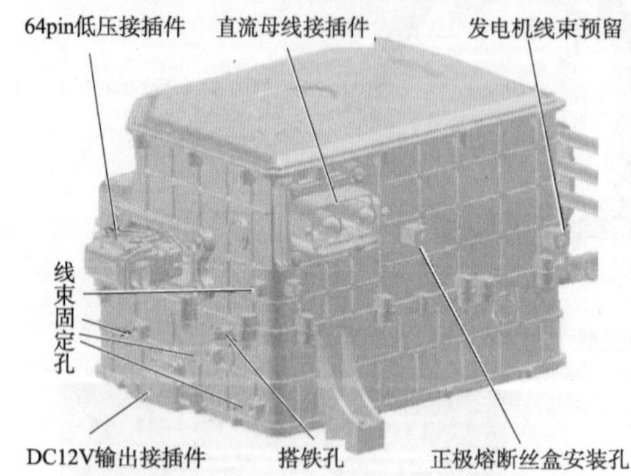

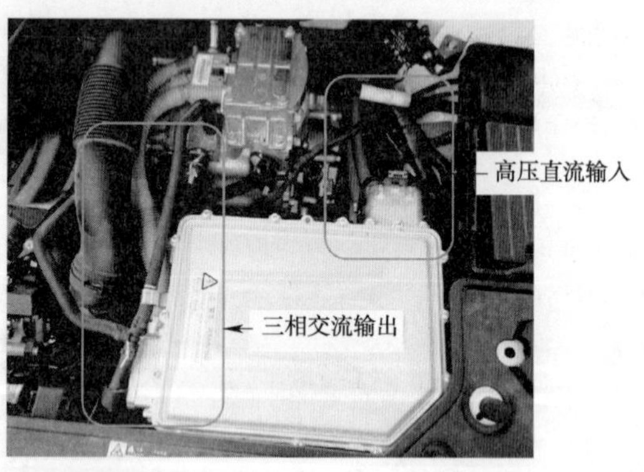

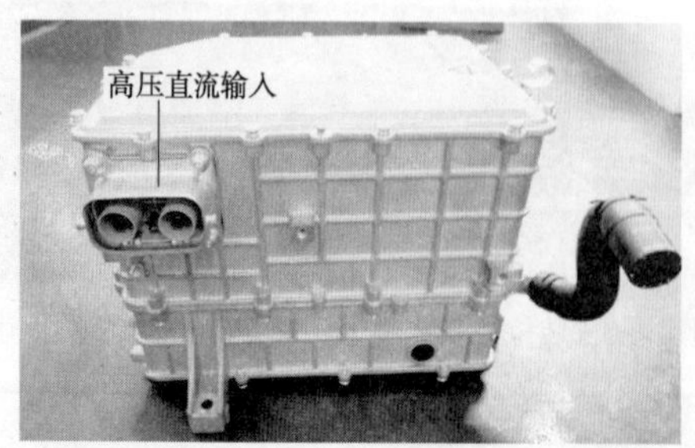

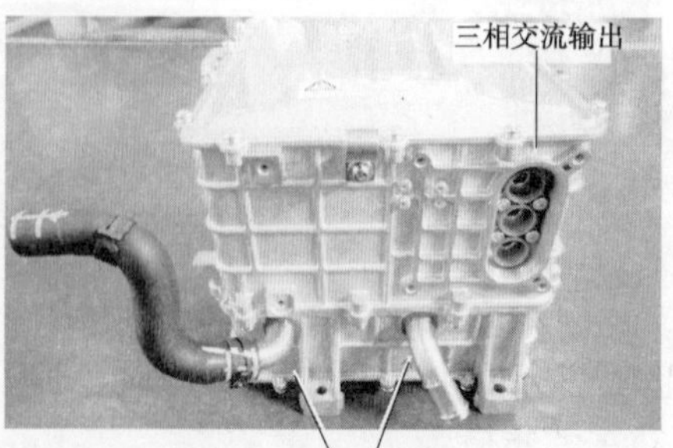

图 4-1-20　比亚迪秦驱动电机控制器与 DC/DC 结构

驱动电机控制器的功用如下：

①作为动力系统的总控中心，驱动电机的运行，根据工况控制电机的正反转、功率、转矩、转速等；协调发动机管理系统工作（图4-1-21）。

图4-1-21　比亚迪秦挡位控制器、驱动电机控制器与电机控制示意图

②硬件采集电机的旋变、温度、制动、加速踏板开关信号。

③通过CAN通信采集制动深度（制动踏板位置）、挡位信号、驻车开关信号、起动命令、电池管理控制器相关数据、控制器的故障信息。

④内部处理的信号有直流侧母线电压、交流侧三相电流、IGBT温度、电机的三相绕组阻值。

DC/DC转换器的功用如下（图4-1-22）：

①纯电模式下，DC的功能替代了传统燃油车挂接在发动机上的12V发电机，和蓄电池并联给各用电器提供低压电源。DC在高压（500V）输入端接触器吸合后便开始工作，输出电压标称13.5V。

②发动机原地起动发电机发13.5V直流电，经过DC升压转换500V直流给电池包充电。

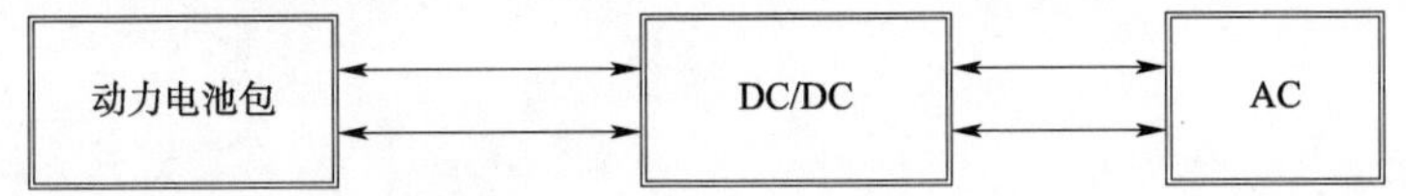

图4-1-22　比亚迪秦动力电池、DC/DC与用电器（空调）控制示意图

DC/DC转换器具有降压和升压功能：

①降压：负责将动力电池480V的高压电转换成12V电源。DC/DC在主接触吸合时工作，输出的12V电源供给整车用电器工作，并且在低压电池亏电时给低压电池充电。

②升压：当动力电池电量不足时，DC/DC将发电机发出的电，供整车低压用电器用电后多余的量升压后给动力电池充电及空调（AC）用电。

DC/DC转换器系统框图如图4-1-23所示。

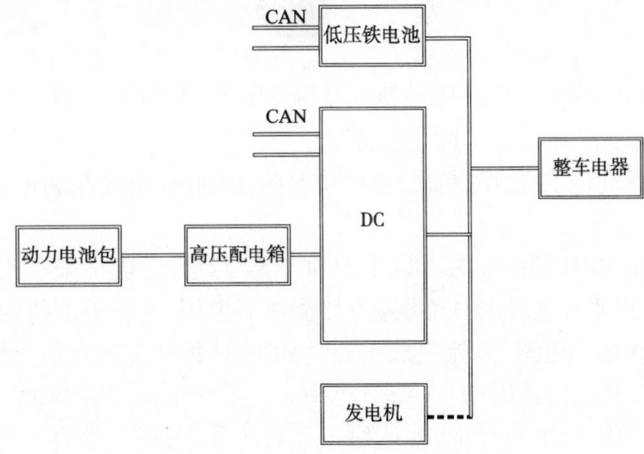

图4-1-23　比亚迪秦DC/DC系统框图

(3)参数。

比亚迪秦驱动电机控制器与DC总成的参数见表4-1-2。

比亚迪秦驱动电机控制器与DC总成的参数 表4-1-2

类　别	项　目	参　数
电机驱动	工作电压等级	480V
	最大功率	110kW
	额定功率效率	≥95%
DC/DC	高压侧	300～550V
	低压电压等级	12V
	输出电流	120A
	效率	≥90%
	质量	16kg

3)北汽新能源EV驱动电机控制器与DC总成

(1)整车安装位置。

图4-1-24所示是北汽E150EV电机控制器与DC/DC在整车上的位置图。

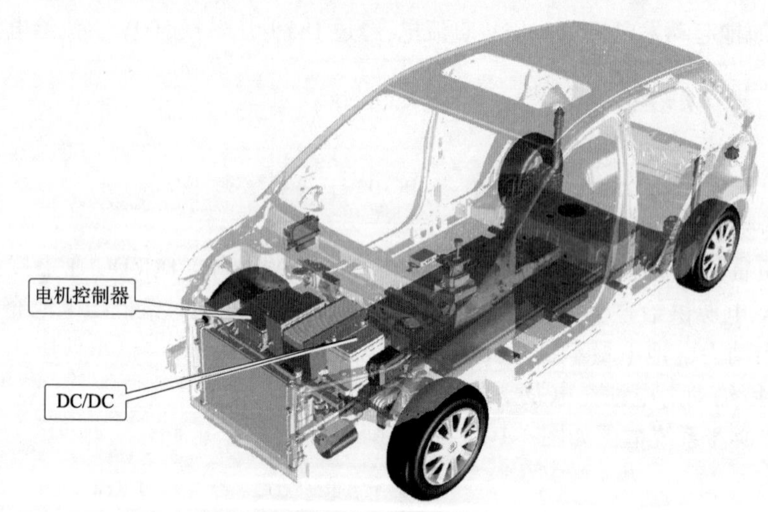

图4-1-24　北汽E150EV电机控制器与DC/DC在整车上的位置

图4-1-25所示是北汽E150EV前舱的部件位置图。

图4-1-26所示是北汽EV200前舱的部件位置图,DC/DC集成在PDU内部。

(2)结构。

驱动电机控制器MCU结构如图4-1-27、图4-1-28所示,它内部采用三相两电平电压源型逆变器,是驱动电机系统的控制核心,称为智能功率模块,它以IGBT(绝缘栅双极型晶体管)为核心,辅以驱动集成电路、主控集成电路。MCU对所有的输入信号进行处理,并将驱动电机控制系统运行状态信息通过CAN2.0网络发送给整车控制器VCU。驱动电机控制器内含故障诊断电路,当电机出现异常时,达到一定条件后,它将会激活一个错误代码并发送给VCU整车控制器,同时也会储存该故障码和相关数据。

图 4-1-25　北汽 E150EV 前舱部件位置

图 4-1-26　北汽 EV200 前舱部件位置

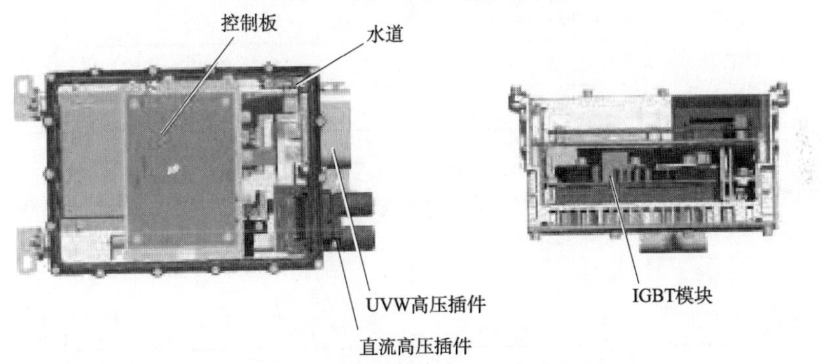

图 4-1-27　北汽 EV 驱动电机控制器 MCU 结构

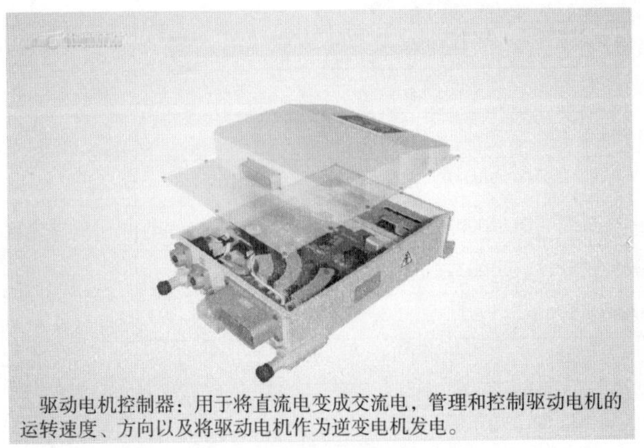

图 4-1-28　驱动电机控制器的结构

驱动电机控制器主要依靠电流传感器、电压传感器、温度传感器来进行电机运行状态的监测，根据相应参数进行电压、电流的调整控制以及其他控制功能的完成。电流传感器用于检测电机工作实际电流，包括母线电流、三相交流电流。电压传感器用于检测供给电机控制器工作的实际电压，包括动力电池电压、12V 蓄电池电压。温度传感器用于检测电机控制系统的工作温度，包括 IGBT 模块的温度。

北汽 EV 驱动电机控制器、IGBT、电流传感器如图 4-1-29 所示。

图 4-1-29　北汽 EV 驱动电机控制器、IGBT、电流传感器

DC/DC 转换器安装于前机舱位置，其主要功能是在车辆起动后将动力电池输入的高压电转变成低压 12V 向蓄电池充电，以保证行车时低压用电设备正常工作。

(3)参数。

DC/DC 转换器主要技术指标见表 4-1-3。

北汽 DC/DC 转换器主要技术指标　　表 4-1-3

序号	项　目	技术要求	备　注
1	额定输入电压/频率	DC 380V	—
2	输入电压范围	DC 290 ~ 420V	—
3	输出 DC 额定值	DC13.5V/148A	—
4	输出电压精度	≤ ±1%	—
5	源效应	< ±0.2%	输入、输出全范围
6	负载效应	< ±0.5%	输入、输出全范围
7	输出过电流保护	150 ~ 170A	—
8	输入过电压保护	正常	—
9	输入欠电压保护	正常	—
10	遥控方式	遥控正对地控制加 +12V 开机	—
11	过温保护	95℃关机	—
12	工作频率	200kHz	±10%
13	纹波 V_{p-p}	≤1% V_0	20M 示波器，双绞线测试
14	工作效率	≥83%	额定输入、满载
15	隔离耐压	输入-输出　DC 2000V/1min	—
		输入-机壳　DC 2000V/1min	漏电流≤5mA
		输出-机壳　DC 500V/1min	—
16	绝缘电阻	500MΩ	输入-输出-机壳
17	工作温度	-20 ~ 65℃	—
18	储存温度	-30 ~ 75℃	—
19	工作湿度	5% ~ 85% RH	—

续上表

序号	项　　目	技术要求	备　　注
20	储存湿度	5%～95% RH	—
21	抗震性	频率范围：20～100Hz，+6dB/倍频；80～350Hz，0.04g^2/Hz；350～2000Hz，-6dB/倍频，X、Y、Z方向各15min	—
22	冲击（半正弦）	加速度：$a=50g\pm5g$；冲击时间：8～12ms，X、Y、Z方向各6次	—
23	冷却方式	自然冷	—
24	MTBF	50000Hrs	—
25	接线方式	航空连接器	—
26	机壳尺寸	390mm×164mm×52mm	—
27	产品质量	4.5kg	—

任务实施

（一）工作准备

（1）防护装备：常规实训着装。

（2）车辆、台架、总成：比亚迪E6纯电动汽车；比亚迪秦混合动力汽车；北汽新能源纯电动汽车；或其他同类新能源汽车。

（3）专用工具、设备：无。

（4）手工工具：无。

（5）辅助材料：无。

（二）实施步骤

（1）参观实训室驱动电机控制器和DC/DC转换器的挂图或模型，认识驱动电机控制器和DC/DC转换器的结构组成。

（2）利用互联网查询新能源汽车驱动电机控制器和DC/DC转换器的现状和发展。

打开电脑或移动终端的浏览器，利用“百度”等浏览器搜索功能，搜索“驱动电机控制器、逆变器、DC转换器类型”等关键词，查询并记录相关的信息。必要时走访周边汽车销售店面，了解主流车型逆变器和DC/DC转换器的类型和特点。

学习拓展

以下介绍逆变器的基础知识。

1. 电力转换基本概念

要控制电力，就需要控制电压与频率，所谓的电力转换就是直流与交流的相互转换以及电压与频率的转换。如图 4-1-30 所示，通过输入与输出的结合，可以形成 4 种电力转换形式，即交流-直流转换、直流-交流转换、直流-直流转换、交流-交流转换。早期的电力转换由于是以交流-直流转换为主，因此当直流-交流转换成形成后，直流-交流转换器就被成为逆变器。

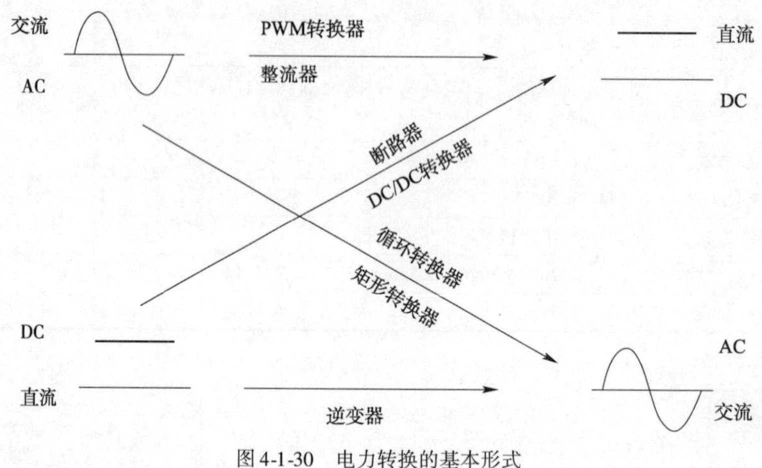

图 4-1-30　电力转换的基本形式

2. 基本元器件及原理

在纯电动汽车或者混合动力汽车上安装的静态逆变器是用来改变电功率表现形式的。其中，我们使用了二极管、三极管、晶闸管、绝缘栅双极型晶体管等。它们一般都在开或关的组合模式下，“换向”工作来降低能耗。

(1)二极管(图 4-1-31)。二极管是最常用的电子元件之一，它最大的特性就是单向导电，也就是电流只可以从二极管的一个方向流过，二极管的作用有整流电路，检波电路，稳压电路，各种调制电路。

(2)三极管(图 4-1-32)。开关三极管具有完成断路和接通的作用，被广泛应用于各种开关电路中，如常用的开关电源电路、驱动电路、高频振荡电路、模数转换电路、脉冲电路及输出电路等。

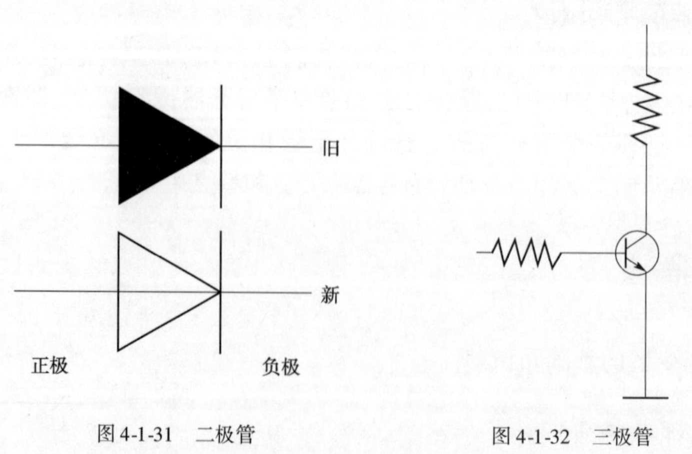

图 4-1-31　二极管　　图 4-1-32　三极管

(3)晶闸管。晶闸管(Thyristor)是晶体闸流管的简称，又称可控硅整流器，它有三个极：

阳极、阴极和门极；晶闸管具有硅整流器件的特性，能在高电压、大电流条件下工作，且其工作过程可以控制，被广泛应用于可控整流、交流调压、无触点电子开关、逆变及变频等电子电路中。

（4）绝缘栅双极型晶体管（图 4-1-33）。绝缘栅双极型晶体管 insulated-gate-bipolar transistor，IGBT，具有输入阻抗高、开关速度快、驱动电路简单、通态电压低、能承受高电压大电流等优点，已广泛应用于变频器和其他调速电路中。

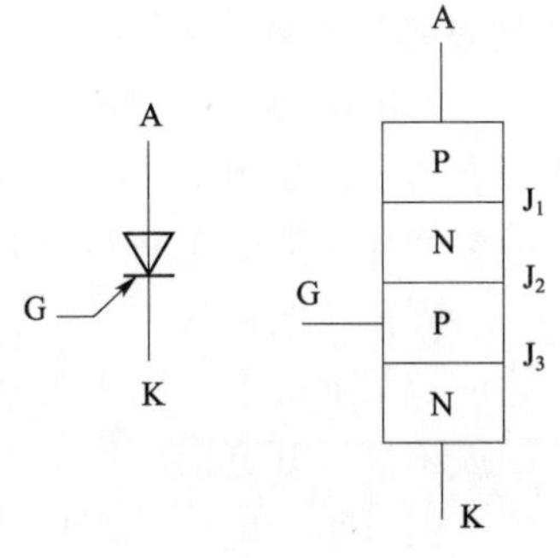

图 4-1-33　绝缘栅双极型晶体管（IGBT）

①IGBT 结构。如图 4-1-34 所示，GTR 由 N +、P、N⁻、N + 四层半导体组成，无 SiO_2 绝缘层；MOSFET 由 N +、P、N⁻、N + 四层半导体组成，但有 SiO_2 绝缘层；IGBT 由 N +、P、N⁻、N +、P + 五层半导体组成，有 SiO_2 绝缘层；图中黑色箭头代表正电子；白箭头代表负电子，仅有电子流动的为单极性管，有正负电子流动的为双极性管。

IGBT 是 MOSFET（场效应晶体管）与 GTR（功率晶体管）的复合器件。它既有 MOSFET 容易驱动的特点，也有功率晶体管电压、电流容量大的优点。

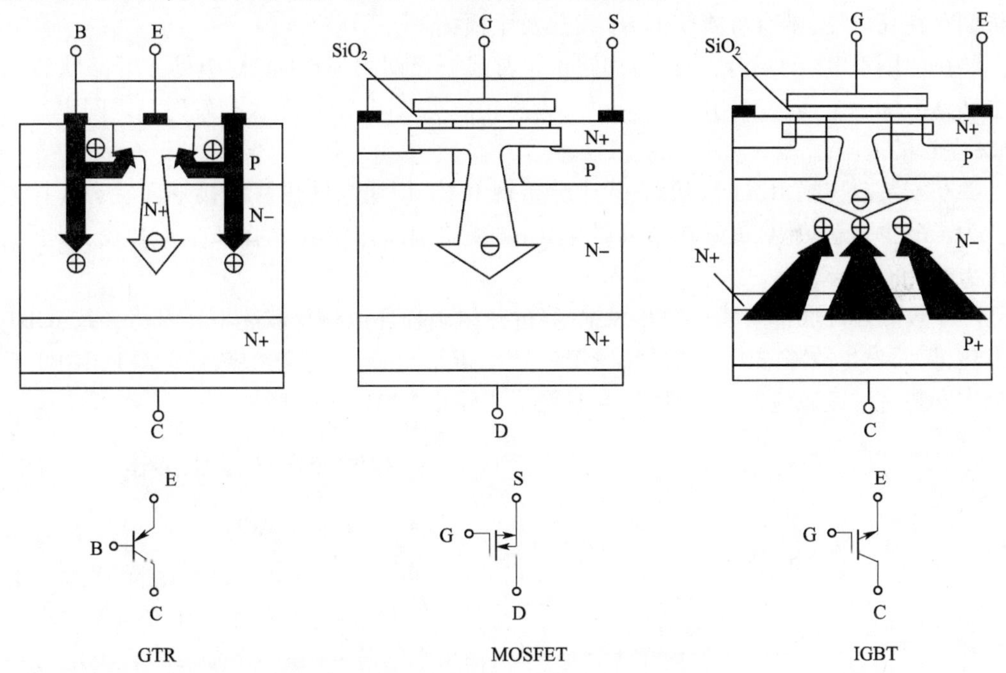

图 4-1-34　IGBT 等电子元件结构比较

②IGBT 工作原理。如图 4-1-34 所示，GTR 是集电极 C、基极 B、发射极 E 三个电极，当 B、E 间通过一个小电流，则在 C、E 间有大电流流过，是电流放大电流的器件。

MOSFET 是漏极 D、栅极 G、源极 S 三个极，当 G、S 间施加一个电压，则在 D、S 间有大电流流过，是电压放大电流的器件。

IGBT 是集电极 C、极栅 G、发射极 E 三个极，当 G、E 间施加一个电压，则在 C、E 间有大电流流过，是电压放大电流的器件。

IGBT 通过栅极驱动电压来控制的开关晶体管,工作原理同 MOSFET 相似,区别在于 IGBT 是电导调制来降低通态损耗。GTR 电晶体管饱和压降低,载流密度大,但驱动电流也较大。MOSFET 驱动功率很小,开关速度快,但导通压降大,载流密度小。IGBT 综合了两种器件的优点。驱动功率小而饱和压降低。

③IGBT 使用注意事项。由于 IGBT 模块为 MOSFET 结构,IGBT 的栅极通过一层氧化膜与发射极实现电隔离。由于此氧化膜很薄,其击穿电压一般仅能承受到 20 ~ 30V。所以,因静电而导致栅极击穿是 IGBT 失效的常见原因之一。在使用中要注意以下几点:

a. 在使用模板时,尽量不要用手触摸驱动端子部分,当必须触摸模块端子时,要先将人体或衣服上的静电用大电阻接地进行放电后再触摸;在用导电材料连接模版驱动端子时,在配线末端接好之前请先不要接上模块,尽量在先接地的情况下操作。在应用中有时虽然保证了栅极驱动电压没有超过栅极最大额定电压,但栅极连线的寄生电感和栅极与集电极间的电容耦合,也会产生使氧化层损坏的振荡电压。为此,通常采用双绞线来传送驱动信号,以减寄生电感。在栅极连线中串联小电阻也可以抑制振荡电压。

b. 在栅极-发射极间开路时,若在集电极与发射极间加上电压,则随着集电极电位的变化,由于集电极有漏电流流过,栅极电位升高,集电极则有电流流过。这时,如果集电极与发射极间存在高电压,则有可能使 IGBT 发热及至损坏。

c. 在使用 IGBT 的场合,当栅极回路不正常或栅极回路损坏时(栅极处于开路状态),若在主回路上加上电压,则 IGBT 就会损坏,为防止此类故障,应在栅极与发射极之间串接一只 10kΩ 左右的电阻。

d. 在安装或更换 IGBT 模块时,应十分重视 IGBT 模块与散热片的接触面状态和拧紧程度。为了减少接触热阻,最好在散热器与 IGBT 模块间涂抹导热硅脂,安装时应受力均匀,避免用力过度而损坏。

e. 一般散热片底部安装有散热风扇,当散热风扇损坏散热片散热不良时将导致 IGBT 模块发热,从而发生故障。因此对散热风扇应定期进行检查,一般在散热片上靠近 IGBT 模块的地方安装有温度感应器,当温度过高时报警或停止 IGBT 模块工作。

3. 逆变器的基本理论

(1)二电平逆变器

如图 4-1-35 所示,将可逆转换器的直流电源分为两个,再将连接在直流电源一侧的输出端子连接在一分为二的直流电源中点处,就可以作为转换器工作。

若接通 S1,关闭 S2,则负载电机施加 $+V_{DC}/2$ 的电压。相反,关闭开关 S1,接通开关 S2,则施加 $-V_{DC}/2$ 的电压。

交替接通、关闭开关 S1 和 S2,就可以产生矩形波形的交流电压。如果改变其周期,就可以改变其输出频率,但是电压的强度固

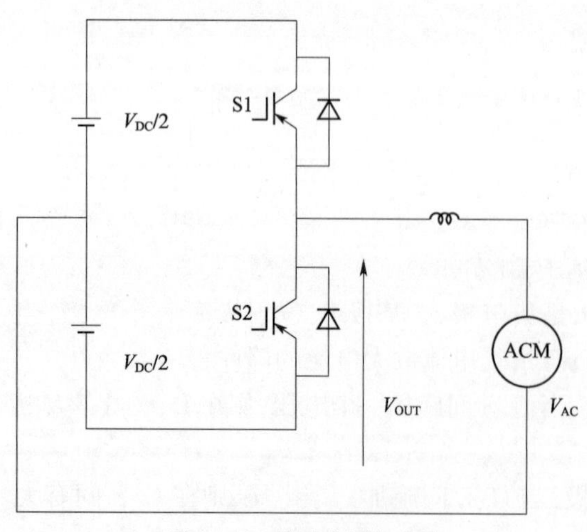

图 4-1-35　单项逆变器(半桥)

定在 $V_{DC}/2$ 不变。如果转换频率高于输出频率很大时，通过 PWM 控制“＋”与“－”的电压输出时间，即可输出正弦波形电压，同时能够任意控制其大小和频率。电压中也包含非正弦波成分，但是通过电机绕组的电感部分，可以将电力变为比较顺畅的波形，在一般情况下，PWM 频率为几千赫兹到十几千赫兹。图4-1-36所示是代表性的三角波比较 PWM 控制。

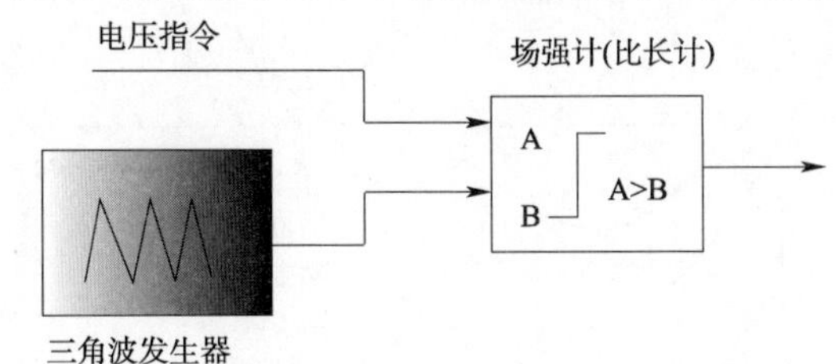

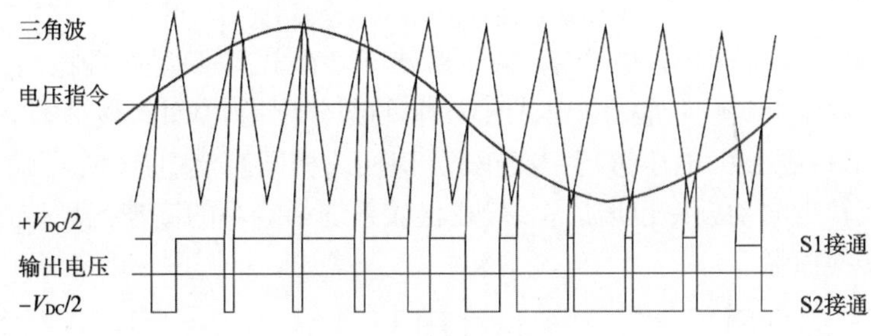

图 4-1-36　三角波比较 PWM

大功率交流电机一般为使用三相电源的三相电机，单项交流的瞬间电力以电源频率的 2 倍变动。逆变器以及电机电力发生变动，无法顺畅且高效地运转。三相交流的各相电力虽然变化，但是三相部分加起来计算的话没有变化，电力稳定。

若单相逆变器采用 3 个回路，即图 4-1-37 所示的三相逆变器，其原理是连接直流电源的中点与电机的中性点。但是因为三相交流的总和为零，因此可以不连接，也就是不需要将直流电源一分为二。

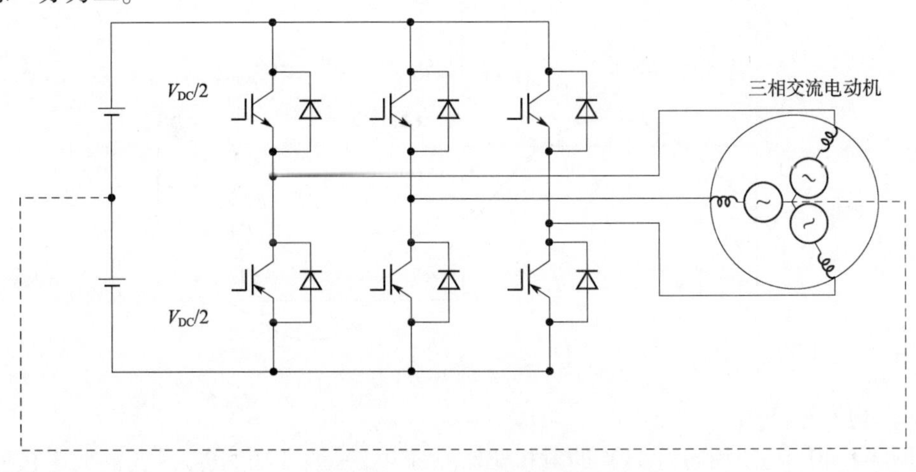

图 4-1-37　三相逆变器原理图

不连接直流电源的中点与电机的中性点，也就不需要将逆变器的各相电压转换为正弦波，如图 4-1-38 所示，同样的逆变器就可以输出大约 1.155 倍的正弦波电压。这里利用的是各相电压加上等值电压，线间电压不变的原理。控制方法有代替正弦波而使用该梯形波的PWM控制，当单相超过最大值时，将超过的部分从三相总电压基准中减除的控制方法。

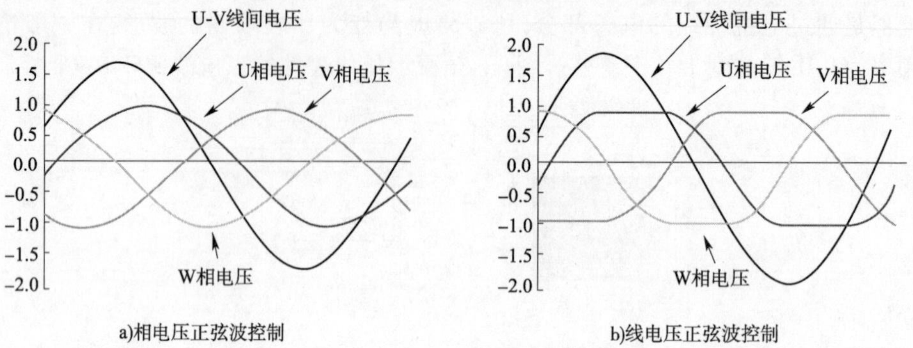

图4-1-38　线间电压正弦波控制方式

其他的PWM方法如图4-1-39所示，从波形就可以看出，不只是脉冲振幅，频率也有所变化。严格来讲不属于PWM，一般将产生ON\OFF的部分称为PWM。最基本的形态为1脉冲模式，该矩形波形每隔180°电压进行一次正、负切换。相同直流电压下，可输出的基本波最多。电机频率及转矩波动频率也增加，一般在机械系统影响小的高速区域使用，同时也可以降低逆变器的转换损耗。

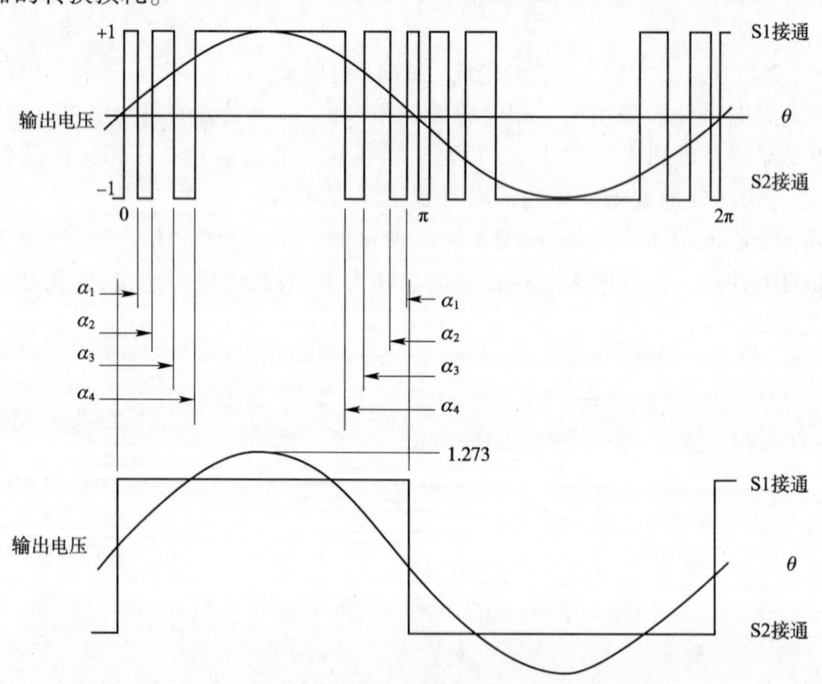

图4-1-39　模式PWM与1脉冲模式

(2)三电平逆变器。

在图4-1-40中，使用超过1kV的电机驱动系统中，一般采用NPC逆变器或者被称为三电平逆变器的主回路方式。通过二极管钳位构成的三电平逆变器电路，相对于普通逆变器的正负极电平而言，由于具有“+”“0”“-”三级，因此被称为三电平逆变器。

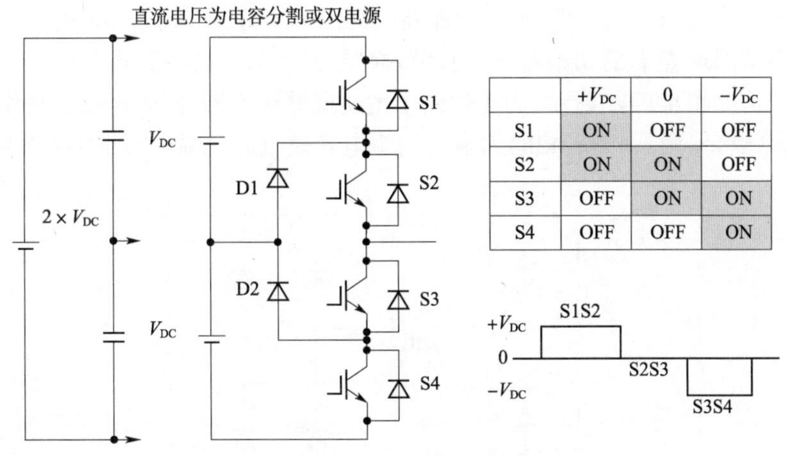

	$+V_{DC}$	0	$-V_{DC}$
S1	ON	OFF	OFF
S2	ON	ON	OFF
S3	OFF	ON	ON
S4	OFF	OFF	ON

图 4-1-40　三电平逆变器原理图

三电平逆变器的半导体电动装置数量是二电平逆变器的 2 倍，但是直流电压也可以相应翻倍，输出也为 2 倍。其工作原理是：接通 S1 与 S2，输出 $+V_{DC}$，接通 S2 与 S3 输出 0，接通 S3 与 S4 输出 $-V_{DC}$。输出 $+V_{DC}$、$-V_{DC}$时，电流方向发生变化时，与二电平逆变器相同，与接通的元器件逆向排列的二极管中通过电流。0 输出时，当电流从输出端子流出时，路径为 D1→S2，相反，流入输出端子时路径为 S3→D2。

三电平逆变器电压高，容量大。如图 4-1-41 所示，该逆变器也用于几百伏电压逆变器中。将 IGBT 逆向并列连接的双向开关 S2，连接到直流电源的中点与逆变器的中点。此时如果接通 S1 输出为 $+V_{DC}$，接通 S2 输出为 0，接通 S3 输出为 $-V_{DC}$。S2 可以将两组二极管与 IGBT 串联后反向并联构成，或者由两组逆向并联的二极管与 IGBT 反向串联构成。

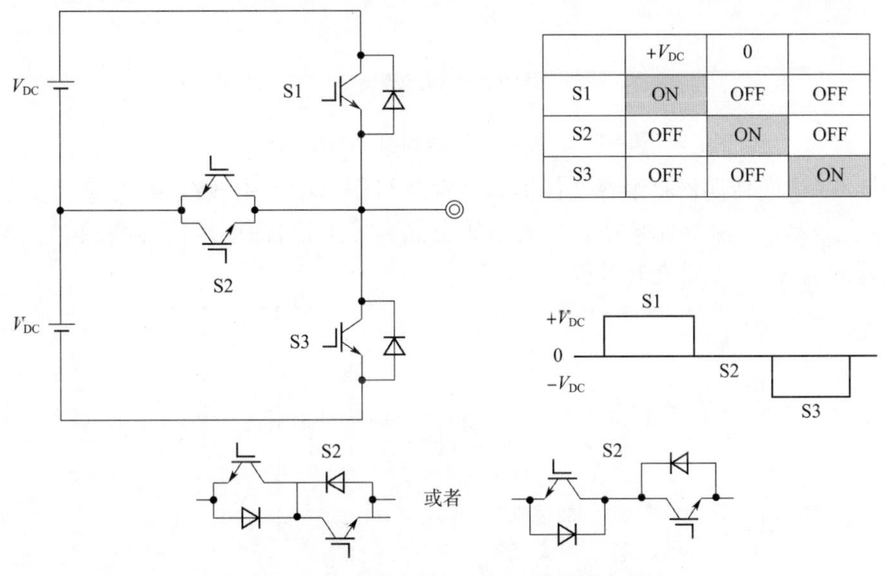

	$+V_{DC}$	0	
S1	ON	OFF	OFF
S2	OFF	ON	OFF
S3	OFF	OFF	ON

图 4-1-41　使用中性点开关的三电平逆变器

4. DC/DC 转换器基本理论

转换器的使用方法，有单向励磁方式与双向励磁方式两种。前者单向励磁方式仅通过一个半导体转换装置既可以实现，绝缘变压器的利用率不好，需要大功率输出的情况下一般不适用。如果是1kV左右的功率输出，使用转换器，采用双向励磁方式。

典型的结构如图4-1-42所示，为了使用半桥逆变器转换器，图4-1-42a）是作为切断电容直流电的耦合电容使用，图4-1-42b）为通过两个电容使直流电源 V_{DC} 的中点产生电位。

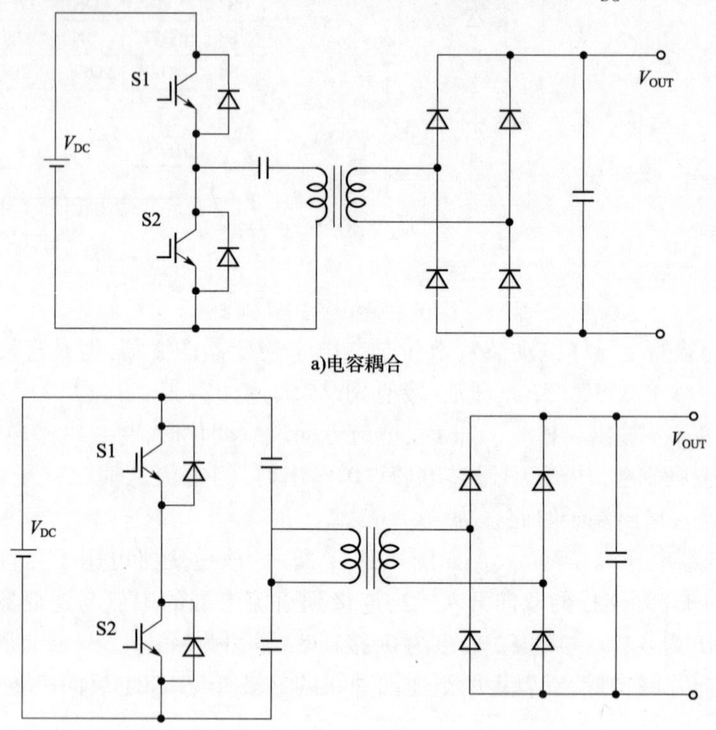

图4-1-42　使用半桥逆变器的DC/DC转换器

图4-1-43中的转换器将绝缘变压器的一次绕组作为中点引线线圈，对绝缘变压器施加的电压为正负 $2V_{DC}$。半导体转换装置的耐压也提高了1倍，而电压的影响减半。在直流电压 V_{DC} 较低的情况下，可以提升效率。

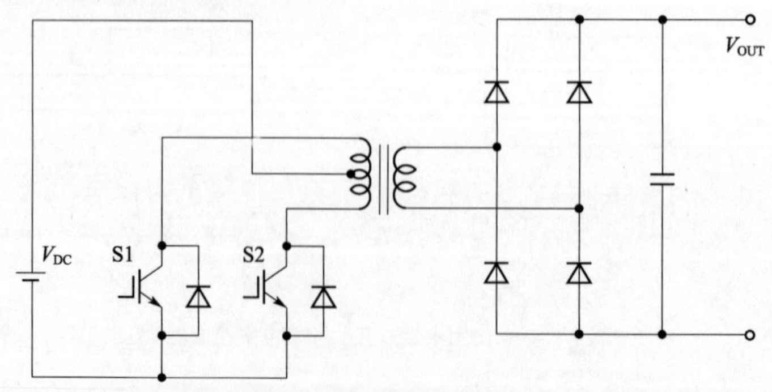

图4-1-43　使用了中点引线变压器的DC/DC转换器

图4-1-44所示为使用了全桥逆变器转换器，半导体转换装置需要4个，但是耐压电压与

半桥同样为 V_{DC}，输出电压为正负 $2V_{DC}$，由于电流流经两个半导体转换装置，因此导通压得影响也加倍。

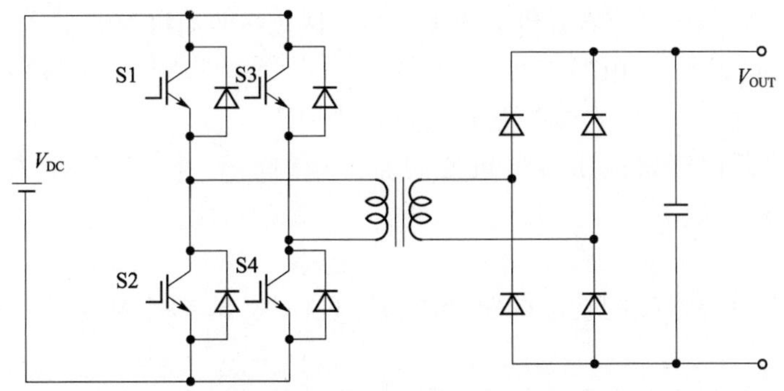

图 4-1-44　使用了全桥逆变器的 DC/DC 转换器

5. 逆变器模块

在混合动力或纯电动车辆上，使用电驱动电机就意味着需要有车载电源的存在，即：

(1)在纯电动汽车上加装一个满足行驶需求的大容量的电池。

(2)在混合动力汽车上采用较小容量的电池，同时还需增程器(发动机和交流发电机组合)或者是燃料电池。

电池储存的是直流电，而驱动电机使用的是交流电，因此，电动汽车都会面临直流电与交流电的兼容性问题以及供电设备与用电设备之间电压兼容性问题。解决这些兼容性的问题就需要用到车载功率电子变换器，它的存在可以消除上述操作中的不兼容问题。

由于上述原因，可以在车辆上找到以下功率电子变换器：

(1)从交流电到直流电的转换器，称为整流器或是"充电器"。

(2)从某一电压的直流电到另一电压的直流电的转换器，称之为"斩波器"或是"转换器"。

(3)从直流电到交流电的转换器，称为逆变器。

逆变器模块(通常称为驱动电机发电机电源逆变器模块)将高压直流电(DC)电能转换为 3 相交流电(AC)电能。电源逆变器模块总成由循环的冷却系统进行冷却，如图 4-1-45 所示，比亚迪腾势的逆变器模块上既有电器插头，又有冷却液冷却通道，用于给逆变器散热。

图 4-1-45　比亚迪腾势的逆变器模块

学习测试

1. 填空题

(1)驱动电机管理模块通常简称________，主要用于管理和控制驱动电机的________、方向以及将驱动电机作为逆变电机________。

(2)驱动电机控制器系统主要是由高压配电、________、________及相关的传感器组成。

(3)纯电模式下,DC 的功能替代了传统燃油车挂接在发动机上的________,和蓄电池并联给各用电器提供________电源。

(4)电机转速由________进行控制和监测。

(5)电压传感器用于检测供给电机控制器工作的________电压,包括________电压、12V 蓄电池电压。

2. 判断题

(1)PCU 更具有集成控制功能的驱动电机管理模块,即具备 MCU 与 DC/DC 转换器功能。 ( )

(2)当交流-直流转换成形成后,交流-直流转换器就被成为逆变器。 ( )

(3)在纯电动汽车或者混合动力汽车上安装的静态逆变器是用来改变电功率表现形式的。 ( )

(4)比亚迪秦驱动电机与驱动电机控制器采用风冷冷却。 ( )

(5)驱动电机控制器主要依靠电流传感器、电压传感器、温度传感器来进行电机运行状态的监测,根据相应参数进行电压、电流的调整控制以及其他控制功能的完成。 ( )

3. 不定项选择题

(1)驱动电机管理系统的主要功能有( )。

A. 逆变作用实现电流的转换　　B. 对电机的管理

C. 直流-直流的输出管理　　D. 车辆挡位的控制

(2)逆变器用于转换的电压方式有( )。

A. 直流-交流转换　　B. 交流-直流转换

C. 直流-直流转换　　D. 不转换

(3)下列关于 IGBT 的描述错误的是( )。

A. 中文简称是绝缘栅双极型晶体管

B. 具有输入阻抗低、开关速度慢的缺点

C. 具有驱动电路简单、通态电压低、能承受高电压大电流优点

D. 已广泛应用于变频器和其他调速电路中

(4)下列关于三电平逆变器的描述错误的是( )。

A. 使用超过 1kV 的电机驱动系统中

B. 一般采用 NPC 逆变器的主回路方式

C. 通过二极管钳位构成的三电平逆变器电路

D. 采用 3 个 NPN 型三极管构成

(5)下列关于逆变器模块的描述正确的是( )。

A. 工作时会产生热量

B. 一般采用润滑油的冷却方式

C. 可用于给 12V 蓄电池供电

D. 是电动汽车的全车电器控制模块

任务2　驱动电机管理系统检测

提出任务

一辆比亚迪 E6 纯电动汽车出现无法行驶的故障，你的主管初步判断是驱动电机管理系统方面的问题，要求你利用诊断仪器进行进一步诊断，你能完成这个任务吗？

任务要求

知识要求

1. 能够描述驱动电机控制器的检测方法；
2. 能够描述驱动电机管理系统运行注意事项。

能力要求

能够使用诊断仪读取和分析新能源汽车驱动电机控制器的基本参数。

相关知识

1. 驱动电机管理系统的检测

驱动电机管理系统在控制驱动电机的同时，还会对驱动电机、解角器以及自身控制模块进行实时自检。大多数混合动力汽车或纯电动汽车的驱动电机控制器主要在以下方面实施自检。

1）控制器供电和程序检测

（1）供电检测。电机控制器内部也会有来自车辆蓄电池的12V参考电源，以运行驱动电机传感器及其他处理器。当连接的参考电源电压过低或过高时，控制器将会实行自我关闭，并对外输出诊断故障码。

（2）内部软件的自检测。电机控制器内部包括有电机控制单元、逆变器控制单元等，这些部件都有集成电路及CPU单元，在正常运行过程中，系统会实施进行自我对其自身读、写存储器的能力进行监测，这属于控制器的内部故障检测，一般不能进行维修处理。

2）IGBT性能检测

驱动电机控制器MCU会根据整车控制器VCU的指令，控制IGBT的接通和断开，从而来实现驱动电机的输出或作为发电机工作。在对电机逆变的过程中，通过顺序启动 IGBT 的高电流开关晶体管，控制其相应的驱动电机或发电机的速度、方向和输出转矩。同时，控制器会检测每个 IGBT 的故障情况，当发现相应故障后，会关闭逆变器功能。

3）驱动电机 U-V-W 相电流检测

由于驱动电机或发电机使用三相交流电运行，且 IGBT 通常会对应控制驱动电机或发电机的其中一个相，各相分别标识为 U、V、W。控制器通过监测连接到各驱动电机或发电机相的电流传感器，以便检测逆变器是否存在电流过大故障。

大多数电流传感器是驱动电机控制器总成内部的一部分，无法单独维修。

另外，由于所有的电机或发电机相电路是通过电气方式连接的，其电流总量应相同。电机控制器执行一次数学计算，以确认相电流传感器的精确性。如果 U-V-W 相电流传感器的相电流总量大致相同，则计算结果应接近零。如果 U-V-W 相电流相差较大，则会认为是故障。

4）电机温度检测

在大多数的电机控制器模块内部会设置有温度传感器，用于检测连接电机电缆的温度，以及模块自身集成电路的温度。温度传感器是一个热敏电阻，它的电阻值随温度而改变，具有负温度系数。这表示随着温度升高，电阻减小；随着温度降低，电阻增大。

控制器通常向温度传感器提供一个 5V 参考电压信号，并测量电路中的电压降。当被检测的电缆或集成电路温度低时，传感器电阻大，控制器模块检测到高电平信号电压。当温度升高时，传感器电阻减小，信号电压也降低。

5）驱动电机位置传感器的检测

驱动电机位置传感器由驱动电机控制器监测。根据旋转变压器型位置传感器信号，电机控制器监测驱动电机发电机转子的角位置、转速和方向。

位置传感器包含一个主动线圈、两个从动线圈和一个不规则形状的金属转子。金属转子以机械方式固定在驱动电机发电机的轴上。车辆起动时，电机控制器输出一个 7V 交流电、10kHz 的励磁信号至驱动线圈。主动线圈励磁信号生成一个环绕两个从动线圈和不规则形状转子的磁场。然后，电机控制模块监测两个从动线圈电路，以获得一个返回信号。不规则金属转子的位置不同，使得从动线圈磁导返回信号的尺寸和形状也不同。通过对比两个从动线圈信号，电机控制器能够确定驱动电机发电机转子的精确位置、速度和方向。

6）控制器高压绝缘检测

驱动电机控制器利用若干内部传感器测量混合动力或纯电动汽车来自动力电池的高电压。

驱动电机控制器测试高电压正极电路或高电压负极电路和车辆底盘之间是否存在失去隔离的情况，当检测到电机控制器或者相关电路在动力电池输出高电压后，存在对车辆底盘的电阻过低情况，系统将会将这一情况反馈给整车控制器，并与整车控制器一起切断车辆的高电压，避免发生事故。

2. 驱动电机管理系统运行注意事项

驱动电机管理系统运行时必须注意以下事项：

(1)电机系统上电顺序要求。在给电机控制器上高压电源之前,必须先将低压控制电源接通。断电时,先断开高压电源,再断开低压控制电源。

(2)电机控制器不能应用在与标称电压不符的电源上,这时控制器或者不能正常工作,或者会被烧毁。

(3)电机控制器只能与车用动力电池组配套使用,不要从事使用整流电源。

(4)故障出现在电机及控制器的任何地方都有可能导致重大的设备损坏,甚至是严重的人身伤害(即存在潜在的危险故障),因此,还必须采取附加的外部预防措施(如主接触器)用于确保安全运行,即使在故障出现时也应如此。

(5)对动力电池组进行充电时,应将电机控制器断开。

(6)车辆停止使用或长期驻车时,需将高、低压电源断开。

(7)装有该型号电机及其控制器的电动车辆出现故障,被拖车拖走维修时必须保证该电动车辆挡位处于空挡位置,实现电机轴与变速器输入轴的连接脱离,避免电机高压发电造成系统损坏以及安全事故。

任务实施

(一)工作准备

(1)防护装备:常规实训着装。

(2)车辆、台架、总成:比亚迪 E6 纯电动汽车;荣威 E550 混合动力汽车;或其他同类新能源汽车。

(3)专用工具、设备:比亚迪、荣威专用故障诊断仪。

(4)手工工具:无。

(5)辅助材料:无。

(二)实操步骤

本实训介绍利用故障诊断仪器进行驱动电机管理系统的检测方法,操作时请同时参阅对应厂家诊断仪器的操作说明书。

1. 比亚迪 E6 驱动电机数据流读取和分析

警告:

在接通汽车后诊断仪屏幕会亮起,若程序未运行或出现乱码情景,可拔下仪器的数据线重新连接一次,即可继续操作;并且确保测试接头和诊断仪器接触良好,以保证信号传输不会中断。

(1)打开诊断仪工具箱(图 4-2-1)。

(2)取出诊断仪连接线(图4-2-2)。

图4-2-1　打开诊断仪工具箱

图4-2-2　取出诊断仪连接线

(3)取出诊断仪(图4-2-3)。

(4)连接诊断仪上的诊断接头(图4-2-4)。

图4-2-3　取出诊断仪

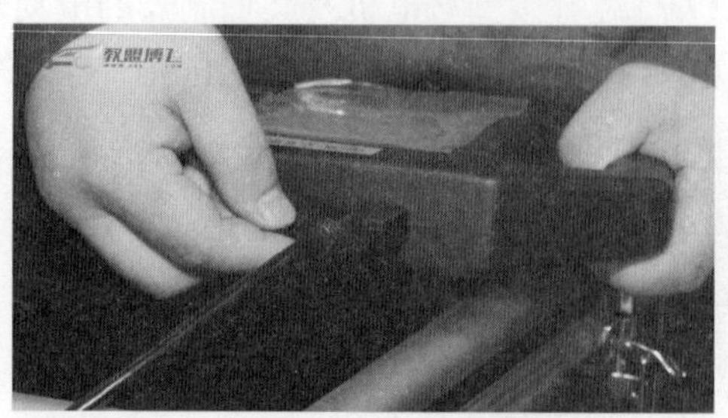

图4-2-4　连接诊断仪上的诊断接头

(5)连接诊断仪的诊断接头到车辆的故障诊断座(图4-2-5)。

(6)起动车辆(图4-2-6)。

图4-2-5　连接诊断仪的诊断接头到车辆的故障诊断座

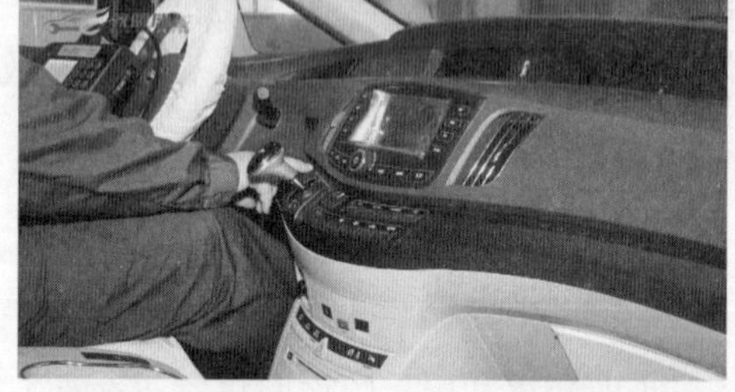

图4-2-6　起动车辆

(7)开启仪器电源,根据仪器屏幕提示操作。

①选择车型诊断:比亚迪汽车(图4-2-7)。

②选择适合的车型:比亚迪E6(图4-2-8)。

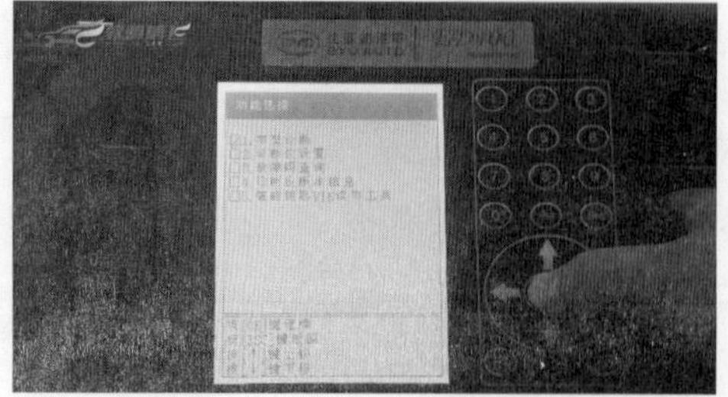

图4-2-7　选择车型诊断:比亚迪汽车

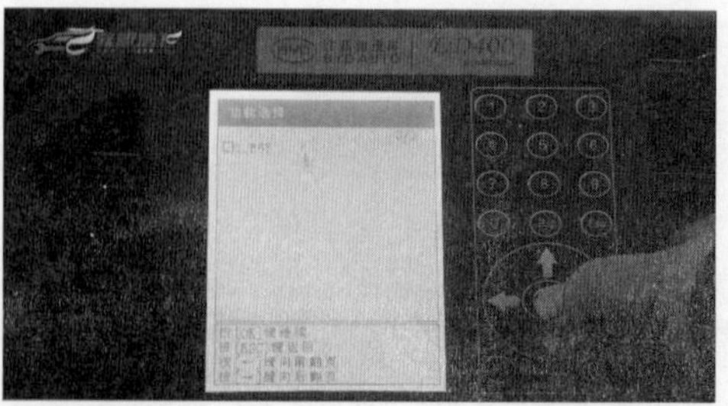

图4-2-8　选择适合的车型:比亚迪E6

③进入 E6 动力网系统(图 4-2-9)。

④进入 VIOG 控制器(图 4-2-10)。

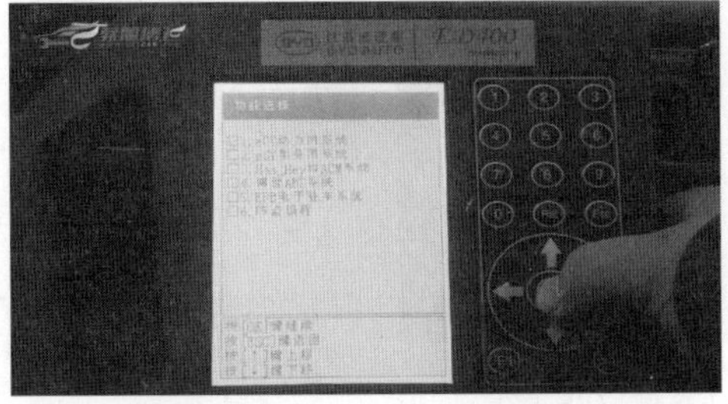

图 4-2-9　进入 E6 动力网系统

图 4-2-10　进入 VIOG 控制器

⑤读取数据流,进行以下操作,观察数据流的变化(图 4-2-11)。

a. 踩下制动踏板(图 4-2-12)。

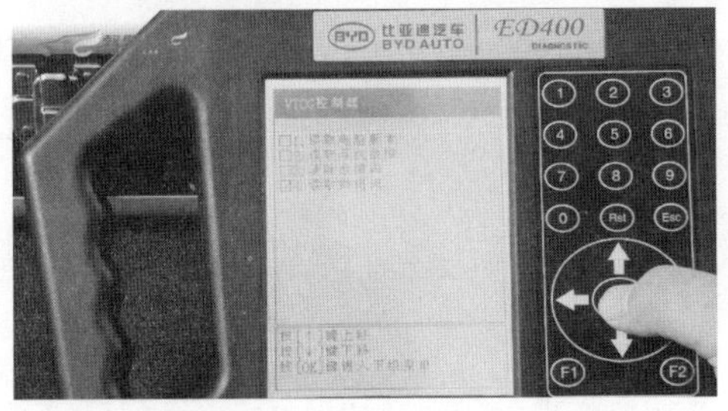

图 4-2-11　读取数据流

图 4-2-12　踩下制动踏板

b. 踩下加速踏板(图 4-2-13)。

c. 挂入倒车挡(图 4-2-14)。

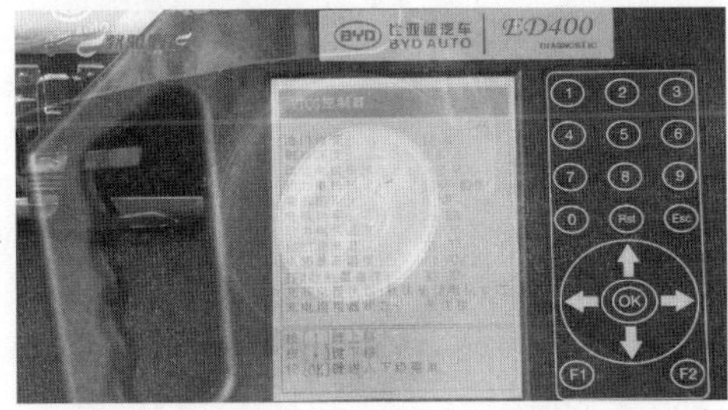

图 4-2-13　踩下加速踏板

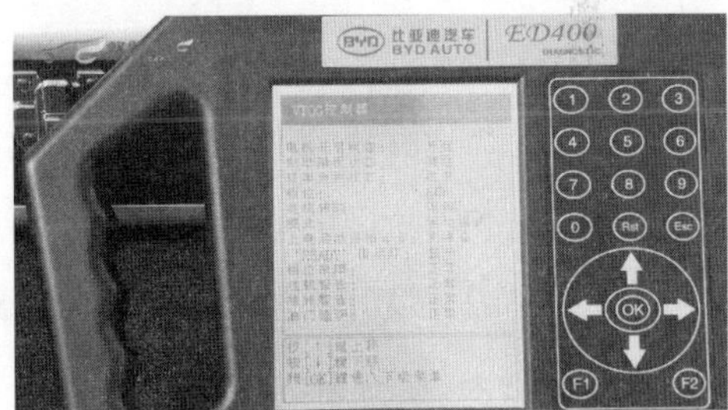

图 4-2-14　挂入倒车挡

d. 踩下加速踏板(图 4-2-15)。

e. 踩下制动踏板,置于空挡(图 4-2-16)。

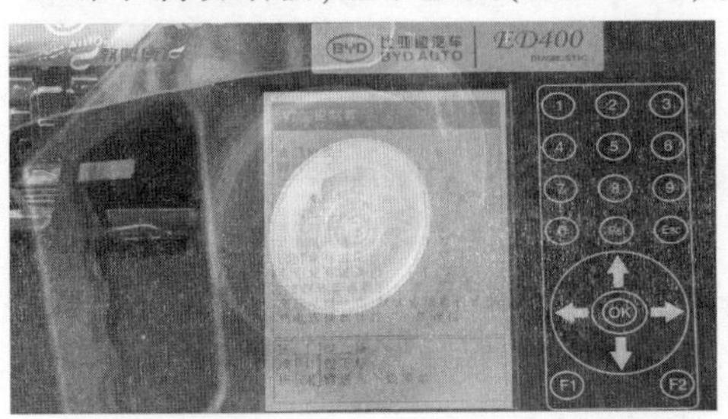

图 4-2-15　踩下加速踏板

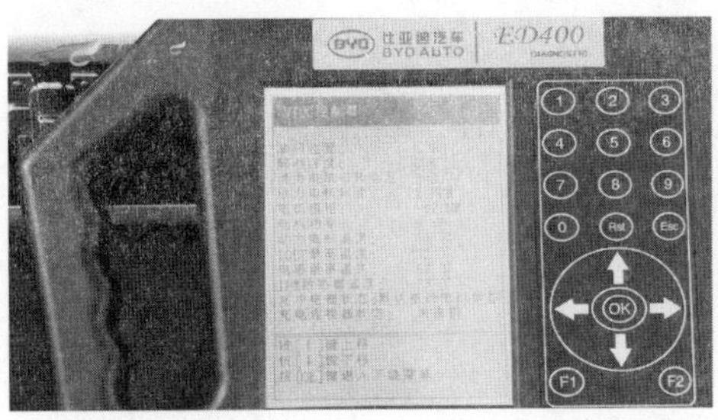

图 4-2-16　踩下制动踏板,置于空挡

⑥返回诊断仪主菜单,关闭仪器(图 4-2-17)。

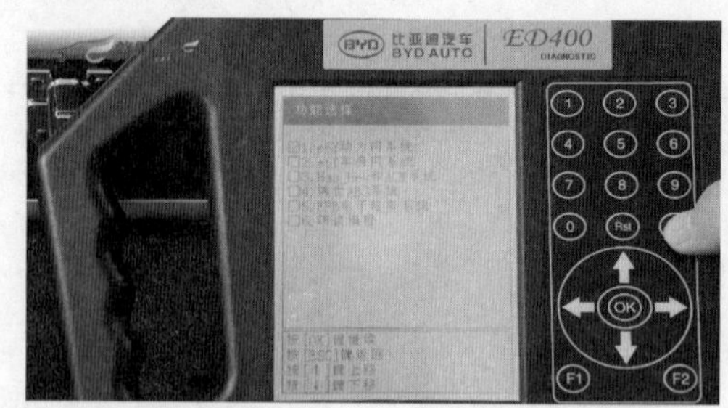

图 4-2-17 返回诊断仪主菜单,关闭仪器

2. 荣威 E550 驱动电机控制器数据流读取和分析

以荣威 E550 为例,进行驱动电机控制器模块数据流读取和分析。

与动力蓄电池数据读取方式相同,我们可以通过诊断仪读取到以下数据,如图 4-2-18 ~ 图 4-2-20 所示。

数据显示屏　创建报告　添加书签

诊断数据显示屏　显示图形数据　状态图

驱动马达1控制模块

参数名称	数值	单位	控制模块
驱动电机1逆变器状态	不活动		驱动电机控制模块1
驱动电机1位置传感器补偿值读入状态	未运行		驱动电机控制模块1
驱动电机1逆变器供电电压电路	13.97	伏	驱动电机控制模块1
驱动电机1 U相电流	0.40	A	驱动电机控制模块1
驱动电机1 V相电流	–1.76	A	驱动电机控制模块1
驱动电机1 W相电流	–0.64	A	驱动电机控制模块1
驱动电机1控制模块负极供给隔离电压	14.72	伏	驱动电机控制模块1
驱动电机1控制模块正极供给隔离电压	0.00	伏	驱动电机控制模块1
隔离电压增量	14.72	伏	驱动电机控制模块1
隔离电压比		:1	驱动电机控制模块1
计算的驱动电机1温度	47	°C	驱动电机控制模块1

返回　请联系我们　主页　车辆菜单　输入

图 4-2-18 数据流读取(一)

数据显示屏　创建报告　添加书签

诊断数据显示屏　显示图形数据　状态图

驱动马达1控制模块

参数名称	数值	单位	控制模块
驱动电机1逆变器状态	激活		驱动电机控制模块1
驱动电机1位置传感器补偿值读入状态	未运行		驱动电机控制模块1
驱动电机1逆变器供电电压电路	290.05	伏	驱动电机控制模块1
驱动电机1 U相电流	0.64	A	驱动电机控制模块1
驱动电机1 V相电流	–0.80	A	驱动电机控制模块1
驱动电机1 W相电流	0.48	A	驱动电机控制模块1
驱动电机1控制模块负极供给隔离电压	290.80	伏	驱动电机控制模块1
驱动电机1控制模块正极供给隔离电压	0.00	伏	驱动电机控制模块1
隔离电压增量	290.80	伏	驱动电机控制模块1
隔离电压比		:1	驱动电机控制模块1
计算的驱动电机1温度	46	°C	驱动电机控制模块1

返回　请联系我们　主页　车辆菜单　输入

图 4-2-19 数据流读取(二)

参数名称	数值	单位	控制模块
驱动电机2逆变器温度传感器1	44	°C	驱动电机控制模块2
驱动电机2逆变器温度传感器2	43	°C	驱动电机控制模块2
驱动电机2逆变器温度传感器3	43	°C	驱动电机控制模块2
驱动电机2位置传感器补偿值读入状态	未运行		驱动电机控制模块2
驱动电机2逆变器供电电压电路	288.56	伏	驱动电机控制模块2
驱动电机2 U相电流	0.00	A	驱动电机控制模块2
驱动电机2 V相电流	−1.08	A	驱动电机控制模块2
驱动电机2 W相电流	0.56	A	驱动电机控制模块2
驱动电机2控制模块负极供给隔离电压	289.31	伏	驱动电机控制模块2
驱动电机2控制模块正极供给隔离电压	0.00	伏	驱动电机控制模块2
计算的驱动电机2温度	45	°C	驱动电机控制模块2

图 4-2-20　数据流读取(三)

从以上图中,可以看出动力驱动电机数值相关参数,如驱动电机的三个相位 U/V/W 电流值、驱动电机温度等,维修技师可以与维修手册相关的参考值进行对比,以判断驱动电机的工作运行状态。

学习测试

1. 填空题

(1)驱动电机管理系统在控制驱动电机的同时,还会对________、________以及自身控制模块进行实时自检。

(2)电机控制器内部包括有________单元、控制单元等。

(3)电机控制器模块内部的温度传感器,随着温度升高,电阻________;随着温度降低,电阻________。

(4)驱动电机位置传感器监测驱动电机发电机转子的________、________和________。

(5)在给电机控制器上高压电源之前,必须先将________电源接通。断电时,先断开________电源,再断开________电源。

2. 判断题

(1)驱动电机控制器发现 IGBT 相应故障后,会关闭逆变器功能。 (　　)

(2)大多数电流传感器是驱动电机控制器总成内部的一部分,可以单独维修。 (　　)

(3)对动力电池组进行充电时,应将电机控制器断开。 (　　)

(4)驱动电机管理系统会对驱动电机、解角器以及自身控制模块进行实时自检。 (　　)

(5)驱动电机位置传感器由驱动电机控制器监测。 (　　)

项目五

动力驱动单元

动力驱动单元用于将动力蓄电池的能量按照VCU的要求转换成车辆需要的机械能驱动车辆行驶。在混合动力汽车中，驱动单元也是连接内燃机与电力驱动的重要部件。本项目主要介绍新能源汽车动力驱动单元的知识，包含以下两个任务：

任务1　混合动力汽车驱动单元认知；

任务2　纯电动汽车驱动单元认知。

通过本项目的学习，你将能够掌握混合动力汽车和纯电动汽车动力驱动单元的驱动形式和特点。

任务1　混合动力汽车驱动单元认知

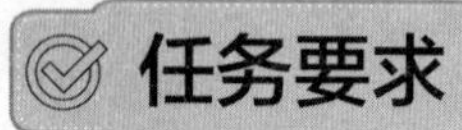

提出任务

作为新能源汽车专业的售后服务人员,你知道混合动力汽车有几种驱动形式吗?

任务要求

知识要求

1. 能够描述混合动力汽车驱动形式;
2. 能够描述串联式驱动系统结构形式;
3. 能够描述并联式驱动系统结构形式;
4. 能够描述混联式驱动系统结构形式。

能力要求

能够检索资料,归纳并描述混合动力汽车各种驱动形式的结构和特点。

相关知识

1. 混合动力汽车的驱动形式

混合动力汽车是由两种或两种以上的动力来进行驱动的,当前大多数的油电混合动力汽车主要有内燃机和电力两种动力进行驱动。

根据内燃机与电力之间连接的方式,可以将混合动力汽车分为串联式混合动力、并联式混合动力以及混联式混合动力3种形式,如图5-1-1所示。

2. 串联式混合动力驱动单元

串联式混合动力驱动单元是指车辆的驱动力只来源于电机的混合动力汽车。其特点是发动机带动发电机发电,电能通过驱动电机控制器输送给电机,由电机驱动汽车行驶。另外,动力蓄电池也可以单独向电机提供电能驱动汽车行驶。如雪佛兰VOLT(图5-1-2)即采用这种形式的驱动单元。

1)驱动单元主要结构形式

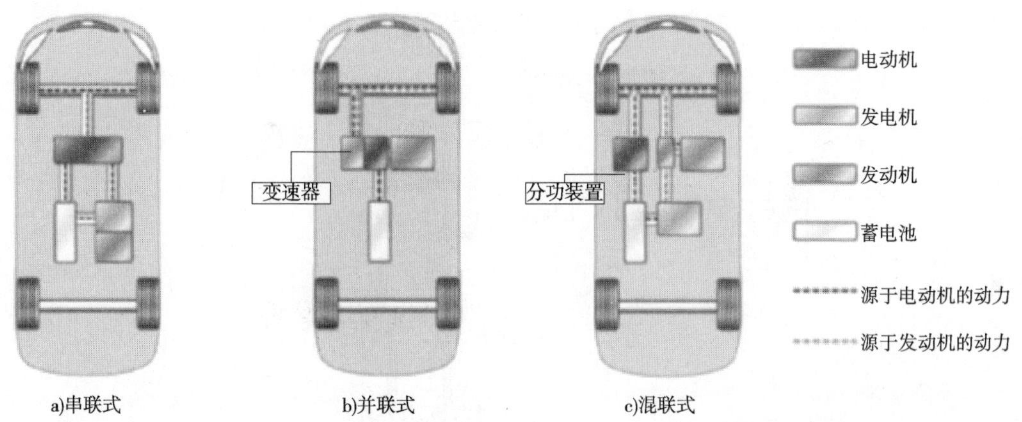

图 5-1-1　混合动力驱动形式

VOLT 驱动单元内部设置有单级单排行星齿轮机构、2 个电机和 2 个离合器，其连接关系如图 5-1-3 所示。

图 5-1-2　雪佛兰 VOLT

内部部件的连接关系是行星齿轮机构的太阳轮与电机 B 刚性连接，齿圈受 C1 和 C2 离合器的控制，行星架实现动力输出。

行星齿轮安装于输出行星架总成内。太阳轮与输出太阳轮轴啮合。齿圈与 C2 外圈及 C1 内圈配合。C1 工作时，齿圈处于静止状态。C2 工作时，齿圈与发电机 A 连接。

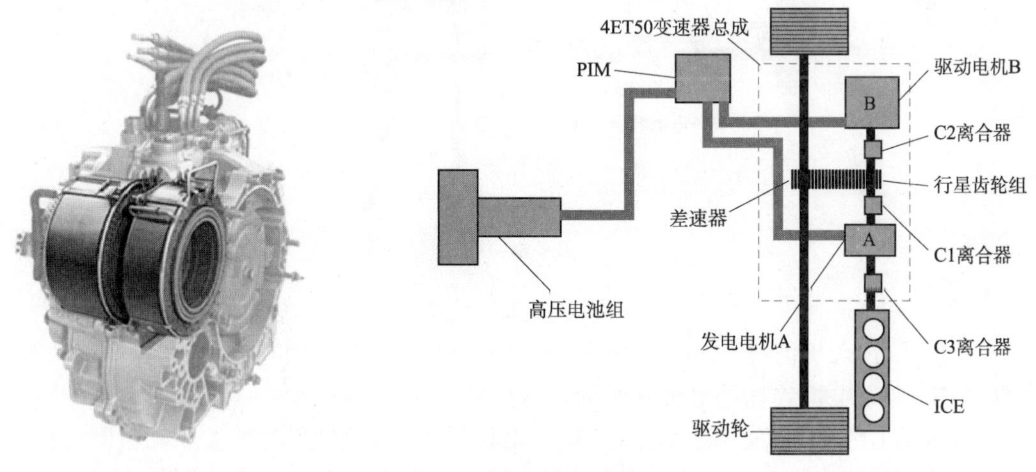

图 5-1-3　驱动单元结构示意图

2）驱动单元运行模式

雪佛兰 VOLT 驱动单元运行时有 3 种运行模式，即：①纯电动单电机驱动模式；②纯电动双电机驱动模式；③内燃机运行电动驱动模式。

（1）纯电动单电机驱动模式（图 5-1-4）。

该模式下，内燃机是处于关闭的状态，仅由电机驱动车辆。

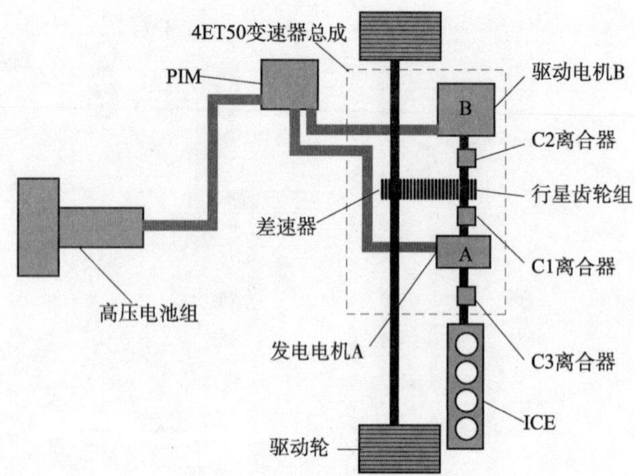

图 5-1-4　纯电动单电机驱动模式

在纯电动单电机驱动模式下，驱动单元内部部件的动力传递方式是：C1 离合器接合以保持行星齿轮组的齿圈处于静止状态，动力电池通过逆变器等部件驱动电机 B 运转，由于行星齿轮组的齿圈保持静止状态，因此旋转转矩通过行星架输送到差速器，并最终传输到驱动轮上。

(2)纯电动双电机驱动模式(图 5-1-5)。

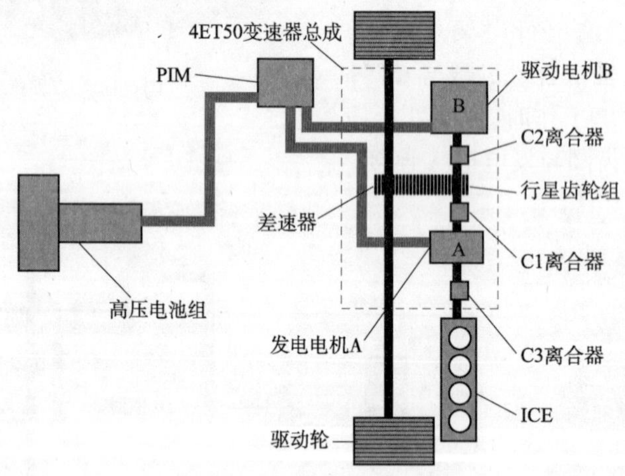

图 5-1-5　纯电动双电机驱动模式

在该模式，内燃机仍然关闭，驱动车辆通过两个电机进行的。驱动电机 B 提供移动车辆所需的转矩，驱动电机 A 辅助电机 B 驱动车辆行驶。

内部的动力传递方式是：动力电池为两个电机提供电源动力，电机 A 驱动齿圈，转矩通过行星架输送到差速器齿轮，并通过差速器传递至驱动轮；电机 B 驱动太阳轮，太阳轮驱动行星架的行星齿轮，转矩通过行星架输送到差速器齿轮，并通过差速器传递至驱动轮。

(3)内燃机运行电动驱动模式(图 5-1-6)。

该模式下，内燃机运行，并驱动电机 A 产生电能以提供电能至驱动电机 B，将转矩提供至车轮；同时将多余的电能或存储在动力蓄电池中。此时驱动单元内部动力传递形式是：C1 离合器将保持行星齿轮组的齿圈处于静止状态，C3 离合器将电机 A 与内燃机相连接，电机

A 产生的电能传递给电机 B 驱动太阳轮，由于齿圈保持静止状态，因此旋转转矩则通过行星架传输到差速器，并通过差速器传输到驱动轮上。

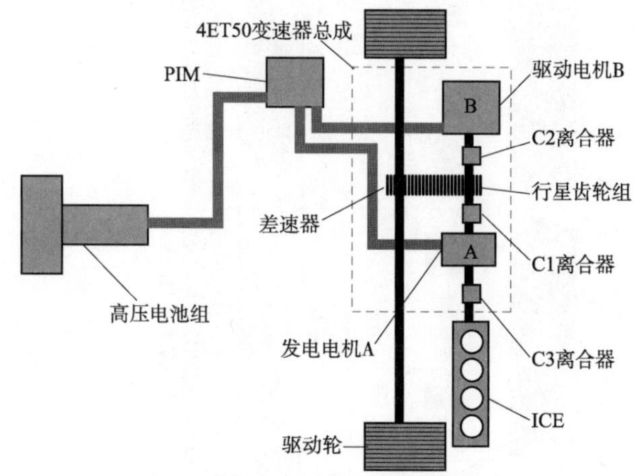

图 5-1-6　内燃机运行电动驱动模式

3. 并联式混合动力驱动单元

并联式混合动力驱动单元是指车辆的驱动力由电机和发动机同时或单独供给的混合动力汽车。其结构特点是并联式驱动系统可以单独使用发动机或电机作为动力源，也可以同时使用电机和发动机作为动力源驱动汽车行驶。如本田 Insight（图 5-1-7）即采用这种形式的驱动单元。

图 5-1-7　本田 Insight 混合动力汽车

本田 Insight 并联式混合动力驱动单元的运行模式如图 5-1-8 所示。

并联式动力驱动模式如图 5-1-9 所示。

4. 混联式混合动力驱动单元

混联式混合动力驱动单元是指具备串联式和并联式两种结构的混合动力汽车。其特点是可以在串联混合模式下工作，也可以在并联混合模式下工作。混联混合动力多了动力分离装置，动力一部分用于驱动车轮，另一部分用于发电。如丰田普锐斯（图 5-1-10）即采用这种形式的驱动单元。混联结构驱动模式如图5-1-11所示。

驱动单元取代了变速器安装在内燃机上，内部的部件主要有电机 MG1 和 MG2，2 个行星齿轮组，差速齿轮和控制离合器（图 5-1-12）。

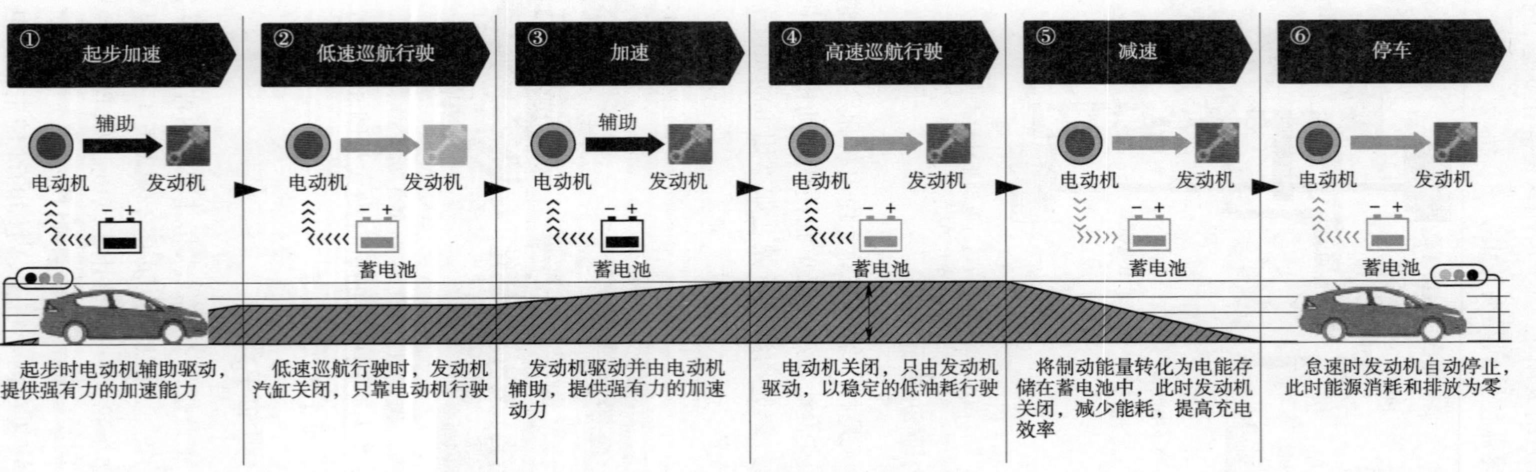

图 5-1-8 本田 Insight 并联式混合动力驱动单元的运行模式

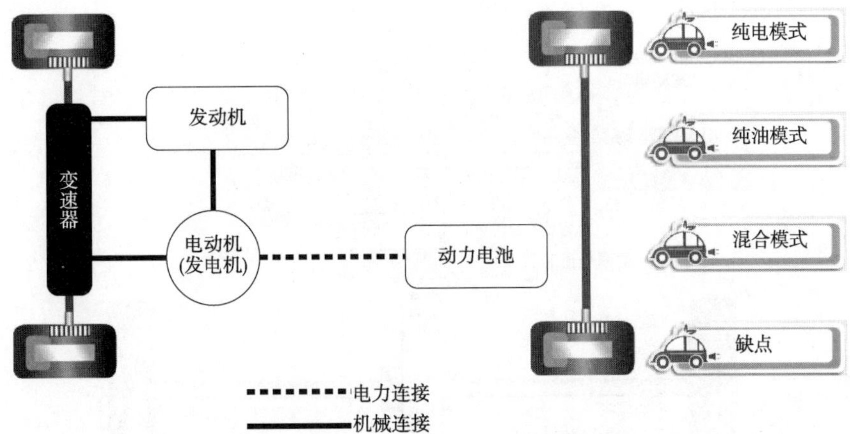

图 5-1-9　并联式动力驱动模式

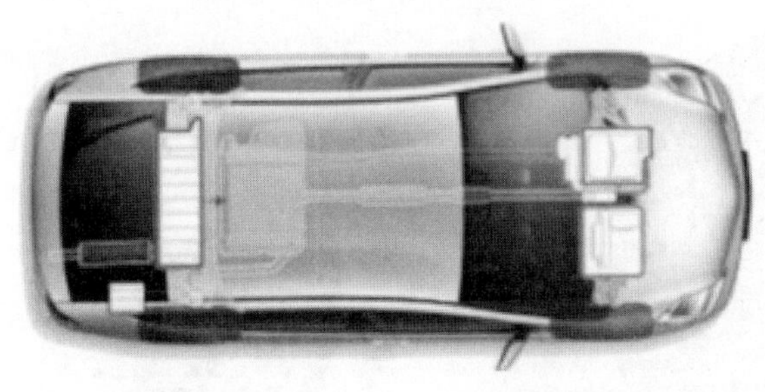

图 5-1-10　丰田普锐斯混合动力汽车

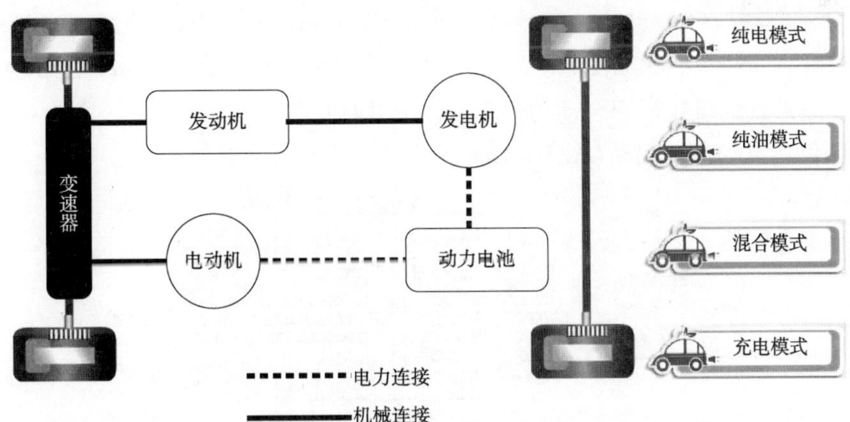

图 5-1-11　混联结构驱动模式

行星齿轮机构将内燃机的动力分往两个方向：一部分驱动车轮，另一部分驱动 MG1，使其能作为发电机工作（图 5-1-13）。其工作原理如图 5-1-14 所示。

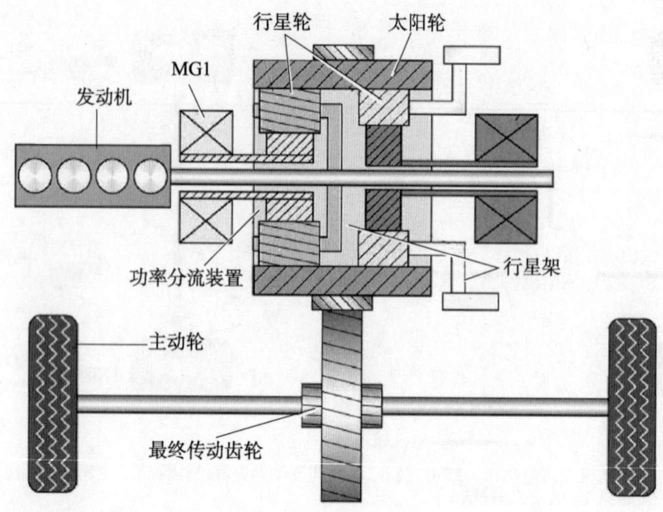

图 5-1-12　驱动单元内部结构示意图

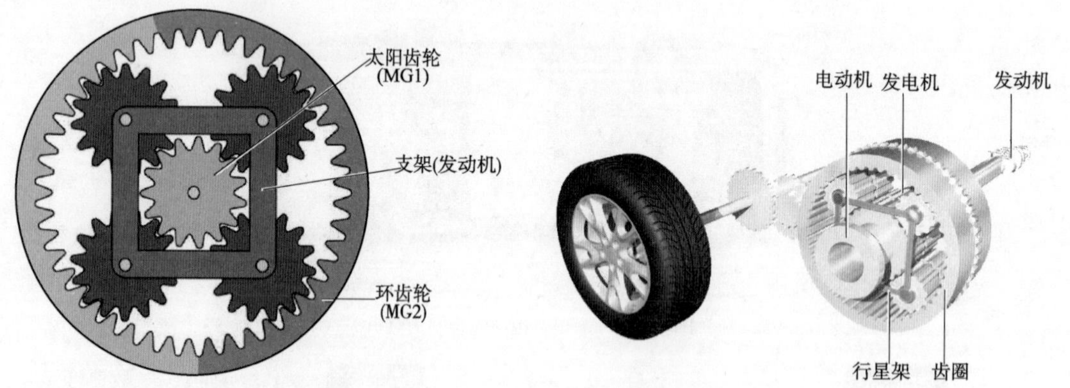

图 5-1-13　行星齿轮机构连接关系

图 5-1-14　混合动力行星齿轮工作原理

采用混联形式的普锐斯混合动力汽车有以下几种运行模式。

1）车辆停止发动机被起动（图 5-1-15）

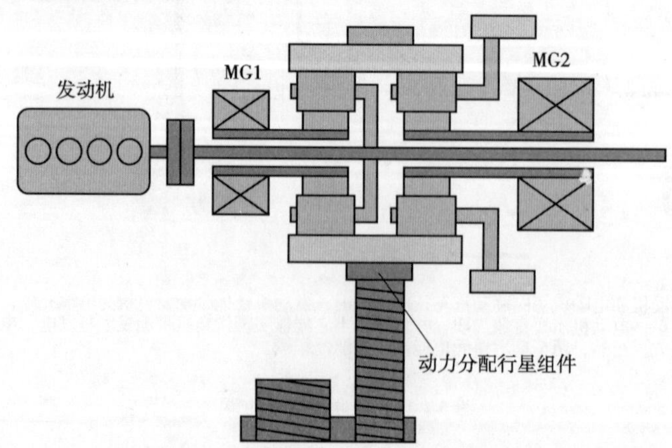

图 5-1-15　车辆停止发动机被起动模式

车辆停止时电动发电机 MG2 处于静止状态,此时发动机停机不工作。当电源控制 ECU 模块监测到 SOC 充电状态过低或电载荷过大不符合条件需要起动发动机时,电源控制 ECU 模块向主 ECU 发出信号控制电动发电机 MG1 运转从而起动发动机。电动发电机 MG2 处于静止状态,电动发电机 MG1 驱动太阳轮正向旋转,所以行星架连接发动机作正向减速输出运动即发动机被起动。在发动机被起动的期间,为防止电动发电机 MG2 运转,此时电动发电机 MG2 将接收电流以施加制动。当发动机起动完成后电动发电机 MG1 的驱动电流会立即被切断,此时电动发电机 MG2 仍然静止,发动机带动行星架输入太阳轮正向增速输出,即电动发电机 MG1 被驱动并作为发电机对 HV 蓄电池进行充电。

2)车辆低负荷工况(图 5-1-16)

车辆发动机在低负荷工况时处在高油耗、高排放污染区域,而普锐斯混合动力汽车的 EV 模式能够仅利用由 HV 蓄电池向电动发电机 MG2 提供的电能驱动车辆行驶。此时发动机停机不运行加速踏板开度不大,电动发电机 MG1 反向旋转但不发电。主 ECU 便控制 HV 蓄电池向电动发电机 MG1 供电使其以较低转速正向旋转从而起动发动机。首先电动发电机 MG1 的驱动电流会使其停止转动,根据图示此时发动机已经正向旋转,车速的高低决定了电动发动机 MG1 正向旋转的转速大小;然后当电源控制 ECU 模块接收到发动机已经运转的信号后会立即切断电动发电机 MG1 的驱动电流,已经起动的发动机带动电动发电机 MG1 正向旋转从而将其转换成发电机对 HV 蓄电池进行充电。

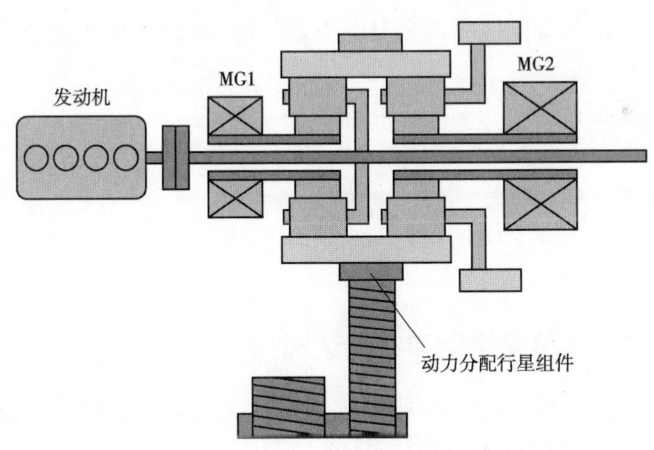

图 5-1-16　车辆低负荷工况模式

3)车辆正常行驶工况(图 5-1-17)

车辆在正常行驶状态时,发动机和电动发电机 MG2 一同驱动。此时发动机能够在最佳工况下运转,一部分动力直接输出到驱动车轮,剩余的动力带动电动发电机 MG1 作为发电机发电,通过变频器总成一系列的调整和转换电能驱动电动发电机 MG2 从而输出动力。当 HV 蓄电池的电量少时,发动机输出功率会被提高带动电动发电机 MG1 加大发电量向 HV 蓄电池充电。当车辆由正常行驶状态进入巡航状态时,电动发电机 MG1 的转速可以有所下降,这样发动机可以在较低的经济转速下工作从而提高了车辆的经济性。

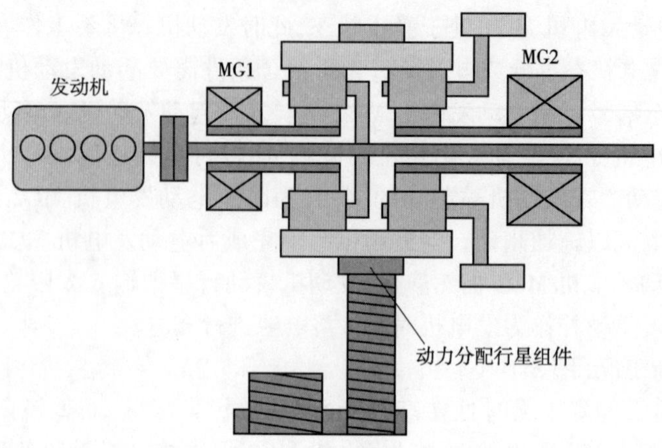

图 5-1-17　车辆正常行驶工况模式

任务实施

(一) 工作准备

(1) 防护装备：常规实训着装。

(2) 车辆、台架、总成：普锐斯混合动力汽车；混合动力驱动单元挂图、模型；能连接互联网的电脑或移动终端。

(3) 专用工具、设备：无。

(4) 手工工具：无。

(5) 辅助材料：无。

(二) 实施步骤

1. 混合动力驱动单元类型和特点认知

参观实训室的混合动力驱动单元挂图、模型；检索资料，网上搜索或走访周边汽车销售店面，了解混合动力驱动单元的类型和特点。

> 提示：
>
> 可参照“学习拓展”的内容。

2. 普锐斯混联式混合动力驱动单元运行模式认知

参照“相关知识”的内容，对照实车或台架，分析混联式混合动力驱动单元的运行模式。

1) 车辆停止发动机被起动

分析发动机和电机的工作情况。

2)车辆低负荷工况

分析发动机和电机的工作情况。

3)车辆正常行驶工况

分析发动机和电机的工作情况。

学习拓展

下面以宝马 F18PHEV 插电式混合动力汽车为例,介绍高端品牌车型的混合动力驱动单元。

2015 年春季在 BMW 高效动力框架下推出混合动力汽车版本 BMW530Le,是第七款搭载混合动力技术的量产汽车,它首次将 BMW4 缸汽油发动机与电动驱动装置组合,为该汽车细分市场树立了效率和可持续性的新标准。BMW530Le 的开发序列代号为 F18PHEV,BMW530Le 是一款采用锂离子高压蓄电池的全混合动力车辆,可用家用插座充电。BMW530Le 的驱动系统由一个搭载涡轮技术的 4 缸汽油发动机(N20B20M0)、一个 8 挡自动变速器(GA8P75HZ)和一个电机组成。与采用传统方式驱动的 BMW525Li 四门车相比,F18PHEV 所采用的 ActiveHybrid 技术的主要优点在于:在耗油量更低的同时进一步提高了驱动功率。BMW530Le 百公里加速用时 7.1s,平均耗油量降低到百千米 2.0L,CO_2 排放量降至每千米 49g,BMW530Le 的电驱动装置可以进行纯电动行驶,因此能实现零排放,最高车速为 120km/h,最大电动续航里程为 58km。

1. F18PHEV 驱动电机

1)齿形带起动系统

图 5-1-18 所示为齿形带起动系统结构。

齿形带起动机产生的转矩通过一根齿形带和一个减振器传输到曲轴上,并通过这种方式起动发动机。为了能可靠传递起动机的转矩,使用一根机械张紧轮。发动机起动后,曲轴自由轮将齿形带起动系统与曲轴分离,这样整个系统在发动机运行期间静止。齿形带设计用于整个车辆使用寿命,无需定期更换。

使用齿形带起动系统可获得以下优势:

(1)发动机起动过程十分快速、安静、无振动。

(2)发动机可在任何情况下起动。例如,齿形带起动系统可重新起动一个马上要熄火的发动机。这样就可以将发动机的起动与运行策略或行驶状况完美地匹配。

(3)齿形带起动系统具有良好的冷起动和热起动性能。

2)驱动电机

GA8P75Hz 变速器的又一创新点是:电机、辅助扭转减振器和分离离合器固定集成在 F18PHEV 的变速器壳体中。这些组件位于双质飞轮后面。电机、扭转减振器和分离离合器连同双质飞轮一起共同占据了液压变矩器的安装空间。变速器驱动电机系统内部结构如图 5-1-19 所示。

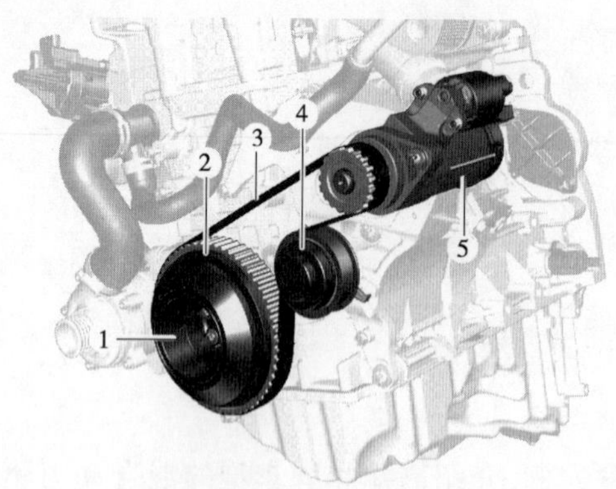

图 5-1-18　齿形带起动系统结构

1-减振器;2-曲轴自由轮;3-齿形带;4-张紧轮;5-齿形带起动机

图 5-1-19　变速器驱动电机系统内部结构

1-双质飞轮(包括带扭转减振器和离心力摆);2-辅助扭转减振器;3-分离离合器;4-电机;5-多片式制动器 B;6-电动辅助机油泵

(1)技术数据见表 5-1-1。

技 术 数 据　　表 5-1-1

供货商	ZF FriedrichshafenAG
最大转矩(<1s)	250N·m,在 0~2700r/min 下
转矩(持续)	98N·m,在 0~3100r/min 下
最大功率(<10s)	70kW,自 2700r/min 起
功率(持续)	32kW,自 3100r/min 起
效率最高	96%
最大电流	450A
工作转速范围	-7200r/min

(2)安装位置与结构如图 5-1-20 所示。

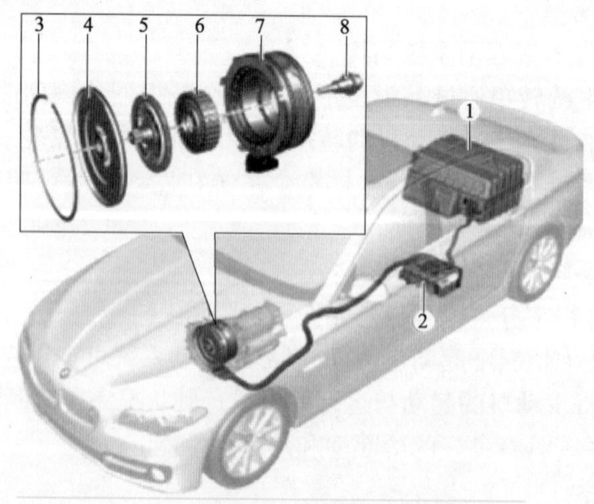

图 5-1-20　变速器安装位置及相关部件位置

1-高压蓄电池单元;2-驱动电机管理模块;3-防松环;4-电机盖板;5-辅助扭转减振器;6-分离离合器;7-电机;8-空心轴

(3)电机组成。电机主要组件有:转子和定子;接口;转子位置传感器;冷却装置。

F18PHEV 中的混合动力系统是所谓的“并联式混合动力系统”。发动机和电机均与驱

动轮机械连接。车辆驱动时，两个驱动系统既能单独使用也能同时使用。

①转子与定子。电机内部结构如图 5-1-21 所示。

F18PHEV 中的电机（牵引电机）结构采用内部转子的形式。“内部转子”表示带永久磁铁的转子呈环形排布在内部。产生旋转场的绕组位于外部并构成定子。F18PHEV 的电机有 8 对极偶。定子固定在转子空心轴上的一个法兰上方，空心轴与变速器输入轴相嵌连接。

②高压接口。电机高压接口结构如图 5-1-22 所示。

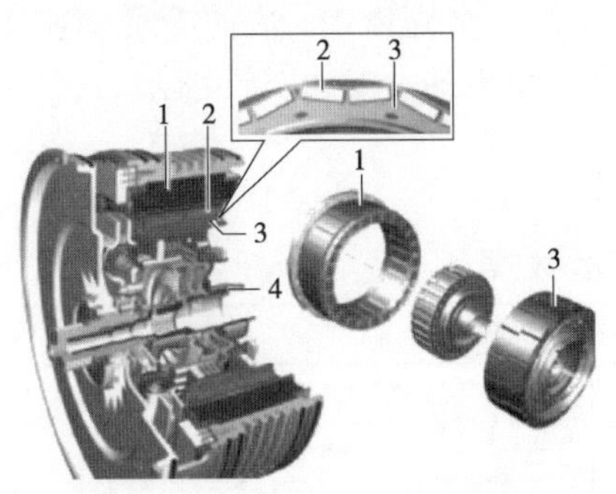

图 5-1-21　电机内部结构

1-定子；2-永久磁铁；3-转子；4-带分离离合器外壳的空心轴

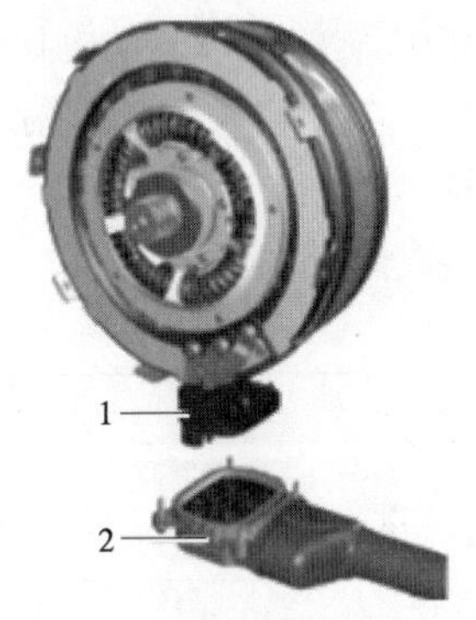

图 5-1-22　电机高压接口结构

1-高压接口；2-高压插头

通过高压接口给电机的绕组输送电能。高压接口通过一根屏蔽式三相高压导线将驱动电机管理模块与电机连接。高压插头旋接在驱动电机管理模块和电机上。

③转子位置传感器。为了驱动电机管理模块能正确计算定子绕组电压的振幅和相位并正确生成电压，必须知道转子的确切位置。转子位置传感器承担这个任务。它的结构与同步电机类似，并且带有一个特殊外形的转子以及一个定子，转子连接电机的转子，定子连接电机的定子。驱动电机管理模块评估通过转子旋入定子绕组而生成的相电压并计算出转子位置角度。转子位置传感器结构如图 5-1-23 所示。

2. F18PHEV 驱动电机管理模块 PCU（逆变器）

逆变器位置示意图如图 5-1-24 所示。

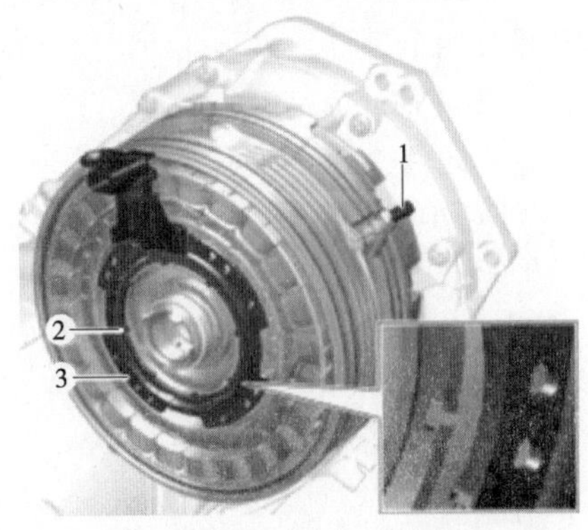

图 5-1-23　转子位置传感器结构

1-温度传感器；2-转子位置传感器转子；3-转子位置传感器定子

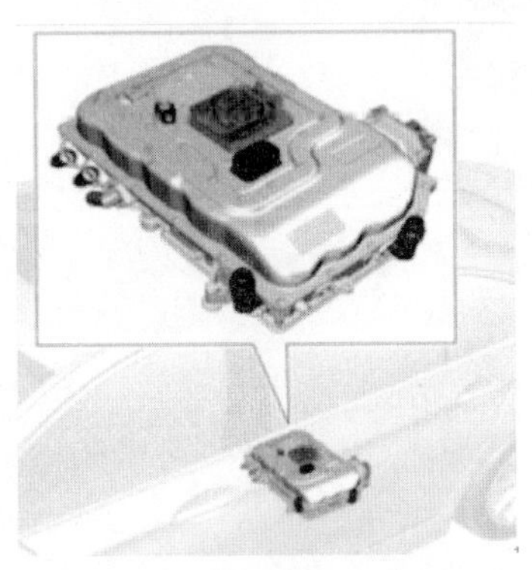

图 5-1-24　逆变器位置示意图

驱动电机管理模块用作电机的电子控制装置。它还负责将高压蓄电池中的直流电压(最高约 393V 直流电)转换成三相交流电压(最高约 360V 交流电),从而控制用作发动机的电机。相反,当电机作为发电机工作时,驱动电机管理模块将电机的三相交流电压转换为直流电压,以此给高压蓄电池充电。例如在制动能量回收(能量回收)时就进行这种转换。对于这两种运行模式,需要一个双向 DC/AC 转换器用作逆变器和整流器。

凭借同样集成在驱动电机管理模块中的 DC/DC 转换器确保 12V 车载网络的电源供应。

F18PHEV 的整个驱动电机管理模块位于铝合金壳体中。在这个壳体中安装有控制单元、双向 DC/AC 转换器以及用于 12V 车载网络供电的 DC/DC 转换器。

1)技术数据

技术数据见表 5-1-2。

技术数据 表 5-1-2

驱动电机管理模块	
供货商	Robert Bosch GmbH
质量约	19kg
长度	493mm
高度	398mm
宽度	208mm
工作温度范围	-40 ~ +85℃
功率控制装置	
工作电压范围	DC 250 ~430V
输出电流	200A(持续);450A(0.3s)
DC/DC 转换器	
额定输出电压	DC 14V
输出电流	180A(持续);200A(0.3s)
输出功率	2.4kW(持续);2.8kW(峰值 100ms)

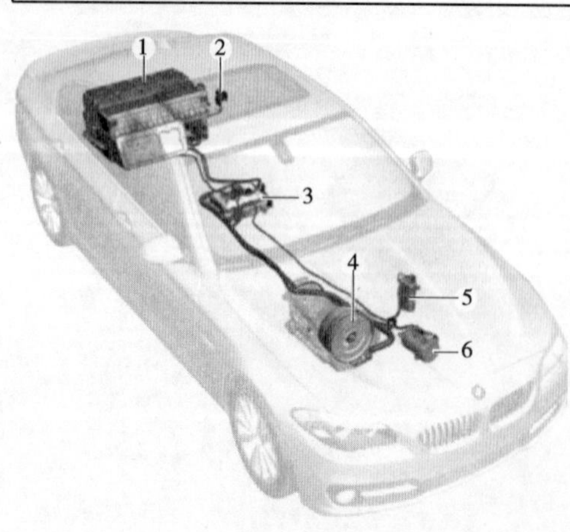

图 5-1-25 驱动电机管理模块位置示意图

1-高压蓄电池单元;2-高压充电接口;3-驱动电机管理模块 PCU;4-电机;5-电加热装置;6-电动制冷压缩机

2)驱动电机管理模块

(1)位置图(图 5-1-25)。驱动电机管理模块内部有四个部件:

①双向 DC/AC 转换器。

②单向 AC/DC 转换器。

③DC/DC 转换器。

④驱动电机管理模块控制单元。

中间电路电容器也是功率控制电路的组成部分,用于平整电压并过滤高频部分。

(2)驱动电机管理模块借助上述部件执行以下功能:

①出现故障和行驶状态不稳定时限制驱动系的转矩。

②通过驱动电机管理模块控制单元控制内部部件。

③通过 DC/DC 转换器为 12V 车载网络供电。

④借助 DC/AC 转换器调节电机(转速、转矩)。

⑤高压电源管理。

⑥电机触点控制。

⑦高压蓄电池触点控制。

⑧在静止模式中给高压蓄电池充电。

⑨在行驶模式中高压蓄电池充电(通过能量回收)。

⑩电动制冷压缩机触点控制。

⑪电加热装置触点控制。

⑫与其他控制单元通信。

⑬冷却驱动电机管理模块。

⑭为冷却驱动电机管理模块而控制电动冷却液泵。

⑮控制电动真空泵。

⑯控制车内组合式膨胀阀和止回阀。

⑰分析备用智能型蓄电池传感器。

⑱主动分析用于高压触点监控(高压互锁)的信号。

⑲将中间电路电容器主动和被动放电到 60V 以下的电压。

⑳自检和诊断。

3) DC/DC 转换器

F18PHEV 驱动电机管理模块中的 DC/DC 转换器在技术上能采取以下运行模式:①待机(即使在发生组件故障或短路、功率控制装置关闭时);②向下转换("Buck 模式":电流流向低压侧,转换器调节低压侧电压);③高压中间电路放电(互锁故障、事故、主控单元请求)。

驱动电机管理模块不运行时,DC/DC 转换器处于"待机"状态。当 EME 控制单元因端子状态而没有供电时,就是这种情况。但是,如果存在故障,EME 控制单元也会促使 DC/DC 转换器采取"待机"运行模式。在这种运行模式中,两个车载网络之间绝对没有任何电能传递,两者的电流相互隔离。"向下转换"运行模式又称"Buck 模式",这是高压系统激活时的标准运行模式。DC/DC 转换器将电能从高压车载网络传递到 12V 车载网络中,并且承担传统车辆中的发电机功能。为此,DC/DC 转换器必须将高压车载网络的交流电压降为低压车载网络的电压。此时,高压车载网络中的电压取决于高压蓄电池的电量(269 ~ 393V)等因素。

DC/DC 转换器控制低压车载网络中的电压,使得 12V 蓄电池可以最佳充电,并且根据蓄电池的电量和温度将电压调整到约 14V。DC/DC 转换器的连续输出功率为 2400W。

DC/DC 结构与原理如图 5-1-26 所示。

(1) 电机管理模块控制电机的功率控制装置。

用于控制电机的功率控制装置主要由双向 DC/AC 转换器构成(图 5-1-27)。这是带一个 2 芯直流电压接口和一个三相交流电压接口的脉冲倒相器。该 DC/AC 转换器可作为逆变器工作,此时如果要将电机作为发动机工作,就将电能从高压蓄电池传递到电机。

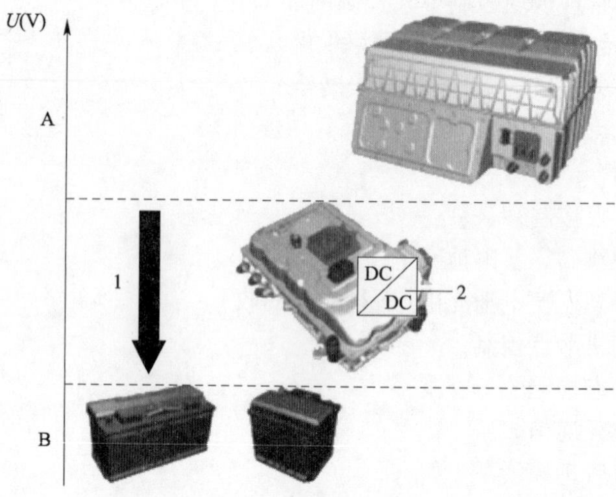

图 5-1-26　DC/DC 结构与原理示意图

A-高压车载网络的电压等级,269 ~ 393V;B-低压车载网络的电压等级,约 14V;1-向下转换;2-驱动电机管理模块中的 DC/DC 转换器

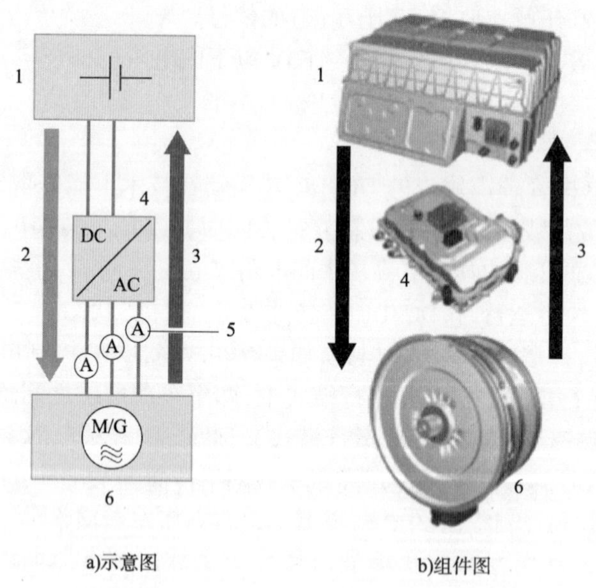

图 5-1-27　驱动电机逆变器控制示意图

1-高压蓄电池;2-作为逆变器的运行模式,电机用作发动机;3-作为整流器的运行模式,电机用作发电机;4-DC/AC 转换器;5-电流传感器;6-电机

DC/AC 转换器也能作为整流器工作,将电能从电机传递到高压蓄电池。这种运行模式出现在制动能量回收中,此时电机作为发电机工作并产生电能。

DC/AC 转换器的运行模式由 EME 控制单元决定。为此,驱动电机管理模块控制单元从 DEM 控制单元接收电机要提供的转矩(数值和正负号)的标准值,这是一个主要输入端参

数。驱动电机管理模块控制单元根据这个标准值和电机的当前运行状态(转速和转矩)确定 DC/AC 转换器的运行模式以及电机相电压的振幅和频率。根据这些规定值按节拍控制 DC/AC 转换器的功率半导体。

(2)电机管理模块的冷却。冷却系统结构组成如图 5-1-28 所示。

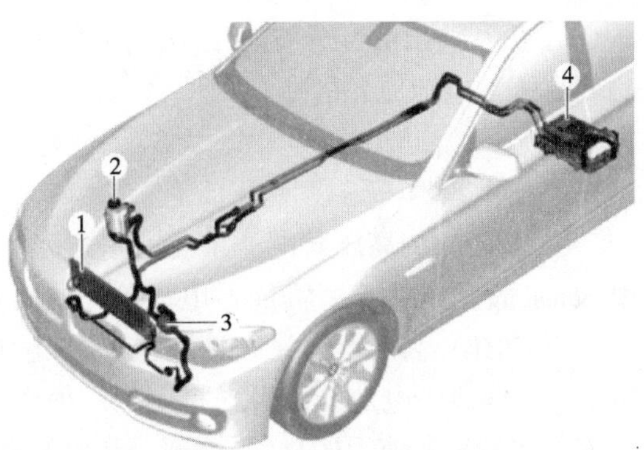

图 5-1-28　冷却系统结构组成

1-冷却液-空气热交换器;2-冷却液热膨胀平衡罐;3-电动冷却液泵(80W);4-驱动电机管理模块

冷却液-空气热交换器集成在冷却模块中。根据驱动电机管理模块的冷却请求,以优化的需求量和消耗量控制电动冷却液泵和电动风扇。

通过根据需求控制电动风扇和电动冷却液泵,避免可能有损电子装置使用寿命的剧烈温度波动以及省电地进行冷却。

在热膨胀平衡罐中未安装电动液位传感器。因此售后服务具有以下特点:由于未安装电动液位传感器,不能直接识别因冷却系统泄漏等造成的冷却液损坏。而是在冷却液损失时驱动电机管理模块温度上升到正

常工作范围之外。在这种情况下降低驱动电机管理模块的功率并相应输出一条检查控制信息。售后服务人员在故障查询时必须检查是否可能有以下故障:

①因泄漏等原因造成的冷却液损失。

②冷却液-空气热交换器卡住。

③电动风扇不工作或受到限制。

④冷却液泵不工作。

⑤冷却液管或接口损坏。

⑥要冷却的组件驱动电机管理模块损坏。

3. 高压蓄电池单元

高压蓄电池单元(即动力蓄电池总成)是一个整体系统,由以下基本组件构成:

(1)带有自己的单格电池的电池模块。

(2)电池监控电子装置。

(3)电池管理系统。

(4)安全盒。

(5)接口(电气系统、冷却液、排气)。

(6)热交换器。

(7)导线束。

(8)壳体和固定件。

高压蓄电池单元主要负责汲取、存储高压车载网络中的电能,并在需要时重新提供电能。此外,它还承担有保障高压系统安全的基本任务,例如进行高压触点监测。通过制动能量回收(能量回收)以及通过外部电力网络可给高压蓄电池充电。

为了达到 F18PHEV 需要的电动续航里程,可存储的电量储备有一定的大小要求。这影响到高压蓄电池单元的体积和质量。高压蓄电池单元安装在行李舱中,通过四个支架固定在车身上。

1)技术数据

F18PHEV 的高压蓄电池单元由中国苏州 Bosch 公司制造。高压蓄电池单元的单格电池由 Samsung 公司生产。高压蓄电池单元的研发同样由 Bosch 公司进行。

F18PHEV 高压蓄电池中使用的单格电池属于锂离子电池类(电池型号:NMCo-/LMO-Blend)。锂离子电池的阳极材料上是一种锂金属氧化物。NMCo-/LMO-Blend 这个名称说明了该电池型号所使用的材料:一部分是镍锰钴的混合物,另一部分是锂锰氧化物。

所选择的阳极材料可针对在电动车中的使用而优化高压蓄电池的各种特性(能量密度高、充电循环次数多)。和通常的蓄电池一样,阴极材料采用石墨,锂离子在放电时嵌入石墨中。通过单格电池中使用的材料,总共可产生 3.78V 的额定电压。

技术数据见表 5-1-3。

技 术 数 据 表 5-1-3

电压	363V(额定电压),最小 269V,最大 395V(电压范围)
单格电池	96 个单格电池串联(每个 3.78V 和 40A·h)
可存储电量	14.5kW·h
可用电量	12kW·h
最大功率(放电)	90kW(短时)、36kW(长时)
最大功率(交流充电)	3.5kW
总质量	218kg

2)安装位置

高压蓄电池单元安装在行李舱内后排座椅后面位置(图 5-1-29)。因此不能为 F18PHEV 订购特种装备"后行李舱通入式装载系统"或"后座区冷藏箱"。高压蓄电池单元由一块饰板遮盖,因此无法直接看见。要触到高压蓄电池单元上的接口,必须拆下后排座椅靠背。

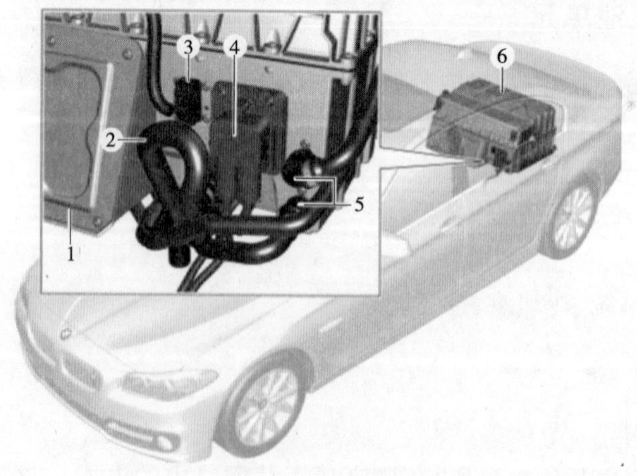

图 5-1-29 高压蓄电池单元安装位置

1-维修盖板;2-排气管;3-动力蓄电池管理信号接口;4-高压接口;5-冷却液管路接口;6-高压蓄电池单元

除了高压接口,高压蓄电池单元还有一个信号接口。通过这个接口给集成在高压蓄电池单元中的控制单元供电并提供总线、传感器和监控信号。为冷却高压蓄电池,它连接在一个独立的冷却液循环中。

不必拆下高压蓄电池单元就能断开电导线(高压接口和信号接口)以及冷却液管。

高压蓄电池单元位于车厢内部。如果单格电池内部因严重故障(单格电池内部短路)而发生化学反应,必须通过一根排气管向外排走产生的气体,以实现压力平衡。

高压蓄电池单元借助四个支架与车身相连。通过这种方式,重力以及行驶期间产生的加速力作用在车身上。在行李舱中无法直接接触到固定螺栓,松开螺栓时必须先拆下几块饰板。

3)外部特征

高压蓄电池单元壳体上有三块提示牌,警告在高压蓄电池单元上作业时存在危险(图5-1-30)。

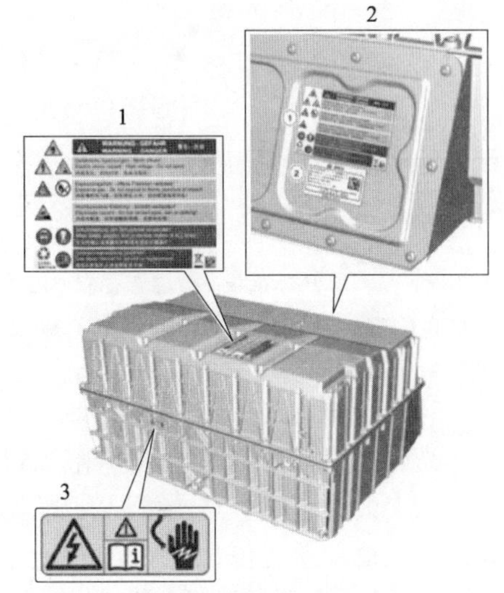

图 5-1-30　高压蓄电池外部特征

1-警告牌;2-带技术数据的提示牌;3-高压组件警告牌

4)冷却系统

为了最大限度地延长高压蓄电池单元的使用寿命并达到尽可能高的功率,高压蓄电池单元在一个确定的温度范围中工作。基本上高压蓄电池单元在 -40 ~ +60℃的车外温度下可以使用。

但是,鉴于使用寿命和性能,将最佳范围限制在一个明显更窄的范围内。该范围介于 +25 ~ +40℃之间。这里指的是单格电池温度,而不是车外温度。如果单格电池温度持续明显超出该范围,同时又有高功率输出,就会对单格电池的使用寿命产生不利影响。为了抵消这种效应以及在所有车外温度下确保最大性能,F18PHEV 的高压蓄电池单元有一个自动工作的冷却装置。

如果 F18PHEV 在极低的环境温度下长时间关闭,单格电池也会处于这个低温下。在这种情况下,车辆起步时可能不提供全部电驱动功率。

在 F18PHEV 中没有安装高压蓄电池单元加热装置。

冷却系统结构示意图如图 5-1-31 所示。

电动冷却液泵输送冷却液流过冷却液循环。只要冷却液温度低于电池模块,就可以只靠冷却液循环来冷却电池模块。冷却液温度因此升高,不再足以将电池模块温度维持在所需范围中。

在这种情况下必须降低冷却液温度,这借助一个冷却液-制冷剂热交换器(即冷却装置)进行。该冷却装置是高压蓄电池冷却液循环和空调制冷剂循环之间的接口。

当冷却装置上的组合式膨胀阀和止回阀受电动控制并因此而打开时,液态制冷剂流入冷却装置并蒸发。此时,制冷剂从周围环境中吸取热量,并且也从在冷却液循环中流过的冷却液中吸收热量。电动制冷压缩机重新压缩制冷剂,然后输送到冷凝器,在这里恢复液态。由此,制冷剂可重新吸收热量。

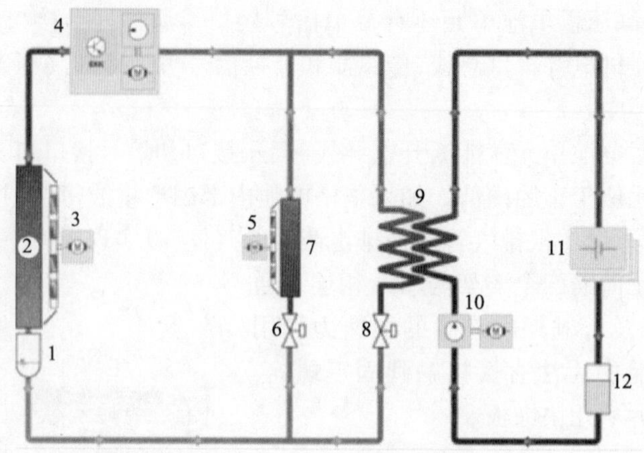

图 5-1-31　冷却系统结构示意图

1-干燥瓶;2-冷凝器;3-电动风扇;4-电动制冷压缩机;5-车内风扇;6-组合式膨胀阀和止回阀(车内);7-车内蒸发器;8-组合式膨胀阀和止回阀;9-冷却装置(冷却液-制冷剂热交换器);10-电动冷却液泵(50W);11-高压蓄电池单元;12-冷却液热膨胀平衡罐(高压蓄电池单元冷却液循环)

5)高压电池内部结构

高压蓄电池控制系统内部结构如图 5-1-32 所示。

从上面显示的电路图可以看出,除了集中在八个电池模块中本身的单格电池,F18PHEV 高压蓄电池单元还包含以下电气/电子部件:

(1)电池电子管理系统控制单元电池电子管理系统。

(2)八个电池监控电子装置(CellSupervisoryCircuitsCSC)。

(3)带接触器和传感器的安全盒。

除了电气组件,高压蓄电池单元还包括冷却液管和冷却通道以及电池模块的机械固定元件。

6)电池管理系统

人们对高压蓄电池的使用寿命提出了很高的要求(车辆寿命)。为了满足这些要求,不能随意使用高压蓄电池。而应在一个确切定义的范围内使用高压蓄电池,这样使用寿命和性能才能达到最大。

通过高压蓄电池单元的维修盖板可够到电池电子管理系统控制单元。

电池电子管理系统控制单元的电气接口包括:

(1)电池电子管理系统控制单元的 12V 供电。

(2)接触器的 12V 供电。

(3)PT-CAN2。

(4)辅助诊断 CAN。

(5)本地 CAN。

(6)便捷进入及起动系统 CAS 的唤醒导线。

(7)高压触点监测装置的输入端和输出端。

(8)控制冷却装置上的组合式膨胀阀和止回阀的导线。

(9)冷却液温度传感器。

(10)用于控制高压蓄电池单元电动冷却液泵的导线。

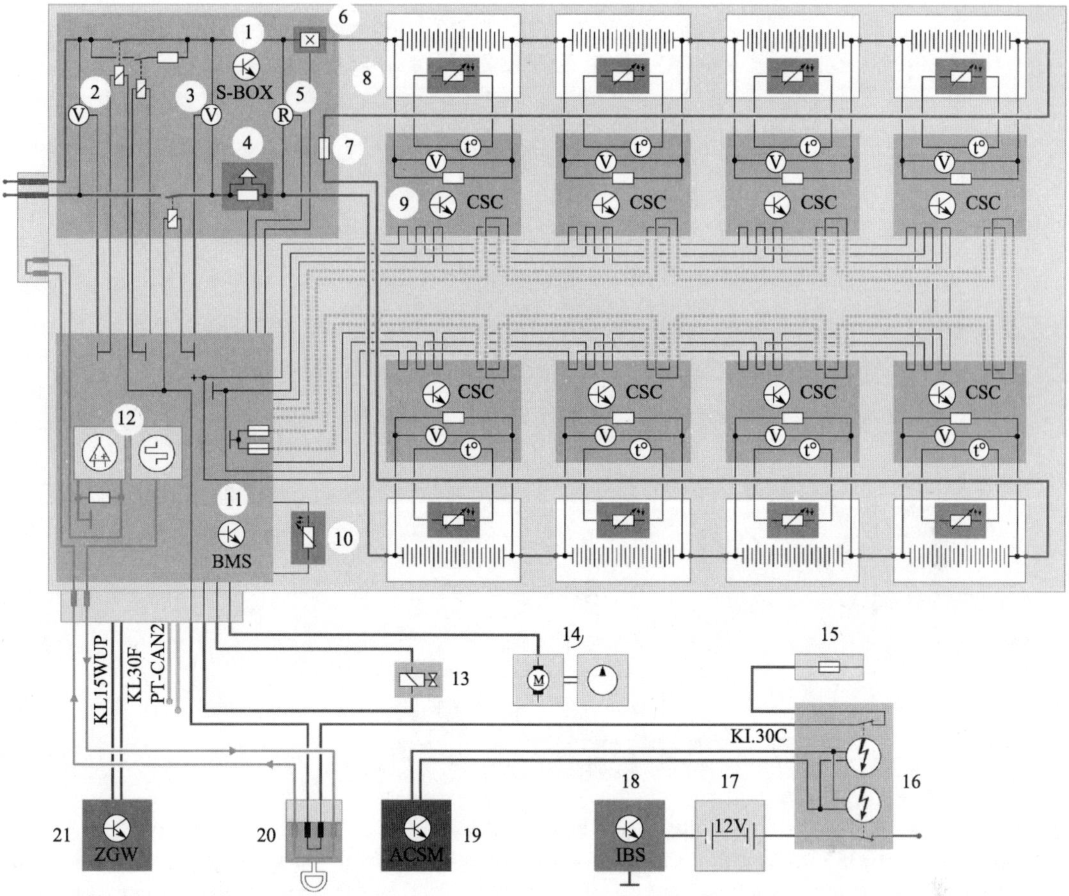

图 5-1-32　高压蓄电池控制系统内部结构示意图

1-安全盒(S-BOX);2-电压传感器(车辆侧);3-电压传感器(蓄电池侧);4-电流传感器(并联电阻);5-电阻测量(用于绝缘监控);6-电流传感器(霍尔传感器);7-熔断丝(250A);8-电池模块;9-电池监控电子装置(Cell Supervisory Circuit CSC);10-冷却液温度传感器;11-电池管理模块(BMS);12-高压触点监测装置的电路控制;13-组合式膨胀阀和止回阀;14-电动冷却液泵;15-行李舱配电盒;16-安全蓄电池接线柱;17-12V 蓄电池;18-智能型蓄电池传感器 IBS;19-ACSM 及用于触发安全蓄电池接线柱的控制线;20-高压安全插头(ServiceDisconnect);21-中央网关模块 ZGM

7)电压采集

以极高的采样率进行单格电池电压的测量。通过电压测量可识别充电以及放电过程的结束。温度传感器安装在电池模块上,从传感器的测量值可推断各个单格电池的温度。根据单格电池温度可识别过载或电气故障。在这样的情况下必须立即减小电流强度或断开整个高压系统,以避免继续损坏蓄电池。此外,为了使蓄电池始终在对蓄电池性能和使用寿命最有利的温度范围内工作,测得的温度还用于控制冷却系统。每个电池模块的单格电池温度各由两个 NTC 温度传感器测量。

高压信号采集结构原理如图 5-1-33 所示。

电池监控电子装置通过本地 CAN 通报由其测得的数值。本地 CAN 将所有电池监控电子装置相互连接并与 BMS 控制单元连接。在 BMS 控制单元中进行测量值的分析,需要时做出反应(例如控制冷却系统)。

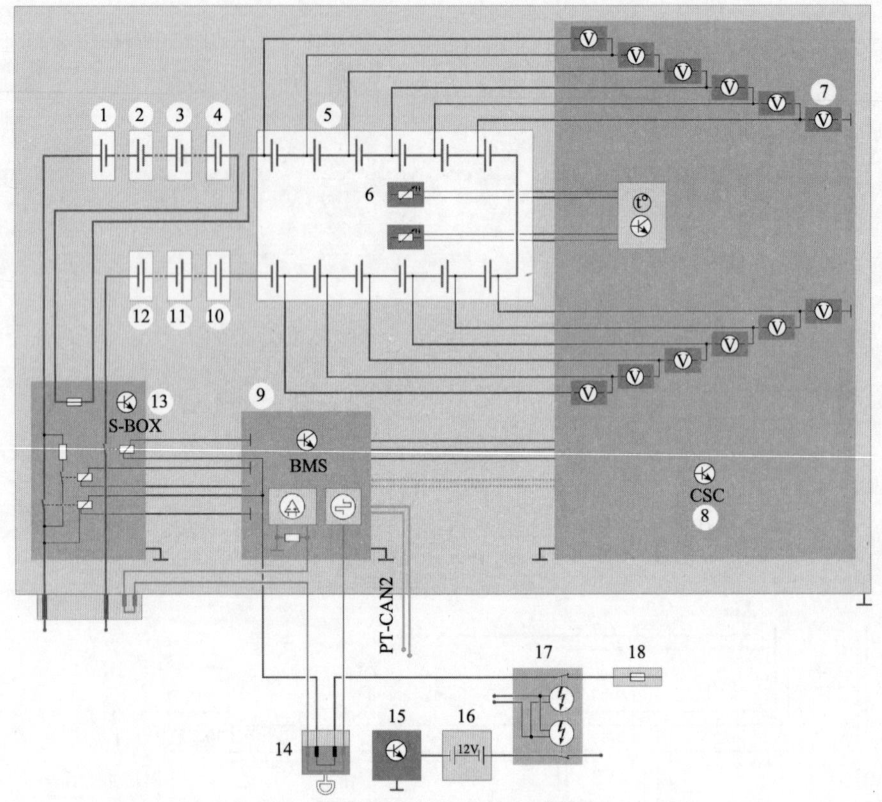

图 5-1-33　高压信号采集结构原理

1-电池模块 1;2-电池模块 2;3-电池模块 3;4-电池模块 4;5-电池模块 5;6-电池模块上的温度传感器;7-单格电池上的电压测量装置;8-电池监控电子装置;9-电池管理模块(BMS);10-电池模块 6;11-电池模块 7;12-电池模块 8;13-安全盒;14-高压安全插头(ServiceDisconnect);15-智能型蓄电池传感器;16-12V 蓄电池;17-安全蓄电池接线柱;18-行李舱配电盒

高压电池信号传输原理如图 5-1-34 所示。

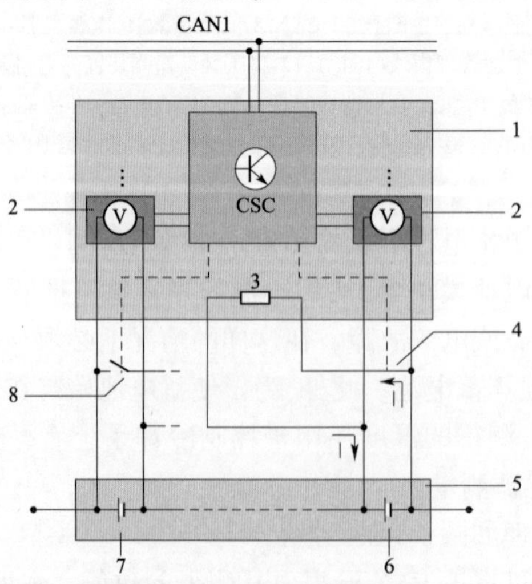

图 5-1-34　高压电池信号传输原理

1-电池监控电子装置(CSC);2-单格电池电压测量传感器;3-放电电阻器;4-用于单个电池放电的闭合(激活)触点;5-电池模块;6-通过放电而降低电池电压的单格电池;7-不放电的单格电池;8-用于单个电池放电的断开的(未激活)触点

如果一个或多个单格电池的电压明显低于其他单格电池,高压蓄电池的可用电量将因此受限。电量最弱的单格电池决定放电时的耗电何时结束。在电量最弱的单格电池电压下降到放电极限值后,即使其他单格电池还有足够的电量,也必须结束放电过程。如果尽管如此仍然继续放电过程,电量最弱的单格电池会永久受损。出于这个原因,有一个功能将单格电池电压平衡到一个大致相同的水平,这个过程也称为单格电池平衡。

平衡单格电池电压是一个损耗电能的过程,但是损失的电能极少。相反高压蓄电池却能获得续航里程和使用寿命的最大化优势,因此平衡单格电池电压在总体上是有效且必要的。这个过程当然只能在车辆处于静止状态时进行。

学习测试

1. 填空题

(1)根据内燃机与电力之间连接的方式,可以将混合动力汽车分为________式混合动力、________式混合动力以及________式混合动力 3 种形式。

(2)雪佛兰 VOLT 驱动单元运行时有 3 种运行模式,即:________驱动模式;________驱动模式;________驱动模式。

(3)并联式混合动力驱动单元是指车辆的驱动力由电机和发动机________或________供给的混合动力汽车。

(4)混联式混合动力驱动单元是指具备________式和________式两种结构的混合动力汽车。

(5)普锐斯混合动力汽车停止时电动发电机 MG2 处于________状态,此时发动机停机不工作。

2. 判断题

(1)串联式混合动力驱动单元是指车辆的驱动力只来源于内燃机的混合动力汽车。(　　)

(2)在纯电动单电机驱动模式下,内燃机是处于关闭的状态,仅由电机驱动车辆。(　　)

(3)并联式混合动力驱动单元车辆的驱动力只能由电机和发动机同时供给的混合动力汽车。(　　)

(4)混联混合动力多了动力分离装置,动力一部分用于驱动车轮,另一部分用于发电。(　　)

(5)车辆在正常行驶状态时,发动机关闭,电动发电机 MG2 驱动车辆。(　　)

任务2　纯电动汽车驱动单元认知

提出任务

作为新能源汽车专业的售后服务人员，你知道纯电动汽车有几种驱动形式吗？

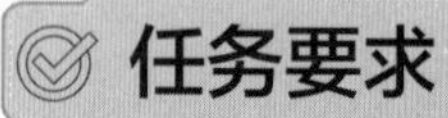

任务要求

知识要求

1. 能够描述纯电动汽车驱动单元的功能；
2. 能够描述纯电动汽车驱动单元驱动形式；
3. 能够描述纯电动汽车常用的电机驱动系统；
4. 能够描述典型纯电动汽车驱动单元的结构特点。

能力要求

能够检索资料，归纳并描述纯电动汽车各种驱动形式的结构和特点。

相关知识

与混合动力汽车相比，纯电动汽车驱动单元结构要更加简单，没有混合动力汽车驱动单元内部需要兼顾内燃机与电力驱动两个动力的复杂连接结构。

纯电动汽车驱动单元内部通常主要包括一个大功率的驱动电机和用于将电机进行减速的行星齿轮减速机构，或者其他形式的减速齿轮机构，同时根据驱动单元的设计不同，有的车辆驱动单元还包括有差速机构（图5-2-1、图5-2-2）。

图5-2-1　纯电动汽车驱动电机单元

图5-2-2　典型纯电动汽车驱动单元结构图

1. 纯电动汽车驱动单元功能

纯电动汽车驱动单元是电动汽车的核心，也是区别于内燃机汽车的最大不同点。电动汽车对驱动系统的要求很高。驱动系统应符合下列要求：

(1)瞬时功率大，短时过载能力强，以满足爬坡及加速的需要。

(2)调速范围宽广。

(3)在运行的全部速度范围和负载范围内，具有较高的效率。也就是在电机所有工作范围内综合效率高，以尽量提高电动汽车一次续驶里程。

(4)可靠性高，使用方便简单，价格低廉。

(5)功率密度高，体积小，质量轻。

驱动单元的功能是将储存在动力电池中的电能高效地转化为车轮的动能进而推进汽车行驶，并能够在汽车减速制动或者下坡时，实现再生制动。

驱动电机的作用是将电能转化为机械能，通过传动装置驱动或直接驱动车轮(图5-2-3)。早期，电动汽车上广泛采用直流串激电动机，这种电动机具有"软"的机械特性，与汽车的行驶特性非常适应。但直流电动机由于存在换向火花、比功率较小、效率较低、维护工作量大等缺点，随着电动机技术和电动机控制技术的发展，正在逐渐被直流无刷电动机、永磁同步电动机和交流异步电动动机所取代。

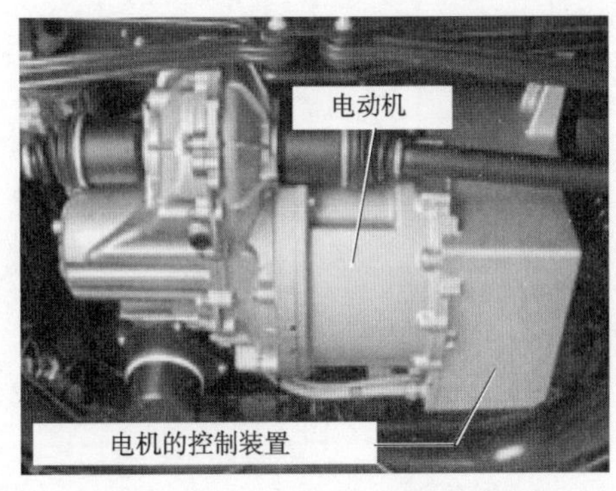

图5-2-3　纯电动汽车电机与传动装置

电动汽车传动装置的作用是将电机的驱动转矩传给汽车的驱动轴。因为电机可以带负载起动，所以电动汽车上无须传统内燃机汽车的离合器。并且驱动电机的转向可以通过电路控制来实现变换，因此，电动汽车无须内燃机汽车变速器中的倒挡。当采用电动机无级调速控制时，电动汽车可以省去传统汽车的变速器。在采用电动轮驱动时，电动汽车也可以省去传统内燃机汽车传统系统的差速器。

纯电动汽车驱动单元内部基本结构如图5-2-4所示。

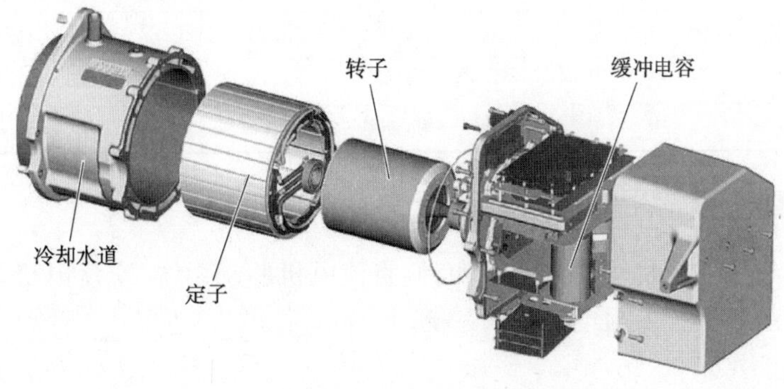

图5-2-4　纯电动汽车驱动单元内部基本结构

▶ 2. 纯电动汽车驱动单元驱动形式

针对驱动轮所施加驱动转矩的来源来说，电动车辆所采用的驱动方式总体上可分为两种：集中驱动和车轮独立驱动。

集中驱动利用一个动力源通过变速器和减速器（或只通过减速器）降速增扭，最后经差速器将驱动转矩大致平均地分配给左右驱动半轴，可以采用前轮驱动、后轮驱动或四轮驱动的形式，其结构如图 5-2-5 所示。

车轮独立驱动是只利用多个动力源分别驱动单个车轮，可以分为两轮独立驱动和四轮独立驱动，其结构如图 5-2-6 所示。

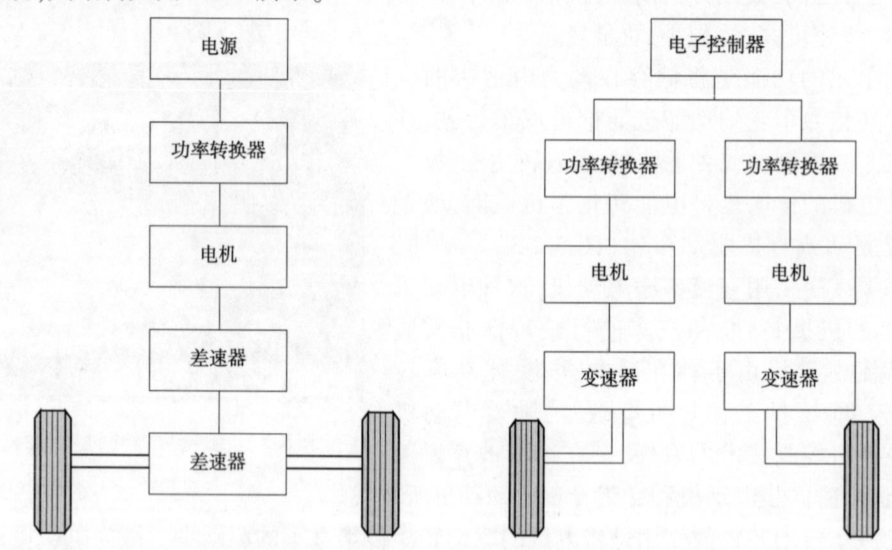

图 5-2-5　集中驱动形式　　图 5-2-6　车轮独立驱动形式

集中驱动和车轮独立驱动优缺点的比较见表 5-2-1。

集中驱动和车轮独立驱动优缺点比较　　表 5-2-1

项　目	集 中 驱 动	独 立 驱 动
成本	较低	较高
体积	笨重	分散
质量	集中	分散
效率	较低	较高
差速方式	机械式	电子式

▶ 3. 纯电动汽车常用的电机驱动系统

纯电动汽车常用的电机驱动系统有四种：直流电机驱动系统、交流电机驱动系统、永磁同步电机驱动系统和开关磁阻电机驱动系统。

1）直流电机驱动系统

直流电机驱动系统采用有刷直流电机，电机控制器一般采用斩波器控制方式。它具有成本低、易于平滑调速、控制器简单、控制相对成熟等优点。但由于需要电刷和换向器，结构

复杂,运行时有火花和机械磨损,所以电机运行转速不宜太高。尤其是对无线电信号的干扰,这对高度智能化的未来电动汽车是致命的弱点。鉴于直流电机驱动系统的驱动控制器部分优势突出,使得直流电机驱动系统在当前燃料电池电动汽车领域仍占有一席之地(图 5-2-7)。

2)异步电机驱动系统

异步电机结构简单,制造容易,效率比直流电机高,与永磁无刷电机、开关磁阻电机相比,成本最为低廉,但控制较为复杂。总的说来,异步电机系统的综合性价比具有一定的优势,尤其是异步电机的高可靠性、免维护、成本低廉的优点。使用异步电机的特殊功能车辆如图 5-2-8 所示。

图 5-2-7　使用直流电机的低速纯电动汽车

图 5-2-8　使用异步电机的特殊功能车辆

3)永磁同步电机驱动系统

永磁同步电机驱动系统的效率高是其最大的特点,质量轻,体积小,也无须维护。与异步电机相比,永磁同步电机成本较高,可靠性和使用寿命也较差,同时永磁体还存在失磁的可能。另外,制造工艺也比异步电机复杂。在控制上,由于永磁体的存在,弱磁控制有一定的难度。因此目前大多数纯电动汽车的永磁同步电机都带有冷却系统(图 5-2-9)。

图 5-2-9　纯电动汽车

4)开关磁阻电机系统

该电机转子没有绕组做成凸极,结构简单,可靠性高,快速响应好,效率与异步电机相当。由于转子无绕组,该电机系统特别适合频繁的正反转及冲击负载等工况。开关磁阻电机系统驱动电路采用的功率开关元件较少,电路简单,能较方便地实现宽调速和制动能量的反馈。因此,这种系统在电动汽车中亦有一定的应用,缺点主要在于其结构带来的噪声和振动较大。

4. 典型纯电动汽车驱动单元的结构特点

以下介绍北汽新能源和比亚迪 E6 纯电动汽车驱动单元的结构特点。

1)北汽新能源纯电动汽车驱动单元结构认知

以下以北汽新能源采用的上海大郡动力控制技术有限公司生产的 EA80 电机系统为例,

介绍北汽电机控制系统(驱动单元)的结构组成。

如图5-2-10所示,北汽新能源EV系列纯电动汽车的电机控制系统由电机和电机控制器组成。

a)电机

b)电机控制器

图5-2-10 北汽新能源的电机和电机控制器

图5-2-11所示是北汽新能源电机控制系统的结构和控制示意图,其中电机主要负责机械动力的输出,其安装环境主要是在传动轴上;电机控制器主要负责电能的交直流转换,其安装环境主要是电能和信号的连接。

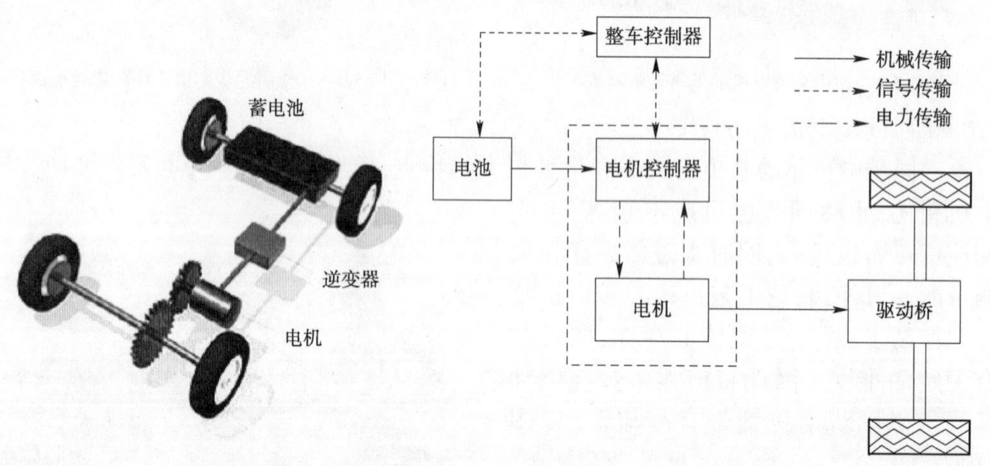

图5-2-11 北汽新能源的电机控制系统结构和控制示意图

EA80电机系为永磁同步电机,其具有以下特点:

(1)功率因数高,节约无功功率,降低了定子电流,减少了定子铜损;

(2)高效率、高功率密度、宽的调速范围。

(3)采用封闭、液冷散热设计,电机适合于高温等恶劣的工作环境。

(4)采用内嵌式结构,可以控制磁阻转矩为正,在相同电流下可产生更大的转矩。

(5)通过电机内置热敏电阻,能起到电机过温保护功能。

电机在整车中的安装布置如图5-2-12所示。

电机控制器的作用如下:

(1)接收整车控制器(单元)命令。

(2)将直流电压转化为交流电压,控制电机在不同转速下的转矩输出。

图 5-2-12　电机在整车中的安装布置

(3)将电机控制器系统的状态返回给整车。

电机控制器又称智能功率模块,电机控制器是系统的控制中心。它对所有的输入信号进行处理,并将电机控制系统运行状态的信息发送给整车控制器,其具有以下特点:

(1)结构设计紧凑。

(2)采用最新的 IGBT 技术,采用液冷散热。

(3)电机控制器能通过 SAEJ1939 与服务工具以及整车控制器进行通信数据连接。

(4)采用较高的开关频率 5kHz,电机运行噪声小。

(5)采用转子磁场定向控制以及 SVPWM 技术,实现转矩闭环控制,转矩控制精度高。

(6)高压逆变电路的直流高压输入、低压控制电路分别独立供电,互不干扰;高压直流输入电压范围宽,为 200 ~ 440V。

电机控制器在整车中的安装布置如图 5-2-13 所示。

图 5-2-13　电机控制器在整车中的安装布置

2)比亚迪 E6 驱动单元结构认知

(1)部件位置及功能说明。动力总成由驱动电机(动力电机)和变速器组成,如图 5-2-14 所示。

(2)E6 驱动单元结构图。如图 5-2-15 所示。

(3)驱动单元组成部件认知。

①减速器结构如图 5-2-16 所示。

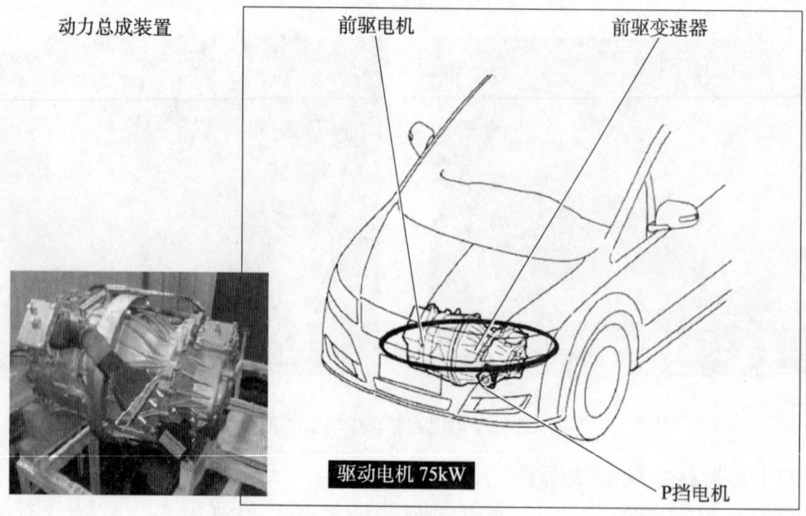

图 5-2-14　比亚迪 E6 动力总成

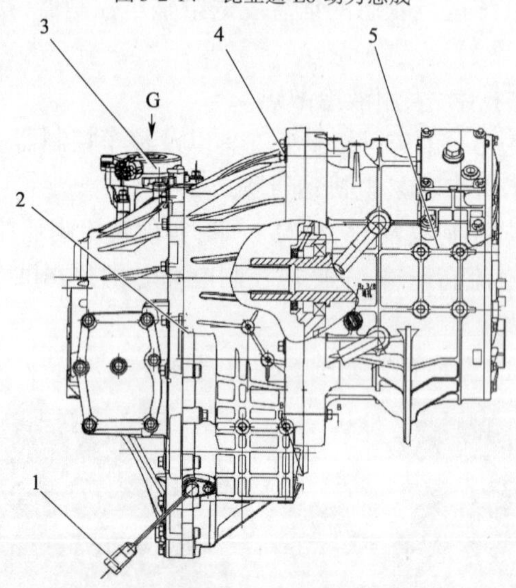

图 5-2-15　比亚迪 E6 驱动单元结构图

1-速度传感器;2-前驱变速器总成;3-P 挡电机;4-法兰面螺栓 M12×1.25×55;5-动力电机 75kW

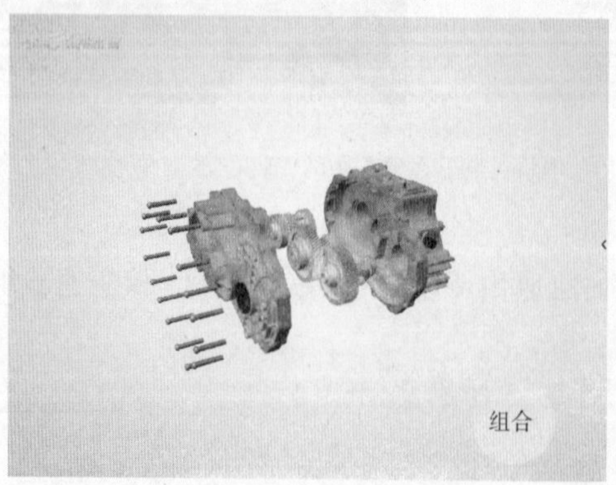

图 5-2-16　减速器结构

②驱动单元前壳体如图 5-2-17 所示。

③减速齿轮如图 5-2-18 所示。

图 5-2-17　比亚迪 E6 驱动单元前壳体

图 5-2-18　比亚迪 E6 驱动单元减速齿轮

④解角器如图 5-2-19 所示。

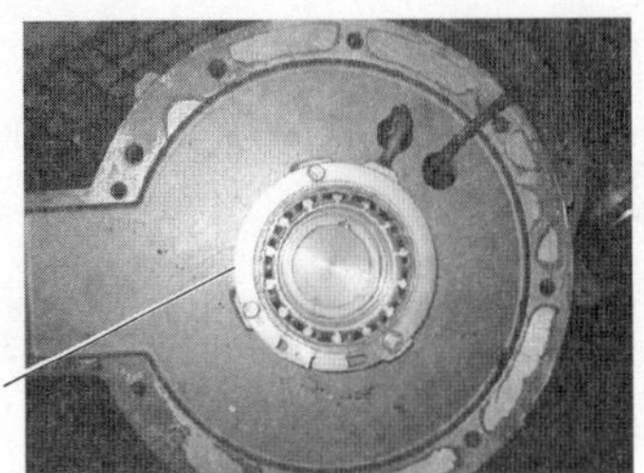

图 5-2-19　比亚迪 E6 驱动单元解角器

⑤解角器轴承如图 5-2-20 所示。

⑥定子线圈如图 5-2-21 所示。

图 5-2-20　比亚迪 E6 驱动单元解角器轴承

图 5-2-21　比亚迪 E6 驱动电机定子线圈

⑦驱动电机转子如图 5-2-22 所示。

图 5-2-22　比亚迪 E6 驱动电机转子

任务实施

(一)工作准备

(1)防护装备:常规实训着装。

(2)车辆、台架、总成:北汽新能源纯电动汽车、比亚迪 E6 纯电动汽车驱动单元总成及部件;纯电动汽车驱动单元挂图、模型;能连接互联网的电脑或移动终端。

(3)专用工具、设备:无。

(4)手工工具:无。

(5)辅助材料:无。

(二)实施步骤

1. 纯电动汽车驱动单元类型和特点认知

参观实训室的纯电动汽车动力驱动单元挂图、模型;检索资料,或网上搜索或走访周边汽车销售店面,了解纯电动汽车动力驱动单元的类型和特点。

提示:

可参照"学习拓展"的内容。

2. 典型纯电动汽车驱动单元的结构特点

根据实训室的装备,认识纯电动汽车驱动单元的结构特点。

(1)北汽新能源纯电动汽车驱动单元结构认知。

(2)比亚迪 E6 纯电动汽车驱动单元结构认知。

(3)其他纯电动汽车驱动单元结构认知。

学习拓展

下面我们以宝马 BMW I3 纯电动汽车为例，介绍纯电动动力驱动单元。

BMW I3——新品牌的首款量产车型，造就了豪华汽车领域的零排放机动车。

BMW I3 是全球首款豪华电动汽车，它彻彻底底为这种驱动形式而生。一款兼具了典型的 BMW 驾驶乐趣以及零排放特性的电驱动车型就此诞生。采用 LifeDrive 结构的独特车型架构，包括碳结构的乘员区以及驱动系统、高电压蓄电池和底盘的铝合金模块。电机、供电电子装置以及高电压蓄电池也均由 BMW 集团在 BMWeDrive 项目框架内自行研发而成。

1. BMW I3 高压系统整体介绍

BMW 集团针对 BMW I3 研发的组件，例如电机、驱动电机管理模块和高电压蓄电池是 BMWe Drive 技术的组成部分。BMW eDrive 技术用于实现纯电动、局部零排放行驶的所有设计方案并且成为了 BMW 高效动力战略的另一个支柱。BMW I3 驱动系统主要组成部件如图 5-2-23 所示。

2. 各部件介绍

1) 驱动电机

(1) 电机概述。驱动电机如图 5-2-24 所示。

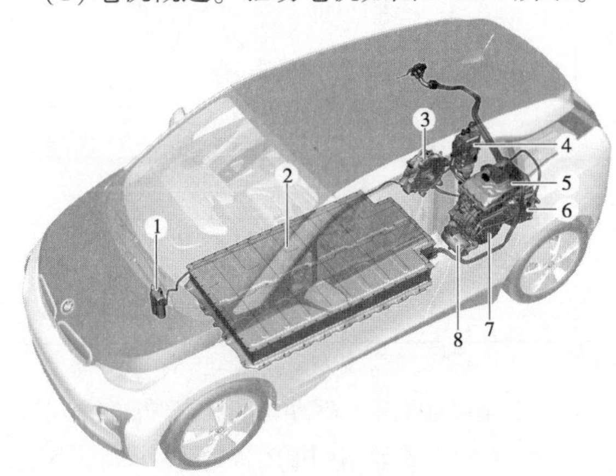

图 5-2-23　I3 驱动系统主要组成部件

1-电气加热装置；2-高电压蓄电池；3-增程电机；4-增程驱动电机管理模块；5-驱动电机管理模块；6-便捷充电电子装置；7-电机；8-电动制冷剂压缩机

图 5-2-24　驱动电机

在传统轿车上内燃机用于产生驱动力矩。在 BMW I3 上由电机承担这项任务。在此电机为所谓的 c 纯电动动力同步电机。其最大功率为 125kW，最大转矩为 250N · m。在功率相同的情况下 BMW I3 的电机比内燃机小很多。在质量方面电机也比内燃机有优势。N52 发动机重约 160kg，BMW I3 的电机则重约 49kg。因此可以将 BMW I3 的电机直接固定在后桥模块上。与内燃机不同，BMW I3 的电机转速范围超过 11000r/min。在此从第一圈起提供最大转矩 250N · m。该电机不仅可以作为电动机使用,也可以作为发电机使用。此后从车辆动能中回收利用的电能可以用于行驶期间为高电压蓄电池充电(制动能量回收利用)。

BMW I3 所用电机的名称为:EMP242. 130. 01. 250(300)-A3-X1。BMW I3 驱动电机含义、索引、说明见表 5-2-2。

BMW I3 驱动电机含义、索引、说明 表 5-2-2

序号	含　义	索引	说　明
1	代码	EM	电机
2	电机类型	N U O P R S T	异步电机 直流电机 轴流电机 永磁激励式同步电机 开关磁阻电机 电流激励式同步电机 横流电机
3	电机挡板套件外径	0 ~ 242	毫米(mm)
4	电机挡板套件长度	0 ~ 130	毫米(mm)
5	制造状态	01 02	与原始设计相比的任何更改,例如壳体面板切割,绕组变化
6	峰值转矩	1 ~ 250	牛 · 米(N · m)
7	相电流	1 ~ 300	安培(A)
8	结构形式	A G H V K M N R	轴平行布置 集成在变速器内的电机 后桥 前桥 曲轴安装式 与分离离合器同轴 轮毂 分配给皮带传动机构
9	相位数量	1 ~ 3	电机相位数量
10	供应商	X	由项目规定
11	电机序列号	1	可选

图 5-2-25 电机标牌与含义

1-按照 GS 90023 的名称;2-制造国家;3-更改索引;4-零件编号;5-转子位置传感器偏置值(角度);6-生产日期;7-结构分组;8-序列号

电机标牌与含义如图 5-2-25 所示。

(2)电机结构。驱动电机磁极布置方式如图 5-2-26 所示,驱动电机内部结构如图 5-2-27 所示。

为改善技术数据,在此主要更改和优化了转子的结构。转子的永久磁铁采用全新布置方式,其挡板套件对磁力线的走向可产生有利影响。这样一方面提高了转矩。另一方面可使定子绕组内的电流强度较低,因此与传统同步电机相比效率较高。

图中只展示了定子不带绕组的部分。转子由一个质量经过优化且位于内部部件内的托架、

一个挡板套件和布置在两个位置的永久磁铁组成。因此可提高电机产生的转矩。转子热压在驱动轴上。

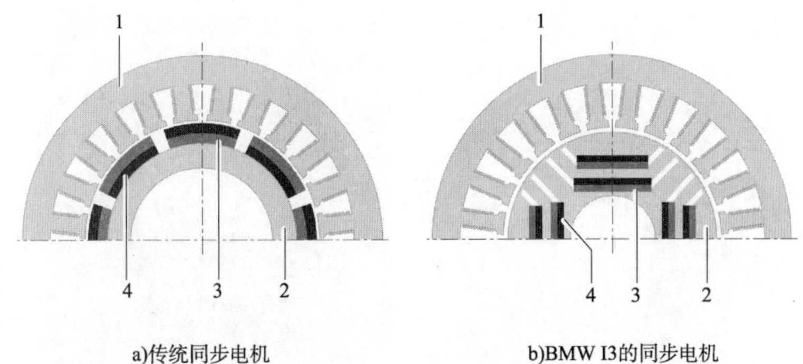

图 5-2-26　驱动电机磁极布置方式

1-定子;2-转子挡板套件;3-永久磁铁南极;4-永久磁铁北极

通过六个极对同时实现了结构复杂性以及每圈尽可能恒定的转矩曲线。

BMW I3 电机无须加注机油,仅对两个包含油脂的深槽球轴承进行润滑。通过从驱动电机管理模块输出端输送至电机的冷却液进行电机冷却,在电机内冷却液流过布置在外侧的螺旋形冷却通道,壳体末端的两个 O 形环密封冷却通道,因此电机内部完全“干燥”。驱动电机冷却系统如图 5-2-28 所示。

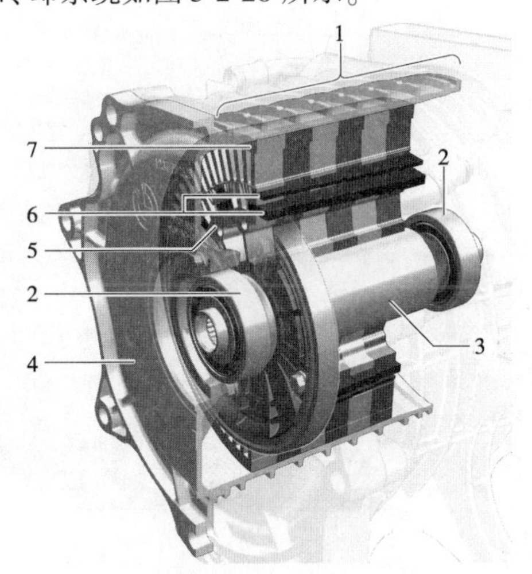

图 5-2-27　驱动电机内部结构

1-冷却通道;2-深槽球轴承;3-驱动轴;4-内部壳体;5-转子内的挡板套件;6-转子内的永久磁铁;7-定子挡板套件

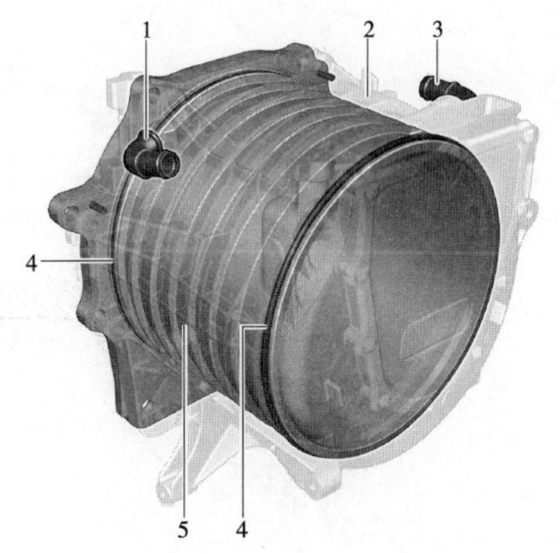

图 5-2-28　驱动电机冷却系统

1-冷却液管路接口(电机输入端,连自驱动电机管理模块);2-外部壳体;3-冷却液管路接口(电机输出端,连至冷却液散热器);4-O 形环;5-冷却通道

电机设计用于较大温度范围。输入端(供给)处冷却液温度最高可能达到 70℃。虽然能量转换时电机损失比内燃机小,但其壳体温度最高可能达到 100℃。

转子位置传感器(图 5-2-29)固定在电机定子上,依据旋转变压器原理工作。在转子位置传感器内有三个线圈。在其中一个线圈上存储规定交流电压。另外两个线圈彼此错开 90°。在这些线圈内产生的感应电压表示转子的角度位置。转子位置传感器由电机制造商安装并进行相应调整,因此原则上已正确校准。在制造期间准确校准转子位置传感器,之后将电机与驱动电机管理模块组装在一起。校准值存储在驱动电机管理模块的控制单元内。

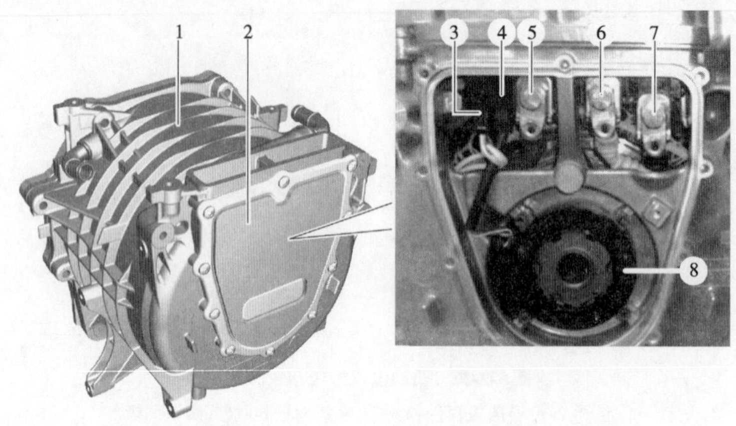

图 5-2-29　驱动电机转子位置传感器

1-外部壳体;2-壳体盖;3-转子位置传感器接口;4-定子内的温度传感器;5-高电压接口 U;6-高电压接口 V;7-高电压接口 W;8-转子位置传感器

(3)外部特征和机械接口。驱动电机外部接口部件如图 5-2-30 所示,驱动单元如图 5-2-31所示 。

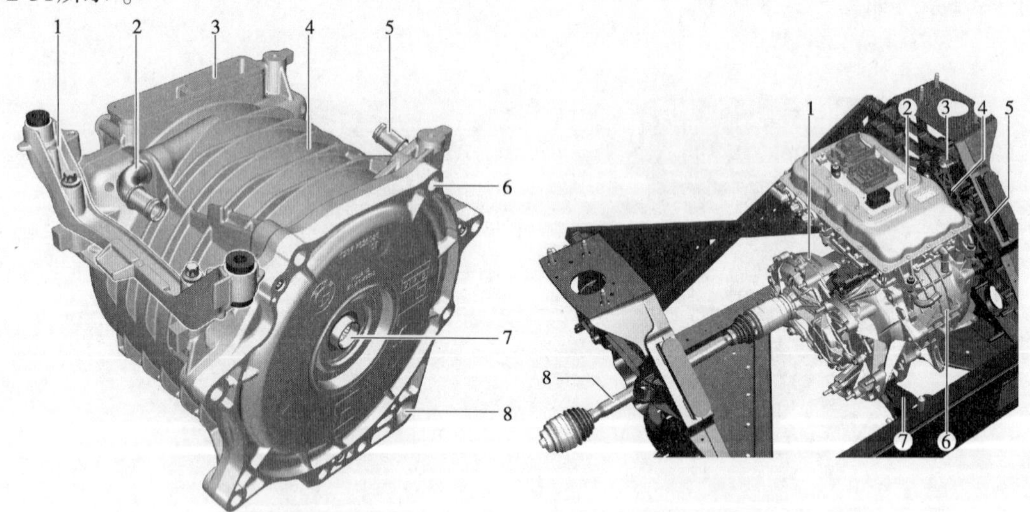

图 5-2-30　驱动电机外部接口部件

1-驱动电机管理模块支撑结构;2-冷却液管路接口(电机输出端,连至冷却液散热器);3-驱动电机管理模块的电气连接插槽;4-外部壳体;5-冷却液管路接口(电机输入端,连自驱动电机管理模块);6-用于与变速器机械连接的开孔/螺纹;7-驱动轴;8-稳定杆连杆连接

图 5-2-31　驱动单元

1-变速器;2-驱动电机管理模块;3-支撑臂轴承;4-支撑臂;5-后桥模块;6-电机;7-稳定杆连杆;8-右侧半轴

BMW I3 具有用于确保城市交通运动型驾驶乐趣的完善套件。其整备质量为 1195kg,比大多数紧凑型车辆还要轻,并且还为四位乘员提供了明显更多的空间。从 0km/h 加速到 100km/h 的时间仅为 7.2s,并且在日常运行模式中 130 ~ 160km 的续航里程足以满足目前客

户群在日常生活中的机动性需求。

高电压蓄电池的位置较低且位于中部,这种做法有利于车辆的灵活性。Drive 模块中所有组件的布置方式实现了 50∶50 的轴负荷分配。即使在碰撞安全方面,被铝合金成型件包裹的高电压蓄电池也被置于特别有利的位置。电机和变速器安装在驱动后桥的附近。由于采用后轮驱动方式,前桥不会受到驱动影响。

2)驱动电机管理模块(PCU)

驱动电机管理模块主要用作驱动 BMW I3 的电机电子控制装置。在此该装置的任务是将高电压蓄电池的直流电压(最高约 DC 400 V)转换为用于控制电机(作为电机)的三相交流电压(最高约 AC 360 V)。反之,当电机作为发电机使用时,驱动电机管理模块将电机的三相交流电压转换为直流电压,从而为高电压蓄电池充电。该过程在制动能量回收利用期间进行。对于这两种运行方式来说都需使用双向 DC/AC 转换器,该转换器可作为逆变器和直流整流器工作。

通过同样集成在驱动电机管理模块内的 DC/DC 转换器来确保为 12V 车载网络供电。此外驱动电机管理模块还有一个控制单元,该控制单元与驱动电机管理模块名称相同,缩写为"逆变器"。

BMW I3 的整个驱动电机管理模块位于一个铝合金壳体内。在该壳体内装有控制单元、用于将交流电压转换为直流电压从而为高电压蓄电池充电以及将高电压蓄电池直流电压转换为三相交流电压的双向 AC/DC 转换器以及用于为 12V 车载网络供电的 DC/DC 转换器。

驱动电机管理模块位置如图 5-2-32 所示。

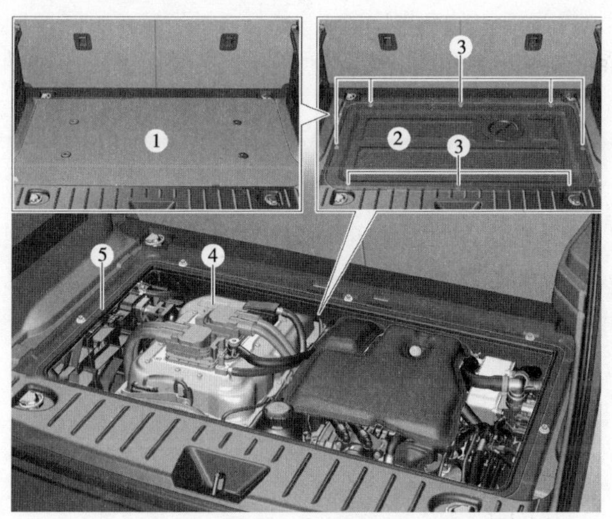

图 5-2-32　驱动电机管理模块位置

1-行李舱饰板;2-端盖;3-端盖的固定螺栓;4-驱动电机管理模块;5-密封垫

(1)接口(图 5-2-33)。驱动电机管理模块上的接口可分为四个类别:

①低电压接口。

②高电压接口。

③电位补偿导线接口。

④冷却液管路接口。

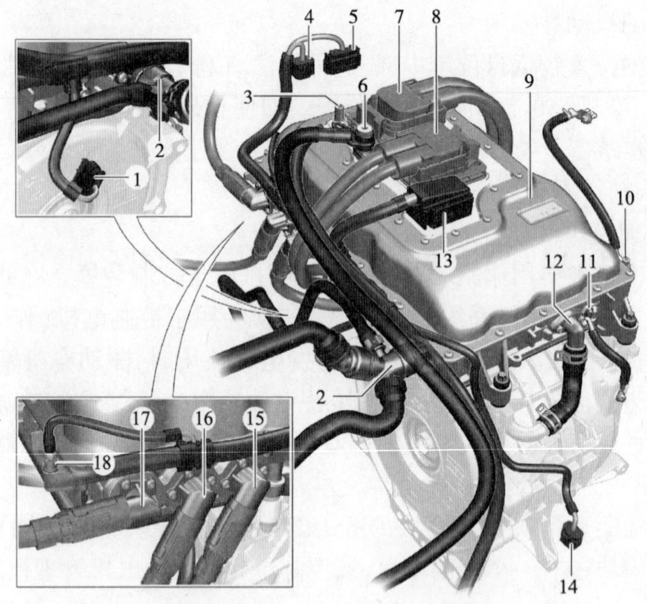

图 5-2-33　驱动电机管理模块主要接口

1-驻车锁模块内的电机供电和连自/连至驻车锁模块的信号导线;2-冷却液管路(供给,驱动电机管理模块);3-DC/DC 转换器 -12V 输出端;4-低电压插头;5-低电压插头;6-DC/DC 转换器 +12V 输出端;7-至高电压蓄电池的高电压导线(DC);8-至增程器、逆变器的高电压导线(DC);9-驱动电机管理模块壳体;10-电位补偿导线接口;11-电位补偿导线接口;12-冷却液管路(回流,驱动电机管理模块,至电机);13-逆变器、低电压插头(信号插头);14-低电压插头;15-至电动制冷剂压缩机的高电压导线;16-至电气加热装置的高电压导线;17-用于交流电充电的高电压导线;18-搭铁接口

(2)简化电路图。图 5-2-34 再次以简化电路图形式概括展示了驱动电机管理模块的低电压接口。

以下简化电路图(图 5-2-35)展示了驱动电机管理模块与其他高电压组件之间的高电压连接。

(3)结构和功能。驱动电机管理模块内部由三个子组件构成:即双向 DC/AC 转换器、单向 AC/DC 转换器、DC/DC 转换器和逆变器控制单元。功率电子电路也由中间电路电容器构成,用于平滑电压和过滤高频部分。

通过上述子组件执行以下功能:

①通过驱动电机管理模块控制内部子组件。

②通过 DC/DC 转换器为 12V 车载网络供电。

③通过 DC/AC 转换器控制电机(转速,转矩)。

④高电压电源管理系统。

⑤通过汇流排接通电机。

⑥接通高电压蓄电池。

⑦在静态运行模式下为高电压蓄电池充电。

⑧接通便捷充电电子装置。

⑨接通电动制冷剂压缩机。

⑩接通电气加热装置。

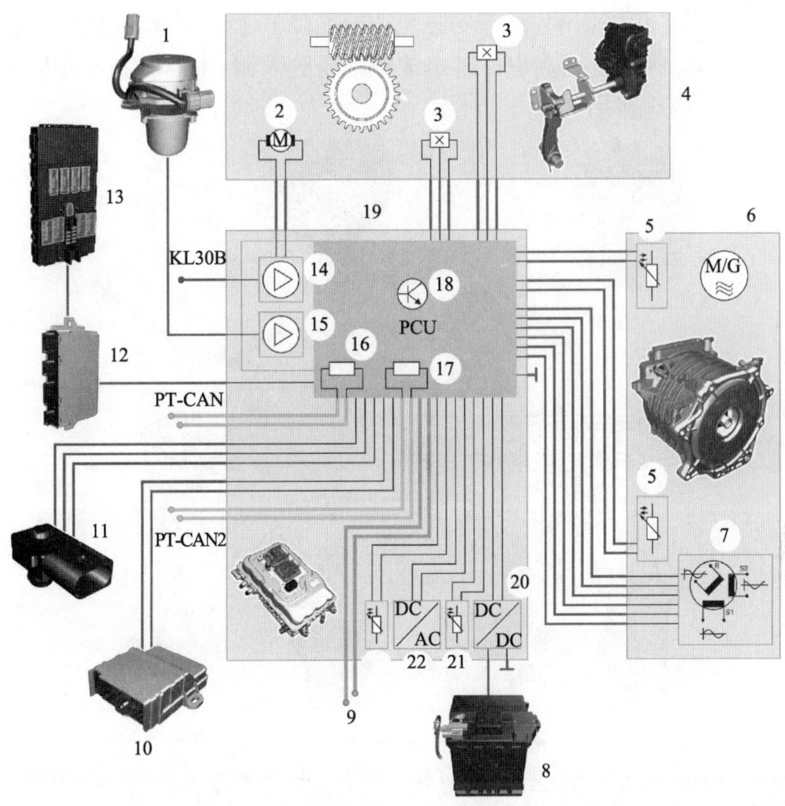

图 5-2-34　驱动电机管理模块接口部件

1-电动真空泵;2-驻车锁电机;3-位置传感器(霍尔传感器);4-驻车锁模块;5-两个温度传感器(NTC 电阻);6-电机(整体);7-转子位置传感器;8-12V 蓄电池;9-高电压触点监控信号导线;10-碰撞和安全模块;11-车身域控制器;12-制动真空压力传感器;13-用于控制驻车锁模块的输出级;14-用于控制电动真空泵的输出级;15-PT-CAN 终端电阻;16-PT-CAN2 终端电阻;17-逆变器控制单元;18-驱动电机管理模块逆变器(整体);19-DC/DC 转换器;20-DC/DC 转换器上的温度传感器(NTC 电阻);21-双向 DC/AC 转换器;22-DC/AC 转换器上的温度传感器(NTC 电阻)

⑪接通增程驱动电机管理模块。

⑫与其他控制单元通信。

⑬冷却驱动电机管理模块。

⑭分析电动机械式驻车锁的传感器。

⑮控制电动机械式驻车锁。

⑯控制电动真空泵。

⑰中间电路电容器主动和被动放电到电压低于 60V。

⑱针对高电压触点监控主动分析信号(高电压互锁)。

⑲自检和诊断功能。

驱动系统运行原理如图 5-2-36 所示。

3)高压蓄电池

在带有电动驱动装置的车辆上,高电压蓄电池相当于内燃机驱动车辆的燃油箱。它是电动驱动装置的动力电池。为使 BMW I3 达到预期可达里程,需要相应存储较多能量,因此动力电池的容积和质量同样较大。但通过在 BMW I3 Drive 模块内安装高电压蓄电池单元对一些车辆特性产生了积极影响:由于安装位置较低降低了车辆重心,因此尤其可减小转弯行驶时的侧倾;车内空间不会因高电压蓄电池单元受到限制;维修时易于接触到高电压蓄电池单元,因此可减少修理费用。

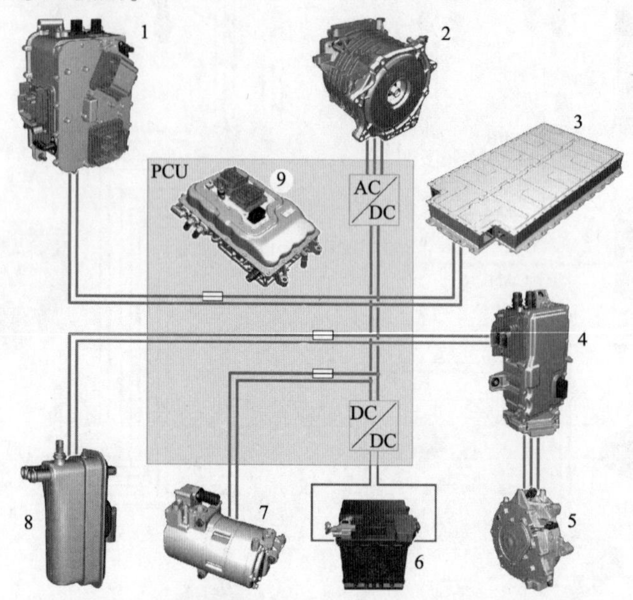

图 5-2-35　驱动电机高压系统部件

1-便捷充电电子装置;2-电机;3-高电压蓄电池;4-增程驱动电机管理模块逆变器;5-增程电机;6-12V 蓄电池;7-电动制冷剂压缩机;8-电气加热装置;9-驱动电机管理模块(整体)

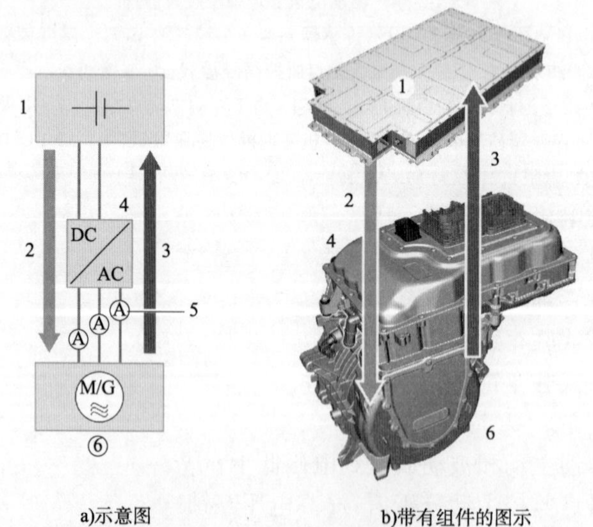

图 5-2-36　驱动系统运行原理

1-高电压蓄电池;2-逆变器运行模式,电机作为电动机工作;3-整流器运行模式,电机作为发电机工作;4-DC/AC 转换器;5-电流传感器;6-电机

(1)组成。高电压蓄电池单元由以下主要组件构成:

①带有实际电池的电池模块。

②电池监控电子装置。

③带有冷却通道和加热装置的热交换器。

④动力电池管理电子装置 BMS。

⑤导线束。

⑥安全盒。

⑦接口(电气、制冷剂、排气)。

⑧壳体和固定部件。

电池由韩国公司 Samsung SDI 向 BMW Dingolfing 工厂提供。在此将电池组装成电池模块并与其他组件一起安装为完整的高电压蓄电池单元。BMS 控制单元和电池监控电子装置的制造商是 Preh 公司。

高压蓄电池技术参数见表 5-2-3。

高压蓄电池技术参数　　表 5-2-3

项目	参数
电压	360V(额定电压) 259 ~ 396V(电压范围)
电池	96 个电池串联(每个电池均为 3.75V 和 60Ah)
可存储能量	21.8kW · h(粗算) 18.8kW · h(净值,实际使用)
最大功率(放电)	147kW(短时),至少 40kW(持续)
最大功率(充电)	约 20kW(快速充电至 80% SOC),约 3.6kW(在 8h 内完全充电至 100% SOC)
总质量	约 233kg
尺寸	1584mm × 892mm × 171mm(容积 213L,包括壳体)
冷却系统	使用制冷剂 R1234yf/R134a
加热装置	电气,最大 1000W(选装配置)

(2)安装位置如图 5-2-37 所示。

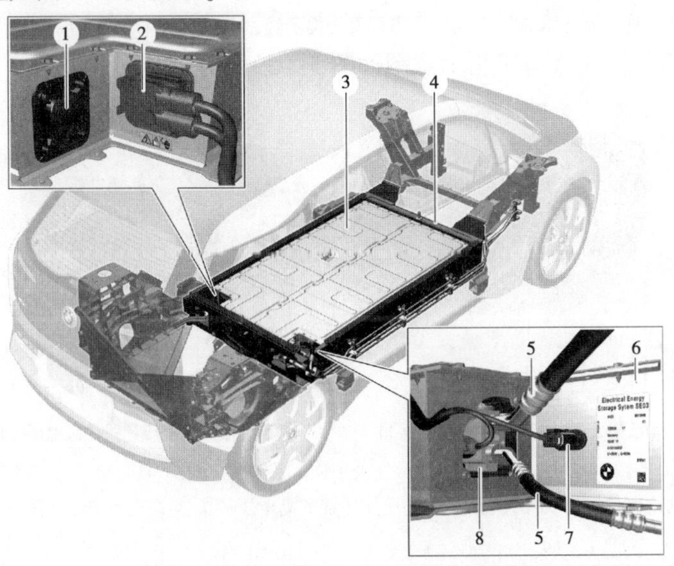

图 5-2-37　高压蓄电池安装位置与接口部件

1-排气口;2-高电压接口;3-高电压蓄电池单元;4-框架(Drive 模块);5-制冷剂管路;6-提示牌;7-低电压接口;8-膨胀和截止组合阀

高电压蓄电池单元除高电压接口外还带有一个低电压接口。此外还为集成式控制单元提供电压、总线信号、传感器信号和监控信号。为对高电压蓄电池进行冷却将其接入制冷剂循环回路内。高电压蓄电池单元上的提示牌向进行相关组件作业的人员说明所用技术及可能存在的电气和化学危险。

(3)标示牌。高压电池主要标示牌如图5-2-38所示。

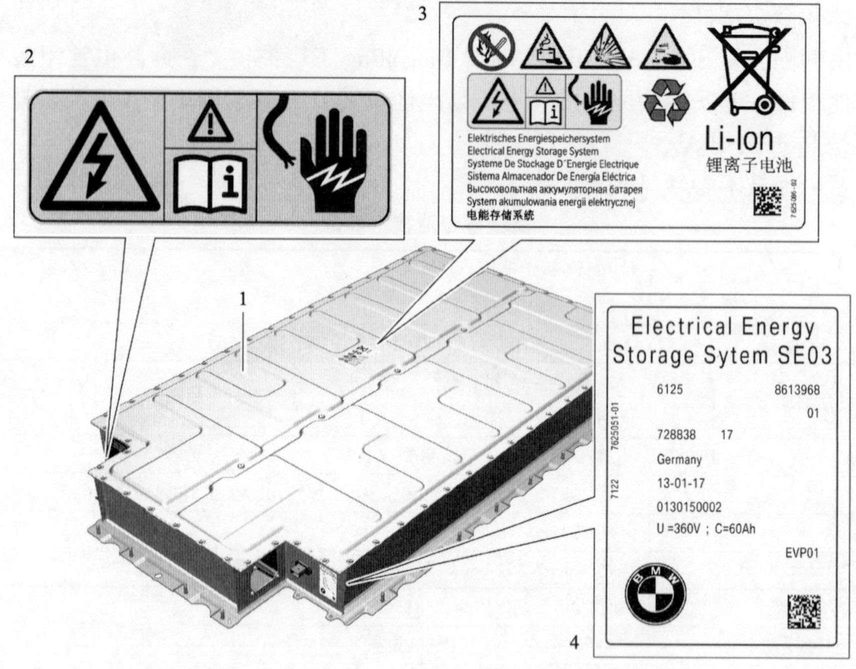

图5-2-38　高压电池主要标示牌

1-高电压蓄电池单元壳体端盖;2-高电压组件警告提示牌;3-警告提示牌;4-标注技术数据的提示牌

(4)高压接口。高压接口结构示意图如图5-2-39所示。

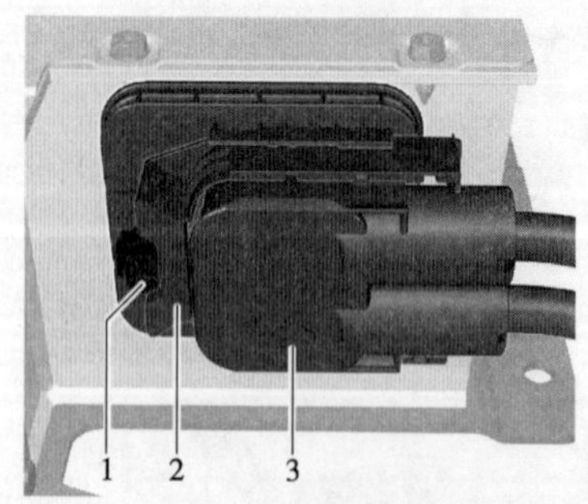

a)已插上高电压导线的高电压接口

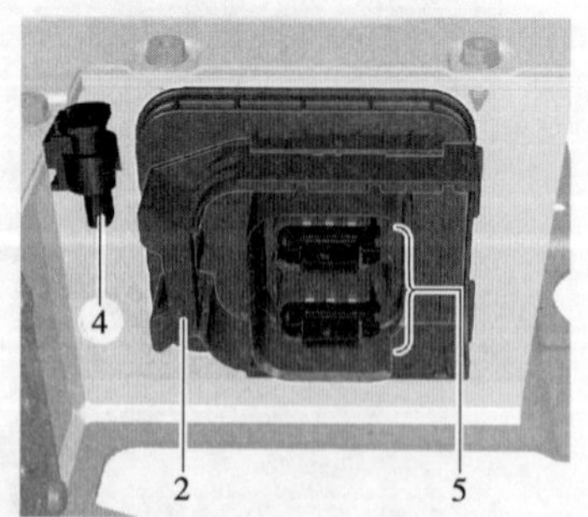

b)已松开高电压导线的高电压接口

图5-2-39　高电压接口结构示意图

1-高电压触点监控电桥(已插上);2-机械滑块;3-高电压导线的高电压插头;4-高电压触点监控电桥(已松开);5-高电压接口

(5)加热装置和冷却系统如图5-2-40所示。

为了尽可能延长高电压蓄电池的使用寿命并获得最大功率,需在规定温度范围内使用蓄电池。-40～+50℃时,高电压蓄电池处于可运行状态。但这些温度限值是指实际电池

温度而非车外温度。就温度特性而言,高电压蓄电池单元是一个惰性系统,即电池需要几小时才能达到环境温度。因此在极其炎热或寒冷的环境下短暂停留并不表示电池也已经达到同样温度。

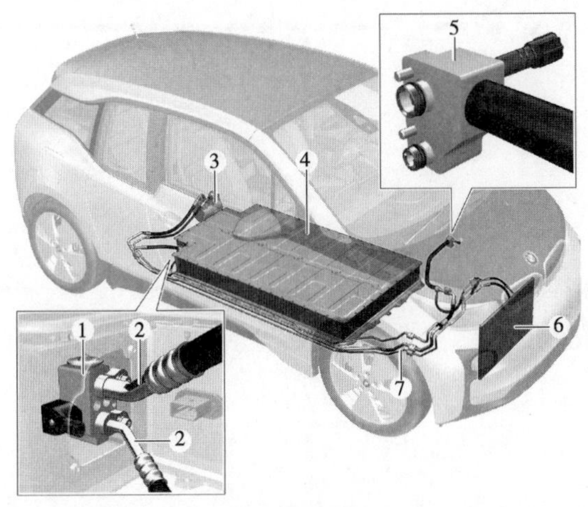

图 5-2-40　高压蓄电池加热与冷却系统

1-膨胀和截止组合阀;2-用于冷却高电压蓄电池单元的制冷剂管路;3-电动制冷剂压缩机;4-高电压蓄电池单元;5-用于车内冷却的膨胀阀;6-制冷剂循环回路内的冷凝器;7-制冷剂管路

但就使用寿命和功率而言的最佳电池温度范围明显受限。为 +25 ~ +40℃。尤其在电池温度持续显著超出该范围、同时要求提供较高功率时,会降低电池使用寿命。为了消除该影响并在任何车外温度条件下确保最大功率,BMW I3 的高电压蓄电池单元带有自动运行的加热装置和冷却装置。

BMW I3 标配用于高电压蓄电池的冷却系统。为此像在当前 BMW ActiveHybrid 车辆上一样,将其接入空调系统制冷剂循环回路内。如果客户订购了选装配置驾驶人和前乘客座椅加热装置,则其 BMWI3 也带有高电压蓄电池加热装置。可利用电流的热效应对高电压蓄电池进行加热。该加热装置包括控制装置位于高电压蓄电池单元内部。车外温度或电池温度及所连充电电缆温度极低时,会根据需要自动启用加热装置从而对电池进行加热。通过这种方式可以明显改善在极低温度下受到限制的功率输出并提高可达里程。

BMW I3 的高电压蓄电池单元直接通过制冷剂进行冷却。因此空调系统的制冷剂循环回路由两个“并联”支路构成。一个用于车内冷却,一个用于高电压蓄电池单元冷却。两个支路各有一个膨胀和截止组合阀,用于相互独立地控制冷却功能。动力电池管理电子装置可通过施加电压控制并打开膨胀和截止组合阀。这样可使制冷剂流入高电压蓄电池单元内,在此膨胀、蒸发和冷却。车内冷却同样根据需要来进行。蒸发器前的膨胀和截止组合阀同样可以电气方式进行控制,但由数字式发动机电气电子系统进行控制。

冷却系统结构示意图如图 5-2-41 所示,冷却与加热管路通道如图 5-2-42 所示。

在高电压蓄电池单元内部,制冷剂在管路和铝合金冷却通道内流动。通过入口管路流入的制冷剂直接在高电压蓄电池单元接口处分入两个供给管路。之后再次分别进入两个冷却通道并在冷却通道内吸收电池模块的热量。在冷却通道末端制冷剂被输送至相邻冷却通道内,由此回流并继续吸收电池模块的热量。最后带有蒸发制冷剂的四个管路段重新汇集到一起，一个共同的回流管路通到抽吸管路接口处。在其中一个供给管路上还有一个温度传感器，传感器信号用于控制和监控冷却功能。该信号直接由 BMS 控制单元读取。

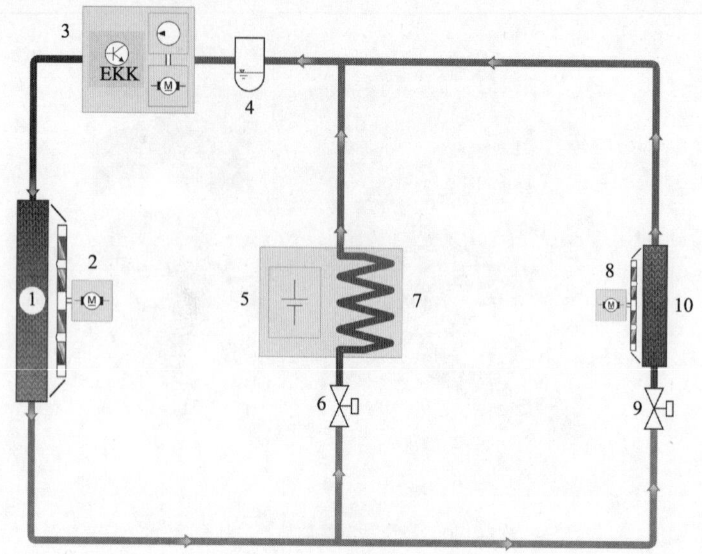

图 5-2-41　冷却系统结构示意图

1-制冷剂循环回路内的冷凝器；2-用于车内空间的制冷剂循环回路电风扇；3-电动制冷剂压缩机；4-干燥器瓶；5-高电压蓄电池单元；6-制冷剂循环回路内的膨胀和截止组合阀（用于冷却高电压蓄电池）；7-热交换器；8-车内鼓风机；9-制冷剂循环回路内的膨胀和截止组合阀（用于冷却车内空间）；10-车内蒸发器

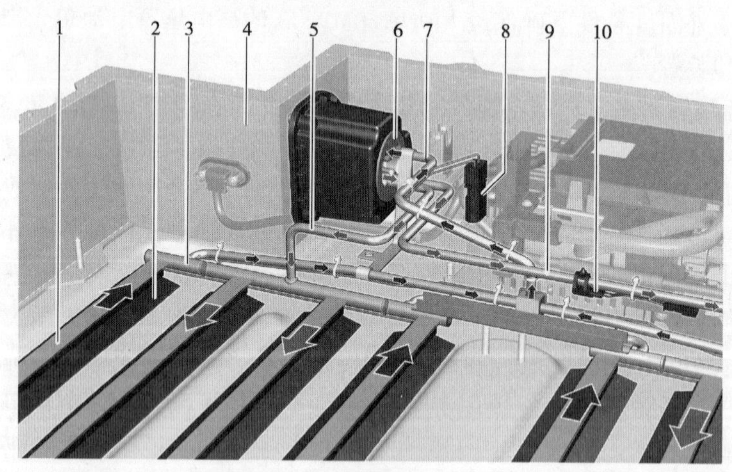

图 5-2-42　冷却与加热管路通道

1-热交换器；2-弹簧条；3-冷却通道连接装置；4-高电压蓄电池壳体；5-制冷剂供给管路；6-膨胀和截止阀连接法兰；7-制冷剂回流管路；8-电气加热装置插头；9-制冷剂供给管路；10-制冷剂温度传感器

为了确保冷却通道完成排出电池模块热量的任务，必须以均匀的作用力将冷却通道整个面积压到电池模块上。该压紧力通过嵌有冷却通道的弹簧条产生。弹簧支撑在高电压蓄电池单元壳体上，从而将冷却通道压到电池模块上。

(6)高压动力电池的监控。电池管理系统结构如图 5-2-43 所示。

高电压蓄电池单元由八个串联连接的电池模块构成。每个电池模块都分配有一个电池

监控电子装置。电池模块自身由十二个串联连接的电池构成。每个电池的额定电压为3.75V,额定电容量为60A·h。电池模块的顺序是固定的,在背面从高电压插头开始。

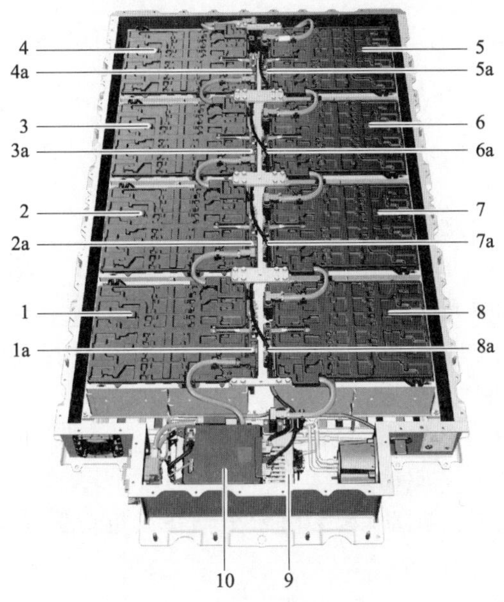

图5-2-43　电池管理系统结构

1-电池模块1;1a-电池监控电子装置1;2-电池模块2;2a-电池监控电子装置2;3-电池模块3;3a-电池监控电子装置3;4-电池模块4;4a-电池监控电子装置4;5-电池模块5;5a-电池监控电子装置5;6-电池模块6;6a-电池监控电子装置6;7-电池模块7;7a-电池监控电子装置7;8-电池模块8;8a-电池监控电子装置8;9-安全盒;10-动力电池管理电子装置BMS

控制单元需要执行以下任务:

①由驱动电机管理模块根据要求控制高电压系统的启动和关闭。

②分析有关所有电池的电压和温度以及高电压电路内电流强度的测量信号。

③控制高电压蓄电池单元冷却系统。

④确定高电压蓄电池的充电状态(SOC)和健康状态(SOH)。

⑤确定高电压蓄电池的可用功率并根据需要对驱动电机管理模块提出限制请求。

⑥安全功能(例如电压和温度监控、高电压触点监控,绝缘监控)。

⑦识别出故障状态,存储故障代码,存储器记录并向驱动电机管理模块发送故障状态。

电池监控电子装置BMS执行以下任务:

①测量和监控每个电池的电压。

②测量和监控电池模块多处的温度。

③将测量参数传输至BMS控制单元。

④执行电池电压补偿过程。

在此以较高扫描率(每20ms测量一次)测量电池电压。通过测量电压可以识别充电过程或放电过程是否结束。温度传感器安装在电池模块上,根据其测量值可确定各电池的温度。借助电池温度可以识别是否过载或有电气故障。出现以上一种情况时必须立即降低电流强度或完全关闭高电压系统,以免电池进一步损坏。此外,测量温度还用于控制冷却系统,从而确保电池始终在最有利于自身功率和使用寿命的温度范围内运行。由于电池温度是一个重要参数,因此每个电池模块装有四个 NTC 温度传感器,其中两个是另外两个的冗余装置。

学习测试

1. 填空题

(1)纯电动汽车驱动单元内部主要包括一个大功率的________和________机构,同时根据驱动单元的设计不同,有的车辆驱动单元还包括有________机构。

(2)纯电动汽车驱动单元能够在汽车________或者________时,实现再生制动。

(3)针对驱动轮所施加驱动转矩的来源,电动车辆所采用的驱动方式总体上可分为两种:________和________驱动。

(4)纯电动汽车常用的电机驱动系统有四种:________驱动系统、________驱动系统、________驱动系统和________驱动系统。

(5)采用永磁同步电机的驱动单元,由于车辆在大负荷低速运行时,极容易使电机产生________。

2. 判断题

(1)与混合动力汽车相比,纯电动汽车驱动单元结构要更加复杂。 (　　)

(2)因为电机可以带负载起动,所以电动汽车上无须传统内燃机汽车的离合器。 (　　)

(3)车轮独立驱动可以分为一轮独立驱动和两轮独立驱动。 (　　)

(4)北汽新能源电机主要负责机械动力的输出,其安装在传动轴上。 (　　)

(5)比亚迪 E6 动力总成由发动机和变速器组成。 (　　)

参考文献

[1] 邹国荣,程明. 电动汽车的新型驱动技术[M]. 北京:机械工业出版社,2010.

[2] 王志福,张承宁. 电动汽车驱动理论与设计[M]. 北京:机械工业出版社,2012.

[3] 赵立军,佟钦智. 电动汽车结构与原理[M]. 北京:北京大学出版社,2012.

[4] 王贵明,王金懿. 电动汽车及其性能优化[M]. 北京:机械工业出版社,2010.

[5] 何洪文. 电动汽车原理与构造[M]. 北京:机械工业出版社,2012.

[6] 北汽新能源汽车公司. E150EV 维修手册[Z]. 2013.

[7] 北汽新能源汽车公司. E150EV、E160EV 培训课件/技术资料[Z]. 2013-2016.

[8] 比亚迪汽车公司. 比亚迪秦维修手册[Z]. 2013.

[9] 比亚迪汽车公司. 比亚迪秦培训课件/技术资料[Z]. 2013-2016.

[10] 比亚迪汽车公司. 比亚迪 E6 培训课件/技术资料[Z]. 2013-2016.

[11] 丰田汽车公司. 普锐斯维修手册[Z]. 2006.

[12] 丰田汽车公司. 普锐斯培训课件[Z]. 2005-2006.

[13] 上汽公司. 荣威 E50 维修手册[Z]. 2012.

[14] 上汽公司. 荣威 E50/550 培训课件/技术资料[Z]. 2012-2016.

人民交通出版社汽车类高职教材部分书目

书　号	书　名	作　者	定　价	出版时间	课　件
一、交通职业教育教学指导委员会推荐教材、高等职业教育规划教材					
1. 汽车运用技术专业					
978-7-114-11263-8	●汽车电工与电子基础（第三版）	任成尧	46.00	2015.11	有
978-7-114-11218-8	●汽车机械基础（第三版）	凤　勇	46.00	2016.04	有
978-7-114-11495-3	汽车发动机构造与维修（第三版）	汤定国、左适够	39.00	2016.04	有
978-7-114-11245-4	●汽车底盘构造与维修（第三版）	周林福	59.00	2015.11	有
978-7-114-11422-9	●汽车电气设备构造与维修（第三版）	周建平	59.00	2016.04	有
978-7-114-11216-4	●汽车典型电控系统构造与维修（第三版）	解福泉	45.00	2015.01	有
978-7-114-11580-6	汽车运用基础（第三版）	杨宏进	28.00	2016.01	有
978-7-114-09167-4	汽车电子商务（第二版）	李富仓	29.00	2016.06	
978-7-114-05790-3	汽车及配件营销	陈文华	33.00	2015.08	
978-7-114-06075-8	汽车专业资料检索	张琴友	30.00	2015.01	
978-7-114-11215-7	●汽车文化（第三版）	屠卫星	48.00	2016.09	有
978-7-114-11349-9	●汽车维修业务管理（第三版）	鲍贤俊	27.00	2015.08	有
978-7-114-11238-6	●汽车故障诊断技术（第三版）	崔选盟	30.00	2015.08	有
978-7-114-06031-9	汽车检测诊断技术	邹小明	24.00	2016.06	
978-7-114-05662-1	汽车检测设备与维修	杨益明	26.00	2015.08	
978-7-114-05661-3	汽车单片机及局域网技术	管秀君	13.00	2015.06	
978-7-114-05718-0	汽车维修技术（机修方向）	刘振楼	23.00	2016.6	
2. 汽车技术服务与营销专业					
978-7-114-11217-1	●旧机动车鉴定与评估（第二版）	屠卫星	33.00	2016.07	有
978-7-114-07915-3	汽车保险与公估	荆叶平	43.00	2016.01	
978-7-114-08196-5	汽车备件管理	彭朝晖	22.00	2016.08	
978-7-114-11220-1	●汽车结构与拆装（第二版）	潘伟荣	59.00	2016.04	有
978-7-114-08084-5	汽车维修服务	戚叔林	23.00	2015.08	
978-7-114-11247-8	●汽车营销（第二版）	叶志斌	35.00	2016.04	有
3. 汽车整形技术专业					
978-7-114-11377-2	●汽车材料（第二版）	周　燕	40.00	2016.04	有
978-7-114-12544-7	汽车钣金工艺	郭建明	22.00	2015.11	有
978-7-114-12311-5	汽车涂装技术（第二版）	陈纪民、李　扬	33.00	2015.08	有
978-7-114-09094-3	汽车车身测量与校正	郭建明	22.00	2015.07	
978-7-114-11595-0	汽车车身焊接技术（第二版）	李远军、李建明	28.00	2016.04	有
978-7-114-07918-4	汽车车身修复技术	韩　星	29.00	2015.07	
978-7-114-12143-2	车身结构及附属设备（第二版）	袁　杰	27.00	2016.05	有
978-7-114-13363-3	汽车涂料调色技术	王亚平	25.00	2016.11	有
4. 汽车制造与装配技术专业					
978-7-114-12154-8	汽车装配与调试技术	刘敬忠	38.00	2015.06	有
978-7-114-12734-2	车身焊接技术	宋金虎	39.00	2016.03	有
978-7-114-12794-6	汽车制造工艺	马志民	28.00	2016.04	有
978-7-114-12913-1	汽车 AutoCAD	于　宁、李敬辉	22.00	2016.06	有
二、21 世纪交通版高职高专汽车专业教材					
978-7-114-10520-3	汽车概论	巩航军	29.00	2013.05	有
978-7-114-10722-1	发动机原理与汽车理论（第三版）	张西振	29.00	2015.12	有
978-7-114-10333-9	汽车维修企业管理（第三版）	沈树盛	36.00	2016.05	有
978-7-114-06997-0	汽车空调构造与维修	杨柳青	20.00	2016.01	

书　号	书　名	作　者	定　价	出版时间	课　件
978-7-114-12421-1	汽车柴油机电控技术（第二版）	沈仲贤	26.00	2015.10	有
978-7-114-11428-1	汽车使用与技术管理（第二版）	雷琼红	33.00	2016.01	有
978-7-114-11729-9	汽车保险与理赔（第四版）	梁　军	32.00	2015.12	有
978-7-114-07593-3	汽车租赁	张一兵	26.00	2016.06	
978-7-114-08934-3	汽车发动机机械系统检修（第二版）	林　平	35.00	2015.06	有
978-7-114-08942-8	汽车底盘机械系统检修（第二版）	陈建宏	39.00	2016.05	有
978-7-114-09429-3	汽车底盘电控系统检修	张立新、屈亚锋	35.00	2015.07	有
978-7-114-09317-3	汽车维修技术基础	刘　毅	35.00	2015.07	有
978-7-114-09961-8	汽车构造	沈树盛	54.00	2015.04	有
978-7-114-09866-6	汽车发动机构造与维修	王兴国、刘　毅	36.00	2013.12	有
978-7-114-09719-5	汽车电器构造与维修	杨连福	45.00	2013.12	有
978-7-114-09099-8	工程机械柴油发动机构造与维修	许炳照	40.00	2013.07	有
三、高等职业教育“十二五”规划教材					
978-7-114-10280-6	汽车零部件识图	易　波	42.00	2014.1	有
978-7-114-09635-8	汽车电工电子	李　明、周春荣	39.00	2012.07	有
978-7-114-10216-5	汽油发动机构造与维修	刘　锐	49.00	2016.08	有
978-7-114-09356-2	汽车底盘构造与维修	曲英凯、刘利胜	48.00	2015.07	有
978-7-114-09988-5	汽车维护（第二版）	郭远辉	30.00	2014.12	有
978-7-114-11240-9	●车载网络系统检修（第三版）	廖向阳	35.00	2016.02	有
978-7-114-10044-4	汽车车身修复技术	李大光	24.00	2016.01	有
978-7-114-12552-2	汽车故障诊断技术	马金刚、王秀贞	39.00	2015.12	有
978-7-114-09601-3	汽车营销实务	史　婷、张宏祥	26.00	2016.05	有
978-7-114-13679-5	新能源汽车技术（第二版）	赵振宁	38.00	2017.03	有
978-7-114-08939-8	AutoCAD 辅助设计	沈　凌	25.00	2011.04	有
978-7-114-13068-7	汽车底盘电控系统检修	蔺宏良、张光磊	38.00	2016.08	有
978-7-114-13307-7	汽车发动机电控系统检修	彭小红、官海兵	35.00	2016.1	有
四、高职高专改革创新示范教材					
978-7-114-09300-5	汽车使用与维护	毛彩云、柯志鹏	28.00	2015.09	有
978-7-114-09302-9	汽车实用英语	王升平	30.00	2011.08	有
978-7-114-09307-4	汽车维修企业管理	齐建民	34.00	2015.12	有
978-7-114-09305-0	汽车发动机电控系统构造与检修	罗德云	23.00	2014.07	有
978-7-114-09352-4	汽车发动机机械构造与检修	成伟华	33.00	2015.02	有
978-7-114-09494-1	汽车自动变速器构造与检修	王正旭	36.00	2015.02	有
978-7-114-09929-8	汽车电气设备构造与检修	刘存山	31.00	2012.08	有
978-7-114-10310-0	汽车空调系统构造与检修	潘伟荣	38.00	2013.05	有
五、教育部职业教育与成人教育司推荐教材					
978-7-114-09147-6	汽车实用英语（新编版）	杜春盛、邵伟军	33.00	2016.07	
978-7-114-08846-9	汽车发动机构造与维修（新编版）	王　会、刘朝红	33.00	2015.09	
978-7-114-06406-7	汽车运行材料	嵇　伟、孙庆华	26.00	2016.06	
978-7-114-07969-6	★汽车专业英语	边浩毅	26.00	2016.01	
978-7-114-04112-9	汽车使用性能与检测技术	李　军	26.00	2015.07	
978-7-114-04750-9	汽车营销技术	王怡民	32.00	2016.11	
978-7-114-04644-8	汽车专业英语	王怡民	26.00	2016.06	

●为“十二五”职业教育国家规划教材；★为“十一五”职业教育国家规划教材。

咨询电话：010-85285962；010-85285977. 咨询QQ：616507284；99735898